Karin Stettler

Akasha-Reisen mit Maitra

Heilung aktueller Lebensthemen
durch Einblick in vergangene Leben

novum ▲ pro

Dieses Buch ist auch als
e-book
erhältlich.

www.novumverlag.com

Bibliografische Information
der Deutschen Nationalbibliothek:

Die Deutsche Nationalbibliothek
verzeichnet diese Publikation in
der Deutschen Nationalbibliografie.
Detaillierte bibliografische Daten
sind im Internet über
http://www.d-nb.de abrufbar.

© 2019 novum Verlag

ISBN 978-3-99064-733-2
Lektorat: Katja Wetzel
Umschlagfoto:
Vetre Antanaviciute-meskauskiene |
Dreamstime.com
Umschlaggestaltung, Layout & Satz:
novum Verlag
Innenabbildungen:
siehe Bildquellennachweis S. 425

Gedruckt in der Europäischen Union
auf umweltfreundlichem, chlor- und
säurefrei gebleichtem Papier.

www.novumverlag.com

Inhaltsverzeichnis

Eine Idee 7
Meine erste Begegnung mit Maitra 7
Buchprojekt 11
Maitra über sich 12

Maitra erzählt 14
Basler Psi-Verein 2017 – Jubiläum 50 Jahre 14
Gespräch mit einer Elfe 15
Das 3. Auge 16
Das Karma mit meiner Mutter 17
Karma ist real 18
Guru Muktananda 20
Mit Heilen Geld verdienen 22
Traum mit Muktananda – Ich und das Geld 23
Der Schutztraum 24

Akasha-Reisen mit Maitra 40
Heilung aktueller Lebensthemen durch Einblick
in vergangene Leben 40
Mein Kind kann nicht schlafen 41
Eine spirituelle Krise 48
Kopfschmerzen, seit ich denken kann 64
Ein Trauma jenseits von Trauma: Hiroshima 74
Heilung von Versklavung, Verlust und Ohnmacht . . . 88
Angst vor großem Publikum zu stehen
und zu sprechen 100
Eine neue Partnerschaft eingehen:
Barbara und Kurt 118
Die Angst vor dem Tod überwinden 142
Ich kenne den Zweiten Weltkrieg
in- und auswendig. 154
Warum wurde ich in diese Familie hineingeboren? . . . 164

Orientierungslosigkeit 180
Ein karmisches Muster
in der vergangenen Ehe klären 194
Mein Sohn mit Schizophrenie 210
Versöhnung mit dem Vater 222
Die Beziehung zu meiner Mutter 234
Die Wut in mir fühlen und erlösen 244
Mein Beruf und meine Haut 256
Den Verstand verloren – ADHS 276
Eine alte Wunde heilt 290
In Frieden kommen in der Familie 316
Ich verliere mein Gesicht – Napalmtod in Vietnam . . . 330
Heilung von Verzweiflung,
Schuld und Selbstvorwürfen 338
Das zarte Band der Liebe 358
Den Seelenplan erkennen und leben 372
Verständnis und Vergebung
für den übergriffigen Bruder 382
Angst, meine Tochter zu verlieren 390
Die Mauer zwischen meinem Sohn
und mir durchbrechen 400
Herzrhythmusstörungen und Panik –
Verlust eines Bruders durch einen Verkehrsunfall
und die Möglichkeit, ihm in seinem neuen Körper
wieder zu begegnen. 410

Schlussworte von Maitra 422

Dankesworte von Karin 423

Eine Idee

Die Arbeit mit der bekannten Seherin Maitra aus den USA hat mich auf die Idee gebracht, ihrem kraftvollen Wirken eine Form, ein Gesicht zu geben. Auf die Frage, ob Maitra einmal ein Buch schreiben wird über ihr Leben als spirituelle Lehrerin, als Seherin, gab sie mir zur Antwort, dass sie kein Buch schreiben werde, ihr Leben sei das Buch, die lebendige Arbeit mit den Menschen, mit Gruppen, zu Seminaren und Vorträgen.

Maitra, geboren 1937 in Wyoming, USA, kommt immer noch nach Europa, und jedes Mal, wenn sie hier ist, füllt sich der Kalender der Einzelsitzungen und sie berührt und befreit durch ihre klare Präsenz, seelischen Einsichten und Hilfe die Menschen, die den Weg zu ihr finden.

Meine erste Begegnung mit Maitra

2011 sendeten mir Freunde eine Einladung zu einem Vortrag von dieser bekannten Frau, die Maitra heißt, und von der ich vorher noch nichts gehört hatte. Sie kannten Maitra bereits von früheren Vorträgen und freuten sich sehr darauf, dass sie wieder nach Luzern kam. So ging ich offen und neugierig an den Vortragsabend. Es war in einem relativ kleinen Raum und in Kürze war der Raum voll und die Veranstalterin musste noch mehr Stühle bereitstellen, damit alle Leute sitzen konnten. Wenn ich mich jetzt daran zurückerinnere, sprach Maitra über Sensitivität und über das 3. Auge, und dass es Möglichkeiten gibt, die Intuition und das innere Sehen zu schulen und damit besser umzugehen. Sie zeigte uns auch eine Übung dazu, doch das Wichtigste für mich war das Gefühl, dass endlich jemand mit einer großen Selbstverständlichkeit von Intuition, 3. Auge, Hellsichtigkeit usw. sprach, das in meinem Inneren schon so lange brannte. Es fühlte sich an wie „Nachhausekommen".

Gleichzeitig berührte mich ihre sanfte lichtvolle Präsenz und die Natürlichkeit und Klarheit wie sie da vor uns stand und zu uns sprach.

Wie bei allen Vorträgen offerierte Maitra auch an diesem Abend Kurzreadings, d. h. die Anwesenden können Fragen stellen und sie gibt sensitive Einsichten und Erläuterungen dazu. Ich wurde ganz aufgeregt, denn ich spürte, ich hatte so viele Fragen. Sollte ich mich hier melden, mitten in dieser großen Gruppe von Menschen, die mich dazu noch kannten? Also fasste ich Mut und stellte meine Fragen, denn das war doch eine große Gelegenheit, etwas über mich selber zu erfahren. In dieser Lebensphase war ich sehr eingespannt in Familie und Beruf, es ging mir nicht gut, ich empfand viel inneren Druck und ich hatte gesundheitliche Probleme. Wenn ich mich jetzt zurückerinnere, so steckte ich fest und ich suchte einen Ausweg und Antworten auf meine inneren körperlichen und seelischen Zustände. Einfach ausgedrückt: Ich wollte bewusster werden. Etwas in mir suchte Lösungen, Gesundheit, Weiterkommen und Befreiung.

Als Maitra sich mir zuwendete, war ich zutiefst berührt, denn ich fühlte mich von ihr gesehen. Ein kraftvoller, liebevoller und heller Funken sprang von ihr zu mir. Das ist das, was mir jetzt in die Erinnerung kommt, wenn ich darüber schreibe. Der ergreifendste Moment war, als Maitra begann, für mich ein Lied zu singen. Wie kam das, dass sie hier in dieser Gruppe von Menschen extra für mich ein Lied singt? Das war für mich so unfassbar und außerordentlich, so viel Aufmerksamkeit und diesen lieblichen Gesang in diesem Moment zu empfangen, ich fühlte mich reich beschenkt. Nach dem Vortrag ließ ich mich in ihre Arme fallen, was für mich ebenso intensiv war, da ich doch eher ein zurückhaltendes, konditioniertes Verhalten hatte. Doch Maitra bestätigte mir im Kurzreading, dass mein wirkliches Wesen genauso sei, dass ich durch die Straßen laufen könnte und alle umarmen möchte, doch mich durch viele Konditionierungen sehr angepasst hätte. In diesem Augenblick hob sie mich direkt in dieses Gefühl und ein Teil dieses Wesens durfte wieder sein.

Nach dieser Begegnung ging ich nach einem halben Jahr zu einem weiteren Vortrag, als Maitra wieder nach Luzern kam, und buchte meine erste Einzelsitzung bei ihr. Ich bekam durch diese Stunde mit ihr weitere wichtige Impulse für mein Leben und sie stellte mir ein paar Fragen, die ich zu beantworten hatte und die rückblickend sehr wegweisend waren für mein Leben. Unter anderem diese Frage: Du stehst auf einem Perron und da ist ein Zug, der in Kürze abfährt und der dich mitnimmt, du weißt nicht, wohin er geht, aber es ist wichtig, bist du bereit, einzusteigen? Ich gab ihr nach ein paar Momenten zur Antwort: Ja. Damals wusste ich nicht, was das genau bedeutete, doch innerlich hatte ich ein Gefühl dazu.

Ich erzählte ihr dann von meinen Träumen, die ich nicht wirklich verstand. Ich träumte in dieser Lebensphase oft, dass es sehr hell wird im Traum, egal, welche Situation sich zeigte. Diese Helligkeit war oft so stark, dass ich nicht mehr wirklich sehen konnte, ich war immer so geblendet. Im Traum musste ich mich jeweils durch dieses helle, blendende Licht hindurch tappen. Mental versuchte ich es so zu deuten, dass ich gewisse Dinge einfach nicht sehen konnte oder dass meine Wahrnehmung eingeschränkt war und ich mich oft verloren fühlte. Manchmal dachte ich auch, ob ich erblinden würde.

Doch was Maitra dann einfach als Antwort bereithielt, war für mich so verblüffend: *Das ist dein Licht. Das bist du.*

Nie zuvor hätte ich das so sehen können. So eine einfache, aber auch so eine überwältigende Antwort, mich als Teil dieses Lichts zu sehen oder zu verstehen, dass wir alle dieses Licht sind, umgeben davon oder mittendrin. Ich glaube heute, dass diese Momente mit Maitra mir einen ersten Einblick gewährten, was heilen heißt, und mit welcher übergeordneten, tiefen Wahrnehmung Maitra die Menschen sieht, und im gleichen Moment treffen kann, die zu ihr kommen. Sie öffnet uns für das, was wir wirklich sind. Sie sieht den Glanz der Seele und die wahre Schönheit und hilft uns, dies auch wiederzuerkennen und anzunehmen. Sie verbindet uns mit dem wahren Selbst, bringt Körper, Geist und Seele wieder in Einklang.

Nach dieser ersten Einzelsitzung legte mir Maitra ihr Seminarprogramm vor und meinte, das wäre etwas für mich. So nahm ich ihre Einladung und die Kassette mit dem aufgenommenen Reading mit und ging nach dieser intensiven Begegnung berührt nach Hause. Maitra leitete seit vielen Jahren in einem zweijährigen Seminar-Zyklus Gruppen zum Thema Metaphysik, Wahrnehmungsschulung, Rückführungsarbeit, Tarot und inneres Sehen: Opening the Lotus.

Ich brauchte nicht lange zu überlegen und meldete mich für dieses Abenteuer an.

Schon während der Seminare wurde in mir ein intensives inneres Lernen und ein Erwachen aktiviert. Durch die Organisatorinnen aus der Ostschweiz kam bald die Frage an mich heran, ob ich für Maitra im Raum Luzern wieder Vorträge und Einzelsitzungen organisieren könnte, da sich das Netz und die Möglichkeiten dazu in Luzern aufgelöst hatten.

Ich willigte ein und organisierte ab 2011 den ersten Vortrag in einem schönen großen Gruppenraum, den mir eine Freundin zur Verfügung stellte. Es erschienen über 60 Personen und es war ein ganz berührender schöner Abend. Die ganze Woche mit Einzelsitzungen war ausgebucht. Neben all den Menschen und Freunden, die ich erreichen konnte durch meine Praxis, erschienen viele, die Maitra bereits viele Jahre kannten und ebenfalls von ihrer Arbeit berührt waren. Ich war selber etwas überwältigt und sehr dankbar, dass sich auf Anhieb so viele Menschen einfanden. Ich durfte mit dem Übersetzen der Einzelsitzungen an der Seite von Maitra beginnen und war tief berührt bei jeder Begegnung und der Intensität der Beratungen, die während dieser Stunde stattfanden.

Buchprojekt

Meine persönlichen Erfahrungen und Hilfeleistungen, die ich durch Maitra in dieser Zusammenarbeit erlebe und erlebt habe, haben mich dazu bewogen, ein Buchprojekt über die Arbeit von Maitra, ihr Leben als spirituelle Lehrerin und Heilerin zu realisieren, um ihre große Arbeit, ihren Dienst an den Menschen zu würdigen und zu ehren.

Ihr Blick in die Seelenstrukturen eines Menschen, das Erfassen von Lebenssituationen sind tief, berührend, präzise und oft so überraschend, wie ich es kaum beschreiben kann. So lassen die Wirkungen ihrer Beratungen und Begegnungen mit Menschen aller Altersstufen und in unterschiedlichsten Lebenssituationen keinen Zweifel offen, dass diese Arbeit unendlich wertvoll und sehr notwendig ist.

Ich sprach deshalb mit dieser Buchidee alle Menschen an, die bei Maitra Rat suchten und die ich erreichen konnte, möglicherweise über viele Jahre ihre Beratungen erhielten oder an ihren Seminaren teilnahmen. Meine Arbeit für ein Buch besteht darin, diese Aufzeichnungen oder Auszüge von einer CD zu übersetzen. Ein wichtiger Fokus dieses Buches sind die Einsichten in vergangene Leben oder Lebensabschnitte, mit dem direkten Bezug zu den jetzigen Lebensthemen und die Integration, Veränderungen und Klärungen, die sich im weiteren Leben abzeichnen.

Um ein solches Buchprojekt anzugehen, war ich auf die Offenheit, das Vertrauen und die Zusage aller Menschen angewiesen, ihre Aufzeichnungen auf CD oder Kassette, die Maitra während den Sitzungen machte, als Übersetzungsmaterial zur Verfügung zu stellen.

Die Wirkung, die Einsichten, die Verarbeitung nach der Einzelsitzung sowie die Veränderungen der Lebenssituation der Ratsuchenden sind ein weiterer wichtiger therapeutischer Aspekt, den ich darstellen möchte. Dafür machte ich Interviews mit den Ratsuchenden. Es gab sehr berührende Gespräche, die ich aufnehmen konnte, anschließend transkribierte und in das Reading mit den vergangenen Leben integrierte.

Dieses Buch, das du nun hier in den Händen hältst, soll Maitras Arbeit und ihr lebenslanges Wirken als Seherin und spirituelle Lehrerin würdigen und für alle Menschen zugänglich machen.

März 2016 Karin Stettler

Maitra über sich

Ich hatte seit meiner Kindheit seherische Fähigkeiten und Visionen, Besuche und Führungen. Ich hatte zwei Ehen, drei wunderbare Kinder und ein ganz normales Leben. 1973 begann ich mit Muktananda, einem bekannten spirituellen Lehrer aus Indien, zu meditieren. Mit der Hilfe von Shaktipat, die von ihm gegeben wurde, begannen sich meine seherischen Fähigkeiten zu entfalten, und ich fand heraus, dass die daraus resultierende Transformation zu meiner Lebensaufgabe wurde. Die Readings/Einzelsitzungen unterstützen seelische Heilprozesse und die Seminare ermöglichen weitere transformative Arbeit.

Nach einigen Schulungen bei Family of Man, die von Marsha Mossman geleitet wurden, schulte ich meine natürlichen Fähigkeiten und gab Readings, begann zu unterrichten und Seminare zu leiten. Ich arbeite auch international, vor allem in Europa. Ich bin hellfühlig, dadurch spüre ich, was in einem Klienten vorgeht, und fühle und lese Informationen aus dem Energiefeld um den Körper, was wir Aura nennen. Dies gibt Einsicht in die Akasha-Chronik über vergangene Leben, die aktuellen Herausforderungen, Beziehungen und Gesundheit.

Was mich am meisten interessiert, ist, Menschen dabei zu unterstützen, ihr Potenzial, ihre Befreiung zu realisieren. Befreiung von Leiden – so heißt das Spiel – nicht einfach, aber auch nicht unmöglich.

Maitra erzählt

Basler Psi-Verein 2017 – Jubiläum 50 Jahre

Ich komme aus Kalifornien hierher, weil ich euch liebe. Zu reisen in meinem Alter ist nicht mehr so angenehm für mich. Aber ich liebe es hier zu sein und deshalb komme ich trotzdem immer wieder. Als Lucius (Lucius Werthmüller, PSI) mich gebeten hatte, in diesem Rahmen hier heute zu euch zu sprechen, hatte ich drei oder vier ziemlich gute Ideen, über die ich sprechen wollte. Lucius sagte aber: „Nein, nein, nein! Erzähl dem Publikum etwas über deinen Lebensweg." Stimmt, da bin ich ja wirklich Expertin. Manchmal überrasche ich mich selbst, ob ich tatsächlich Expertin bin zu diesem Thema. Ich hoffe, dass ihr euch selbst manchmal auch überraschen könnt. Denn das ist, was das Tor eröffnet zu unserer unbegrenzten Natur.

So möchte ich heute Abend über ein paar größere Ereignisse in meinem Leben berichten. Dabei möchte ich ganz speziell über das Karma mit meiner Mutter und auch das Karma mit meiner Familie sprechen. Es kann helfen, einen Einblick in eure eigenen Prozesse zu bekommen.

Gespräch mit einer Elfe

Als ich drei Jahre alt war, hatte ich das erste Mal eine Erfahrung, die darauf hindeutete, dass ich manchmal andere Erlebnisse habe als die Menschen um mich herum. Ich war damals im Garten mit meiner Mutter. Es war ein wunderschöner, sonniger Tag und meine Mutter war dabei, die Wäsche abzunehmen. Sie war glücklich und sie sang dazu. Ich saß an der Seite im Gras und habe Ameisen beobachtet, die an einer Blume emporkletterten. Ich sah auch diesen kleinen Lichtpunkt etwa 5 cm groß, der um mich herumtanzte und sich auf und ab bewegte. Als er begann mit mir zu sprechen, kam mir das gar nicht seltsam vor. Wir hatten ein paar Minuten lang miteinander geplaudert. Später verstand ich dann, dass es sich um eine kleine Elfe gehandelt hatte. Meine Mutter hörte mich sprechen und sie fragte mich: „Mit wem redest du da?" Ich antwortete: „Mit diesem kleinen Licht da" und beobachtete die Aura meiner Mutter. Diese war sehr groß und ausgedehnt, sie war glücklich an diesem schönen sonnigen Tag. Doch als ich ihr von dem kleinen Licht erzählte, zog sich ihre Aura in Sekundenschnelle zusammen. Ich habe dann als Dreijährige verstanden, dass meine Mutter Angst hatte. Das war meine erste Lektion, worüber ich mir Gedanken machte und überlegen musste, wem ich meine Erlebnisse erzähle.

Meine Mutter war grundsätzlich sehr interessiert an diesen Themen. Sie hatte viele Bücher darüber. Aber als es dann ganz konkret dazu kam, hatte sie sehr viele Ängste. Nachdem ich so viele Jahre unterrichtet habe, stellte ich fest, dass es etwas ist, was bei vielen Menschen Ängste auslöst.

Das 3. Auge

Wie wir alle wahrscheinlich wissen, haben wir ein 3. Auge. Es ist so, dass es nicht bei allen gleich arbeitet, aber es steht allen zur Verfügung, die es entwickeln möchten. Als ich um die 30 Jahre alt war, begann ich mich mit diesen Themen zu befassen und sie zu vertiefen.

Die meisten meiner Lehrer/innen haben dann gesagt: „Öffne dein 3. Auge nicht. Tu das nicht, weil du dann abgelenkt wirst von deinem spirituellen Weg." Was ich jedoch in den letzten Jahren beobachtete, war, dass sich bei vielen Menschen das 3. Auge sehr spontan öffnet. Ich würde auch behaupten, dass hier viele unter euch im Publikum diese Öffnung haben. Ich vermute, dass ihr nicht hierhergekommen wärt, wenn ihr nicht offen dafür wärt.

Mit Absicht diesen Weg zu verfolgen ist wieder ein anderes Thema. Das sind die Momente, wenn Angst auftauchen kann und diese Angst muss dann auch angesprochen werden. Ich möchte dieses Thema hier ansprechen und denke, dass ihr selber auch schon solche Erfahrungen gemacht habt.

Gerne erzähle ich euch noch mehr Erfahrungen dieser Art aus meinem Leben.

Das Karma mit meiner Mutter

Nun komme ich nochmals auf meine Mutter zurück, da gab es ein Ereignis als ich bereits Anfang 40 war. Ich lebte damals in Nordkalifornien und mein Haus war ein kleines Lichtzentrum. Zu dieser Zeit arbeitete ich bereits als Seherin und gab Kurse. Ich hatte immer das Gefühl, dass meine Mutter mich nicht wirklich mochte. Bis zu diesem bestimmten Vorfall, den ich euch nun erzählen möchte, konnte ich nicht verstehen, warum das so ist, warum ich mich so fühlte. Wir waren uns also nicht nahe.

Manchmal haben wir uns vier Jahre nicht gesehen. Sie lebte im Staat Montana und ich lebte in Kalifornien. Dann gab es die Gelegenheit, dass sie mich einmal in Kalifornien besuchte. Es gefiel ihr gut, zu sehen, was hier in meinem kleinen Zentrum alles passierte. Ich machte mit meinen Klienten/innen auch Rückführungen und meine Mutter wollte nun ebenfalls eine Rückführung. Sie wollte etwas über ihre vergangenen Leben erfahren. So haben wir beschlossen, dass meine Mutter die Rückführung mit einer anderen Person macht, nicht mit mir. Sie ging dann mit einer meiner Schülerinnen in einen Raum. 20 Minuten später kamen sie heraus und sagten, dass es nicht funktioniert. Darauf sagte ich: „Gut, lass es mich doch versuchen." Wir gingen wieder hinein und ich versetzte sie in einen leichten Hypnosezustand. Augenblicklich bekam sie ganz, ganz lebhafte Bilder, verbunden mit sehr starken Emotionen. Ich kann mich nicht erinnern, dass ich meine Mutter zuvor je weinen gesehen hatte, doch an diesem Tag weinte sie.

Karma ist real

Sie sah sich als Hohepriesterin an einer Küste irgendwo am Mittelmeer, in einem Baal-Tempel. Es war Frühling und sie machten ein Opferritual für das Bepflanzen der Erde. Der Tempel hatte eine große Öffnung im Dach und auch eine Grube im Boden. In dieser Grube brannte ein Feuer. Die Menschen standen alle um das Feuer herum. Als meine Mutter dies erzählte, begann ich ebenfalls alles zu sehen und zu fühlen. Sie wartete darauf, dass das Opfer hereingebracht wurde. Das Opfer war meine jüngere Tochter. Meine ältere Tochter und ich und eine Priesterin führten die jüngere Tochter herein.

Als wir später etwas nachforschten in der Geschichte, stellte sich heraus, dass gewöhnlich der älteste Sohn geopfert wurde.

Vielleicht war diese Tochter im vergangenen Leben ein Junge, aber wir haben sie beide so gesehen wie sie heute aussieht. Wir brachten sie herein, meine Mutter hob sie auf und gab sie ins Feuer. Sie war etwa sieben oder acht Jahre alt. Es war für uns beide sehr emotional. Meine Mutter schrie auf. Wir haben dann ins Feuer geschaut und meine Tochter stieg empor mit ihrem ätherischen Körper, zeigte mit dem Finger auf meine Mutter und sagte: „Du weißt, dass das falsch ist, du musst damit aufhören!" Meine Mutter war so überwältigt, dass sie selbst ins Feuer sprang. Meine ältere Tochter und ich haben dann diesen Ort verlassen und waren von da an auf der Straße unterwegs. Wir beide wussten auch, dass das falsch war, aber wir hatten nicht den Mut dazu, daran etwas zu ändern. Das war das vergangene Leben. Das Karma mit meiner Mutter.

Im jetzigen Leben, als meine Mutter etwa fünf oder sechs Jahre alt war, war sie in der Küche mit ihrer Mutter, die Gemüse einmachte. Sie hatte diesen riesigen Topf mit kochendem Wasser und trug ihn vom Herd zum Tisch. Das Kind prallte mit ihr zusammen und die Mutter verschüttete heißes Wasser über das Kind. So erlitt meine Mutter als Kind am Körper große Verbrennungen und Brandwunden. Es blieben Narben über den Nacken, die Schultern und die Brust.

Als ich etwa elf Monate alt war, hat mich meine Mutter alleine in der Wiege im Haus zurückgelassen, um ihre Mutter zu besuchen. Es war etwa einen halben Block entfernt in der gleichen Straße. Es war ein kalter Tag und sie ließ im Schlafzimmer die Kerosinheizung laufen. Ich weiß nicht, ob einige von euch diese Kerosinheizungen kennen, aber sie war etwa 80 cm hoch und glühend heiß. Ich finde sie recht gefährlich und es gibt sie heute auch nicht mehr. Meine Mutter hat mir diese Geschichte erst erzählt, als ich etwa 30 war, und sie hat mir dazu gesagt, dass sie keine Ahnung davon gehabt hätte, dass ich aus dem Bettchen klettern könnte. Ich war ja noch so klein und konnte noch nicht richtig gehen, das heißt, dass ich 2–3 Schritte machen konnte und mich dann an etwas festhalten musste, um wieder ein paar Schritte machen zu können. Als ich ein paar Schritte vorwärtsging, kam ich zu diesem Kerosinbrenner und hielt mich mit beiden Händen daran fest. Die ganze Haut an meinen Händchen war weg.

Ich sah meinen Vater zum Fenster hereinschauen, aber es hatte ihn so sehr erschreckt, dass er einfach wegrannte, um die Mutter zu finden. Als meine Eltern in den Raum zurückkamen, fanden sie blutige Spuren die Wände entlang und an allen Möbeln. Ich musste da überall herumgelaufen sein und geschrien haben. So könnt ihr verstehen, warum meine Mutter mich nicht mochte. Sie fühlte sich so schlecht und schuldig wegen allem, was damals passiert war. Sie konnte es deshalb kaum ertragen, mit mir zusammen zu sein.

Ich fand es immer interessant, dass ich dazu in mir eine komplett andere Geschichte hatte während der Zeit, als ich aufgewachsen war. Aber endlich habe ich dann erfahren, was wirklich passiert war. Als wir die Rückführung machten und ich den Zusammenhang mit dem Feuer begriffen hatte und meine Mutter das mit den Verbrennungen auch verstanden hatte, waren wir endlich fähig, unsere Beziehung zu heilen. Ich denke, es war eine so große karmische Last, und ich habe danach erst richtig zu leben begonnen, nachdem ich das verstanden hatte. Viel mehr, als ich je zuvor lebte.

Karma ist real, es betrifft uns in unserem täglichen Leben und es kann unser Potenzial blockieren. Nach diesem Ereignis haben sich mir sehr viele Türen geöffnet. Nicht nur die Heilung der Beziehung zu meiner Mutter, sondern auch mein Gefühl wurde stärker, dass ich mir mehr vertrauen kann.

Guru Muktananda

Einige Zeit nach dieser Rückführung wurde ich von einer Freundin zu einem spirituellen Lehrer namens Muktananda mitgenommen. Viele von euch haben vielleicht von Muktananda gehört. Er kam aus Indien und lebt heute nicht mehr. Ich möchte euch von einigen Erfahrungen erzählen, die ich durch ihn gemacht habe. Ich glaube, er hat mich auf eine Weise mit meiner Seele wieder in Einklang gebracht, was vorher nicht so war. Das erste Mal, als ich ihm begegnete, war er in einer kleinen Gruppe von Freunden in einem kleinen Raum im Ashram in Oakland, Kalifornien. Das Ganze kam mir sehr seltsam vor. Ich hatte nie zuvor etwas Ähnliches gesehen. Als er mich sah, stand er auf, kam zu mir herüber und begrüßte mich. Ich dachte, dass das etwas ist, was er mit allen macht. Aber dem war nicht so. Es war sehr ungewöhnlich und die Leute behandelten mich mit sehr viel Respekt. Ich verstand nicht wirklich, warum das so war.

Einige Monate später war ich bei ihm in einem Meditationskurs. Es waren etwa 400–500 Personen da, er ging durch die Reihen der Menschen mit seinen Pfauenfedern und hat ab und zu mit den Federn auf die Menschen geschlagen. Einige Menschen berührte er einfach an der Schulter oder am Kopf. Auf diese Weise gab er Shaktipat. Shaktipat ist die Energie eines erleuchteten Wesens, und er kann diese Energie einsetzen und übertragen, um eine Person, die er berührt, zu befreien. Als er zu mir kam, rieb er seinen Daumen in meinem 3. Auge. Er gab mir dadurch eine ganz starke Energieübertragung und einen Kraftschub und öffnete dabei ganz viele Bereiche in mir für meine spätere Arbeit. Ich denke, er hat mir ermöglicht, diese Heilarbeit zu machen, die ich heute durchführe. Langsam begriff ich, dass ich eine Wahrnehmung habe, die ausgeprägter ist als bei anderen Menschen, und dass ich die Kraft bekommen habe, zu heilen.

Ich schaute dann um mich und erkannte, dass viele, viele Menschen ganz ähnliche Erfahrungen machten. Meine Aufgabe ist es, die Menschen zu unterstützen, wenn diese Öffnungen geschehen, und ihnen zu helfen, damit umzugehen, und auch ihre Ängste zu besiegen. Es ist interessant zu beobachten, dass in den letzten Jahren die Angst abgenommen hat. Ich frage mich, ob in der jetzigen Weltsituation die Angst dann nicht wieder zunehmen wird. Doch ich denke, heute ist die Zunahme der Angst eine Art Heilungskrise im Angesicht des Leidens und der Negativität, die wir in der Welt sehen.

Wir bereiten uns auf einen großen Sprung des Bewusstseins vor. Wir haben die Gelegenheit, dies alles genau anzuschauen, was uns Angst macht, und dass wir uns darauf ausrichten, woran wir glauben, und die Angst dann auch vorbeiziehen wird. Das ist alles eine Vorbereitung für den Frieden auf Erden. Ich weiß, es gibt Tage, wenn wir hinschauen und uns dann so hoffnungslos fühlen. Dann sollten wir uns stärker bewusst sein im Wissen, dass jede Zelle in jedem Körper eines Menschen Bewusstsein hat und bleibt und eine Änderung herbeiführen kann.

Wenn ich manchmal über mein Leben erzähle, spreche ich in der Vergangenheitsform, was mir oft leidtut. Wenn ich Glück habe, habe ich noch weitere zehn Jahre vor mir.

Mit Heilen Geld verdienen

Ich möchte euch noch ein paar Erfahrungen mit Muktananda erzählen. Bereits vor 20 Jahren hat er seinen Körper verlassen. Doch seine Präsenz blieb für mich immer ganz real. Für eine lange Zeit, nachdem er gestorben war, wann immer ich eine große Frage hatte, um etwas zu lösen und zu tun, erschien er mir in einem Traum und erteilte mir eine Lektion. Deshalb möchte ich euch etwas erzählen, weil ich denke, dass diese Frage für viele von euch ein Thema sein kann, vor allem für Menschen, die auf verschiedenen Ebenen mit Heilarbeit zu tun haben oder in der therapeutischen Arbeit unterwegs sind.

Damals gab ich einen Vortrag und da saßen einige Frauen im Publikum und sagten, man sollte kein Geld nehmen für diese Arbeit, die ich mache. Ich nenne diese Frauen „Medien der alten Zeit". Das sind Leute (meistens Frauen), die ein aktives 3. Auge haben und Readings machen. Meist sind sie verheiratet oder verwitwet und finanziell abgesichert, ohne ihren Lebensunterhalt verdienen zu müssen. Liebe Seelen, die es gut meinen. Der Hauptunterschied, den ich zwischen ihnen und den Menschen sehe, die diese Arbeit heute machen, ist, dass die meisten Menschen heute ständig an sich selbst arbeiten, um für die Arbeit frei zu bleiben. Es gibt heute viel mehr Selbstbewusstsein unter den Menschen.

Während ich sprach, hob eine von ihnen die Hand und sagte zu mir: „Wenn Sie weiterhin Geld für Ihre Readings verlangen, werden Sie Ihre seherische Gabe verlieren." Die anderen Damen nickten alle weise mit dem Kopf. Ich war auf eine solche Aussage nicht vorbereitet und es schauderte mich. Schließlich sagte ich zu ihr: „Wenn ich für den von mir erbrachten Dienst kein Geld verlange, kann ich es nicht weitermachen – ich müsste einen Job suchen und arbeiten gehen und ich habe einfach nicht genug Energie für beides."

Traum mit Muktananda – Ich und das Geld

Ich ging nach Hause und hatte ein paar schlaflose Nächte. Immer wieder fragte ich mich: „Mache ich das Richtige?" Endlich hatte ich einen Traum. Ich saß mit einer Gruppe vor meinem Lehrer, Muktananda, und er lud mich ein, mit ihm vor allen zu sitzen.

Ich ging widerwillig auf die Bühne, ziemlich gehemmt vor allen. Er saß auf einer Art Regal – wie eine Holzplatte, die auf vier Gläsern Wasser stand, die jede Ecke des Holzes stützten. Natürlich zögerte ich, zu ihm hochzuklettern, aus Angst, das Gleichgewicht zu stören, aber er bestand darauf, zog mich so, dass ich sehr nah an ihm saß. Ich konnte kaum atmen. Ich war so überwältigt.

Wir saßen für ein paar Minuten dort und er unterrichtete weiter. Dann erschreckte er mich und griff nach meiner Hand. Er hatte in der anderen Hand einen Samtbeutel und entleerte ihn mir in die Hand – Goldmünzen, die meine Hand füllten und überliefen. Kein einziges Wort wurde in dem ganzen Traum gesprochen, aber die Botschaft, die ich bekam, war, dass Geld eine andere Form von Energie ist, eine andere Form von Gott, wie es jede Form ist. Und Geld zu erhalten im Austausch für meine heilende Hilfe ist mein heiliges Recht.

Ich wachte auf und fühlte mich überwältigend dankbar für diese ganze Erfahrung. Noch immer kann ich es fühlen, während ich es hier schreibe. Danke, lieber Guru Muktananda. Danke für die Befreiung, nicht nur in Bezug auf Geld, sondern noch mehr in Bezug auf meinen eigenen Wert.

Der Schutztraum

Anfang 2000 bereitete ich mich darauf vor, nach Europa zurückzukehren, um zu unterrichten. Ich war sehr beunruhigt durch
häufige Grippeerkrankungen, die meine Energie senkten und ich
mich dadurch ständig erschöpft fühlte. Mein Arzt konnte keine
Ursache finden. Ich zweifelte an meiner Arbeit und fragte mich,
ob es an der Zeit war, die Reise zu annullieren und vor allem die
Arbeit aufzugeben, die ich liebe.

Meine Freundin Tenzin Lhamo schlug mir vor, dringend einen
buddhistischen Lama zu besuchen, der mir helfen könnte, die
Ursache zu finden. Widerwillig vereinbarte ich einen Termin
und ging zu ihm. Ohne mich anzusehen, ohne irgendeine Art
von Einleitung, sagte er: „Sie hatten einen Schock – Ihr Schutz
ist weg." Ich bestritt, einen Schock gehabt zu haben, und sagte,
dass ich mich einfach so erschöpft fühlte, dass jegliche Art von
Aktivität infrage gestellt war. Er bestand darauf, dass es vor einiger
Zeit passiert sein könnte, dass ich einen Schock erlitt.
  Schließlich sagte ich: „Nun, vor 5 Jahren starb meine Tochter."
„Wie ist sie gestorben?", fragte er. „Selbstmord", antwortete ich.
Wirklich, das war definitiv ein Schock.
  Er sagte: „Wir müssten zum Schutz eine Puja machen. Ich kann es
tun, bevor ich in einer Woche die Gegend von Sebastopol verlasse."
Ich stimmte zu, da es auch kurz vor meiner Reise nach Europa war.

Am Tag vor dem Termin fuhr ich zu ihm. Es war eine drei-
stündige Fahrt. Ich blieb bei Freunden, die in der Nähe in Santa
Rosa wohnten. Am nächsten Morgen bereitete ich mich darauf
vor, die halbe Stunde zu seinem Platz in Sebastopol zu fahren. Ich
war eine Stunde früher unterwegs, weil er den Ruf hatte, schon
Leute abgewiesen zu haben, wenn sie zu spät kamen.
  Was für eine Fahrt! Mein Auto fuhr nicht so, wie ich es wollte –
es drehte sich ständig in eine andere Richtung, und ich verfuhr

mich, wenn ich versuchte, wieder auf die Strecke zu kommen. Ich rief mehrmals in seinem Zentrum an und bat um Hilfe, um wieder den richtigen Weg zu finden. Als ich endlich ankam, war ich zwei Stunden zu spät und ich erwartete schon, dass sie mich abweisen würden.

Stattdessen sagten sie, ich hätte erhebliche Störungen gehabt und die Puja würde ungefähr 3 Stunden dauern. Ich wurde sofort in den Heilungsraum gebracht, zusammen mit einer anderen Frau, die einen Termin für eine Heilung hatte. Es gab drei Leute, die das Puja-Ritual durchführten, und weil es für alle neu war, taten sie es mithilfe eines Buches, das mich nicht beeindruckte. Tatsächlich hatte ich zum ersten Mal ein bisschen Angst. Es wurde ein Topf mit kaltem Tee verwendet, der über meinen Kopf, meine Hände und meine nackten Füße gegossen wurde, während ein stetiger Gesang mit vielen Hinweisen auf das Buch gesungen wurde. Ich kann mich nicht erinnern, viel gefühlt zu haben oder mir über etwas bewusst geworden zu sein, aber am Ende befand ich mich definitiv in einem veränderten Zustand und musste umhergehen und mich wieder erden, bevor ich zum Haus meiner Freundin fuhr.

Drei Tage später flog ich nach Europa und begann dort meine Arbeit. Eine Woche später war ich in Lugano in der Schweiz und hatte einen Traum. Im Traum war ich wieder im Heilungsraum des Lamas und saß mit ihm an einem Tisch. Er fragte mich: „Warum glauben Sie, dass Sie meine Hilfe verdienen?" Es war fordernd und nicht wirklich freundlich, wie er es sagte. Ich wurde völlig leer. Mein Verstand konnte sich nicht mehr auf eine einzige Sache konzentrieren. Ich öffnete den Mund und sagte, als ich plötzlich an der Decke saß und mit ihm plauderte, Sinnloses, immer noch am Tisch sitzend. Plötzlich fiel mir auf, dass es einen Wirbelsturm gab, der alles im Raum außer uns aufhob und im Kreis herumwirbelte: Papiere, Bücher, Möbel, heilige Gegenstände usw. flogen durch den Raum. Ich geriet in Panik und das Nächste, was ich wusste, war, dass ich um 3:00 Uhr morgens in

Lugano aufwachte und die Bettbezüge sich um meinen Hals verhedderten. Etwas, das mir noch nie zuvor passiert war.

Ich sagte immer wieder: „Ich bin nicht würdig, ich bin nicht würdig, ich verdiene es nicht!" Dann begann ein warmes, glückseliges Gefühl von meinen Füßen her aufzusteigen, und als es meinen Körper nach oben strömte, war das, was aus meinem Mund kam: „Oh, ich bin würdig, ich bin würdig, ich bin es wert, ich verdiene es." Dann fiel ich weinend und selig wieder in den Schlaf hinein.

Ich fühlte, dass die Heilung abgeschlossen war. Herzlichen Dank allen Beteiligten und dem Lama.

Maitra und Karin 2015

Maitra 2016

Maitra 1940

Maitra 1944

Maitra 1955

Maitra mit 1. Tochter Marcee 1957

Maitras Familie 2014

Maria und Maitra, 2015

Karin und Maitra 2014

Maitra 2017

Maitra, Garten der Stille, CH-Römerswil 2016

Karin, Maitra und Fatma 2016, Villa Maria, CH-Dierikon

Opening the Lotus, Seminar 2017

Wenn du dich auf deinen Weg machst,
erscheint der Weg.
Dein Herz kennt den Weg.
Laufe in diese Richtung.

Rumi

Akasha-Reisen mit Maitra

Heilung aktueller Lebensthemen durch Einblick in vergangene Leben

Aufgezeichnete Readings/Einzelsitzungen mit Interviews der Klienten/innen

Die Namen der Personen in den Readings/Einzelsitzungen sind anonymisiert.

M: Abkürzung für Maitra

Alle weiteren Abkürzungen stehen für die Namen der Klienten/ innen.

Mein Kind kann nicht schlafen

Kerstin, Mutter von Nina, ★1975

K: Ich habe eine siebenjährige Tochter, Nina, und als ich für ein Reading zu Maitra kam, war sie etwa fünf Jahre alt. Sie hatte immer große Mühe mit dem Schlafen. Sie hatte große Angst, alleine zu sein und alleine zu schlafen. Ich spürte schon seit ihrer Geburt, dass es wirklich etwas ganz Tiefes in ihr war. Manchmal bekam sie sogar Panikattacken. Schon als sie ein Baby war, konnte ich das wahrnehmen. Nina hatte Angst, wenn sie alleine gelassen wurde. Natürlich war das für uns Eltern manchmal mühsam, weil sie immer jemanden neben sich brauchte, bis sie schlafen konnte. Das war eine sehr anstrengende Zeit. Sie hielt mich immer an der Hand oder am Körper fest und war oft einfach ganz wach, obwohl sie sehr müde war. Kaum bewegte ich mich ein bisschen, dann griff sie noch mehr nach mir.

Auch im Auto passierte es so, wenn sie alleine im Auto saß und ich aussteigen musste, um ihre Tür zu öffnen, begann sie zu schreien. Ich musste meine Tür offen lassen und dann ihre Tür öffnen, um sie dann herauszunehmen. Dann erst konnte ich wieder beide Türen schließen. Mit der Zeit gewöhnte ich mich an all diese Situationen. Ich wollte herausfinden, was dahinterstecken könnte.

Durch das Reading bei Maitra bekam ich Informationen über ein vergangenes Leben von meiner Tochter.

Vergangenes Leben von Nina:

M: Nina war im vergangenen Leben ein 7-jähriges Mädchen und hatte eine 2 Jahre ältere Schwester. Sie lebten mit ihren Eltern in Vietnam in einer kleinen Hütte und es war Nacht. Draußen waren Soldaten. Es war nicht während des Vietnamkrieges, es war vorher. Die Eltern waren nicht in der Hütte, sondern draußen. Es gab einen Zwischenfall und die

Eltern wurden dabei beide durch diese Soldaten erschossen. Die Tür zur Hütte war zugesperrt von außen, die beiden Mädchen waren im Inneren eingesperrt. Sie hörten in der Hütte die Schüsse der Gewehre. Später fanden sie heraus, dass die Eltern tot sind. Die Kleine lebte in diesem Leben nicht mehr sehr lange, sie starb bereits als Teenager, ohne diesen Verlust der Eltern verarbeitet zu haben. Sie brachte den Schock in dieses Leben hinein. Dieses Trauma ist in ihr geblieben. Sie kam damit zurück in einen neuen Körper.

Oft wird das Trauma aus vergangenen Erfahrungen wieder aktiviert, wenn ein Mensch in diesem Alter ist, als es sich in seinem früheren Leben ereignete. Die unverarbeiteten Erinnerungen wirken, danach kann sich dann etwas lösen und es wird leichter.

Interview mit Kerstin:

K: Seit Ninas siebten Geburtstag erfahren wir diese Veränderung in ihrem ganzen Wesen. Auch nach dem Reading gab es bereits eine Erleichterung. Die Informationen durch das Reading waren eine Bestätigung. Es waren nicht nur meine Gedanken und meine Gefühle, sondern jetzt hatte ich auch noch mehr Verständnis für Ninas Verhalten. Manchmal gab es auch kleine Konflikte mit meinem Mann, denn er meinte, Nina müsse doch jetzt alleine schlafen können. Es wäre falsch, wenn wir immer mit ihr so lange zusammen im Bett seien, bis sie schlafen könne.

Jetzt war ich erleichtert und im Gefühl, richtig gehandelt zu haben. Instinktiv blieb ich einfach bei ihr, um ihr Sicherheit und Geborgenheit zu geben, und ich habe ihre Ängste ernst genommen.

Wir arbeiteten auch noch mit Kinesiologie. Auch das brachte viel Unterstützung. All dies zusammen mit dem Einblick in dieses traumatische vergangene Leben gaben die Gewissheit, dass jetzt etwas in Bewegung kam. Es war alles sehr hilfreich und hat mich sehr entlastet.

Diese ganze Geschichte mit Nina war ein sehr großes Thema für mich. Während des Readings mit dieser Geschichte meiner

Tochter bekam ich starke Gänsehaut und das gab mir ein Gefühl, dass darin eine Wahrheit sein muss. Ich spürte, etwas war für sie nicht einfach und sie war innerlich tief beschäftigt. Heute, wenn sie zu Bett geht, lese ich noch ein Büchlein mit ihr oder erzähle ihr eine Geschichte und sie kann alleine einschlafen. Auch ihr ganzes Wesen hat sich stark verändert. Sie ist weniger scheu und weniger ängstlich, denn sie fürchtete sich wirklich vor gewalttätigen Energien. Sie erschrak fürchterlich bei starkem Lärm oder bei Schüssen, oder einem Knall wie z. B. bei Feuerwerk. Kurz vor ihrer Geburt gab es ein Feuerwerk in unserer Stadt. Ich selber habe gerne Feuerwerk. In der Nacht vor der Geburt ging ich damals auf unsere Dachterrasse und schaute mir das wunderschöne Feuerwerk an. Dann platzte die Fruchtblase. Möglicherweise hatte es auch etwas zu tun mit dieser Angst, die sie mit sich brachte. Heute ist es viel besser. Sie kann Feuerwerke anschauen und genießen, und auch besser mit lauten Geräuschen umgehen oder mit wilden Jungs.

Es ist gut, dass ihr Vater ganz präsent ist in der Familie. Er ist viel zu Hause, denn sie braucht immer noch einen von uns beiden um sich herum. Sie will wissen, wann Papi nach Hause kommt und wann Mami nach Hause kommt. Wir haben beide viel mehr Verständnis für ihr Wesen und sie spürt es. Wir wissen auch, dass es so richtig ist.

Ich mache Vergebungsarbeit für vergangene Leben und für das jetzige Leben und das Reading hat mir noch mehr Kraft und einen klaren Fokus gegeben, damit zu arbeiten. Die Möglichkeit vergangene Leben aufzuarbeiten ist so hilfreich. Wenn wir diese Bewusstseinsebenen und Dimensionen anerkennen, können wir sie auch bereinigen und loslassen. Für mich ist diese Arbeit wichtig. Die klaren Bilder und Informationen, die Maitra übermittelt, sind eine große Fähigkeit und Hilfeleistung. Es berührt und bewegt die Menschen und es finden innere Veränderungen statt.

Manchmal nehme ich auch wahr, dass wir in diesen parallelen Universen leben, wo alles gleichzeitig stattfindet, und dass wir in diesem Sinne multidimensionale Wesen sind. Informationen daraus helfen uns, etwas zu erkennen, und das hilft uns sehr beim Lösen unserer Probleme.

Über das vergangene Leben unserer Tochter habe ich mit meinem Mann gesprochen. Er reagierte nicht gleich wie ich. Ich konnte es einfach so stark fühlen. Doch er ist grundsätzlich offen für die Möglichkeit von Reinkarnation. Es hat auch noch etwas Gewicht, dass diese Geschichte nicht von mir kommt, sondern von jemand anders. Er kann auf diese Weise diesen Informationen mehr Beachtung schenken. Es war für uns alle sehr kraftvoll.

Es gibt keine großen Entdeckungen und Fortschritte,
solange es noch ein unglückliches Kind auf Erden gibt.

Albert Einstein

Eine spirituelle Krise

Irmgard, *1960

I: Ich kam nicht mit einer konkreten Frage zu Maitra. Ich wollte einfach zu ihr, damit sie mir sagen könnte, wo ich stand. Ich spürte mich in dieser Zeit wirklich nicht mehr gut und wusste nicht genau, was mit mir passierte. In der Zeit, als es mir sehr schlecht ging und sich gesundheitliche Probleme abzeichneten, hatte ich das Gefühl, dass ja gar nichts mehr an mir ist. Ich spürte nur noch meine Knochen. Es fühlte sich so an, als ob ich nur noch als Skelett unterwegs war, eingehüllt in eine schwache Hülle. So kam ich mit der Erwartung, dass sie als Seherin mir aufzeigen könnte, was mit mir los war. Vielleicht gab es ja eine Erklärung dazu.

M: Ich weiß nicht wie du aussiehst, wenn du dich gut fühlst, aber für mich fühlt es sich an, als ob du sehr wenig Energie hast. Du bist blass im Gesicht. Erzähl mir doch über deine Gesundheit.

I: Ich fühle mich nicht gut, bin sehr müde und das dauert schon etwa zwei Jahre.

M: Was geschah vor zwei Jahren?

I: Vor zwei Jahren begann es mit einem sehr unruhigen Herz, damit ging ich zum Arzt, doch mein Körper war in Ordnung. Es war einfach Unruhe in mir.

M: Lass uns zu deinen Beziehungen gehen, um zu schauen, ob wir dem auf die Spur kommen.

I: Ich habe seit 10 Jahren keine Partnerschaft, lebe alleine und ich frage mich, warum. Die letzte Beziehung habe ich beendet, weil ich unter den gegebenen Umständen mit diesem Partner den Weg nicht mehr gemeinsam gehen konnte.

M: Hast du das Gefühl, dass du depressiv bist?

I: Nein, nicht wirklich. Vor einem Jahr ist mein Vater gestorben, dann sind alle meine gesundheitlichen Werte in den Keller gefallen. Vor allem mein Ferritin (Eisen im Blut) war sehr niedrig. Ich fühle mich nicht depressiv, aber auch nicht gut.

M: Wenn ich deprimiert sage, bedeutet es nicht unbedingt, dass du traurig bist. Ich habe das Gefühl, deine ganze Energie ist sehr niedrig. Kannst du mir sagen, was du willst?

I: Ich habe über dich gelesen und kam mit der Frage, was du von mir wahrnehmen kannst.

M: Du möchtest eine Antwort darauf, warum du dich heute so fühlst?

I: Ich weiß es.

M: Was möchtest du denn sonst noch?

I: Ich möchte wissen, was du siehst und von mir wahrnimmst. Wenn du mir etwas mehr dazu sagen kannst, damit ich besser verstehen kann, wo ich stehe, hilft mir das vielleicht in Bezug zu meinen Beziehungen und zu meiner momentanen Gesundheit.

M: Lassen wir das alles mal so stehen, und sage mir, was du wirklich willst.

I: Ich will Unterstützung auf meinem Weg, für meine Gesundheit und in meinen Beziehungen.

M: Hast du Freunde?

I: Ja.

M: Unterstützen sie dich?

I: Ja.

M: Wie wäre das, wenn ich eine Fee wäre und dir alles geben kann, was du willst? Stell dir vor, was dein Wunsch ist.

I: Ich verstehe die Frage nicht.

M: Ich frage mich, ob du jemals etwas ausgedrückt hast, was du willst. Du hast drei Wünsche offen und ich bin deine gute Fee.

I: Ich wünsche mir Gesundheit, eine Beziehung und einen guten Job. Ich arbeite teilzeit in einem Büro und ich bin auch therapeutisch tätig. Ich würde gerne mehr in meiner therapeutischen Praxis arbeiten.

M: Sage mir nochmals deinen ganzen Namen.

I: …

M: Jetzt kann ich deine Energie spüren. Ist dir bewusst, dass dein 3. Auge offen ist?

I: Ja, viele Leute haben es mir schon gesagt.

M: Wie lange weißt du das?

I: 10 Jahre.

M: Wenn ich da bei dir hineinspüre, ist es ein bisschen schmerzhaft, weißt du das? Macht es dich glücklich oder macht es dir Angst, wenn du Dinge siehst und wenn du dir bewusst wirst, dass du sie wahrnehmen kannst?

I: Es bereichert mich, es ist positiv für mich.

M: Als dein Vater starb, wie hat dich das beeinflusst und was hast du gesehen?

I: Nichts.

M: Ich beschreibe dir nun den Eindruck, den ich bekomme: Ich habe den Eindruck, dass du nicht in deinem Körper bist und du deinen Körper teilweise verlassen hast. Aber ich kann keinen Grund dafür finden. Manchmal, wenn jemand stirbt, gehen Menschen mit den Verstorbenen mit, doch es scheint nicht so, dass dir das passierte. Du hast auch nicht von einem traumatischen Ereignis in den letzten 3 Jahren erzählt.

Als ich dich fragte, was du willst, kommt da nicht viel an Energie bei mir an, auch nicht, wenn du zum Ausdruck bringst, was du willst. Es ist fast wie eine Gleichgültigkeit. Etwas veranlasst dich, teilweise deinen Körper zu verlassen. Es muss etwas zuvor passiert sein. In diesem Zustand bist du nicht wirklich in der Lage, die gesundheitlichen Probleme zu heilen oder jemanden zu erreichen, zu dem du dich hingezogen fühlst. Du bist einfach nicht ganz da. Du stehst dir selbst nicht ganz zur Verfügung. Das ist eigentlich nichts Neues für dich, oder? Das wusstest du schon.

I: Vor einem Jahr hatte ich einen Zusammenbruch, als mein Vater starb. Mein Körper war zwar noch hier, jedoch wie ein leeres Gestell. So fühlte es sich an, der Rest war woanders.

M: Jetzt gerade, als du mir das erzählt hast und du dir dessen bewusst bist, spüre ich von dir am meisten Energie. Nehmen wir an, du bist jetzt zu etwa 30 % hier. Das ist vielleicht nicht ganz korrekt, es könnte ein bisschen mehr sein, so fühlt es sich für mich an.

Wenn ich dich frage: „Möchtest du zu 100 % hier sein?", was ist deine Antwort?

I: Ja, super!!

M: Jetzt kannst du den Unterschied zwischen deinen Worten und deinem wirklichen Zustand fühlen. Deine Worte sagen Ja, jedoch deine Energie nicht. Es ist nicht dasselbe.

I: Ich kann es nicht beschreiben.

M: Das ist, warum du mir nicht sagen konntest, was du willst. Unsere Wünsche bringen uns hierher, um sie zu erfüllen. Wenn du keine Wünsche hast, hast du keinen Grund, hier zu sein. Es fühlt sich für mich so an, als ob du in einer spirituellen Krise bist: Eine Ebene der Desillusionierung. Du willst den Grund finden. Jetzt bist du nur halb lebendig. Ist es dir wert, dich selbst zu heilen, kannst du dich darauf einlassen?

I: Ja.

M: Keine Kinder, keine Familie, keinen Liebhaber, keinen Vater mehr? Hast du noch eine Mutter?

I: Ja, zu meiner Mutter habe ich eine gute Verbindung.

M: Würdest du für deine Mutter gehen wollen?

I: Nein?!

M: Ich sehe deinen Lichtkörper und wie du ihn von dir weghältst. Du hast begonnen, die Kanäle für Heilung zu öffnen. Wie lange machst du die therapeutische Arbeit schon?

I: 10 Jahre.

M: Könntest du sagen, dass du all deine Kraft nutzt und sie dir dann zur Verfügung steht, wenn du mit den Menschen Heilarbeit machst? Kannst du fühlen, dass es viel mehr gibt, womit du dich verbinden kannst?

I: Ja.

M: Ich sehe deinen Lichtkörper, er ist ungefähr einen Meter hinter dir. Wirklich, er ist für dich verfügbar, wenn du das willst. Es gibt kein Karma, das sagt, dass du ihn nicht haben kannst oder dies ein großes Problem wäre. Es fühlt sich eher so an, als ob dies für dich zu viel wäre. Dein Lichtkörper würde dich im Leben verankern. Er wird nach dir fragen, wenn du wirklich in deine Kraft findest, und dann musst du die Hintertür schließen. Die offene Hintertür bedeutet: Du kannst dich nach Belieben von deinem Körper entfernen.

Im Moment bist du nicht wirklich in deinem Körper und deshalb hast du so wenig Energie. Diese Krise kam, als du in

Berührung kamst mit deiner Kraft. Als die Krise begann, hast du die Energie von dir weggestoßen, du hast sie verweigert. Wenn du diese Energie ganz in den Körper bringst, wird sie dich hier verankern. Es werden viele Anforderungen an dich herankommen. Die Leute wollen also etwas von dir. Was haben wir, die Menschen, dir angetan, dass du dich uns verweigerst? Ich spreche hier von der menschlichen Rasse, über uns alle, über menschliche Erfahrungen, die wir alle machen. Es scheint mir, dass ein Teil von dir diese Macht verweigert. Du hast sie so weit weggestoßen, dass du dich nicht mehr gut um deinen eigenen Körper gekümmert hast, deshalb fühlst du dich krank. Du kannst natürlich zurückgehen und so tun, als ob dich das nichts angeht. Der andere Teil in dir denkt, dass die Menschen, also wir alle, es nicht verdient haben und dieser Satz kommt aus einem vergangenen Leben. Wir verdienen diese Hilfe oder Heilung nicht, wozu du fähig bist.

Es gibt ein wundervolles Buch mit dem Titel „The Adventures of a Reluctant Messiah" von Richard Bach. Er spricht über diesen Mann, der fähig ist, zu heilen, der Menschen hilft und lehrt, zur Erleuchtung zu gelangen. Aber er will es nicht. Es ist zu viel Verantwortung, es ist zu viel Nachfrage nach ihm, alle wollen etwas. Das bist auch du. Du hast dieses Licht in dir und all diese Kraft, die du für Heilung nutzen könntest, und als du anfingst, es zu fühlen, hast du es von dir gewiesen.

Jetzt sehe ich, wie sich etwas ein wenig verschiebt in dir. Endlich!!! Du bist nicht einfach. Dir bewusst zu werden, was du tust, ist manchmal alles, was du brauchst, um eine andere Wahl zu treffen. Manchmal genügt es, zu bemerken, dass du etwas tust, um dann sagen zu können: „Warte mal, das will ich nicht wirklich machen." Es ist nicht einfach von dir zu erfahren, was du willst, weil da die Energie fehlt.

Die Akasha-Chronik, die mir Zugang ermöglicht zu Informationen aus vergangenen Leben, weigert sich mir zu öffnen. Ich weiß nicht, warum das so ist. Ich habe das Gefühl, dass du es nicht willst. Möchtest du das vergangene Leben kennen, das dir hilft, dieses Dilemma zu verstehen?

I: Das ist der Grund, warum ich hier bin. Ich möchte es verstehen und ich weiß, dass es sich um eine spirituelle Krise handelt.

M: Schau, du hast es mir nicht einfach gemacht. Auf eine Weise wusstest du das alles und du hättest es am Anfang sagen können.

I: Es tut mir leid, das war nicht meine Absicht.

Ein vergangenes Leben von Irmgard:

M: Das ist in Ordnung, lass mich sehen, worum es geht. Ich sehe Bilder mit vielen Aktivitäten, es ist sehr, sehr hektisch. Du bist auf einem sehr großen Schiff. Du bist ein Arzt, jedoch nicht ein offizieller Arzt auf dem Schiff. Du bist ein Arzt, der mit anderen Menschen auf dem Schiff ist. Es ist eine Gruppe von jüdischen Menschen, die nach einem Land Ausschau halten. Es sind Flüchtlinge und sie sind aus Deutschland geflohen. Dies war während des Zweiten Weltkrieges, und sie suchten nach einem Ort, um an Land zu gehen. Doch auf dem Schiff waren Krankheiten ausgebrochen. Überall, wo das Schiff nun hinkam, wollte man es nicht an Land lassen, weil die Leute Angst vor Krankheiten hatten, die ihr mitbrachtet. Du warst einer der privilegierten Menschen auf dem Schiff. Es gab einige Zimmer für die Leute, die genug Geld hatten, und du gehörtest zu diesen.

Unter den Decks des Schiffes befanden sich Hunderte von Menschen, die nur wenig Platz hatten und nur auf dem Boden liegen konnten. Die Leute hatten ihre Kleider auf dem Boden ausgebreitet, damit sie sich darauflegen konnten. Wenn jemand krank wurde, war es sehr schlimm, weil es keinen Ort gab, an dem Menschen isoliert werden konnten, damit sie andere Menschen nicht ansteckten.

Du gingst bereits vorher durch ein Trauma, als sich herausstellte, dass du zu einem Teil jüdisch warst. Du hattest eine sehr hohe Position in einem großen berühmten Krankenhaus. In den frühen Jahren, als die Nazis begannen das jüdische Volk zu sammeln, hieltest du immer den Atem an in dieser prestigeträchtigen Position, und du dachtest, dass du in Sicherheit wärst. Du warst nicht nur Leiter dieses Krankenhauses, sondern auch Professor an der Universität, die mit diesem Krankenhaus verbunden war. Ich bin mir nicht ganz sicher, aber ich denke, es war in

Berlin. Eines Tages kamen sie, um dich zu holen. Ich sehe ein riesiges Chaos im Spital. Alle Krankenschwestern und die anderen Ärzte waren aufgebracht. Du warst sehr beliebt und wurdest sehr respektiert. Du warst sehr sicher in deiner Position und warst Mentor für viele der Ärzte, die unter dir arbeiteten. Ebenfalls hattest du viele Artikel veröffentlicht. Als die Männer in den schwarzen Uniformen kamen, versuchten einige der Ärzte sich zwischen sie und dich zu stellen. Die Krankenschwestern haben geweint, es war das reinste Chaos. Du riefst alle zu dir und sagtest ihnen: „Macht euch keine Sorgen, es kommt alles in Ordnung. Seid nicht traurig, schaut zu, dass es mit unseren Patienten gut weiterläuft und ich werde heute Nachmittag zurückkommen." Sie brachten dich vor einen Militärrichter. Das war das einzige Zugeständnis, dass sie dir wegen deiner hohen Position und deines Wertes machten. Es war nicht wirklich Teil des Gerichtssystems und auch nicht wie für einen Offizier. Der Richter sagte zu dir: „Schau, es steht mir eigentlich nicht zu, aber ich werde dir und deiner Familie 24 Stunden Zeit geben, um das Land zu verlassen. Wenn etwas passieren sollte und es bekannt wird, kenne ich dich nicht!" Du hast in seine Augen geschaut und gesehen, dass er einer der wenigen in der Nazi-Partei ist, der überhaupt Mitleid hatte. Er sagte: „Versuche nicht, irgendetwas mitzunehmen, nicht einmal einen Sack voller Kleider. Sammle alles Geld, was du kannst, und verschwinde von hier. Darüber hinaus kann ich dir nicht helfen."

Das Nächste, was du wusstest – und das ist interessant, denn ich habe nie zuvor gesehen, dass es eine Art Untergrund gab –, es gab Leute, die in diesem System waren und die gegen dieses System arbeiteten. Diese waren nicht sehr viele und sie waren untereinander auch nicht bekannt. Das Nächste, was dann passierte, als du mit deiner Familie auf dieses Schiff kamst: Niemand durfte wissen, dass du Arzt bist. Dein Sohn, der etwa 11 oder 12 Jahre alt war und mit anderen Kindern auf dem Deck war, erzählte ihnen jedoch, dass du ein Arzt bist. Das hat sich herumgesprochen und der Kapitän des Schiffes kam zu dir und sagte: „Schau, du musst uns hier helfen, wir haben kein medizinisches Personal an Bord. Es ist so fürchterlich, wir brauchen deine Hilfe. Wir können niemals irgendwo an Land gehen, wenn wir nicht sagen können, dass wir keine Krankheiten mehr an Bord haben." Also hast du die Ärmel hochgekrempelt und gingst an die Arbeit. Deine Frau und die älteste Tochter, die ungefähr 15 Jahre alt war, wollten dir auch helfen. Du aber wolltest das nicht, da es zu gefährlich war, und diese Krankheiten waren sehr ansteckend. Beide aber bestanden darauf, dir zu helfen. Für einen Monat oder vielleicht auch länger versuchtest du so viele Menschen wie möglich zu retten. Vor allem sagtest du dem Kapitän – und du hast es auch so gefühlt –, dass es das Wichtigste war, die Ansteckungen zu stoppen.

Du fandst einen Weg, die kranken Menschen von den gesunden zu trennen. Dann jedoch wurde sowohl deine Frau und auch deine Tochter krank. Du gingst unter die Leute, denen du geholfen hattest und sagtest, dass du die kranken Menschen nicht im Krankenabteil lassen willst, und dass du Hilfe brauchtest – jemanden, der deine Frau und die Tochter pflegen würde. Du würdest alle anderen beaufsichtigen und versuchen sicherzustellen, dass sich niemand anstecken würde.

Von all den Leuten auf dem Schiff, denen es gut ging, war keine einzige Person bereit, dir, deiner Frau und deiner Tochter zu helfen. Also musstest du dich entscheiden bei deiner Frau und Kind zu bleiben, um sie zu retten oder weiterhin im Krankenabteil zu bleiben und zu versuchen so viele Menschen wie möglich zu retten. Du wolltest deine Frau und Tochter nicht ins Krankenabteil bringen, das war zu schrecklich. Als beide innerhalb von 24 Stunden starben, hast du aufgegeben. Du botest dann an, falls jemand versuchen will deinen Platz einzunehmen, würdest du ihn mit Anweisungen unterstützen. Du wolltest nicht mehr weiter versuchen anderen Menschen zu helfen, die nicht den Mut hatten, dir zu helfen. Dann hast du dich mit den anderen Kindern in die Kabine zurückgezogen und eingesperrt und hast einfach nur noch abgewartet.

Auf diesem Schiff starben schätzungsweise 60 % der Menschen an diesen Krankheiten. Schließlich durfte das Schiff an Land, nachdem alle Leichen auf See abgeworfen worden waren. Ihr seid irgendwo in Südamerika gelandet, wo du nach dem Krieg ein paar Jahre lebtest, und deine Enttäuschung war so groß. Das Gefühl blieb, dass du dich für Menschen geopfert hast, die dir überhaupt nicht helfen wollten.

Dieses Gefühl ist immer noch so stark in dir, obwohl du versucht hast, darüber hinwegzukommen. Du hast angefangen auf eine andere Art zu helfen, indem du in deiner Praxis Leute behandeltest. Dabei kamst du in Berührung mit deiner eigenen Größe und mit deinem eigenen kraftvollen Geist. Du legtest all das weg. In gewissem Sinne geht es jetzt darum, zu vergeben. Das ist die Herausforderung für dich, all den Menschen, die dir in diesem vergangenen Leben aus Angst den Rücken gekehrt haben, zu vergeben.

Weil du deine eigene Angst überwunden hattest und die Angst um deine Frau und deine Tochter immer grösser wurde, konntest du nicht verstehen, warum all diese anderen Leute dir nicht helfen wollten. Jetzt wollen wir sehen, wie du wieder dazu kommen kannst, die anderen Menschen so zu akzeptieren wie sie sind. Manche sind stark genug und manche nicht. Einige sind bereit, ihr eigenes Leben zu riskieren, andere nicht. Es scheint mir, als wäre dies dein Moment der Wahrheit.

I: In meinem Leben habe ich jetzt genau solche Situationen mit Menschen erlebt, und das kostete mich so viel Energie. Vielen Dank für diese Geschichte aus dem vergangenen Leben, es gibt viele Dinge, die ich jetzt zusammenfügen kann. Gerade gestern habe ich jemandem gesagt, dass ich sicher bin, in einem früheren Leben Arzt gewesen zu sein. Ich wusste nicht, wie ich die Frage dazu stellen sollte am Anfang der Sitzung.

M: Du warst sehr von dir getrennt, jetzt aber findest du dich wieder.

Interview mit Irmgard

Das vergangene Leben, von dem ich durch Maitra im Reading erfahren habe, gab in mir eine sehr starke Resonanz: Aha, darum und jetzt kann ich verstehen, immer mehr. Jetzt weiß ich auch, woher mir vieles so vertraut erscheint, vieles kommt mir bekannt vor. Ich hatte viele solcher Momente, auch in der Zeit nach dem Reading.

Bevor ich Rat suchte bei Maitra, fühlte ich mich nicht gut. Ich lief sozusagen neben den Schienen, wie man so sagt. Durch das Reading habe ich sehr eindringliche Informationen erhalten und ich hörte mir das Gespräch (aufgenommen auf CD) immer wieder an. Dies fühlte sich gut an und ich verstand immer mehr

Zusammenhänge. Ich kannte vor dem Reading viele dieser Gefühle, konnte jedoch nie sagen, woher diese kamen und woher ich sie kannte. Es gibt mir eine Bestätigung, dass wir nicht umsonst hier auf Erden leben sind, sondern dass es wie nach einem geschriebenen Buch, nach einer Vorlage oder einem Plan geht. Das Reading zeigte mir auch auf, wo ich zu diesem Zeitpunkt stand in meinem Leben. Es hat mich auf den Boden zurückgebracht. Die Geschichte als Ganzes erlebte ich nochmals durch und durch mit allen Emotionen.

Von diesem Moment an wusste ich, dass ich mich von der Vergangenheit lösen kann, von all dem, was stattgefunden hat. Ich darf loslassen. Aus dem vergangenen Leben habe ich diese große Enttäuschung mitgenommen, dass die Menschen mir in dieser Situation nicht auch geholfen haben, wo ich doch ihnen half. Auch trug ich ein Schuldgefühl mit, weil ich am Schluss verweigert habe als Arzt anderen Menschen zu helfen. In meiner jetzigen Lebenssituation bin ich auf dem Weg, Menschen zu helfen, ohne es tun zu müssen. Dieses „müssen" gehört ins vergangene Leben. In meinem jetzigen Leben bin ich kein Arzt, es verläuft ganz anders. Diese Erkenntnis hat mich von einem enormen inneren Druck befreit. Jetzt kann ich verstehen, dass diese Gefühle aus der Vergangenheit stammen und mein jetziges Leben nicht mehr überschatten können.

Ich muss mich nicht deshalb engagieren, weil ich Schuldgefühle habe, ich muss weder in der Rolle eines Arztes leben noch als Therapeutin oder sonst was, wenn ich das nicht wirklich will. Jetzt kann ich frei entscheiden. Auch klärt sich die Frage, warum meine therapeutische Arbeit manchmal stagnierte. Ich muss nicht unbedingt Therapeutin sein.

Schon im vergangenen Jahr begann ich langsam die Rolle als Therapeutin loszulassen, mit etwas Wehmut habe ich die definitive Entscheidung getroffen. Ich erinnere mich, als ich die Ausbildung machte, hatte es ein paar Situationen gegeben, wo mich die Lehrperson regelrecht schubsen musste, um den Diplomabschluss zu machen. Da war wie eine Bremse in mir, diesen Lehrgang zu machen, verbunden mit Widerstand und dann wieder mit: „Ich muss das machen!" Es war ein Gefühl, als ob ich etwas abverdienen sollte. So absolvierte ich in und mit der Gruppe zusammen die Ausbildung zur Therapeutin und praktizierte ein paar Jahre mit gutem Erfolg, bis es angefangen hatte, zu stagnieren.

Jetzt nach dem Reading und den Informationen daraus, kann ich alles besser verstehen und nachvollziehen, warum meine Laufbahn als Therapeutin nicht vollständig klappte. Jetzt weiß ich, dass ich nicht unbedingt diesen Weg gehen muss. Es sind die Altlasten aus der Vergangenheit, die mir einen bestimmten Druck auferlegten. In meinem jetzigen Leben bin ich frei von einer großen Verantwortung und als Arzt. Das befreit mich unglaublich.

Ich habe mich eigens entschieden ins Erdenleben zu inkarnieren, um die mir zugeteilten Aufgaben zu erfüllen. Jeder Mensch hat seine Themen und Ausrichtungen, wofür er hierher ins Leben kommt. Das ist meine persönliche Einstellung, Erfahrung und Haltung zu diesem Thema. Mit allem, was ich an Aufgaben habe, womit ich mich beschäftige und bis ich die damit verbundene Aufgabe gelöst habe, bin ich damit unterwegs. Wenn ich das nicht gewollt hätte, wäre ich nicht inkarniert in diese Familie und die Gruppen, wo ich mich befinde. Es hätte auch sein können, dass ich noch eine Zeit lang gewartet hätte, zu inkarnieren oder nach kurzer Zeit wieder ausgetreten wäre aus dem Leben … wie auch immer, das alles macht für mich Sinn.

Schon als Kind in der Schulzeit und in meinen Beziehungen erlebte ich bestimmte und sehr spezielle Situationen, welche in mir ein starkes Gefühl und eine Art Bestätigung wachriefen, dass alles mit allem und jedem verbunden ist und auch alles auf eine Weise zusammengehört und eins ist. So erlebte ich oft das Gefühl der Einheit. Es ist mir auch bewusst, dass jedes Individuum für sich selbst eine Geschichte und wiederum eine Einheit ist und ebenso verbunden mit allem. Dieses Zusammengehörigkeitsgefühl ist so etwas wie in Stein gemeißeltes, etwas Niedergeschriebenes, es gibt mir eine gute Basis, ein Gerüst, ein Fundament, welches zuvor etwas hohl oder ohne Wurzeln war. Mit Niedergeschriebenem meine ich etwas, was noch vor mir liegt, was für mich bereit ist oder auf mich wartet.

Wenn ich jetzt meinen Impulsen nachgehe, kann ich bestätigen, dass das Leben festgeschrieben steht, mein eigenes Lebensbuch sowie eines jeden Einzelnen. Damit erfahre ich immer wieder Übereinstimmungen, je nachdem wie ich das Leben zulassen kann oder ich dafür offen bin. Den Lebensplan und dessen Bestätigung erfahre ich immer dann, wenn ich bemerke, dass etwas nicht stimmt, nicht übereinstimmt. Wenn ich mich dann darauf einlasse, ist es mir möglich daran zu arbeiten und es zu transformieren, was transformiert werden muss für den Moment.

Ich machte eine Ferienbekanntschaft mit einem Paar auf den kanarischen Inseln. Wir saßen immer wieder am selben Tisch und tauschten Ferienerlebnisse aus. Sie kamen aus Deutschland, der Grenze nahe von Polen und Krakau. Sie erzählten mir von der wunderschönen Gegend und in meinem Inneren stand die Reise dorthin schon lange auf dem Plan. Wieder zu Hause, habe ich diese Reise sofort gebucht inkl. spannende Besichtigungen zur Geschichte des Landes, der Stadt Krakau und den Verbindungen zu meinem vergangenen Leben.

Das bewegt mich auch, den Wurzeln meiner Familie nachzugehen. In Polen gibt es noch alte, lebende Familienangehörige. In erster Linie ist es mir wichtig, zu erfahren, woher meine Familie kommt, um das Judentum besser verstehen zu können. Es wird ein weiteres Puzzleteil in meinem Leben sein. Obwohl Freunde finden, dass diese Reise für eine Frau alleine sehr gewagt sei, will ich diese Erfahrung machen. Ich habe zusätzlich die geführte Reise nach Auschwitz-Birkenau gebucht, um möglichst viele Informationen über die Judenverfolgung zu erhalten. In der persönlichen Erfahrung kann ich nochmals in die Emotionen tauchen, transformieren und loslassen. Das geht nur, wenn ich da vor Ort bin und es zieht mich ja wirklich richtig dahin. Im Vornherein könnte ich keine Meinung dazu bilden.

Es war auch kein Zufall, als ich im vergangenen Herbst das Buch „Unorthodox" gelesen habe. Es erzählt die Geschichte einer jungen Frau, die aus dem orthodoxen Leben der jüdischen Gemeinschaft ausgetreten ist. Sie beschreibt sehr ausführlich, wie es ihr ergangen ist innerhalb der Gemeinschaft, welche Rituale, welche Grenzen und Vorschriften sie pflegten und lebten. In vielen Abschnitten dieser Geschichte kam mir vieles vertraut vor, so habe ich mich immer wiedergefunden. Begebenheiten, die mir nicht fremd waren, die ich kenne, die Resonanz finden mit meiner Geschichte und meinem jetzigen Leben.

Ich kann verstehen, dass einige der im Inneren getragenen Belastungen und Verknüpfungen, oft auch unbewusste, karmischer Herkunft sind. Es ist befreiend, diesen begegnen zu dürfen, um sie danach ablegen zu können. Einiges passiert auch einfach so, ohne dass ich es wissen muss, weil ich mich gerne dem Leben hingebe.

Das Reading hat mir geholfen, meine berufliche Ausrichtung und Veränderung besser zu verstehen und geschehen lassen zu können, diese auch anzunehmen und wiederum loslassen zu können. Jetzt fühle ich mich wieder bei mir, meine Intuition und mein Bauchgefühl kommen zurück, ich kann wieder besser auf mich hören und die Verbindung zu mir ist wieder hergestellt. Ich bin von meinem Weg abgekommen, die Altlasten aus dem vergangenen Leben haben mich bis dahin fest umklammert. Diese Zusammenhänge sind für mich nachvollziehbar. All diese Informationen zusammenzufügen hat mich sehr bereichert und mir gleichzeitig eine große Auflösung geschenkt.

Ein großes, inniges Dankeschön an dich, liebe Maitra und Karin, für die Übersetzung.

Wo die Liebe erwacht, stirbt das Ich,
der dunkle Despot.

Rumi

Kopfschmerzen, seit ich denken kann

Helena, *1958

H: Seit ich drei Jahre alt bin, habe ich starke Kopfschmerzen.

M: Als du ein kleines Mädchen warst, was passierte, wenn du wütend warst?

H: Ich durfte nicht wütend sein.

M: Hast du dich vor Reaktionen gefürchtet, als du wütend wurdest?

H: Ich glaube nicht, ich habe nicht das Gefühl.

M: Wurde deine Mutter zu Hause wütend? Wurde dein Vater wütend? Was passierte, wenn dein Vater wütend wurde? Hat er geschrien, hat er Dinge herumgeworfen und jemanden getroffen?

H: Mein Vater konnte auf eine Situation wütend sein, aber nicht auf jemanden. Meine Mutter sagte dann zu ihm: „Sei nicht so wütend!"

M: Hattest du Angst vor deinem Vater, als er wütend war?

H: Nein, aber ich fühlte, wie unsicher er war. Ich hatte viel mehr Angst, als meine Mutter wütend war. Sie beschuldigte mich dann für etwas, und gab mir keine Aufmerksamkeit mehr. Kalter Zorn, Liebesentzug. Ich war wie Luft für sie.

M: Kannst du das in deinem Körper fühlen?

H: Ja, ich kann es fühlen. Das geht wie ein Muster durch mein Leben – der Rückzug. Dieses Gefühl geht durch meinen ganzen Körper in die Beine und in die Füße. Ich kann dieses Gefühl der Ablehnung und des Liebesentzuges fühlen.

M: Als ich dich anschaute, sah ich diese rote Faust hinter deinem Kopf. Ich glaube, du hattest so große Angst vor Wut, dass du Angst vor deiner eigenen Wut hast. Der Zorn deiner Mutter war kalt und sie verschloss ihr Herz. Der Ärger deines Vaters war heißer und er sagte Dinge, die nicht nett waren. Wahrscheinlich hat er es meistens nicht auf dich gerichtet. Du hast dich von dem Gedanken verleiten lassen, dass du keine Angst hast. Du hast dich von deiner

Angst getrennt. In deiner Familie war es so: Es ist besser vorsichtig zu sein. Wie ist es für dich, wenn du zu etwas Nein sagen willst?

H: Es ist immer noch ein Problem für mich, Nein zu sagen. Als Kind war das kein Problem.

M: Ich sehe, dass die Wut und alle diese Neins hier an deinem Nacken und Hinterkopf stecken geblieben sind. Um das zu lösen, kannst du den QUADRINITY-Prozess durch das Hoffman Institut machen, falls du bis Ende des Jahres keine Ergebnisse und Erleichterungen bekommst mit den Methoden, die du bereits anwendest. Es braucht eine Arbeit, die die Emotionen befreit. Denn das war das Erste, was ich bei dir sah. Das steckt noch alles in dir und verursacht starke Schmerzen. Mentale Arbeit wird das nicht beseitigen können. Du musst mit den Gefühlen in Kontakt kommen und sie in Bewegung bringen.

Auch schlage ich dir vor, dass du dir täglich an einem ungestörten Ort während 2 Wochen Zeit nimmst, aufstehst und sagst: „NEIN, NEIN! Ich will jetzt nichts hören! NEIN, ich habe jetzt keine Zeit! NEIN, ich mache das jetzt nicht!" Sage es in einem Ton, dass es überzeugend tönt, und fühle es ganz bewusst in deinem Körper. Du kannst auch mit 3 Minuten anfangen und es dann auf 5 Minuten ausdehnen.

Jedes Mal, wenn du früher nicht NEIN sagen wolltest, „NEIN, das will ich nicht!", ging das in dich hinein und bildete ein Reservoir. Was du nun durch diese Übung tust: Du lässt einen Teil der Energie aus diesem Reservoir heraus. Wenn du am Ende dieser 2 Wochen fühlst, noch länger dranzubleiben, dann tue es. Ich sehe, dass diese Energie in deinem Nacken und Kopf stecken geblieben ist. Es ist blockierte Energie.

Du kannst auch alles aufschreiben, zum Beispiel in Form eines Briefes, und darin alle Gefühle ausdrücken und das Geschriebene danach verbrennen. Der Brief ist nur für dich, um zu formulieren, was du fühlst. Wenn du einen Brief an deine Mutter schreibst und darin formulierst, was sie dir angetan hat, und wie sie sich von dir abgeschnitten hatte, geht es nur darum, deine Gefühle auszudrücken. Du schickst diese Briefe niemandem. Du verbrennst sie. Dadurch lässt du deine Emotionen los.

Ich möchte dir noch etwas sagen, was ich in der Beziehung zu deiner Mutter sehen kann, warum sie auf diese Art und Weise mit dir umging, mit dieser Gefühlskälte, und wie sie ihr Herz verschloss. Ich sehe deine Mutter als kleines Mädchen und wie ihre Mutter das Gleiche mit ihr getan hat.

Dies ist das Familienerbe. Wenn du es durchbrichst, wirst du es für die ganze Familie tun.

Die Buddhisten sagen: Es wirkt 10 Generationen nach vorne und 10 Generationen in die Vergangenheit. Ich sehe gerade dieses Bild der russischen Babuschkas. In deiner Familie ist es ein Verteidigungsmechanismus. Deine Mutter wehrt sich gegen ihre eigenen Gefühle, wenn sie sich aufregt. Es ist gut, wenn du das durchbrechen kannst, bevor deine Mutter stirbt. Es wird ihr wirklich helfen. Da ist deine Großmutter, die offensichtlich in irgendeiner Weise auch damit verbunden ist. Du bist die Erste, die versucht, das Muster zu durchbrechen. Die anderen dachten nur: „Ich sollte diesen Weg verlassen, aber niemand kann mir helfen." Du sagtest dir: „Ich brauche Hilfe und ich werde jemanden finden, der mir hilft." Das ist wunderbar für deine Tochter. Du hast diese Struktur des Musters bereits durchbrochen, indem du sagst: „Ich brauche Hilfe."

Mal sehen, ob es ein karmisches Muster zwischen dir und deiner Mutter gibt.

Ein vergangenes Leben von Helena:

M: Ich sehe Diener in einem Königshaus in Skandinavien: Das Schloss des Königs oder des Prinzen. Deine Mutter hatte eine sehr eigenartige Position. Sie war ein uneheliches Kind des Königs oder Prinzen. Am liebsten hätte er sie hinaus in den Schnee geworfen. Doch er nahm sie auf in seinem Haus. Dadurch hatte sie diese sehr seltsame Position. Sie war nicht wirklich in der königlichen Familie aufgenommen, aber sie war auch nicht wirklich eine Bedienstete. Zum Beispiel: Wo sollte sie essen? Die Diener sagten: In dieser Küche. Die Familie aß in einem großen wunderschönen Speisesaal. Zwischen den Familienmitgliedern gab es eine witzige Art von Auseinandersetzungen, ob sie nun mit ihnen im Speise-saal essen oder ob sie mit den Bediensteten essen sollte.

Deine Mutter war ebenso verwirrt, denn manchmal wurde sie ein-geladen, mit ihnen zu essen, und manchmal sagten sie aus irgendeinem Grund: „Nein, geh mit den Dienern essen."

Du kamst in den Haushalt des königlichen Hofes als ein Kinder-mädchen. Als die Kinder älter waren, wurde etwas Ungewöhnliches beschlossen und zwar: Sie schickten dich weg in eine Schule, um zu lernen, wie man Kinder unterrichtet. Auch du hattest jetzt eine ähn-lich seltsame Position.

Jetzt hattest du eine Ausbildung und das hieß, dass du nicht mehr zu den Dienern gehörtest. Doch du warst nicht wirklich ein Mitglied der Familie. So kam es, dass du und diese uneheliche Tochter ganz nahe Freudinnen wurdet. Ihr hattet einen kleinen offenen Raum mit 3 Wänden zwischen dem Esszimmer und der Küche. Manchmal frühstückte die Familie auch dort. Ihr wart beide in diesem kleinen Zimmer zusammen und dann war da die Frage, ob die Diener nun dich bedienen oder dich nicht bedienen sollten. So hattet ihr dieses gemeinsame Dilemma.

Als diese uneheliche Tochter 18 oder 19 Jahre alt war, fragte man sich, mit wem man sie verheiraten wollte. Ihre Position war ja in ge-wisser Weise undefinierbar. Sie konnten einer Person mit einem fehlenden Titel keine Heirat vorschlagen, aber sie wollten auch nicht, dass sie einen Chauffeur heiratete. Das war ein großes Thema in der Familie, um das es viel zu reden gab. Schließlich arrangierten sie mit einem sehr wohl-habenden Mann eine Heirat für sie, und die königliche Familie beriet ihn und er bezahlte sie dafür.

Auch er hatte eine eigenartige Position. Er wurde in viele Aktivitäten einbezogen, weil er so viel Geld hatte, aber er hatte nicht wirklich könig-liches Blut. Es war ein Vorteil für ihn, sie zu heiraten, weil sie einen Teil königliches Blut hatte, jedoch nicht genug. Auch war es ein Vorteil für sie, weil er bereits eine Position in der Familie hatte, mit der er jetzt in Be-ziehung stand. Jetzt war es keine Frage mehr, mit wem sie essen würde. Sie heiratete ihn und sie war wirklich sehr zufrieden. Durch die Heirat war sie nun zu gut für dich. Sie fühlte sich zwar wirklich schuldig, weil du ihre einzige Freundin warst. Du warst ihr eine Freundin, wenn sie wirklich eine brauchte, da sonst niemand da war für sie.

Jetzt war sie in diese vornehmen Gewänder gekleidet, sie reiste nach Rom und Paris und, und, und … Wenn sie für das Essen und für Veranstaltungen ins Haus kam, sah sie dich, aber sie wendete sich einfach ab von dir. Du warst jedes Mal so verletzt, wenn sie das tat, und sie fühlte sich jedes Mal so schuldig, weil sie dich eigentlich aus ihrem Herzen beachten wollte. Sie bemühte sich so sehr, sich korrekt zu verhalten. Richtige vornehme Frauen behandelten eben die Bediensteten nicht als Freunde. Wenn sie ihre Gefühle für dich gezeigt hätte, wäre das ein Ausdruck dafür gewesen, dass sie nicht zur anderen Gruppe gehört hätte.

Um dies aufzulösen, seid ihr beide jetzt in diesem Leben wieder zusammengekommen. Sie wollte es wiedergutmachen. Aber selbst als du geboren wurdest, sagtest du, du wärst nicht erwünscht gewesen. Du spürtest diese ungeheure Ambivalenz darüber, dass sie dich als ihre Tochter haben wollte, um dich zu lieben. Für sie war das fast ein Schritt nach unten, weil ihre höhere Position so künstlich war. Es war nicht solide und alles, was sie tat, hätte sie gefährden können, wenn sie etwas Falsches gesagt oder getan hätte.

Sobald sie zu fühlen begann, hat sie sich dir verschlossen, doch durch die Gefühle kamen die Erinnerungen, dass sie dich liebt, so versuchte sie zurückzukommen und dies in Ordnung zu bringen.

Sie wurde im vergangenen Leben von einer Mutter geboren, die nicht von diesem Mann, der der König oder Prinz war, geheiratet wurde. Er blieb nicht bei ihr und er anerkannte sie nicht wirklich als gleichwertige Person. Das blieb ein sehr verwirrendes Problem, das in dieses Leben übertragen wurde. Man könnte sagen: Frieden um jeden Preis.

Doch auch heute möchte sich deine Mutter immer noch überlegen fühlen. Sie kann das noch nicht ganz abstreifen. Du selber hast nicht dieses Überlegenheitsverhalten. Du willst nicht besser sein als andere Menschen.

So war es mit deinem Vater. Wenn du ihn verärgert hast, dann war er sauer. Deine Mutter versuchte dann, die Situation zu beruhigen und nicht darauf zu achten, was er tat. Das war nicht nett. Es ist ihre Idee, wie sich eine Person des Adels zu verhalten hat. Du bist jetzt bei ihr, weil sie es wiedergutmachen will. Und sie machte vieles wieder gut. Kannst du heute aufrichtig zu ihr sagen, dass du sie liebst? Wenn du durch die Arbeit an dir selbst zu dem Punkt kommst, wo du fühlst, dass du ihr aufrichtig vergeben kannst, würde es ihr viel bedeuten.

H: Ich konnte es meiner Schwiegermutter sagen, jedoch nicht meiner eigenen Mutter.

M: Tu es nicht, wenn du es nicht ernst meinst, sag es ihr, wenn du es fühlen kannst.

Interview mit Helena:

H: Es war für mich wunderschön, mit Maitra zusammenzukommen. Ich fühlte mich wie in einer Gemeinschaft und es berührt mich heute noch, wenn ich darüber spreche. Es fühlte sich so an, als ob sich zwischen uns eine große Kraft aufbaute, womit wir die Welt verändern könnten. Was ich mit meinen Schmerzen erlebe, habe ich als wahr empfunden. Das hat mir viel gegeben. Maitra bestätigte mir, dass der Kopfschmerz wirklich da ist. Denn manchmal zweifelte ich daran und dachte, dass ich etwas verrückt sei, oder dass ich mir das Kopfweh einbilde. Die Begegnung mit Maitra hatte mir Boden gegeben und ich fühlte mich verstanden. Dieses Reading gab mir eine Bestätigung, dass ich so in Ordnung bin, wie ich bin.

Was mir auch gutgetan hatte, war, zu sehen wie die Beziehung zu meiner Mutter ihren Anfang nahm. Diese Empfindungen spürte ich ja schon seit Jahren und es passte zum Wesen meiner Mutter – diese noble, etwas überhebliche Art. Durch dieses neue Verständnis entstand in mir viel Mitgefühl mit der heutigen Lebenssituation meiner Mutter. Ich kann besser nachvollziehen, warum meine Mutter manchmal so wenig Einfühlungsvermögen und kaum Gefühle zeigen konnte.

Meine Mutter ist 93 Jahre alt und geistig absolut fit. Als einzige nahe Bezugsperson bin ich mir voll bewusst, dass ich ihr Leben bestimmen könnte. In einigen Prozessen habe ich mich mit diesem Umstand intensiv auseinandergesetzt. Die verschiedenen

Thematiken ihres Lebens besprechen wir gemeinsam und ich unterstütze sie gerne bei und nach ihren Entscheidungen.

Obwohl ich erkenne, dass ich in einem vergangenen Leben abhängig war von ihr, kehre ich es in der heutigen Beziehung zu ihr nicht um. Es ist mir wichtig, dass meine Mutter noch im hohen Alter ihr Leben nach ihrem freien Willen führen und gestalten kann.

Vor dem Reading mit Maitra konnte ich es mir nicht vorstellen, dass ich meiner Mutter sagen würde, dass ich sie lieb habe. Ich hatte immer wieder das Gefühl, dass man mich als Baby nach der Geburt mit einem anderen Neugeborenen verwechselt hätte. Da ich jedoch zu Hause auf die Welt kam, war eine Verwechslung somit nicht möglich. Das Gefühl, sie sei nicht meine Mami und der Wunsch nach einer anderen Mutter, begleitete mich besonders in der Kindheit und in den Jugendjahren. Ich erinnere mich an mehrere Situationen, wo mir die Verbindung zu ihr fehlte und ich mich nicht zugehörig fühlte.

Um Mami meine Liebe zum Ausdruck zu bringen, muss ich in mir meinen eigenen Wert bewusst spüren. Heute empfinde ich eine Verbindung zu ihr, die sich in letzter Zeit intensiviert hat und ich kann ihr nun sagen: *Ich hab dich lieb.*

Ich kann jetzt vieles innerhalb der Beziehung zu meiner Mutter bewusster zuordnen. Dies ist ein befreiendes Gefühl. Immer wieder stelle ich mich dem Gefühl der Wut.

Die vorgeschlagenen Übungen von Maitra, wie auf ein Bett zu boxen oder in eine Schachtel zu kicken, tun mir sehr gut. In dem Mich-Einlassen in diese Kraft, kann sich diese Wut symbolisch in aufsteigenden Rauch verändern, der nicht mehr zu fassen ist. Die aktuellen Themen bearbeite ich dann intensiv und beobachte wirkliche Veränderungen in mir.

Das Reading hat mir diesen Zugang eröffnet und mich auf den Weg geführt, die Wut in mir wahrzunehmen und sie zu bereinigen. Diese Gefühle kann ich nun zulassen und die Zusammenhänge erkennen. Heute verstehe ich den Ursprung dieser Wut und damit gebe ich mir die Chance, dies zu heilen.

Die Kopfschmerzen sind zurzeit noch nicht bereinigt. Ich erlebe jedoch schmerzfreie Phasen. Bestimmte Gedankenabläufe und

Denkmuster bin ich am Abändern. Erwartungshaltungen wie: *Ich bekomme dann wieder Kopfschmerzen* – bin ich dran, zu lösen.

Beim mehrmaligen Anhören der Live-Aufnahme vom Reading, entnahm ich weitere und tiefere Ebenen aus den Informationen. Maitra habe ich beim Reading zum ersten Mal gesehen. Bis dahin kannte ich sie nicht. Maitra ist ein außergewöhnlicher Mensch. Mit ihr zu lachen ist einfach wunderbar und öffnete mein Herz. Es entstand ein starkes Vertrauen und Ängste und Barrieren wurden beseitigt. Mit viel Mitgefühl erzählte Maitra mir meine Geschichte. Maitra hat eine wunderbare Herzensenergie.

Wie der Fluss wild durch die Schluchten fliesst,
so läuft der Frieden wild durch die Seele.
Denn egal, was um dich herum steht,
tief in dir bist du frei, bist du ganz.

Morgan Harper Nichols

Ein Trauma jenseits von Trauma: Hiroshima

Ruth, *1967

R: Ich hoffe, dass ich mich besser fühlen kann, in dieser Welt zu sein. Ich fühle mich nirgends zu Hause. Ich fühle mich nicht zu Hause bei mir, und nicht in dieser Welt. Ich habe das Gefühl, dass ich gelebt werde, ich lebe nicht selber, ich werde gelebt. Meine Eltern oder andere Menschen erwarten etwas von mir, und dann mache ich das. Ich fühle mich dann in einer Abhängigkeit von den anderen, damit ich mich gut fühlen kann. Ich fühle mich wohl, wenn ich ihnen helfen kann oder wenn sie mit mir zusammen sein wollen, wenn ich weiß, welche Rolle ich spielen soll.

Ein vergangenes Leben von Ruth:

M: *Während du mir erzählt hast, was dein Anliegen ist und wie es dir geht, habe ich dreimal das Gleiche gesehen. Ich gehe jetzt nach innen und schaue auf andere Weise nochmals nach:*

Du warst eine Engländerin in Japan während des Zweiten Weltkriegs. Du hattest die ganze Zeit Angst, dass du nicht nach Hause gehen könntest. Sie erlaubten niemandem zu gehen. Es war wirklich die Hölle des Krieges. Du warst mit einem Diplomaten verheiratet und als er die japanischen Inseln verließ, konnte er dich nicht finden und du konntest ihn nicht finden. Du hattest Freunde dort und sie haben dir geholfen. Aber du warst einer von vielen Menschen, die getötet wurden, als die Atombombe in Hiroshima abgeworfen wurde.

Ich habe es schon einmal gesehen in einer Einzelsitzung. Als diese Atombombe explodierte, verdampfte dein physischer Körper. Es gab nichts mehr von ihm in irgendeiner Form. Dein ätherischer Körper war auch in Stücke zerrissen. Der feinstoffliche Körper ist für die Augen der meisten Menschen unsichtbar. Der feinstoffliche Leib belebt den physischen Leib.

Wenn der feinstoffliche Körper den physischen Körper verlässt, sterben wir. Was damals mit deinem Körper passierte: Er verdampfte vollständig. So, wie wenn ein Teekessel kocht, da sieht man einen kleinen Dampf in der Luft.

So war dein feinstofflicher Körper auch zersplittert und du konntest dich nicht zusammenfinden. Du wusstest, dass du nicht mehr da warst, es gab immer noch ein gewisses Bewusstsein, aber du konntest dich nicht in irgendeiner Weise finden und so schwebtest du eine ziemlich lange Zeitperiode dahin, einige Jahre, was wir in unseren Begriffen als Jahre kennen. Die Stücke deines feinstofflichen Körpers schwammen irgendwie wieder zusammen. Dann hast du angefangen, einen Weg zu suchen, wo es jetzt langgeht. Du hattest solche Angst und konntest nicht sehen, dass da Hilfe für dich war. Du konntest nicht wahrnehmen, dass dort Engel für dich waren, die dir helfen wollten, dich zu erholen.

Schließlich hast du angefangen, dich wieder zu verbinden, um zu wissen, dass es ein ICH gibt. Aber da war kein Ich, da war kein Körper. Wer bin ich? Du hast dich umgeschaut und hast deine Mutter gesehen, die Mutter, die du in diesem Leben hast, und sie betete für ein kleines Mädchen. Du bist geradewegs in diesen kleinen Babykörper hineingesprungen, in deine Mutter hinein, mit dem Gefühl: „Jetzt kann ich zu mir finden!"

Aber als du geboren wurdest, war alles sehr seltsam. Es fühlte sich nicht danach an, dass es dich gab, und das Gefühl war: „Was mache ich hier und wer sind diese Leute? Was soll ich jetzt tun?" Du fühltest dich sehr desorientiert. Schließlich hast du dich so zu orientieren begonnen, z. B. einen Stuhl zu berühren oder jemand hat dir ein kleines Spielzeug gegeben und du konntest es anfassen und konntest dich darauf einlassen. Hier ist der Teddybär und hier berühre ich den Teddybären.

Jetzt in diesem Leben lernst du, dich durch Dinge und andere Menschen zu definieren, aber du bist noch nicht in dich hineingekommen, um zu sagen: „Das bin ich." Du fühlst dich immer noch so ungeformt. Du hast angefangen, dich umzusehen, und sagst: „Ich bin nicht wie andere Leute." Es ist in gewisser Weise wahr. Sehr wenige Menschen haben den Grad des Traumas, das du erfahren hast. Es ist ein Trauma jenseits von Trauma. Es gibt keine Worte dafür, denn buchstäblich verschwand nicht nur der physische Körper, sondern auch dein ätherischer Körper war zersplittert. Du hattest keine Möglichkeit, eine Identität zu bilden.

Da du in einem panischen Zustand in diese Familie inkarniert bist, wusstest du nicht, wie du dich in deinem physischen Körper orientieren konntest, so wie es die meisten Kinder tun. „Wer bin ich?" wurde der ungeschriebene Grundton deines Lebens. Du hast kein Gefühl dafür, wer du bist. Du versuchst immer noch, dich nach dem Trauma wiederzufinden, das durch die Bombe verursacht wurde.

Du hast deine Familie nicht bewusst so gewählt, wie wir es meistens tun. Du kannst es dir so vorstellen: Du rennst einen langen Flur entlang und du hast Angst, was hinter dir ist und du suchst nur nach einem sicheren Ort und versuchst durch eine Tür nach der anderen hineinzugelangen, doch sie sind alle verschlossen. Endlich ist eine Tür offen und du rennst einfach da rein und weißt nicht, was da ist, einfach nur, dass es sich sicherer anfühlt als vorher. Dann beginnst du, herauszufinden, worauf du dich eingelassen hast. Du weißt nicht wirklich, was du damit machen sollst. Was ich vorher gesagt habe: Du fängst an, dich umzuschauen, und die Dinge und die Menschen um dich herum zu berühren, und das gibt dir genug Informationen, dass du dein Leben leben kannst. Ich habe den Körper, ich kann auf dem Stuhl sitzen. Ich habe eine Mutter. Manchmal mag sie mich, manchmal nicht so sehr. Sie scheint sich über Dinge aufzuregen. Ich weiß nicht, was sie aufregt. Also versuchst du herauszufinden, was sie aufregt, dass es nicht mehr passiert.

Die ganze Lehre des spirituellen Lehrers namens Ramana Maharshi war, sich selbst zu fragen: „Wer bin ich?" Er sagt, wenn du es das erste Mal sagst, sagst du es so: „Ich bin eine Frau, ich habe einen Namen, ich habe blaue Augen, ich habe rote Haare und was auch immer." Er sagt, wenn du endlich an den Ort kommst, wo du sagst „Ich weiß es nicht.", dann beginnst du aufzuwachen. Wenn du beginnst, von der Position aus zu forschen, wo du sagst: „Ich weiß es nicht", dann kann das Universum beginnen, dich und alles und jeden zu lehren, und jeder wird ein Lehrer, der dir hilft, dich selbst zu erkennen.

In gewisser Weise hast du einen Vorteil, weil du nicht das Gefühl hast, dass du dich mit dem, was du bist, wohlfühlst, also gibt es da für dich nichts aufzugeben. Du kannst vom machtvollsten Ort aus beginnen, wie Ramana Maharshi sagt, dass es der mächtigste Ort ist, wenn du sagen musst: „Ich weiß es nicht." Dort bist du. Dort hast du gelebt. Spirituell gesehen ist es ein wunderbarer Ort. Wenn du dich mit anderen Leuten vergleichst, fühlt es sich nicht so gut an. Aber wenn du aufhörst, dich mit anderen Leuten zu vergleichen, dann beginnst du es zu schätzen.

Wie fühlt es sich an, was ich sage?

R: Viele Dinge sind völlig richtig, was du mir gesagt hast. Letztes Jahr war ich in Japan und wir waren in Hiroshima.

M: Das ist ja unglaublich!!!Wie hast du dich dort gefühlt?

R: Ich habe mich das auch gefragt, es war einfach sehr interessant für mich, da zu sein.

M: Das kann ich mir vorstellen!!!

R: Ich fand es eine große Herausforderung, das Leid dort zu sehen.

M: Du hast nicht so gelitten wie viele andere. Bei dir ging es so schnell, für andere war es grauenvoller, da sie weit genug weg von der Bombe waren, um nicht zerstört zu werden, wie du es warst. Du wurdest komplett zerstört. Das war dein Leiden, nicht körperlich schmerzhaft, aber seelisch schmerzhaft. Ich habe das mit einer anderen Person in einer Einzelsitzung gesehen, und als ich es ansah, zeigte sich mir dasselbe. Ich könnte mir vorstellen, dass jeder, der in der Mitte der Bombe war, die gleiche Desorientierung hatte und nicht in der Lage war, wirklich wieder mit dem physischen Körper verbunden zu werden.

R: Warum lässt uns das Universum wieder auf die Erde zurück, wenn die Seele noch nicht „geflickt" ist?

M: Es gibt keine Absicht vonseiten des Universums. Aber ich denke, du fängst wirklich an, dich selbst zu finden, mit dir selbst verbunden zu sein und für dich selbst zu sorgen. Was du jetzt entfaltest, ist dein großes Mitgefühl. Du hast diese Ereignisse erfahren und durchgemacht, die das Schlimmste waren, was Menschen einander angetan haben, und wenn du dich selbst davon heilst, dann verstehst du alles Leiden.

R: Ich suche mich und wie kann ich mich jetzt finden?

M: Vielleicht wäre es gut, Ramana Maharshi zu lesen. Er schrieb nie selbst etwas, aber andere Leute schrieben viel darüber, was er sagte. Er sieht aus wie ein unschuldiges Kind in seinen 60ern, mit so viel Mitgefühl und ich denke, dass du das auch sein wirst. Also wie wäre es, wenn du viele Male am Tag fragst: „Wer ich bin? Wer bin ich?" Lass die Antwort von innen kommen, wenn du sie erneut stellst, und halte in deinem Geist eine starke Absicht fest, vollständig mit deinem Körper verbunden zu werden. Also, wenn ich dich jetzt frage „Wer bist du?", was kommt dir in den Sinn?

R: Jetzt fühle ich mich nicht so zusammengedrängt und niedergedrückt, ich fühle mich jetzt leichter.

M: Und du hast weniger Angst, weil es eine Erklärung dafür gibt, wie du dich gefühlt hast. Ruth, wer bist du?

R: Ich weiß es noch nicht.

M: Wer bist du?

R: Ich kann es nicht von innen fühlen. Ich weiß es nur, indem ich es von anderen höre, dass jeder ein Teil dieser Welt ist und zu ihr gehört, und es ist richtig, dass ich hier bin, aber ich kann es nicht fühlen.

M: Wenn ich dich frage: „Wer bist du?", könntest du sagen: „Ich bin getrennt von mir." Wer bist du? – Ich suche meinen Weg nach Hause. Wer bist du? – Ich weiß es noch nicht. Wer bist du? – Ich bin eine Sucherin. Ich suche mich selbst. Wer bist du? …

Kann dein Mann sich darauf einlassen? Versteht er dich überhaupt?

R: Ja.

M: Du kannst ihn dir diese Frage dreimal täglich stellen lassen. Überrasche ihn einfach damit, indem er dich fragt: „Ruth, wer bist du?" Und dann hör auf dich und geh hinein und sieh, was kommt.

R: Ich weiß nicht, ob ich ihn in meine persönliche Entwicklung einbeziehen kann. Er weiß nicht, dass ich heute hier bin. Es ist sehr esoterisch für ihn. Es ist nicht seine Welt. Aber es ist in Ordnung, dass ich es tue, er würde nichts sagen.

M: Er ist ziemlich empfindsam.

R: Einmal habe ich ihm gesagt, dass ich mich nicht zu Hause fühle, dass ich mich selber nicht gut spüren kann. Und ich fragte ihn: „Kannst du verstehen, was ich meine?" Und er antwortete: „Nicht wirklich, aber ich kann fühlen, dass es kein gutes Gefühl ist, das du beschreibst."

M: Ich überlasse es deiner Intuition, ob du um Hilfe bitten möchtest. Ich sehe, dass es immer noch Teile von dir gibt, die im Äther schweben. Wenn ich dich heute auf einer Skala von 1 bis 100 frage, wie viel möchtest du hier sein?

Wenn du nicht mindestens 51 % hier sein wolltest, dann wärst du nicht hier. Kannst du wirklich 51 % bestätigen?

R: Ja, weil ich einfach muss. Ich bin jetzt einfach mal da, ich kann ja nicht sterben.

M: Nein, das kannst du nicht. Du hast dich hierhergebracht. Beginnend mit 51 %. Wie viel willst du hier sein?

R: Wünschen würde ich mir dann schon 100 %. Ich denke, das fühlt sich am besten an.

M: Es ist ein schönes Ziel, weil fast niemand zu 100 % hier ist. Wir sind alle irgendwo dazwischen und es kann sich jeden Tag ändern. Dass du beschlossen hast, dass du hier sein willst, ist ein großer Schritt. Du kannst jeden Tag fragen: „Wie viel bin ich heute hier?" Ich glaube, du fühlst dich schon etwas anders, als du durch die Tür hereinkamst.

R: Ja.

M: Wie sehr bist du jetzt hier? Kannst du dich daran erinnern, dass du, bevor diese Bombe explodierte, schon sehr ängstlich warst? Du hattest keine Ahnung, dass so etwas existierte. Du hattest Angst vor den Japanern. Nicht vor allen, weil du japanische Freunde hattest. Aber der Tonfall, der dir von einigen Leuten in Erinnerung blieb, war dir gegenüber nicht freundlich. Du hast dich versteckt, deine Freunde haben dich beschützt. Du warst schon fehl am Platz, bevor die Bombe fiel. Was mit uns passiert und was wir dabei fühlen, wenn wir sterben, tragen wir in uns.

Ich denke, es war sehr mutig von dir, kürzlich nach Japan zu gehen und dir die Auswirkungen dieser Bombe auf die Menschen dort anzuschauen.

R: Es war ein Zufall, von dem ich nichts wusste.

M: Ich denke für dich war es Teil der Heilung, um zu sehen, dass es real ist. Als du verdampft wurdest, wusstest du nicht, welche Realität es war. Dort hinzugehen und diese Erfahrung zu haben, hat dir geholfen, dich neu zu orientieren, und hat dir wahrscheinlich den Weg bereitet, heute hierher in das Reading zu kommen und alles zu erfahren. Und übrigens: Du hast fließend Japanisch gesprochen.

R: Ich war in Frankreich auf Soldatengräbern und historischen Kriegsplätzen und es war dort noch schwerer, die Geschichte zu fühlen, und dass dort so viele Menschen umgekommen sind.

M: Kannst du sehen, wie wichtig der Zweite Weltkrieg für dich war? Dein Instinkt führt dich immer wieder zurück, du versuchst zu verstehen, was mit dir passiert ist. Ich denke, dass du wirklich gut überlegst, was mit dir passiert ist und nur ein winziges Prozent der Menschheit machte diese Erfahrung. Jedes Mal, wenn du sagst „Ich möchte mehr hier sein.", ziehst du dich ein bisschen mehr in dich hinein.

Kennst du die Bedeutung des Wortes „Vernichtung"? Nicht viele Leute kennen dieses Wort. Vernichtet ist, vollständig ausgelöscht zu werden. Wie ein kleines Dorf, auf das eine Bombe fällt, ist vernichtet. Aber du bist hier, du musst Mut haben, dich damit im Leben auseinanderzusetzen, und du weißt, was es bedeutet, dich nicht zu Hause zu fühlen. Wenn du dich umsiehst, gibt es viele Menschen, die sich so fühlen, nicht alle, aber viele. Manche Leute kümmern sich darum. Manche nicht. Für dich ist es so viel ausgeprägter. Du würdest es nicht vermissen, wenn du nicht wüsstest, was es ist. Du würdest dich nicht schlecht fühlen und es vermissen, wenn du nicht wüsstest, was es heißt, bei sich zu Hause zu sein. In dir weißt du, was es ist. Etwas wurde wirklich falsch ausgerichtet und es ist schwierig für dich, wieder zu dir zurückzukommen.

Das ist ja wirklich unglaublich, dass du nach Hiroshima gegangen bist.

R: Ich bin erstaunt, dass ich dort nicht mehr fühlte. Ich hätte erwartet, wenn diese Geschichte meines früheren Lebens eine Realität wäre, wäre ich dort sehr traurig gewesen. Oder ich müsste den Ort verlassen.

M: Was dir dort passierte, war mehr als Gefühl. Du hattest Mitgefühl für die Menschen dort, die verletzt waren. Wenn du mehr mit dir selbst verbunden bist, könnte es ein paar Tränen geben. Stell dir den Schock vor, was mit dir passierte. Es ist nicht nur wie sterben, es ist mehr als das. Und du bist wieder hier. Du hast den Körper und Menschen, die dich lieben.

R: Ich bin gespannt, was jetzt passieren wird. Ich fühle mich jetzt geordneter, klarer.

M: Du hattest die meisten Teile in dir von dem, was ich dir heute gesagt habe, aber du musstest das ganze Bild sehen können.

Interview mit Ruth:

Als Maitra gesprochen hat, ist es mir vorgekommen, als ob ich nichts Neues hörte. Es gab nichts, was mich erschreckte oder worüber ich dachte, dass es doch nicht sein kann. Es gab auch Momente, da kamen mir sofort die Tränen, denn ich hatte dann das Gefühl: Ja genau, sie spricht mir richtig aus der Seele. So wie ich mich fühle, erzählte sie mir eine Geschichte dazu, die genau zu mir passt. Ich hatte zuvor noch nie einen Einblick in ein vergangenes Leben. Die Seelenanteile, wovon sie gesprochen hat während der Einzelsitzung, das hat mir im Nachhinein sehr viel innere Ruhe gebracht. Ich habe es schon auch erschreckend gefunden, wie sie es erzählt hat, und ich stellte mir vor, wie ich da irgendwo in einer Zwischenwelt diesen Gang entlang rannte und bei jeder Tür schaute, ob sie sich öffnet, um aus diesem Dilemma und all den vielen Gefühlen, die mich gefangen hielten, zu flüchten. Bis sich dann eine Tür öffnete und ich hineinkonnte, um dem zu entrinnen, was so bedrohlich war. Das hat mich sehr beeindruckt. Und ich dachte: Ja, genau so geht es mir manchmal. Und diese Seelenanteile, die wieder zu mir zurückgekommen sind, kann ich sehr gut fühlen. Ich fühle mich auf eine Art und Weise wieder ganzer. Das kann ich so fühlen.

Vorher habe ich mich mehr über andere orientiert und identifiziert. Das mache ich jetzt viel, viel weniger. Ich bin dann in Situationen und sage mir einfach, das mach ich jetzt so, und hinterfrage es nicht mehr, es ist okay so, wie es ist. Das hat mir selbst am meisten gebracht.

Eine Zeit lang fühlte ich mich sehr gut. Unmittelbar nach dem Reading, als ich nach Hause gekommen war, hatte ich ein sonderbares Gefühl. Die Schwingungen hier in meiner Wohnung passten nicht mehr zu dem, wie ich mich gerade fühlte. Als ob das, was mit mir in 1 Stunde passiert war, sich zu Hause nicht mit vollzogen hat. Ich kam ganz anders zurück, als ich gegangen war und in meiner Wohnung war immer noch alles wie vorher, doch etwas in mir war anders. Dann ging ich auf einen Spaziergang in den Wald. Danach fühlte ich mich besser. Das war eine sehr interessante Erfahrung für mich.

Oft nahm ich mir ein Kissen, um mich selber zu umarmen, und so konnte ich richtig spüren: Ja, jetzt bin ich wieder zusammengesetzt. Das war jedes Mal ein sehr wohliges Gefühl. Es gab mir Geborgenheit und Friede.

Ich lebte lange Zeit mit dem Gefühl, ohne Kontakt zu meinem inneren Kern und zu meiner Seele zu sein. Über 50 Jahre existierte ich sozusagen einfach und war ständig am Suchen. So hat mein Körper oder mein Bewusstsein dafür sorgen müssen, dass es irgendwie weitergeht, damit ich überlebte.

Jetzt nach 52 Jahren kommen diese Seelenanteile zurück und möchten auch teilnehmen an diesem Leben, und das kann ich noch nicht richtig einordnen und zusammenfügen. In einer Situation möchte ich vielleicht witzig und lustig sein, und ich wage es, einen Witz zu machen, und dann gibt es eine unangenehme Reaktion von außen, indem vielleicht jemand sagt: „Findest du das lustig?"

In solchen Situationen kommen dann Zweifel hoch und ich denke, hätte ich das jetzt nicht sagen sollen. Doch ich weiß, das kommt aus meinem Innersten und dort gibt es eine Witzige und die möchte lebendig sein. Ich bin noch nicht in allen Situationen gefestigt und es fehlt mir manchmal noch an Lebensfreude, doch es fühlt sich besser und leichter an.

Es schreit jetzt oft nach etwas Neuem. Ich spüre, dass es jetzt weitergeht. Ich hoffe, dass die Traurigkeit, die ich manchmal noch in mir trage, noch leichter wird. Ich wünsche mir, dass ich die Lebensfreude mehr spüren kann, dass ich mich wieder mehr auf etwas freuen kann. Ich freue mich am meisten dann, wenn ich auf der Straße einem Schüler begegne und dieses Kind mir dann freudig zuruft und mich grüßt. Es freut mich, wenn ich gesehen und positiv betrachtet werde von anderen. Wenn diese Impulse von außen kommen, dann fühle ich mich gut. Die Freude von innen heraus kann ich noch nicht so gut fühlen. Ich habe auch wenig Visionen oder etwas, das ich planen möchte. Was möchte ich denn wirklich? Wo zieht es mich wirklich hin? Was möchte ich erleben? Ich kann es nicht richtig fühlen.

Ich weiß, dass alles in mir schlummert. Wenn ich Meditationen befolge, die mich nach innen führen, nach Hause führen, so wie es gesagt wird, dann bekomme ich manchmal noch Angst und ich fürchte mich davor, dieses Seelentürchen zu öffnen und es einfach laufen und sprudeln zu lassen. Ich fürchte mich davor, ich fürchte mich vor einer totalen Veränderung. Da ich ein Mensch bin, der bis anhin so viel nach Sicherheit suchte, brauche ich dieses Gefühl der Sicherheit. Wenn ich die Tür nach innen öffne, fürchte ich mich vor dem Chaos, das sich alles plötzlich verändern kann. Obwohl ich innerlich weiß, vielleicht wäre es besser, wenn sich vieles verändert. Ich spüre schon länger, dass es mir etwas an Mut fehlt. Doch ich mache kleine Schritte und komme eben etwas langsam voran.

Allmählich fallen die alten Schutzmechanismen und Panzer von mir ab. Und ich weiß, dass es darum geht und es langsam Zeit wird. Für mich ist es auch wichtig, über all diese Dinge zu sprechen, um mich verständlich zu machen und auch, um mich selber besser zu verstehen. Doch ich sehe auch, dass ich nicht mit allen Menschen über alles sprechen kann. Wenn man durch einen Todesfall betroffen ist, haben viele Menschen Verständnis und man kann darüber sprechen, welche Erfahrungen man damit macht. Wenn ich das Thema der vergangenen Leben anspreche, womit sich die meisten Menschen in meinem Umkreis nicht befassen, dann muss ich entscheiden, mit wem ich über dieses Thema sprechen kann. Bis jetzt gibt es eine Freundin, die offen ist dafür. Viele Menschen überlegen sich das gar nicht, ob sie frühere Leben hatten. Vielleicht interessiert es sie auch gar nicht und sie möchten nichts darüber wissen. Wenn ich dann mit ihnen darüber sprechen möchte, fürchte ich mich davor, dass sie sich dann von mir abwenden, wenn ich ihnen von meinen Erfahrungen damit erzähle.

Ich öffne mich gerne Veränderungen, doch ich brauche auch Stabilität in meinem Leben, zu Hause, in meinen Freundschaften. Ich möchte da nicht zu viel aufs Spiel setzen. Ich möchte nicht, dass die anderen denken, dass ich nun sehr komisch geworden bin, und dass sie sich von mir abwenden. Ich fürchte mich auch etwas davor, dass mein Mann plötzlich genug hat von mir, wenn ich mich in diese Richtung bewege, und es ihm dann zu viel wird. Ich bekomme das Gefühl, wenn ich so weitermache, geht vielleicht die Beziehung auseinander. Mein Mann beschäftigt sich nicht mit vergangenen Leben, er hat kein Konzept, was nach dem Tod ist oder zwischen den Leben. Aber ich weiß, dass mein Mann mich nicht einschränkt. Ich könnte jederzeit eine Auszeit nehmen und z. B. 3 Monate weggehen. Es liegt an mir, Verantwortung zu übernehmen und die Beziehung und das Leben zu gestalten.

Mir fehlte ja immer meine Grundlebensfreude, ich konnte sie nie wirklich spüren. Ich war oft traurig und melancholisch und es gab bewusst kein Ereignis, das mich belastete. Es gibt auch Tage, an denen ich mich sehr schwer fühle und ich viel weine. Ich hoffe für mich, dass diese Traurigkeit in mir sich einmal auflösen kann. Es können schon neue Herausforderungen kommen, aber ich möchte, dass mein Umfeld nicht zu sehr damit konfrontiert sein muss. Ich möchte das ablegen können.

Was mache ich hier überhaupt?

Es ist eine lebenslange Frage.
Und sobald ich eine Antwort finde,
ist sie nicht mehr länger wahr,
da sie im nächsten Moment zu Asche wird
und eine neue Frage sich erhebt
und der Kreis sich weiterdreht.

Manchmal ist Freude die Antwort,
dann Traurigkeit in Sicht,
Liebe taucht immer wieder auf.
Willkommen, willkommen,
kommen wie Seufzer.
Dieser Phönix ist vertraut.
Er ist mein Freund geworden.
Ich werde weniger spezifisch mit meinen Urteilen:
Gut und schlecht.
Ich lass alles davon los.
Ja, ich kann es fließen lassen.

Ein Flüstern steigt aus der Erde:
„Du bist."
Ich bin?
„Ihr seid."
Vom Himmel ein luftiger Seufzer:
„Ihr seid."
Mein Herz, ein Trommelschlag – ich bin.
Ja. ICH BIN!
Es ist genug.

Maitra

Heilung von Versklavung, Verlust und Ohnmacht

Manuela, *1978

Ma: Meine Wohnsituation ist unsicher. Ich empfinde dort meine Zukunft etwas ungewiss. Ich bin jedoch dabei, mich dort einzurichten. Aber das Haus ist am Zerfallen. Der Hausbesitzer lebt im Haus nebenan.

Schon sein ganzes Leben verbringt er dort und ich habe das Gefühl, es fällt ihm schwer, etwas zu verändern und loszulassen. Ich weiß einfach nicht, woran ich bin in dieser Wohnsituation und ich möchte Klarheit haben, wie es in Zukunft für mich dort aussehen wird. Ich fühle zwar, dass das mein Zuhause ist. Ich empfinde sogar eine Art Aufgabe für diesen Ort. Vom Besitzer bekomme ich keine richtigen Zeichen oder Antworten, wie es mit dem Haus weitergeht und ob es möglich wäre, das Haus zu kaufen, dass es eine Sicherheit gäbe, dortzubleiben, damit ich wirklich ganz ankommen kann. Ich habe ihn schon darauf angesprochen, aber ich bekomme nicht wirklich klare Antworten. Ich lebe mit meinem Partner im Haus und auch er ist etwas unsicher, ob es der richtige Ort ist zum Bleiben. Eigentlich habe ich auch einen Kinderwunsch, doch mein Partner kann sich darauf nicht ganz einlassen. Er ist unschlüssig, eine Familie zu gründen. Es gibt einfach nicht genug Klarheit in meiner Lebenssituation.

Ein vergangenes Leben von Manuela:

M: Seit du hier im Raum bist, sehe ich diese schwarzafrikanische Frau immer wieder. Dies ist ein vergangenes Leben, vielleicht 3 oder 4 Leben zurück. Du warst die Hebamme deines Dorfes und du hattest eine sehr sichere Rolle und eine Aufgabe im Dorf. Du hattest einen guten Ehemann und 3 oder 4 Kinder. Das war ein sehr gutes Leben. Die Leute zeigten ihren Reichtum durch ihren Schmuck und die Kleidung.

Du hattest die schönsten Sachen, voller prächtiger Muster und wunderschöne Ketten, und du warst sehr stolz und glücklich und sangst die ganze Zeit.

Dann gab es eine Tragödie. Es kamen Menschen, die andere Menschen zu Sklaven machten. Sie waren auch schwarz. Sie kamen in der Nacht in dein Dorf. Als die Sonne aufging, saßen alle Dorfbewohner mitten auf dem Dorfplatz und hatten die Köpfe gesenkt und die Hände waren zusammengebunden. Dann schauten die Eindringlinge auf jeden, den sie mitnehmen wollten, wer am meisten Wert hatte. Du warst eine der Ersten, die ausgewählt wurde, weil du stark und gesund aussahst, und weil sie all deinen Schmuck sahen. Du hast ihn sogar im Schlaf getragen.

Sie nahmen deinen Mann und sie nahmen deine Kinder. Deine Familie verkörperte das, was sie sich vorstellten: stark aussehend, gesunde kräftige Menschen. Bevor irgendetwas anderes geschah, wurde mehr als die Hälfte des Dorfes eingenommen. Nur die sehr alten und die schwachen oder kranken Leute, die nicht mehr viel arbeiten konnten, oder die sehr kleinen Kinder blieben zurück. Alte Leute mussten sich um die Babys kümmern. Alle anderen waren in einer Reihe dicht beieinander. Die Eindringlinge waren sehr vorsichtig, dass sie nicht von Anfang an Mitglieder derselben Familie zusammenließen. Wenn es Anzeichen dafür gab, dass du von der gleichen Familie stammtest, trennten sie euch voneinander. Dies ist eine wichtige Begebenheit, die für heute relevant ist.

Du wurdest auf einen Markt gebracht und dort an weiße Leute verkauft. Man brachte dich auf ein Schiff und du kamst irgendwo in den Westen. Es könnte Nordamerika sein, oder die karibischen Inseln oder sogar Südamerika.

Du hattest ein Leben, in dem du sehr glücklich warst, und plötzlich wurde dir alles in deinem Leben genommen.

Ich denke, durch das, was du heute machst, kommen die Erinnerungen dazu hoch. Du suchst nach Sicherheit, sodass niemand einfach kommt und sagt, was jetzt passieren wird. Es gibt auch diese Ambivalenz, was das Kinderhaben anbelangt in dir. Du hast auch noch erwähnt, dass dein Partner und auch du nicht ganz sicher seid, ob ihr Kinder haben möchtet. Wenn da Kinder kämen, würde dieser Schmerz noch größer.

Für dich war dieses vergangene Leben so schwer, denn du wurdest von deinen Kindern getrennt. Du kamst an verschiedene Orte und hast sie nie wiedergesehen. Für deinen Mann war das Schwerste dabei, sich machtlos zu fühlen. Du hattest dein ganzes Zuhause, deinen Platz in der Gemeinschaft verloren. Aber das Schlimmste war der Verlust deiner Kinder. Jetzt versuchst du, einen kleinen Ort zu finden, der sich wie zu Hause anfühlt, und dass dich niemand von dort wegbringen kann. Du weißt, dass du jetzt sicherer bist, aber das Gefühl ist, dass du dich nicht wirklich sicher fühlen wirst, bis dir niemand mehr reinreden kann. Du gehörst dir nun selbst. Der Schmerz, den du hast, ist die Anhaftung an diese Erfahrungen: Deinen eigenen Platz zu haben, Kinder zu haben, all die gemischten Gefühle, die mit alldem einhergehen. Ich denke, dass dein Partner der gleiche Mann ist. Er war im vergangenen Leben dein Ehemann. Seine Angst vor Kindern ist, dass er denkt, dass er sie nicht schützen kann. Mit dem Haus ist es auch so: Ihr seid wieder zusammengekommen, um das zu heilen. Jetzt kommen die Gefühle auf, die Heilung ermöglichen.

Schauen wir uns deinen Vermieter an, den Besitzer deines Hauses. Kommt er in dein Haus?

Ma: Am Anfang sehr oft, jetzt nicht mehr. Es fühlt sich an, als würde er noch einiges kontrollieren wollen.

M: Ich sehe, er mag es sehr, dass du dort bist. Er hat Angst, wenn er dir das Haus verkauft, würde er nicht mehr willkommen sein. So hat er jetzt einen Grund, zu kommen. Er schaut gern nach dem Haus auf dem Hof. Lädst du ihn manchmal ein?

Ma: Ja, wenn alle aus der Nachbarschaft kommen.

M: Magst du ihn?

Ma: Ja, ich kann es ein bisschen verstehen, warum er sich so verhält.

M: Weißt du, er ist sehr einsam. Wahrscheinlich spürst du, dass er dich ein bisschen aufsucht. Du musst ihm nichts vormachen. Aber wenn du ihn wirklich magst, lass es ihn wissen. Dann könnte er vielleicht die Kontrolle loslassen, die er über alles behalten will.

Ma: Es ist für mich auch eine Frage des Vertrauens, und dass er mir vertrauen kann.

M: Hast du so viel Vertrauen, dass du ihn so gut magst, dass du dich nicht ganz von ihm abwenden würdest, falls er das Haus verkaufen würde? Es tut ihm gut, wenn er weiß, dass er in die Nähe kommen kann, wenn er das Bedürfnis hat. Aber du kannst nicht so tun, als ob, auch du musst ehrlich sein. Stellen wir es uns mal so vor: Wenn er dein Großvater wäre, wärst du wirklich freundlich mit ihm und ließest ihn wissen, dass du ihn liebst? Aber zur gleichen Zeit kannst du auch deine Grenzen setzen.

Ma: Dann wäre ich in der Lage freundlich zu sein, aber ich fühle mich immer noch unsicher, weil ich nicht weiß, was er tun wird oder was in seinem Kopf vor sich geht.

M: Schau, er wird älter. Er möchte eine Familie haben, einfach Menschen um ihn herum. In den kommenden Wochen kannst du dir vorstellen, er wäre dein Großvater und du kannst zu dir sagen: Was würde ich anders machen?

Wenn er dein Großvater wäre, hättest du ihn gern, aber du willst nicht, dass er dein Leben dirigiert. Es ist ein subtiler Unterschied, aber ich denke, dass es das ist, was er möchte. Du musst herausfinden, ob du das möchtest. Das würde ihn dazu bringen, loszulassen. Er wird dich nicht bitten zu gehen, außer es würde ein großes Problem geben. Es ist gut für ihn, dass du da bist. Damit er sich selber gut fühlt, dir das Haus zu verkaufen, muss er sich sicher fühlen.

Würdest du ihn mehr hereinlassen und ihm eine Mahlzeit geben, wenn er dein Großvater wäre?

Ma: Ich würde zu seinem Haus gehen, ihn besuchen. Es ist schwierig, ihn zu erreichen. Ich sehe ihn oft eine Weile nicht, auch wenn ich ihn aufsuche.

M: Also hast du dich bemüht und deinen Teil getan. Er weiß, wann du da warst. Er möchte einfach mehr Kontakt, aber er hat Angst davor. Wenn er dein Großvater wäre und du ihn sehen würdest, was würde mit deiner Energie passieren? Was passiert, wenn du jemanden siehst, den du gernhast?

Ma: Ich würde mein Herz öffnen und Nähe zulassen.

M: Ich möchte dich nicht manipulieren. Ich möchte, dass du echt bist. Ich sehe einfach, wenn er diese Nähe spüren kann und Zuversicht bekommt, würde er bereit sein, das Haus zu verkaufen. Es geht jetzt nicht unbedingt ums Geld, aber es würde ihm helfen, wenn er das Haus verkaufen könnte. Vor allem wenn er in eine Situation kommen sollte, wo er vielleicht in ein teures Pflege- oder Altersheim gehen muss. Wenn du dein Herz nur ein bisschen mehr für ihn öffnest, denke ich, verbessern sich diese Umstände sehr. Dein Vertrauen wurde in diesem vergangenen Leben gebrochen. Jeder in deinem Dorf war glücklich und auch du warst glücklich und du hattest wirklich etwas zu geben und hast es gern gegeben. Du hast dem Leben vertraut und dann kam die Katastrophe, diese schreckliche Tragödie.

Ma: Ich fühle mich wie eine Wächterin oder die Hüterin des Ortes. Ich bin diejenige, die Verbindung zu allen dort hat. In gewisser Weise kümmere ich mich um diesen Lebensraum. Ich war auch die Hüterin einer Jurte in der Mitte dieser Siedlung, wo alle Wohnhäuser drum herumstehen.

M: Alles ist möglich. Du fühlst dich ziemlich sicher, wo du bist, auch wenn du es nicht so siehst. Der Besitzer mag es wirklich, dich dort zu haben. Ich glaube, er vertraut dir mehr, als du weißt. Deshalb kommt er nicht mehr so oft vorbei. Wenn du in den nächsten Wochen herumläufst, dann denkst du daran, dass er wie deine Familie ist und schau, wie es sich anfühlt. Vielleicht wirst du dich später sogar um ihn kümmern, wenn du das willst.

Ma: Es gibt immer noch Dinge, die nicht vorhersehbar sind.

M: Ich hatte einen Lehrer, der nannte es so: *Die Angst vor der eingebildeten Zukunft*. Mach dir also nicht zu viel Mühe, bis es passiert. Siehst du, wie du dich immer ein bisschen in die Zukunft drängst, um dich zu schützen? Das ist, weil dir in diesem vergangenen Leben etwas Tragisches passiert ist.

Ma: Es ist wahr, ich kann mich in der Gegenwart gut fühlen. Wenn ich in die Zukunft gehe, kommt Angst auf.

M: Ja, in dem Moment, in dem du anfängst etwas in die Zukunft zu projizieren, erschreckt es dich.

Ma: Ich habe das Gefühl, dass ich etwas Großes erreichen muss, um jemand zu sein. Ich habe große Erwartungen an mich selbst und ich frage mich, ob ich gut genug mit dem bin, was ich mache. Durch diese Gedanken verliere ich die Leichtigkeit und Freude. Ich werde bald eine Kunstausstellung zusammen mit meinem Vater machen und diese Gefühle kommen jetzt auf.

M: Diese Erfahrung, als dir alles weggenommen wurde, ist immer noch in dir, und du erinnerst dich daran. Nun sei wirklich ganz ehrlich zu mir: Sind deine Bilder wunderbar? Sagen sie, was du sagen willst?

Ma: Ich bin mir nicht so sicher. Kann ich etwas ausdrücken oder etwas für diese Ausstellung zum Ausdruck bringen? Wenn ich in meiner Narrenfreiheit bin, fühlt es sich für mich gut an, was ich tue.

M: Meine Frage an dich: Ist das der Grad der Zufriedenheit mit dir selbst, mit der Hälfte zufrieden zu sein?

Ma: Ich bin mir dessen sehr bewusst und ich mag es, etwas zu tun, um von dem Teil von mir wegzukommen, den ich nicht mag.

M: Wenn du eine Sklavin bist, kannst du das tun, was dir gefällt?

Ma: Nein, nicht wirklich.

M: Als Sklavin musst du die Person zufriedenstellen, die dich besitzt, oder du wirst an jemand anderen verkauft. Da wirkt offensichtlich noch dieser starke Schatten dieses vergangenen Lebens und er schleicht sich wieder ein, wenn du Projekte angehst wie jetzt diese Ausstellung. Es wäre gut für dich, eine kleine Zeremonie zu machen. Du brauchst deine Freiheitspapiere. Du musst deine Papiere der Sklaverei verbrennen. Darin steht, dass du alles einem anderen schuldest und verdankst. Um deine Freiheit zu begründen, könntest du recherchieren und dir einige Aufzeichnungen der Sklavenhalter einsehen und wie diese Papiere aussahen, auf denen stand, dass du jemand anderem gehörst. Die Befreiungspapiere nannte man Emanzipationspapiere. Sie beinhalten die Befreiung von rechtlichen, sozialen oder politischen Beschränkungen, also die Befreiung aus der Sklaverei.

Der emanzipierte Sklave, der freie Mensch muss nur sich selbst gefallen und zufriedenstellen. Deshalb habe ich dir diese Frage gestellt, und du machst das ziemlich gut. Du denkst über das, was du tust, dass du halbwegs damit zufrieden bist. Also hol deine Emanzipationspapiere und stelle die Bilder, die dir nicht gefallen, vor dich hin, immer nur eines, und sage zu dir: Jetzt, wo ich frei bin, kann ich dieses Bild retten? Ist da eine kleine Veränderung meiner Sicht, die mich glücklich macht?

Wenn es nichts gibt, nimm weiße Grundierungsfarbe und übermale das Bild. Wenn du es nicht erhalten willst und übermalen kannst, hast du nachher eine neue Leinwand. Als freier Mensch musst du niemandem mehr gefallen. Es wäre toll, in einem Ritual Ketten um deine Handgelenke zu legen und sie zu zerbrechen, was immer es für dich symbolisieren würde.

Du kennst das Geheimnis all der großen Maler: Sie haben nicht gemalt, um irgendjemand anderen zu gefallen. Sie malten, weil sie etwas zu sagen hatten. Es war wichtig, etwas sagen zu können. Wusstest du, dass Vincent van Gogh zu Lebzeiten nur ein Gemälde verkaufte? Man betrachtete ihn bis dahin nicht einmal als guten Maler, bis er dann gestorben war. Und jetzt werden seine Bilder für Millionen von Euro gehandelt.

Also gefalle dir selbst. Sich zu gefallen bedeutet immer, dass ein Gemälde schön ist. Es bedeutet, dass du gesagt hast, was du sagen wolltest. Die Wahrheit ist, dass du keine Sklavin bist. Ich kann immer noch so viele kleine Orte in dir sehen, wo du immer noch ein wenig verunsichert bist.

Ma: Ja, ich habe oft das Gefühl, dass manche Dinge verboten sind, dass ich wenig tun darf, was ich gerne tue. Ich kann es dann nicht tun, ich bin blockiert.

M: Doch es sieht gut aus für dich. Du bist bereit, deinen Vermieter des Hauses möglicherweise als Teil deiner Familie anzusehen.

Interview mit Manuela:

Ma: An diesem Ort, wo ich wohne, möchte ich mich wieder richtig verwurzeln. Durch das Reading wurde mir diese Ungewissheit und Unsicherheit bewusst, und die Angst, dass ich wieder alles verlieren könnte. Das vergangene Leben erzeugte in mir eine starke Resonanz. In meinem Leben hatte ich auch oft dieses Gefühl, meine Hände seien zusammengebunden, ich kann nicht wirklich in die Handlung gehen. Es schien mir bis anhin wie etwas blockiert, wenn ich etwas tun möchte, z. B. in meiner Ausrichtung auf heilerische oder schamanische Arbeit oder auch andere Projekte im Leben wie das künstlerische Schaffen. Es bleibt ein Gefühl, dass ich das nicht darf. Das spielt sich auf verschiedenen Ebenen in meinem Leben ab, mit der Wohnsituation, mit meinem Wunsch, ein Kind zu haben …

Maitra forderte mich auf, den Wohnungsbesitzer wie einen Großvater zu sehen, und ich habe mich mit diesem Gedanken und dieser Haltung angefreundet. Inzwischen hat sich die Beziehung sehr positiv verändert. Kurz nach dem Reading dachte ich plötzlich, wie schön wäre es, wenn ich ihn duzen könnte, und wir sind jetzt wirklich per Du geworden. Es ergab sich spontan an einem Vortragsabend im Haus meiner Schwester, wo sie alle einander das Du anboten. Auch mit meinem Partner ist er jetzt per Du.

Vom Alter her könnte er zwar mein Vater sein, doch die Vorstellung, ihn als Großvater zu sehen, gibt eine andere Distanz und ein gutes Gefühl.

Er hat nicht bei allen Leuten einen so guten Ruf und verhält sich manchmal etwas speziell und sehr eigenwillig. Heute macht es mir etwas aus, wenn jemand schlecht über ihn spricht. Ich spüre jetzt eine nähere Verbindung zu ihm und ich versuche auch auf seine positiven Seiten hinzuweisen. Dank ihm und seiner Mutter wurde diese Siedlung mit den alten Häusern nicht einfach niedergerissen und überbaut. Es ist noch ein grüner Fleck, wie eine Oase. Ich spüre, wie ich ihn heute dafür mehr verteidige. Auch kann ich fühlen, dass er zu uns mehr Vertrauen hat. Er zeigt sich für vieles sehr offen. Ich spüre, wenn ich zu Hause bin, habe ich heute das Vertrauen, falls er das Haus verkaufen wollte oder müsste, dass er uns fragen würde.

Zu meinem Geburtstag plante ich dieses Ritual, eine Zeremonie, die mir Maitra vorgeschlagen hatte. Ich nahm mir Zeit, den Platz für das Ritual vorzubereiten und ich fand noch einen alten Teppich von meinen Ahnen und ich füllte die Feuerstelle damit aus. Das gab für mich auch eine Verbindung zu meiner eigenen Herkunft.

Ich wollte auch Zeuginnen dabeihaben. Das war für mich ganz wichtig. Ich habe mir nahestehende Freundinnen eingeladen.

Die schwarze Hebamme im vergangenen Leben war glücklich in ihrem Leben und hat viel gesungen. So spürte ich auch ein starkes Bedürfnis zu singen, denn in mir gab es noch diese lähmende Stimme: *Du kannst ja nicht singen.* Meine Schwester konnte so gut singen und ich habe mich dann zurückgenommen, da ich mich nicht blamieren wollte. So holte ich bestimmte Lieder in die Zeremonie hinein, die mit Freiheit und Befreiung zu tun haben. Auch als ich für die Ausstellung malte und zeichnete, habe ich immer diese Lieder gehört und gesungen und sie für die Zeremonie verinnerlicht.

Zum Ritual gehörte, dass ich mich frei tanzte. Bevor ich im Ritual mit dem Tanz begann, erzählte ich den Anwesenden das vergangene Leben. Ich erzählte es ihnen einfach als Geschichte. Als ich am Erzählen war, hatte dies eine sehr große Kraft und es war wirklich sehr klärend und berührte nochmals etwas tief in mir. Es fiel mir leicht, zu erzählen, was ich vorher noch gar nicht so von mir kannte. Erst am Schluss sagte ich, dass dies eines meiner vergangenen Leben war.

In dieser Zeremonie gab es somit ein Feuer, die Geschichte, den Tanz, den Gesang und vor allem, dass ich mich befreien konnte von dieser alten Erfahrung, den Erinnerungen an eine Tragödie und von der Sklavin in mir.

Diese Zeremonie zu machen und zu leiten, hat mich sehr gestärkt. Die Wirkung des Rituals ist sehr kraftvoll: Ich habe nicht mehr das Gefühl, dass mir etwas genommen wird. Ich bin viel schöpferischer geworden und kann aus mir selbst heraus etwas kreieren. Ich darf und ich kann es und ich muss nicht für andere gestalten, sondern drücke mich so aus, wie ich es sehe.

Während der Leitung des Rituals kam ich in die Berührung mit einer großen Kraft. Ich spürte, das ist ein Talent, das ich mehr nutzen sollte. Ich will da dranbleiben. Ich fühlte mich wirklich kraftvoll, dies zu tun. Ich interessiere mich für Schamanismus und habe Ausbildungen gemacht. Da ist mein Herz ganz dabei. Es ist mir wichtig, Menschen wieder mit der Natur zu verbinden. Dies fließt auch in meine Arbeit mit Kindern ein. Der schamanische Heilweg hilft mir, auf diesem Pfad weiterzugehen.

Die karmische Verbindung zu meinem Partner kann ich auch sehr tief fühlen und Maitra bestätigte mir diese Gefühle, dass wir in dem vergangenen Leben diese Familie hatten und diese traumatische Trennung sehr schwer war für alle. Es gab immer so ein Gefühl: Ich kenne ihn, er ist mir nicht fremd.

Ich freue mich darüber, die Ausstellung zu machen. Es ist eine Ausstellung zusammen mit meinem Vater, er ist auch kunstschaffend. Er kam auf mich zu und hat mich gefragt, ob wir zusammen ausstellen wollen. Das hat mich sehr gefreut. Ich fühle mich von ihm gesehen, in meiner Art und Arbeit, die ich mache. Wir können uns jetzt auf dieser Ebene begegnen. Die Erfahrung dieser Ausstellung hat mich selbst noch authentischer gemacht, in dem Sinne, dass ich die Sprache meiner Bilder und auch Objekte so vermitteln darf, wie ich es wirklich empfinde. Ich stehe zu meiner Ausdrucksweise und sehe mich selbst darin. Ich muss mich nicht mehr verstecken, es darf alles so sein, wie es ist. Ich stehe zu meiner Art der Wahrnehmungen und Empfindungen.

Die Vorstellung, den Hausbesitzer als Großvater sehen zu können, war wie ein Schlüssel für die ganze Situation. Ihn als Teil meiner Familie zu sehen, hat wirklich viel verändert. Wenn ihn jemand schlechtmacht, dann verletzt das mich auf eine Art. Obwohl er ein etwas spezieller Charakter ist, entstand nun eine Nähe zwischen uns. Denn anfänglich war ich sehr auf Distanz.

Die Erinnerungen an das Trauma des vergangenen Lebens hielten mich wirklich von vielem ab. Ich konnte als Sklavin viele meiner Fähigkeiten und Talente nicht mehr leben und ausüben. Es gab einiges, das ich im Vorfeld fühlen konnte, was Maitra mir erzählte. Es war eine Bestätigung und fand tief in mir Anklang. Ich fühle mich jetzt viel besser und freier.

Das Schönste, was wir erleben können,
ist das Geheimnisvolle.
Wo Liebe ist, gibt es keine Last.

Albert Einstein

Angst vor großem Publikum zu stehen und zu sprechen

Julian, *1970

J: Ich kam zu Maitra, um das Thema zu klären, warum ich Angst habe, vor Leuten zu stehen und etwas vorzutragen. Ich möchte hier jedoch unterscheiden: Vor kleinen Gruppen oder in einem Zweiergespräch ist es für mich überhaupt kein Problem. Aber sobald ich vor einer größeren Gruppe von Menschen stehe, dann kann ich nicht mehr richtig sprechen, denken und handeln. Grundsätzlich würde ich gerne vor großen Gruppen stehen und meine Erfahrungen teilen, doch es bereitet mir immer noch so viel Stress und Unbehagen.

Ein Vergangenes Leben von Julian:

M: Du weißt von der Inquisition. Dort gab es ein Gericht, wo drei Richter und drei Prüfer waren, und danach kam Folter. Du warst ein Priester oder genauer ein Mönch in einer braunen Kutte. Du warst ein einfacher Mann, aufgewachsen auf einem Bauernhof, und hattest eine große Liebe für die Tiere. Es gab da dieses Abkommen mit Gott, denn dein Vater wollte etwas und er versprach Gott, wenn er es bekommen würde, gebe er dafür einen Sohn. Du warst der Jüngste und der Typ, der sich eignete, ein Mönch zu werden, nicht ganz unähnlich wie du heute bist.

Du warst ungefähr 14 Jahre alt und dein Vater kam zu dir und sagte: „Ich habe dich Gott versprochen, und du bist derjenige und ich denke, wir machen das Beste daraus." Er versuchte es so darzulegen, als wäre es eine gute Sache – und du sagtest: „Aber ich weiß nicht, was ich machen soll." Und dein Vater sagte: „Sie werden dir sagen, was du tun sollst, mach dir keine Sorgen." Du hast dich damit abgefunden als die Zeit gekommen war, obwohl du sehr jung warst.

Es war dein 15. Geburtstag, als dein Vater dich mitnahm, und dann hast du mit der Zeit herausgefunden, dass es dort viele Dinge zu tun gab, die du wirklich gerne machtest. Denn auf dem Hof zu Hause gab es nie genug Zeit für diese Dinge wie lesen, zeichnen, einfach mit den Tieren abhängen. Da es sich um eine Klostergemeinschaft handelte, pflanzten sie ihr eigenes Gemüse, sie hatten eigene Tiere und es war wie beim Vater, aber zu Hause damals gab es viel mehr Druck, und hier war es so: Was möchtest du diese Woche machen? Dann konntest du auswählen, welche Arbeit du verrichten wolltest und wo du helfen wolltest. Das passte dir ziemlich gut.

So kam es, dass du herausgefunden und angefangen hast, Tiere zu heilen. Du hast dann bemerkt, wenn du auf eine bestimmte Weise deine Hände auf sie legtest, dass sie das sehr liebten, und dass es ihnen nachher besser ging.

Das war nicht etwas sehr Außerordentliches, aber du warst mit der Zeit sicher, dass es ihnen besser ging. Die anderen Mönche wussten, was du tatst, du warst der Jüngste, und sie dachten einfach, dass es Gottes Werk war. Sie machten überhaupt kein Aufsehen daraus. Es gab da und dort ein bisschen Neugier, aber nicht mehr als das. Dann bist du herangewachsen und wurdest in eine Art Krankenhaus geschickt. Es gab einen Flügel des Klosters mit einem separaten Hof, wohin Leute kamen und Kinder und schwangere Frauen, die um Hilfe fragten. Es gab auf diese Weise medizinische Hilfe, aber nicht die Art, wie wir es heute tun. Es wurde mit Kräutern geholfen, manchmal ein Knochen gerichtet, ein Splitter entfernt. Diese Art von Beschwerden, meistens nichts Ernstes, wie man es heute sehen würde. Du nahmst dich dem an wie ein Arzt. Du erkanntest sofort, was du mit den Tieren tun konntest, konntest du auch mit den Leuten machen.

Aber einer der älteren Mönche sagte zu dir: „Es ist in Ordnung, was du tust, du kannst das tun, aber sprich nicht darüber, rede nicht darüber. Wenn du darüber redest, bekommen sie Angst, und wenn sie Angst haben, kannst du nichts für sie tun. Also tu es einfach, aber rede nicht darüber!" Und dazu meinte er noch, dass du mit einem Hund oder einem Pferd auch nicht darüber sprechen kannst, was du tust, so solltest du es auch mit den Menschen machen.

Und du hast geantwortet: „Das ist lustig, ich spreche mit dem Hund und dem Pferd." Aber du hast verstanden, was er meinte, und so bist du fortgefahren und hast die Menschen auf diese Weise getroffen und be-

treut. Im Kloster gab es Rotationen mit dem Arbeiten. Du warst nicht immer dort. Niemand war die ganze Zeit da, jeder musste für eine bestimmte Zeit dort sein.

Und es war wirklich der einzige Weg, mit der Außenwelt in Kontakt zu sein, seit du von deinem Vater dorthin gebracht wurdest. Du mochtest es, Kinder zu sehen, denen du gerne helfen konntest. Es war sehr befriedigend für dich. Und es fühlte sich an, als ob du es mit einer Art Unschuld oder sogar Naivität machtest. Du hattest in deinem jungen Alter keine wirklich weltliche Erfahrung und du hattest eine enorme Neugierde.

Du warst voller Fragen an die Menschen, die jedoch meistens mit ganz anderen Themen hereinkamen. Aber es wurde dir immer gesagt, dass du ihnen nicht solche Fragen stellen solltest. Doch das fiel dir schwer und du stelltest ihnen trotzdem einige Fragen. So ging das einige Jahre weiter.

Ich sehe dich ungefähr in deinen 40ern. Du trugst eine Brille mit kleinen runden Gläsern, die nicht sehr viel halfen, aber ein bisschen schon. Dein Wesen war sehr ähnlich, so wie ich dich heute wahrnehme, mit diesem guten Willen, diesem Wohlwollen, dieser Güte. Da ist eine Freundlichkeit, wenn du dich mit einer Person zusammensetzt und wie du in Kontakt gehst mit der Person. So fühlten sie sich sofort wohl und waren in der Lage, mit dir über ihre Bedürfnisse zu sprechen.

Es gab ein Gerücht, dass da diese Männer aus Rom kämen. Sie nannten sie Inquisitoren oder Richter. Ihr wart ziemlich weit von Rom entfernt, aber es war noch Italien. Es waren seltsame Ereignisse, die noch nie vorkamen. Sie kamen als Repräsentanten des Papstes, der wissen wollte, was in den fernen Regionen des Landes vor sich ging, aber niemand mit denen du darüber gesprochen hattest, fürchtete sich davor.

Niemand hatte wirklich eine Vorstellung davon, worum es ging, was dies bedeutete und es gab keine Details darüber, die dich veranlassten, dich zu fürchten, und sicher keine Befürchtungen, dass du irgendetwas falsch gemacht hast, noch, dass du etwas von jemandem gehört hast. Als sie kamen, wurden sie begrüßt. Sie wurden willkommen geheißen und ihnen wurde das Beste offeriert, was das Kloster zu bieten hatte, die besten Zimmer und für alle ein wirklich bequemes Bett, das niemand sonst hatte, da sie hier ein paar Tage verbringen mussten, um herumzulaufen und zu schauen, was alle taten. Sie gingen in die Gebäude und untersuchten alles. Sie machten ein paar Notizen und ihr dachtet, dass das nun abgeschlossen sein würde. Dann sagten sie: „Nun, wir fanden Unstimmigkeiten, also wollen wir beginnen, Leute zu untersuchen."

Worum ging es ihnen? Sie wollten niemandem erzählen, worum es hier ging.

Viele Leute gingen vor dir hinein in einen Raum, die Mönche und der Direktor. Wenn Leute herauskamen, waren sie entweder sehr weiß oder rot, sie sahen wirklich verärgert aus, aber niemand wollte darüber reden, was passiert war.

Du stelltest den Mönchen Fragen und die Leute stellten Fragen. Sie wollten nicht darüber reden, aber es war klar, dass sie sehr verärgert waren, und in den folgenden Tagen waren sie dann sehr ruhig. Ein spezieller Raum wurde mit einem Tisch für die drei Richter eingerichtet. Sie hatten spezielle Seile, schwarze Seile, aber spezielle, die nicht so waren wie alles, was du je gesehen hast. Du warst wahrscheinlich der letzte Befragte. Sie haben dich darüber verhört, was du mit Leuten gemacht hast. Sie haben dich ein wenig über alles befragt. Auch über das Projekt, das ihr im Garten hattet. Es war ein kleines Bauprojekt für einen ganz besonderen Altar, wofür du spezielle Hölzer brauchtest und woran ihr seit einiger Zeit gearbeitet habt.

Du hast sogar andere Leute kommen lassen, die mehr Erfahrung im Bauen und Schnitzen hatten, und sie haben dich auch nach solchen Dingen gefragt. Aber vor allem haben sie dich gefragt, was du mit den Leuten in der Klinik machst. Du hast nicht wirklich darüber nachgedacht. In diesem Moment hast du dich daran erinnert, was die Mönche dir vorher gesagt haben, nämlich nicht darüber zu reden, was du tust, da die Leute es nicht verstehen würden und es beängstigend wäre für sie, und es darum besser wäre, nicht darüber zu reden. Also hast du das so gemacht und nicht darüber gesprochen, denn indem du deine Hände in einer Weise auf die Leute legtest, würden sie sich besser fühlen. Und es schien sich in vielen verschiedenen Situationen zu bewahrheiten.

Also hast du nur über die gemeinschaftlichen Dinge und die Ratschläge gesprochen, die du ihnen geben würdest, und wie du die Dinge sauber halten konntest. Du fühltest dich schuldig, dass du über die anderen Dinge nichts erzählt hast. Doch du wusstest intuitiv, dass du es für dich behalten musstest. Als das Richten begann, wurden die Leute mit-

einander hereingebracht und alle vom Kloster waren da zum Zuschauen. Jeder Einzelne, einschließlich der Küchenmannschaft, die Leute aus dem Garten, die Mönche usw.

Jeder musste da sein, als sie mit den Verhören anfingen. Sie haben die Mönche vor dir befragt und plötzlich sprachen sie über dich und wie sie dachten, dass du von Gott berührt wurdest, und wenn du den Menschen die Hände auflegst, würden sich die Leute besser fühlen. Du warst schockiert, dass sie darüber sprachen, weil sie dir ja erzählten, du solltest nicht darüber reden. Fast jeder andere Mönch wurde darüber befragt und jeder von ihnen sagte dasselbe und es wurde dir klar, dass sie lange hinter deinem Rücken darüber geredet hatten, weil sie die Geschichten der verschiedenen Menschen erzählten, denen du geholfen hast.

Du hast einfach nicht gemerkt, dass du irgendwie naiv warst. Du hast nicht bemerkt, dass sie dich beobachtet hatten. Sie wussten, was mit den Leuten passierte, und dass sie dich etwas bewunderten. Du hast es nie bemerkt, sie haben dich nie anders behandelt, sodass du etwas bemerken konntest. So hast du nicht gemerkt, dass es so viele Leute gab, die deine Taten bewunderten. Sie fanden es wundervoll und dachten, dass du etwas Besonderes bist.

Du hast es vorher noch nie gespürt, aber hier vor den drei Richtern stellten sie immer wieder die gleichen Fragen, und sie bekamen die gleichen Antworten, und die Männer beantworteten diese Fragen etwas widerwillig, ohne zu ahnen, dass dies wirklich eine schlimme Sache war. Das Ganze, das hier passierte, war eine große Überraschung für alle, denn die Tage gingen auf diese Weise weiter.

Es dauerte mehrere Tage und einige Männer fehlten. Ihre Bestrafung wurde dann später bekannt gegeben und dann wurden die Leute ernst, aber es gab keine große Angst. Ich glaube nicht, dass irgendjemand eine Ahnung hatte, was kommen würde. Sie gingen durch die ganze Gruppe und kamen wieder zu dir und sie fragten dich, ob es wahr war, was die Leute über dich gesagt haben. Du hast Ja gesagt, und sie wollten wissen, warum du sie vorher angelogen hattest. Du hast geantwortet, weil dir gesagt wurde, es wäre besser, nicht darüber zu reden. Es sei beängstigend für die Menschen und dass es besser wäre, nicht mit irgendjemandem darüber zu sprechen, und so dachtest du, dass es besser sei, auch hier nicht darüber zu reden.

Dann begannen sie die Worte „Teufel" zu benutzen. Der Teufel sei hinterhältig, der Teufel sei bösartig. Der Teufel möchte nicht, dass du mit anderen über seine Werke sprichst und dann haben sie begonnen, über Verschwörung zu reden, und es gäbe eine Verschwörung aller Mönche im Kloster, um zu verbergen, was du tust, und klar, weil sie es für richtig hielten, es zu verbergen, wussten sie, dass es vom Teufel war, und sie ließen es trotzdem zu.

Du fingst an zu zittern, dein Verstand konnte nicht begreifen, was sie sagten, denn in dir war nichts, was etwas mit dem Teufel anfangen konnte. Das war kein Teil deiner Erfahrung, und als du dich bei den anderen Mönchen umsahst und die Angst in ihren Gesichtern bemerktest, wusstest du, dass es auch für sie so war. Sie wussten nichts davon. Zwei der älteren Mönche versuchten aufzustehen und zu sagen, wie es vom Teufel kommen könnte, wenn es den Menschen helfe, wie könnte das denn sein?!

Und sie wurden sehr scharf getadelt und jeder einzelne Mönch, der dich in irgendeiner Art unterstützte, wurde gefoltert, bis er zugab, dass er wusste, dass es der Teufel war. Dann hörte die Folter auf, sie kamen heraus und wurden betreut und bandagiert und jeden Tag ging das so weiter. Du warst in deinem Zimmer und hörtest zu, wie sich diese Dinge in einem anderen Raum in der Nähe abspielten und langsam dachtest du, dass alles nur wegen dir war, was du getan hast, indem du deine Hände auf die Leute gelegt hast und sie sich besser fühlten.

Du fingst an zu denken, dass sie vielleicht recht hatten. Angesichts all dieser anderen Leute, die zu dir kamen, begannst du dich zu hinterfragen und zu zweifeln und zu dir selbst zu sagen: „Vielleicht habe ich es nicht bemerkt." Dann hast du weiter nachgedacht, und Zweifel stiegen in dir auf. Du hast dich an ein kleines Mädchen erinnert, das verkrüppelt war, und nachdem du dreimal an ihr gearbeitet hattest, kam ihr Fuß so, wie es sein sollte und sie konnte gehen und spielen und laufen und lachen mit den anderen Kindern. Du fragtest dich selber, wie das vom Teufel sein könnte, vom Teufel, dessen Bekanntschaft du nie gemacht hast.

Als sie zu dir kamen, warst du sichtlich verwirrt und du hattest das Gefühl, du könntest nicht einmal sprechen, wenn sie dir wieder die Fragen stellten und begannen, dich zu verurteilen. Als sie dir sagten, dass du gewusst hast, dass dies Teufelswerk war, was du getan hast, sagtest du:

„Nein, nein, ich wusste das nicht!" Also schickten sie dich am nächsten
Tag weg und dann begannen sie mit der Folter und am Ende sagtest
du: „Gut, ich glaube, ich kannte sein Gesicht nicht und als ich es tat,
tat ich es, ohne es zu wissen." Endlich waren sie damit zufrieden, dass
du es zugegeben hattest, dass du es getan hast, selbst wenn du es nicht
wusstest. Sie waren schließlich damit zufrieden, weil du immer wieder
gesagt hast, dass du es nicht wusstest, und nachdem sie gegangen waren,
wurden einige Leute noch weiter gefoltert.

Manche Leute konnten nie wieder ganz aufrecht gehen oder ihre
Hände schmerzten die ganze Zeit oder einem Mann, der sie anschrie,
dass es nicht der Teufel war, schnitten sie die Zunge ab und er konnte
nie wieder sprechen. Dann gingst du umher, um zu verstehen, wie dies
zustande gekommen war und was es mit dir zu tun hatte. Irgendwie
konntest du niemals ganz zulassen, dass all diese Leute wegen dir ge-
foltert und verletzt worden waren. Du konntest es nicht zugeben und du
konntest es nicht verneinen. Es war im Bereich des Unglaublichen, und
du warst unfähig, dies zu glauben, was es war. Was hattest du falsch ge-
macht und wie konnten all diese Leute denken, dass du etwas falsch ge-
macht hattest? Wie konntest du so getäuscht werden, um das Werk des
Teufels zu tun? Wie konnte das passieren? Du hast einfach den Rest
des Lebens damit verbracht, darüber nachzudenken. Nachher gab es für
die anderen Männer nie mehr das gleiche Gefühl von Glück und Ver-
trauen und Nähe zueinander, das kam nie wieder zurück. Ihr lebtet alle
in einem isolierten Zustand miteinander, und versuchtet immer noch,
freundlich zueinander zu sein und immer noch alle Anstalten zu machen,
den Ort zu führen und den Garten zu bestellen und all diese Arbeiten.
Das Krankenhaus wurde geschlossen und öffnete nie mehr und die Leute
mussten woanders hingehen.

In dieser Reihe von Bildern, die ich sehe, sehe ich nicht, dass noch
Menschen von außen aufgenommen wurden, ich sehe, dass alles im Inneren
des Klosters stattfand, also weiß ich nicht, ob sie danach alle irgendwo
hingingen.

Du konntest dir in diesem vergangenen Leben nie wirklich wieder
selber voll vertrauen. Seit damals vergingen einige Leben, und
du hast langsam wieder angefangen, deine Vertrauensfähigkeit

aufzubauen. So bist du auch in diesem Leben daran, wieder ganz in Berührung mit dem Vertrauen zu kommen. Wenn immer du dich nochmals in diese Erfahrung zurückbegibst, weißt du, dass es nicht nur um dich ging. Es ging auch um alle anderen Menschen, die wegen den Umständen durch dich litten, es war nicht nur dein eigenes Risiko. Aber es war so stark, da du dich auf eine Weise so verantwortlich gefühlt hast für dieses ganzes Leid aller anderen Menschen im Kloster.

Logischerweise, wenn du mit etwas Objektivität aus heutiger Sicht diese Erfahrungen betrachtest, erkennst du, dass du in einen wirklichen „Teufelskreis" verwickelt wurdest. Man kann es mit einem riesigen Koloss vergleichen, der den Hügel hinunterrollt, der größer und größer und immer schneller und schneller wird, und Dinge aufnimmt während er rollt und rollt, und er wird noch schneller und schneller und nichts kann ihn aufhalten. So war die Kirche in dieser Zeit unterwegs, wie eine Lawine, die unaufhaltsam über alles rollte und direkt durch dein Kloster kam und dort alles verwüstete.

Da war dann so viel Fokus auf dich gerichtet und auf das, was du getan hast. Das ist als Warnung bei dir geblieben: Sei vorsichtig, lass die Leute nicht sehen. Aus dieser Erinnerung kommt das in Situationen noch zurück, wann immer du einen Test machen musst. Wenn Leute da sind, die dich beurteilen, geht dein Verstand fast in den totalen Stillstand. Offensichtlich hast du viele Situationen im jetzigen Leben gut geschafft.

Nun, wenn es wiederauftaucht, sagst du dir selbst: Es ist eine Erinnerung, es passiert heute nichts, selbst wenn die Leute es heute wüssten, könnten sie denken, dass du etwas komisch bist. Sie würden sich ein wenig von dir distanzieren, aber das ist wahrscheinlich das Schlimmste, was passieren könnte. Wir haben heute keine Inquisition. Und du weißt, dass es immer noch Angst vor diesen Dingen gibt.

Was heute immer noch passiert und für viele dasselbe ist, sind dir Leute, die Spitzenpositionen haben oder Führungsaufgaben übernehmen. Es geht darum, dass dein Vertrauen in dich selbst, deine Klarheit mit dem, was du tust, dein Wissen, dass du nichts

in dir hast, das jemanden verletzen will, wieder in dich übertragen wird, damit du dich mehr und mehr wohlfühlen kannst.

J: Gibt es eine Möglichkeit, diese Angst ganz loszuwerden?

M: Wenn die Reaktionen der Menschen auf diese Heiltätigkeit
und Heilungen, die wir alle machen, abnehmen, gibt es weniger
Angst um uns herum. Unsere eigene Angst kann sich beruhigen,
weil sich das Bewusstsein verändert. Ich kann dir nicht sagen,
was morgen nicht mehr da sein wird, aber ich sage dir, dass sich
das Bewusstsein verändert, und was ich beobachte, ist, wie man
heute Heiler und Hellseher in Filmen im Fernsehen darstellt. Ich
bin hier in Europa nicht so vertraut damit, aber ich weiß, dass es
zu Hause in den USA völlig anders ist als noch vor 10 Jahren. Da
machte man sich in Konversationen über Heiler und Hellseher
oder Sensitive lustig. Man stellte sie in die Ecke der Verrückten
und jetzt betrachtet man es viel ernster und sieht neue Möglichkeiten und respektiert diese Fähigkeiten. Es braucht Geduld und
die Anerkennung, da ein großer Teil deiner Angst aus der Erinnerung der Vergangenheit kommt, wo nicht nur du gelitten
hast, sondern auch andere Menschen wegen dir gelitten haben,
weil du dich selbst mit Menschen verbunden siehst und du willst
nicht der Grund dafür sein, dass jemand von ihnen leiden muss.

Ich sage dir, wie ich es sehe: Ich sehe in meinen eigenen Kopf
und ich weiß, dass ich nicht perfekt bin. Ich kann Fehler machen
und habe nicht immer recht, aber ich weiß auch, dass ich das
Beste mache, was ich kann. Ich sage die Wahrheit, wie ich sie
wahrnehmen und am besten vermitteln kann und ich möchte
niemanden verletzen. Wenn ich fühle, dass ich mit jemandem
etwas unklar bin, arbeite ich nicht mit ihm, bis ich klar bin mit
dieser Person, vorher besser nicht. Ich denke, das ist wirklich das
Beste, was wir tun können. Wir machen Dinge, die riskant sind
und wir haben diesen Weg gewählt. Das macht einen Unterschied, da wir gewillt sind, dieses Risiko einzugehen.

Karma kommt von Absicht. Wenn wir beabsichtigen, jemanden
zu verletzen, und das dann tun, dann müssen wir karmisch dafür
verantwortlich sein. Wenn wir eine Absicht haben, nicht zu verletzen, und dann trotzdem verletzen, können wir es im Moment

nicht korrigieren. Loszulassen wäre aber das Beste, was wir tun können. Es gibt keine Garantien, für keinen von uns.

In letzter Zeit sehe ich Dinge, die ich nie zuvor gesehen habe. Ich habe keine Möglichkeit sicher zu sein, ob das, was ich sehe, richtig, real oder echt ist, aber ich kann mich nicht davon abwenden. Es ist das, was mir gezeigt wird, also muss ich einfach weitergehen damit und darauf vertrauen, dass es einen größeren Plan bei der Arbeit gibt. Ich will meinen Teil tun, ich will das Licht auf die Dinge scheinen lassen.

Du hast bestimmt einige Patienten, die wahrscheinlich damit gut umgehen können, was du ihnen sagst. Andere dagegen haben vielleicht etwas Mühe. Du kannst diesen Patienten, bei denen du weißt, dass sie es verstehen können, sagen, dass du Informationen erhältst und sie ihnen gerne mitteilen möchtest. Wenn du dich immer noch unsicher fühlst, was könnte als Erstes passieren?

Du hast noch etwas Angst, falschzuliegen, und du hast Angst vor dem, was andere Leute denken.

J: Es macht mich manchmal sprachlos.

M: Mach es aus einer sauberen, klaren Motivation heraus, und dass es wahr ist, dass du es machst, um zu helfen. Du erfüllst diese Kriterien, also entscheidest du dich jetzt, das Risiko einzugehen, um auf eine andere Ebene deiner Arbeit zu gelangen. Es scheint mir, dass du dabei bist, dich irgendwann auf eine andere Ebene zu bewegen. So wirst du in der Lage sein, sogar mit Leuten zu sprechen, die nichts von dem wissen, was du tust. Das ist, wer du bist. Versuche nun den Mut zu finden von Moment zu Moment, um einfach der zu sein, der du bist. Das ist für uns alle dasselbe, außer wie du sagst, vielleicht hast du etwas zu verlieren und ich auch, aber, die Leute hören trotzdem auf uns. Nun, das ist die Aufgabe, die du in diesem Leben erhalten hast. Noch etwas: Wenn deine Angst ein Hund wäre, was für ein Hund wäre das?

J: Es ist ein großer Hund, der seine Zähne fletscht, mit langem Fell.

M: Und wenn du so einen Hund hast und er immer vor dir steht, damit du dich nicht so bewegen kannst, wie du willst, was würdest du tun?

J: Ich denke, ich würde die Position ändern, wenn ich so stehe, würde ich mich kleiner machen, um die Reaktion zu sehen.

M: Also kümmerst du dich um die Angst. Ich schlage vor, dass du deinen Hund trainierst. Wenn er kommt und vor dir steht und dich nichts tun lässt, sagst du: „Setz dich, leg dich hin, jetzt brauche ich deine Hilfe nicht." Er ist hier, um dir zu helfen. Er versucht dich vor etwas zu warnen, dass du entscheiden musst. Ist es wirklich etwas, vor dem du dich fürchten musst? Wenn du willst, dass er den Job macht und wann nicht, musst du es ihm sagen. Wenn du also Angst hast, siehst du den Hund und du sagst: „Okay, setz dich." Du musst die Macht über deine eigenen Gefühle übernehmen, du wirst der Herr des Hundes und nicht der Hund wird dein Herr. Siehst du, was du tust? Du machst dich selbst kleiner. Du gibst dem Hund zu viel Macht. Du wirst nun der Meister über die Angst, anstatt dass sie dich immer wieder stört.

Du wirst berühmt sein oder sehr bekannt sein und dies fängt bereits schon an. Also ist es Zeit diese Hunde wirklich zu trainieren und den Verstand zu beherrschen. Das ist wahrscheinlich die größte Herausforderung, die jeder von uns hat. Unser Verstand kann sehr schnell außer Kontrolle geraten und nimmt uns Gott weiß wohin. Angst zieht uns zusammen und dann wird alles stillgelegt. Wenn du mehr Kontrolle über deine Angst hast, wirst du in der Lage sein, dich zu entspannen und mehr und mehr zu öffnen und einfach darauf zu vertrauen, was durch dich kommt oder was dir in den Sinn kommt, was auch immer es sein mag. Wenn dein Verstand leer wird und du den Gang wechselst, dann verbindest du dich mit der Erinnerung und du gibst dir Anweisungen, um zu verlangsamen und loszulassen.

Es ist ein Bild, auf das sich jeder mit seinem ganzen Körper beziehen und es fühlen kann. Kennst du dieses Bild? Es ist nicht wirklich ein Gehirnproblem, aber es sind die Synapsen, die nicht reagieren. Indem ich Dinge laut ausspreche, hilft es. Besonders Dinge, an die ich mich erinnern will, sage ich manchmal zwei- oder dreimal laut, und sie bleiben. Das ist die Handlung, deinem Gehirn Anweisungen zu geben. Normalerweise müssen wir das tun, wenn wir fünf Jahre alt sind. Deine größte Herausforderung ist die Angst selbst. Wenn du also mit meiner Hunde-Idee spielen kannst und ein gewisses Maß an Kontrolle darüber bekommst, wirst du viel besser sein. Schon wenn du es logisch betrachtest, weißt du, dass es nichts zu befürchten gibt. Doch das Gefühl stört dich immer noch. Schätze diesen Hund, dass er da ist, um dich zu schützen und dir zu helfen. Das ist, was er tun möchte. Du musst das zum Ausdruck bringen, was du brauchst: „Ich brauche dich jetzt nicht direkt vor mir, leg dich hin." Das ist Selbstbeherrschung. Selbstmeisterung.

Interview mit Julian:

J: Ich hörte dieser Geschichte einfach zu und fand, dass sich alles sehr spannend und interessant anhörte, und es gab in mir noch nicht so viel Resonanz. Was dann jedoch sehr speziell war, nachdem ich bei Maitra war und sie mir das Verhalten dieses Mönches mit all diesen schlimmen Vorfällen beschrieb, bemerkte ich, dass ich mich im heutigen Leben manchmal genau noch so verhalte. Das ergab in mir eine große Resonanz zum vergangenen Leben. Ich spürte, wie vorsichtig ich bin und nicht viel Werbung mache und ich meine medialen Fähigkeiten, meine spirituellen Ausrichtungen nicht so an die große Glocke hänge. Meine Arztkollegen kennen mich kaum. Ich bin sowieso ein bisschen der bunte Vogel.

Einerseits gebe ich sehr viel preis von mir selber, denn es spricht sich so herum. Beim Friseur redet man über mich, dass ich mit den Menschen manchmal medial arbeite. Einerseits macht es mir nichts aus, doch es gibt eine gewisse Angst, die da ist. Diese Angst zeigt sich so im Gefühl, es könnte sich jemand gegen mich richten, vor allem deshalb, weil ich als Arzt nicht die reguläre Medizin anwende. Darin schwingt eine gewisse Revolte mit und somit will ein Teil von mir bei meinen Kollegen möglichst wenig auffallen. Obwohl ich ja sowieso auffalle durch das, wie ich arbeite und wie ich handle. So ist meine Arbeit jetzt schon jenseits der Normen. Es hat zwar gewisse Strukturen, doch Maitra fand es auch amüsant, denn sie sagte, dass ich mich sehr konservativ kleide, doch tief in mir sei ich ein Revolutionär. Und ich muss sagen, sie hat den Nagel auf den Kopf getroffen. Es ist eine Verpackung, damit ich möglichst unauffällig durchs Leben gehen kann, doch in meinem Inneren tickt es ganz anders. Nun, was hat es mir denn wirklich gebracht, dieses Reading bei Maitra?

Es hat mir Druck weggenommen. Im Moment hat sich nicht einfach alles verändert. Ich habe immer noch ein Problem, nämlich vor einer großen Gruppe von Menschen zu stehen. Doch der Blickwinkel hat sich verändert. Ich kann diese Situation wie aus einer größeren Dimension anschauen. Ich kann zu mir sagen: Gut, es war einmal so, du brauchst nicht mehr darin herumzustochern. Zum Beispiel wenn ich mit den Gedanken zurückgehe oder das Gefühl habe, ich muss noch einmal ein Examen machen, dann sage ich, der Stress fußt auf einer früheren Erfahrung. Das ist wirklich sehr angenehm. Mein Ziel ist es wirklich diese Angst vollständig abzulegen. Das ist auch der Grund, warum ich mir für dieses Thema auf allen Ebenen Hilfe hole. Es ist für mich nicht mehr so ein Problem, jemandem gegenüberzusitzen oder in Gruppen der Leiter zu sein. Aber sobald ich vor einer großen Gruppe stehe von z. B. 500 Personen und das Gefühl bekomme, es könnten negative Reaktionen oder Kritiken auf mich zurückkommen, sodass ich dann mit der ganzen Situation nicht mehr umgehen könnte, dann kommt die Angst auf. Verliere ich nun den Boden unter den Füßen? Die Angst kommt, nicht mehr klar denken zu können, die Verbindung zu mir zu verlieren oder sprachlos dazustehen.

Ich war nie begeistert über den Gedanken von Vorleben oder vergangenen Leben. Obwohl ich seit 20 Jahren weiß, dass es das gibt. Doch ich habe es immer vermieden, zu diesem Thema bei meinen Patienten etwas auszutesten oder damit zu arbeiten. Ich hatte vorher wirklich ein Problem damit, ich wollte nicht in diese Ebenen einsteigen, es war mir unangenehm. Denn bei mir war immer die Frage, wenn es Informationen aus einer solchen Vergangenheit gibt, was mache ich nachher damit? Falls ein Patient dann zu bestimmten Informationen keinen Bezug herstellen kann, dann würde ich mich fragen, was ich denn da für komische Sachen rede. Doch verstärkt merke ich, dass ich meine eigenen Vorleben und auch die meiner Patienten sehen und wahrnehmen kann, da ich zunehmend sensitiver werde, und lerne, damit anders umzugehen. Es ist mir auch möglich, diese Themen anders zu erklären. Ich weiß noch nicht, wie meine Patienten darauf reagieren werden und was es mit ihnen macht, doch durch diese Erfahrung im Reading mit Maitra kann ich mich mit dem Thema der vergangenen Leben versöhnen.

Heute kann ich es sehen und es besteht die Möglichkeit, dass Probleme im jetzigen Leben mit Mustern aus vergangenen Leben zu tun haben können. Da ich im Arztberuf tätig bin, gibt es noch einen gewissen Anspruch, doch wissenschaftlich stichfest zu sein. Da begebe ich mich nun auf ein Gebiet, was eben für viele noch sehr unfassbar oder geradezu abgefahren erscheint. Da kann ich ja keinen Beweis erbringen, und andere können sagen, dass ich doch ein Oberscharlatan bin. So gibt es doch eine bestimmte Verunsicherung und ich fühle mich angreifbarer und verletzlicher.

Bevor ich Maitra kennenlernte, hatte ich nicht den richtigen Zugang zum Thema Reinkarnation oder vergangene Leben. Es kam in der Praxis vor, dass etwas darauf hingewiesen hat, dass es um ein Vorleben gehen könnte, doch hatte ich oft das Gefühl, es wurde irgendwie mental herbeigezogen. Durch die Arbeit mit Maitra weiß ich nun mit mehr Sicherheit, wie ich selbst vieles innerlich spüre und innere Bilder dazu erhalte. Das gibt mir eine neue Sicherheit, diese Wahrnehmung zuzulassen und zu vertrauen, was ich selber sehen kann. Je mehr ich es bei meinen Patienten geschehen lasse und anwende, umso mehr habe ich das Vertrauen in die Bilder, die sich mir präsentieren.

Also mein Hauptproblem, meine Angst vor großen Gruppen zu sprechen, ist noch nicht ganz gelöst. Aber es wird sich noch lösen. Ich vermute, dass es damit zusammenhängt, wie ich mich selber noch mehr öffnen kann und wie sich meine eigene Wahrnehmung verfeinert. Dazu kommt die Frage, was ist es denn, das ich vor großen Gruppen von Menschen zu sagen hätte? Gefühlsmäßig sehe ich mich, wie ich Vorträge halte oder über bestimmte Themen spreche, die ich intuitiv empfange und weitergebe. So werde ich mediale Durchsagen geben. Ich sehe es in diese Richtung. Es geht dann um spirituelle, aber auch um medizinische Themen. Grundsätzlich geht es um Gesundheit, Lebensfreude, wie wir funktionieren und um unsere Glaubenssysteme. Es geht um alle unsere Glaubensmuster, welche wir übernommen haben oder selber installiert haben und wie wir sie verändern können.

Das Gebet von Niklaus von Flüe, das ich so enorm kraftvoll erfahre, ist für mich ein Leitbild. Es geht darum, dass wir unser Ego so weit zurücknehmen können, damit es wirklich nicht mehr so im Vordergrund steht und wir aus einer ganz anderen Haltung heraus agieren.

Mein Herr und mein Gott,
nimm alles von mir,
was mich hindert zu dir.
Mein Herr und mein Gott,
gib alles mir,
was mich fördert zu dir.
Mein Herr und mein Gott,
nimm mich mir
und gib mich ganz zu eigen dir.

Niklaus von Flüe 1417–1487

Es gibt viele verschiedene Vorleben, die mir bestätigt wurden, dass ich als Pater, Priester, Mönch lebte. Ich kannte mich aus in der Pflanzenheilkunde. Es gibt einen großen Bezug zu Italien und ich kenne in mir auch einen klösterlichen und asketischen Aspekt. Dieser Bezug ist mir sehr vertraut. Ich hätte jedoch heute keine Lust, in einem Kloster zu leben.

Was für mich ja immer schwierig und mit viel Stress verbunden war, Examen abzulegen. So kam ich nach dem Staatsexamen zu dem Schluss, dass ich keine Medizin anwenden möchte. Darauf ging ich zur Studienplanung. Dann arbeitete ich drei Jahre auf der medizinischen Fakultät. Ich betreute Studenten und ich hatte viel zu tun mit Dozenten und musste sie durch die Rückmeldungen der Studenten bewerten. So war ich ständig im Bild mit sogenannten Autoritäten. Zuerst habe ich nicht verstanden, warum ich dort war, doch es ging darum, meine Angst vor Autoritätspersonen abzubauen, obwohl meine Erziehung nicht so autoritär war. Doch dort hatte ich täglich mit etwa 70 Professoren zu tun. Anfänglich hatte ich kaum den Mut, sie anzurufen. Zum Schluss sagte ich dann zum Dekan: „Wenn Sie mir den Stundenplan nicht geben, dann werde ich über Sie verfügen." So staunte ich über mich selber, weil ich mir das am Anfang nie zugetraut hätte, so zum Dekan zu sprechen. Durch diese Erfahrung konnte ich diese Gefühle Autoritätspersonen gegenüber sehr abbauen.

Ich stellte diese Professoren alle auf ein Podest. Doch im täglichen Umgang lernte ich sie von einer ganz anderen Seite kennen. So wurde ich von vielen Professoren enttäuscht. Es ging nicht direkt um den Umgang mit mir, denn sie hatten einen schrecklichen Umgang untereinander. Es gab viel Neid und sogar Schadenfreude. Für mich war das nie erstrebenswert oder ein Niveau, das mir entsprechen würde. Es ging zu viel um Macht. Ich konnte die Professoren nachher nicht mehr gleich sehen. Natürlich gab es auch tolle Menschen unter ihnen. Doch viele unter ihnen waren Machtmenschen. Die Erinnerung an alle diese Erfahrungen und Aspekte halfen mir auch die traumatischen Erfahrungen aus dem Vorleben in Bezug zur Inquisition zu verarbeiten. Diese Menschen blieben nicht mehr länger auf dem Podest für mich.

Mein Herz

Mein Herz und das Herz des Universums sind ein Herz.
Es schlägt beständig unter dem Chaos der Erde,
unter allem Zweifel und Selbstzweifel,
durch all den Schmerz und die Illusion des Verlusts,
unter der Angst vor der Freiheit.
Ich bin genährt.
Ich bin voller Licht.

Maitra

Eine neue Partnerschaft eingehen: Barbara und Kurt

Barbara, *1954, neue Partnerin von Kurt (darauffolgendes Reading)

B: Ich habe eine Frage zum Thema Beziehung. Ich habe meine letzte Beziehung beendet. Es fiel mir nicht so leicht und ich brauchte Zeit, bis ich so weit war, bis ich mich gut fühlte, dann tat ich es. Jetzt habe ich einen neuen Partner gefunden. Es ist sehr angenehm mit ihm. Aber der vorherige Partner lässt mich nicht gehen. Bis jetzt fühlte ich mich noch verpflichtet gegenüber ihm, weil er vielleicht in eine Depression fallen könnte. So beschlossen wir, Freunde zu bleiben, aber es funktioniert nicht.

M: Es funktioniert normalerweise nicht.

B: Ich müsste ihm sagen können, dass es komplett aus ist, aber ich kann es nicht tun.

M: Warum?

B: Ich habe Angst um ihn.

M: Lass mich einen Blick darauf werfen, um zu sehen, ob er so unstabil ist. Mit den Männern ist es oft so, dass sie sehr schnell eine andere Frau finden. Es gibt so viele Frauen, die nach Männern Ausschau halten. Bei Frauen dauert es normalerweise länger, weil Frauen verstehen und herausfinden wollen, was genau passiert ist.

Männer interessieren sich nicht so sehr dafür. Als ich mich von meinem ersten Ehemann trennte, brauchte ich einige Zeit. Ich wollte ihn nicht zusammenbrechen lassen. Er lebte also immer noch im Haus. Es befremdet mich geradezu, wenn ich darüber nachdenke. Also ging ich zu einem Psychologen, der mir sagte: „Schade, solange er auf dich hofft, findet er niemanden." Ich sagte: „Aber ich liebe ihn immer noch." Er sagte: „Sei nett, sag ihm, dass du ihn nicht mehr liebst. Lass ihn frei." Und ich tat es, und es war das Beste, das ich tun konnte. Wie ich schon sagte: Er war innerhalb eines Jahres wieder verheiratet. Und er blieb 40 Jahre bei seiner zweiten Frau.

Ich denke, auf eine Art ist es nicht so nett, wenn du deinen Ex-Freund schonst, indem du ihm nicht die Wahrheit sagst. Er hofft und hofft, dass du deine Meinung ändern wirst. Es nützt nichts, du wirst es nicht tun, du wirst diesen neuen Mann nicht verlassen und zurück zum Alten gehen. Also sage ihm mit Freundlichkeit: „Es ist vorbei: Ich habe einen neuen Freund, ich werde meine Meinung nicht ändern und ich wünsche, dass du dir jemanden anderen suchst und glücklich wirst dabei."

B: Ich habe es ihm schon gesagt, aber er sagte, er sei zu alt. Aber es ist sein Problem.

M: Wenn er dich am Telefon anruft und sobald du seine Stimme hörst, hängst du ganz sanft das Telefon auf, nicht böse, einfach um Nein zu sagen. Wenn er an deiner Tür klingelt, öffnest du nicht.

B: Er schreibt viel.

M: Schick es zurück. Jedes Mal, wenn du einen Brief liest, gibst du ihm Hoffnung. Aber wenn die Briefe zurückkommen und sie nicht einmal geöffnet sind, sagt er zu sich selbst: „Ich denke, sie will wirklich nicht."

B: Haben wir ein Karma?

M: Mit diesem Mann?

B: Ja, mit dem Ex-Partner.

M: Natürlich. Musst du noch etwas wissen? Du hast die Beziehung jetzt beendet.

B: Das stimmt.

M: Hast du ihm geantwortet, wenn er dir schreibt?

B: Manchmal.

M: Schreibe noch einen letzten Brief und sage ihm: „Es ist vorbei. Es ist genug. Ich werde deine Briefe nicht mehr erhalten, ich möchte nicht mehr mit dir telefonieren." Dann wird es möglich, dass deine Energie für eine neue Beziehung zur Verfügung steht.

B: Ja, ich verstehe. Ich würde gerne wissen, ob ich meinen neuen Partner aus einem früheren Leben kenne.

M: Das tönt besser. Was für einen Beruf hat er?

B: Er ist ein Künstler und er unterrichtet Kunst.

M: Da tut er sich etwas Gutes, dich in sein Leben zu lassen. Es ist die Medizin, die er seit Langem braucht. Ich weiß nicht, was in seiner letzten Beziehung passierte. Er dachte, es wäre einfach zu mühsam. Es ist besser, bei seiner Arbeit und seinen

Schülern zu bleiben, aber dann war da eine Traurigkeit. Eines Tages sagte er schließlich zu sich selbst: „Ich weiß, ich denke, es ist Zeit.", dann warst du da. Es ist sehr schön für euch beide, denke ich. Ihr lebt noch nicht zusammen. Es sieht für mich so aus, als würdest du es tun.

B: Nein. Er wollte bis jetzt nicht mit mir zusammenleben.

M: Er wollte nicht, er wollte nicht, wollte nicht, und jetzt bist du da. Mit deinem neuen Mann wird es nicht so schnell gehen. Er führt auf eine Weise seine eigene Agenda. Andererseits denke ich, dass er wirklich bereit für etwas mehr ist. Wenn er sich langsam dessen bewusst wird, wirst du dort sein. Ich sehe nichts, was das blockiert. Es sieht sehr offen aus, soweit ihr beide es ertragen könnt. Oder ob ihr beide es nehmen wollt. Es ist nicht nur einfach. Es gibt Zeiten der Nähe, und das bleibt für eine Weile so, und dann kommt wieder Bewegung hinein und es hält wieder etwas an.

Du hast dich noch nicht für deine Kreativität geöffnet. Du musst fühlen, dass du mit ihm zusammen sein willst, dass du diese Tür öffnen willst. Ich kann nicht sagen, was es sein könnte. Wahrscheinlich nicht dasselbe wie das, was er tut. Aber du merkst es, wenn du den Drang verspürst, einen Schritt zu machen um zu sehen, ob es dir gefällt. Dies öffnet nicht nur kreativ einige Türen für dich, sondern öffnet auch einige Türen zwischen euch für eure Nähe.

Wenn du anfängst, deinen eigenen kreativen Prozess zu leben, gibt dir das einen anderen Ort, um dich mit ihm zu verbinden. Es sieht sehr gut aus. Probiere es aus. Wenn du es versuchen möchtest, dann male etwas, oder kreiere etwas aus Ton, einen Topf, eine Skulptur, mache Musik, tanze. Es gibt viele Möglichkeiten, wie der kreative Drang ausgedrückt werden kann. Der andere Mann hat dich irgendwie aufgehalten. Du ließest ihn dich aufhalten. Dein neuer Partner wird feiern, wenn du deinen Weg findest und dich ausdrückst und tust, was dir gefällt. Es könnte auch etwas mit Textilien, Batik, Farben sein.

B: Mein Traum war immer Bilder in Kinderbüchern zu zeichnen.

M: Geh vorwärts, finde eine Geschichte, die dir gefällt und experimentiere damit. Das ist schön. Kunst ist eine interessante Sache. Manche Menschen beginnen erst, wenn sie 90 Jahre alt sind, und dann entdecken sie, dass sie etwas Wunderbares tun können. Grossmutter Moses ist eine Berühmtheit in den Vereinigten Statten. (Grandma Moses, Anna Mary Robertson Moses, 7. Sept. 1860–13. Dez. 1961 USA). Sie war in ihren späten 80ern als sie anfing zu malen, zu illustrieren, ihre Kunst zu machen. Es ist nicht etwas, das durch dein Alter oder deine Erfahrung begrenzt ist. Es wird eine wirklich schöne Ergänzung oder Verbindung zwischen euch beiden sein. Vielleicht schreibst und illustrierst du auch das Buch. Hast du Geschichten in dir?

B: Ich hatte ein paar, aber sie sind verschwunden. Vielleicht, um zurückzukommen.

M: Nun schauen wir uns das vergangene Leben an. Doch manchmal, bevor ich in ein vergangenes Leben gehe, schauen wir, ob du mir sagen kannst, wovor du Angst hast. Ich sehe Angst um dein Herz herum. Hast du Angst davor, glücklich zu sein?

B: Im Moment ja, weil ich mich nie daran gewöhnt habe. Zu viel Glück habe ich nicht verdient.

M: Was müsste anders sein, damit du es verdienst? Wie verdienst du es?

B: Ich weiß es nicht.

M: Glaubst du, dass die meisten Leute es verdienen? Wenn du dich für die Welt entscheiden könntest, denkst du, dass du es verdienst?

B: Ich denke, vielleicht habe ich aus den vergangenen Leben eine Art Kredit.

M: Nun, das ist wahr, man kann das als eine Art Verdienst bezeichnen. Spiel doch für eine Minute Gott. Ich werde dir die Macht geben. Wie viele Menschen, die du kennst, verdienen es, glücklich zu sein?

B: Ich gönne es allen. Ich würde es jedem geben.

M: Würdest du? Was ist daran so schwer? Wenn du es dann allen gibst, was passiert, wenn du zu dir kommst?

B: Dann könnte ich es mir geben.

M: Dann hast du es vielleicht verdient? Ja? Wir haben eine seltsame Programmierung in uns, nicht wahr? Wie lernen wir nur zu verdienen, glücklich zu sein? Ich für mich denke, dass es unsere Pflicht ist, glücklich zu sein, denn wenn wir glücklich sind, breitet es sich auf die Menschen um uns herum aus.

Du fragst dich immer noch, ob du es verdienst oder nicht. Du musst nur weiterschauen und dich fragen, ob du es zurückhältst. Wir alle wissen, dass wir nicht jede Minute für den Rest unseres Lebens glücklich sein werden. Wir erleben alle schwierige Momente. In Amerika sagen wir: *Shit happens*, Dinge, die schwierig sind, entstehen und wir verlieren ein wenig unser Glück. Wenn wir wissen, dass wir es im Grunde verdienen und es uns gehört, kommen wir immer wieder darauf zurück, und wir wissen in den Momenten, wenn wir es verlieren, dass es zurückkommen wird. Kennst du das Zitat: *Auch das wird vergehen.*?

B: Ja, das ist tröstlich. Zu meinem neuen Freund fühle ich eine Art innere Vertrautheit, obwohl wir uns noch nicht so lange kennen. Wir verstehen uns ziemlich gut.

Ein vergangenes Leben von Barbara mit Kurt:

Kurt, der neue Partner, ★1947

M: Ich sehe so etwas wie ein großes geschäftiges Atelier. Das ist während der Renaissance. Es ist eigentlich etwas, das in einer Kirche stattfindet. In dieser Kirche werden Bilder an die Decke und an die Wände gebracht. Zwei oder drei Leute machen Skulpturen und du und dieser junge Mann, der jetzt dein neuer Partner Kurt ist, sind Helfer. Sie laufen beide von morgens bis abends. Es ist so viel los und es ist so aufregend und ihr beide seid so glücklich, dort zu sein.

Während den ersten Monaten, die du dort bist, werdet ihr sehr gute Freunde. Hier ein kleiner interessanter Teil dazu: Die meisten Leute, die als Helfer angeheuert wurden, waren Männer oder Jungen. Du hattest entschieden, dass du wirklich dort sein wolltest, aber du warst ein Mädchen.

Also hast du beschlossen vorzugeben, ein Junge zu sein. Dies brachte einige unangenehme Momente.

Normalerweise, wenn zwei Jungs pinkeln mussten, gingen sie nach draußen, um einen Platz zu finden, und pinkelten zusammen. Aber du wolltest nie mit ihm gehen. Du konntest dann nichts offenlegen. Endlich wurde ihm klar, dass du wirklich seltsam warst und er fragte: „Was ist mit dir los, hast du etwas verletzt oder ist etwas mit dir nicht in Ordnung?" Du hast gesagt: „Versprich es, niemandem davon zu erzählen!" Er antwortete: „Sicher, kein Problem." Du sagtest: „Ich bin ein Mädchen." Darauf sagte er etwas entrüstet: „WAS? Du hast bemerkt, dass sie keine Mädchen einstellen?!" Deine Antwort war: „Was sollte ich tun?"

Du hast ihm gezeigt, wie du dir deine Brust eingewickelt hast. Du warst etwa 13- oder 14-jährig, und alt genug, um wie ein Mädchen aus-zusehen, als du versucht hast, ein Junge zu sein, und er war ein wenig skeptisch. Er sagte: „Du zeigst mir besser den Rest." Daraufhin hast du deine Hose runtergezogen und er hat gesehen, dass du keinen Penis hattest. Er sagte: „Meine Güte!" Das war unglaublich. Du merktest, dass er sich sehr glücklich und wohlfühlte mit dir, weil er dachte, du wärst ein anderer Junge. Natürlich, als er herausfand, dass du ein Mädchen warst, begann er nachzudenken, um sich zu erinnern, was er dir ge-sagt hatte, das er einem Mädchen nicht sagen würde und worüber du nur gelacht hast.

Du hast gesagt: „Es ist der Preis, den ich bezahle." Er antwortete: „Nun, ich glaube nicht, dass du so lange hier sein wirst. Wenn du älter wirst, wird es schwieriger, dies zu verbergen." Deine Antwort lautete: „Nun, ich schaue mal, wie es kommen wird." Etwas später hatte er sich darum beworben, Assistent einer der Bildhauer zu werden. Das ist eine andere Aufgabe als nur ein Helfer zu sein. Es bedeutete, dass er gelehrt wird, wie man die Skulpturen macht. Er konnte dann viel lernen und vertraut werden mit dem Handwerk und immer besser darin werden.

Bis zu diesem Zeitpunkt wagtest du nicht, jemanden zu sagen, dass du auch etwas mehr machen möchtest. Denn auf einmal wurde er befördert. Er wurde jetzt Assistent einer der Bildhauer. Dieser Job war sehr anders, sehr intensiv. Hier musste man nicht mehr länger zusammen herumlaufen und all die anderen Dinge herumtragen. Du hast dich dann entschieden: Gut, wenn er es kann, vielleicht kann ich es auch.

*Du bist zu einem der Künstler gegangen, einer der Maler, sie malten
an der Decke. Dafür musste man hoch hinaufklettern. Du weißt wie
hoch diese Kuppeln in Kirchen sind. Du warst wirklich da oben und ab
und zu gab es auch einen Unfall. Du warst dir sehr bewusst, dass das
nicht ohne Gefahr war und sie machten keine Wände mehr. Die Wände
waren fertig, so war man den ganzen Tag da oben, solange es etwas zu
tun gab. Um da hochzugehen, musste man etwas zu tun haben. Am
Anfang war es hauptsächlich, um Dinge hochzutragen und zu malen,
zu tragen und zu bürsten, Lumpen zu tragen, um verschüttete Sachen
aufzuräumen und man musste viel herumklettern. Du wusstest, dass
es lange dauert, dass sie dir trauten und du endlich mal einen Pinsel in
deiner Hand halten könntest.*

*Du schautest ja zu, wie dein Freund es gemacht hat und sagtest dir:
„Ich will es auch machen."*

*Nach ein paar Monaten hattest du einen Job, den Malern zu helfen.
Dieser Maler, den du hattest, war beleidigend. Er war aufbrausend,
er ärgerte sich schnell und schrie die Person an, die ihm half, und alles
musste perfekt sein. Oder er kommandierte dich herum, runterzugehen,
und das immer wieder.*

*Du lerntest dann Farben zu mischen und du musstest genau die
richtige Farbe mischen können, die er wollte oder er schickte dich wieder
runter und er schrie dich die ganze Zeit an. Du wusstest es schon, dass
er das tun würde, weil er der Einzige an diesem riesengroßen Ort war. Er
hat immer geschrien. Du warst es nach einer Weile irgendwie gewohnt.*

*Einer der anderen Maler hatte ein Auge auf dich geworfen, denn er
vermutete, dass du ein Mädchen bist. Er kam zu dir und sagte: „Willst
du stattdessen für mich arbeiten?" Du hast ihn angesehen und sagtest:
„Er wird mich nie gehen lassen. Der einzige Weg, um rauszukommen,
ist, das ganze Projekt zu verlassen. Was ist mit seinen früheren Helfern
passiert? Sie hatten einfach die Nase voll von der Art und Weise, wie
er sie behandelt hatte, und suchten irgendwo anders nach einem Job."*

*Der Mann sagte: „Überlass das mir." Der mit der schlechten Laune
war ein guter Maler. Er hatte also einen Job, aber die Leute wussten wie
schwierig er war und sie wussten auch, wie man ihn manipulierte. Der
neue Mann, der dich mochte, machte eine Wette mit ihm. Die Wette
ging so: wenn er sie gewann, bekam er dich. Er gewann die Wette. Er*

signalisierte dem Maler, für den du gearbeitet hattest, dass du jetzt bei ihm arbeiten wirst.

Der andere Typ wurde so wütend, dass er dich fast vom Gerüst gerissen hätte. Du hieltest dich mit einer Hand am Gerüst fest und warst zu Tode erschrocken. Jemand half dir, dass du nicht fielst und so gingst du zu dem anderen Mann an die Arbeit.

Ein weiteres Problem kam: Die ganze Zeit, wann immer du ein wenig Zeit fandst, gingst du zu deinem Freund. Seine Arbeit mit den Bildhauern war sehr anders, niemand schrie ihn an. Der Mann, für den er arbeitete, war sehr intensiv auf seine Arbeit konzentriert. Solange sein Helfer ihm zur Seite stand, wann er ihn brauchte, war er glücklich.

Dein Freund war sehr verständnisvoll mit dir, was du erlebt hast durch die schlechte Behandlung.

Als du kamst und ihm sagtest, dass du einen neuen Boss hast, fragte er: „Welcher Maler ist es?“ Als du es ihm gesagt hast, hat er gesagt: „Oh nein!“ Du fragtest: „Nun, warum? Er ist nett. Er half mir und hat mich von diesem anderen Typen weggebracht.“ Dein Freund antwortete dann: „Er ist ein Frauenheld. Er hat eine nach der anderen.“ Darauf hast du gesagt: „Aber er weiß nicht, dass ich ein Mädchen bin.“ Dein Freund sagte dann: „Oh doch, er weiß, dass du ein Mädchen bist.“

Natürlich hatte dieser Mann jetzt etwas Macht über dich. Dein Freund wusste das. Dein neuer Vorgesetzter kannte dein Geheimnis und er wusste, dass du nicht wolltest, dass irgendjemand es weiß. So ließ er dich Dinge tun, die du sonst nicht getan hättest. Es gab eine Zeit, die sehr schwierig war, wo du immer versuchtest, dich vor ihm zu schützen. Er versuchte dich immer wieder alleine zu erwischen und er ließ dich dann wissen, dass er wusste, dass du ein Mädchen warst. Er sagte: „Du kannst mich nicht täuschen. Ich bin ein Experte für Frauen.“

Dein Freund behielt dich im Auge. Mehrere Male tauchte er genau zu der Zeit auf, als du ihn brauchtest. Er erfand dann etwas, aber der neue Vorgesetzte merkte, was vor sich ging.

Endlich nahm sich dein Freund zusammen. Er ging zu dem Mann, der der Architekt war, also zum Verantwortlichen der ganzen Baustelle. Er hatte diesem Mann von dir als Arbeiter zuvor schon erzählt. Bevor er ihm jetzt jedoch die Wahrheit sagte, fragte er: „Weißt du, wer das ist?“ Der Architekt sagte: „Ja, ich weiß, wer alle sind. Ich weiß, wie es allen geht.“ *Daraufhin fragte dein Freund: „Was hältst du von der Arbeit, die er macht?“ Der Boss antwortete: „Er ist einer der Besseren. Er macht immer ein bisschen mehr, um zu gefallen. Wir haben Glück, ihn zu haben.“ Dann sagte dein Freund: „Was würden Sie machen, wenn ich Ihnen sage, dass es ein Mädchen ist?“ Der Chef sagte: „Heißt das, dass es ein Mädchen ist?“ Dein Freund hatte gesagt: „Ja!“*

Für ihn war es die einzige Möglichkeit, dich zu beschützen, indem er es offenlegte. Als er versuchte, mit dir darüber zu sprechen, sagtest du: „Nein, erzähl es nicht!“ Er dachte darüber nach und entschied, dass es das Richtige war. Er wusste, dass es ein Risiko war, aber er wusste auch, dass du ein sehr guter Arbeiter warst, und nicht jeder war das. Er hat den Chef dazu gebracht, das zu überdenken und dich weiter so arbeiten zu lassen. Du wusstest nicht, ob du sauer auf ihn warst oder dankbar, irgendwie warst du beides. Du warst sauer auf ihn, weil er dir versprach, niemandem davon zu erzählen. Andererseits wurde es immer schwieriger, es zu vertuschen, und jetzt konnte man einfach entspannen. In der Tat, jetzt, wo es bekannt war, sprach er mit deinem neuen Chef und sagte zu ihm: „Fass sie nicht an!“

Es stellte sich heraus, dass dein Vorgesetzter in der Lage war, seine Hände von dir zu lassen. Vor allem, weil er viele andere hatte und er wollte seine Arbeit behalten. Du konntest mehr über die Malerei lernen. Du kamst nicht über die Anfangsphasen hinaus, doch dein Freund hat sich als Bildhauer weiter entfaltet.

Unterschiedliche Lebenszeiten, verschiedene Fähigkeiten. Ihm wurde ein Job bei einem anderen Projekt angeboten, wo er viel mehr von dieser Arbeit machen konnte. Als er ging, sagte er: „Ich kann dir dort keinen Job versprechen, aber ich möchte, dass du mit mir in eine andere Stadt kommst.“ Du hast gefragt: „Was meinst du, was sagst du da?“ Er antwortete: „Ich weiß nicht wirklich, was ich hier mache, aber ich liebe dich. Ich will dich nicht verlassen!“ Du sagtest dann: „Oh!!“ Du bist mit ihm gegangen und du hast ihn geheiratet. Ihr bekamt ein Baby und du maltest nicht mehr.

Er machte immer größere Fortschritte bei seiner eigenen Arbeit. Das war damals und du hattest noch andere Lebenszeiten mit ihm, aber diese ist wahrscheinlich am relevantesten für die Gegenwart, diese gemeinsame Geschichte, eine mit ziemlich vielen Herausforderungen. Du kannst darüber nachdenken, denn du lerntest dort, wie man Farben aus verschiedenen Materialen herstellt. Das war ein Teil eurer Arbeit. Damals konnte man nicht in ein Geschäft gehen und sie kaufen. Man musste lernen, wie man sie herstellt. Und du machtest das. Kurt macht heute immer noch Kunst und einige Skulpturen?

B: Ja, Kurt, mein neuer Partner, malt und macht Skulpturen. Es ist so interessant, dass er immer noch das Gefühl hat, mich zu beschützen.

Interview mit Barbara:

B: Ich war erstaunt und es war für mich sehr spannend, von diesem Leben in Italien zu hören. Ich war früher immer sehr fasziniert von Kunstdenkmälern, Skulpturen, Malereien, Fresken und es berührte mich, zu erfahren, dass wir in dieser Zeit zusammen dieses Leben hatten.

Ich war als Frau in dieser versteckten männlichen Rolle, da ich als Frau nicht geduldet worden wäre. Dazu sehe ich heute Parallelen. Besonders am Anfang meiner neuen Partnerschaft spürte ich, wie er mich in gewissen Situationen auch verteidigen würde. Manchmal nimmt er mich in Schutz, so wie er es damals tat. Darin ist irgendetwas Vertrautes zwischen uns, und die Informationen aus dem vergangenen Leben bestätigten mir das. Ein Muster, das immer noch zwischen uns schwebt und manchmal noch aufflackert.

Die Situation, mich als Frau zu verkleiden, um in einer Männerwelt überhaupt akzeptiert zu sein, finde ich immer noch sehr speziell. Als sich etwa zehn Jahre alt war, kam ich bereits in die Pubertät und es war mir schrecklich peinlich, dass ich bereits Brüste bekam. In dieser Zeit war das sehr auffallend und frühreif, wie man so sagte. Es gab dann eine Phase etwa in der dritten Klasse, da zog ich unter dem Pullover Hosenträger an, damit man meine Brüste nicht so gut sehen konnte. Etwas, das ich anscheinend bereits schon einmal durchmachte – dieses Gefühl zu haben, in der Rolle als Frau und mit einem weiblichen Körper nicht alles tun zu können.

Mein Partner ist ja jetzt auch Künstler und malt viel, und ich bin immer noch an Kunst interessiert. Und das ist für uns eine Gemeinsamkeit, eine Basis, auf der wir uns verstehen.

Das Reading gibt mir eine gewisse Bestätigung, denn zu Beginn dieser neuen Partnerschaft fühlte ich mich manchmal verunsichert, da ich nicht wusste, wie ernst es denn für ihn ist. So hat mir das Reading wirklich geholfen, diese vielen gemeinsamen Interessen zu sehen, und dass sie tragend sind. Es gab in mir ein gutes Gefühl, dieses Gefühl, dass wir zusammenpassen. Ich war in früheren Beziehungen oft unsicher und manchmal auch enttäuscht, deshalb war das Reading für mich eine wirkliche Hilfe.

Ich hätte gerne in diesem Leben Medizin studiert, und ich wurde damals zu einer sehr alten Berufsberaterin gebracht. Sie sagte zu mir, wenn ich je einmal die Absicht hätte zu heiraten, dann könne ich das nicht vereinbaren, eine Familie zu haben und Medizin zu studieren. Auch meine Eltern waren dagegen, dass ich ein Studium mache. Meine Mutter hatte die Einstellung, dass Knaben studieren konnten und die Mädchen mussten schon früh arbeiten und Geld verdienen gehen, um das Studium der Brüder mitzufinanzieren. In meiner Familie gingen meine Tanten arbeiten, um die Ausbildungen ihrer Brüder, also meiner Onkel, zu finanzieren. Das war einfach selbstverständlich, dass die Frauen Geld verdienten und die Männer studieren konnten. Eine Frau sollte nicht studieren. Diese Haltungen waren in meiner Familie sehr ausgeprägt.

Dies ist immer noch etwas tief in mir verankert. Die Gleichberechtigung fehlte. Ich erfahre das heute auch bei der Arbeit. Wenn ich die gleiche Arbeit verrichte, zum Beispiel ein EEG mache, und dann ein Mann hereinkommt, der die gleiche Ausbildung und die gleiche Arbeit wie ich verrichtet, wird er schnell mal als Herr Doktor angesehen, und ich bin dann einfach die Krankenschwester oder wie heute die Pflegefachfrau. Obwohl wir vom beruflichen Stand her genau gleich ausgebildet sind und auf dem gleichen Niveau stehen.

Auch jetzt habe ich einen männlichen Arbeitskollegen und die Klienten haben das Gefühl, dass er einen anderen Stand hat, obwohl er nicht einmal die Ausbildung beendet hat. Nur weil er ein Mann ist, wird er anders geachtet und vom Chef wird er mehr gefördert als wir Frauen, die die gleiche Arbeit tun. Das beobachte ich immer wieder. Es ist noch sehr verankert im Denken der Menschen. Vielleicht fällt mir das jetzt auch mehr auf durch die Einsicht im Reading in diese vergangenen Erfahrungen. Da ich bald pensioniert werde, halte ich mich nicht mehr so sehr daran auf. Ich lasse es so sein, wie es ist. Ich kann mich darin behaupten, wenn es nötig ist. Aber ich strenge mich nicht an für größere Veränderungen an dieser Stelle.

B: Ich fragte Maitra, ob ich einen Bezug habe zu Russland, da mich dieses Land immer sehr angezogen hat. Ich hatte irgendwie das Gefühl, dort gelebt zu haben.

M: Was ich sehe: Ich bewege mich zwischen Stadt und Land hin und her. Du bist ein Mann, du bist ein Musiker. Dein Vater hat eine große Liegenschaft draußen auf dem Land. Ein Teil davon ist Landwirtschaft, ein Teil davon ist eine Pferdezucht, ein Teil davon ist Viehzucht. Auch hatte er einen Weinberg. Du bist sein zweiter Sohn. Dein Vater hat auch Liegenschaften in der Stadt. Im Grunde war er ein Geschäftsmann. Er wollte seine beiden Söhne so großziehen und ausbilden, damit sie seine Geschäfte übernehmen könnten. Dein älterer Bruder hatte Interesse an seinem Geschäft in der Stadt gezeigt. Er wurde ausgebildet und lernte das. Er wollte seinem Vater gefallen, und er war auch der Liebling eurer Mutter.

Du kamst vielleicht 4 Jahre später. Du warst ein Rebell, und wolltest nicht unbedingt allen gefallen. Du fandst vor allem Gefallen an den Dingen, die dich interessierten. Das wolltest du dann auch tun. Du wolltest nicht so viel zu tun haben mit den Geschäften deines Vaters. Doch dein Vater wollte, dass du lerntest, wie man seine Liegenschaft bewirtschaftet, die Tiere versorgt, und wie du alles leiten konntest.

Eine Zeit lang hatte er etwas Hoffnung in dich, weil du großes Interesse an den Pferden zeigtest. Du bist gerne geritten, warst ein guter Reiter und hast dich sehr interessiert für die Pferdezucht. Du fandst das faszinierend, wenn man einen Hengst von einer anderen Blutlinie holte und ihn mit den Stuten zusammenbrachte. Dein Vater dachte: „Nun, er wird sich auch für den Landwirtschaftsbetrieb interessieren." Aber das kam nicht so. Du warst wirklich nicht daran interessiert, auch nicht daran, die Pferdezucht zu führen. Du warst an den Pferden interessiert, aber das ist nicht das Gleiche, wie wenn man dann die ganze Ranch übernehmen sollte. Du spieltest nämlich gerne deine eigene Musik, und du maltest gerne und hast auch viel gelesen.

Geld interessierte dich auch nicht groß, und du warst einfach alles andere, wie dein Vater dich haben wollte. Geld war für dich einfach da, um das zu tun, was du wolltest, aber es war dir einerlei, ob du Geld hattest oder nicht. Es machte für dich nicht so einen großen Unterschied.

Die Schwester deines Vaters, deine Tante, war von deinem Vater abhängig. Sie hatte eine frühe tragische Ehe, in der ihr Ehemann getötet wurde, als sie nur ein paar Monate verheiratet waren. So ist sie bei deinen Eltern eingezogen und seither haben sie sich um sie gekümmert. Sie war immer in deiner Nähe, als du Kind warst, und sie war die Einzige, die sich zumindest ein bisschen dafür interessierte, was du gerne machtest.

Es war eigentlich sie, die dich immer ermutigte, deinen Interessen nachzugehen. Dein Vater fühlte sich dabei etwas betrogen, deshalb drohte er ihr immer, sie rauszuschmeißen. So war sie immer gegenwärtig in eurem Haus, wo auch du warst, wenn du etwas gelitten hast. Sie war die Einzige für dich, die dich ein wenig verstand. Dein Vater war so enttäuscht und so wütend auf dich. Deine Mutter war auch der Meinung, dass du auf deinen Vater hören solltest.

Als du ungefähr 16 oder 17 Jahre alt warst, hast du beschlossen, von zu Hause wegzulaufen. Deine Tante half dir, Geld von deinem Vater zu stehlen. Er hätte dir kein Geld gegeben, außer du hättest dafür gearbeitet.

Dein Vater dachte, da du ja nicht interessiert warst daran, die Liegenschaften zu übernehmen und den Betrieb zu führen, dass du dann die schmutzige Arbeit tun solltest, weil dir das Geld ja auch nicht wichtig war. Er gab dir nie so viel, damit du etwas sparen konntest. Also hast du dir gesagt, dass du weggehen wolltest mit genug Geld, um davon eine Weile leben zu können.

Es stellte sich heraus, dass du als Straßenmusiker in dieser großen Stadt auf die Straße gegangen bist. Du warst erstaunt, wie viel Geld du verdientest. Du legtest einfach deinen Hut oder eine Tasche hin und spieltest, und die Leute kamen und warfen Geld rein. Ich glaube nicht, dass andere noch überraschter waren als du, wie viel Geld du gemacht hast.

Das Geld, das du von deinem Vater vor 3 Jahren gestohlen hattest, konntest du ihm zurücksenden. Dies war der erste Kontakt, den du seit deiner Abreise mit ihm hattest. Du hast ihm einen Brief geschrieben und ihm gesagt, dass du deinen Weg in der Welt gefunden hast und gut für dich sorgen kannst, und dass du ihm das geliehene Geld zurückzahlen wolltest.

Dein Vater war sehr geschockt. Er hatte dich völlig aufgegeben, dass du jemals das tun würdest, was er sich vorgestellt hatte. Aber jetzt wurde er sehr neugierig. Hast du ihn angelogen? Wie kannst du mit diesem blöden Instrument Geld verdienen? Doch du warst ein sehr guter Musiker und konntest dieses Instrument wundervoll spielen.

Er fand heraus, wo du gespielt hast. Zu dieser Zeit war es in einem Park. Er ging dorthin, ohne irgendjemandem etwas zu sagen. Er sagte sich: „Nun, er ist wirklich gut. Es gäbe bessere Orte für ihn zu spielen als auf der Straße." Er war erstaunt und er kam und sprach mit dir. Und dann warst du erstaunt. Du hast nicht geglaubt, dass dein Vater so etwas tun würde. Er hatte so starke Vorstellungen davon, was aus dir werden sollte. Als du dies nicht erfüllt hast, dachtest du, dass er dich als Sohn abgeschrieben hatte.

Du hattest dich damit abgefunden. Nun war er hier und du hast zu deinem Vater gesagt: „Kann ich dich zum Nachtessen einladen?" Du hast ihn nicht zu einem schicken Ort gebracht, sondern zu einem sehr einfachen kleinen Ort, wo es ganz feines Essen gab. Natürlich kanntest du all diese Orte. Er sagte zu dir: „Du warst nicht der Sohn, den ich wollte, aber ich habe erkannt, dass du mein Sohn bist. Ich freue mich, dass du diese Arbeit machst, die dich glücklich macht." Also wurdest du auf eine spezielle Weise wieder in die Familie aufgenommen.

Dies ist eine interessante Geschichte, ein Art Saga. Du bekamst später einen Sohn. Dein Vater half dir dabei in Konzerthäusern und anderen Orten zu spielen, um mehr Geld zu verdienen. So konntest du heiraten und eine Familie unterhalten. Dein Sohn liebte es, aufs Land in die Betriebe zu gehen. Er sagte zu seinem Großvater: „Ich möchte lernen, hier zu arbeiten."

Diese Geschichte hat ein Happy End. Sie hat ein bisschen von allem. Es war im 18. Jahrhundert. Es gab keine Autos, es gab nur Pferde und

Kutschen. Mein Eindruck ist, dass dies in St. Petersburg war. Es ist eine wirklich schöne Stadt mit vielen Statuen, Springbrunnen und Wasser und mit sehr schöner Architektur.

B: Hat mein jetziger Partner Kurt auch eine Rolle gespielt?

M: Ist er Russe?

B: Nein, aber die russische Kultur fasziniert uns beide sehr.

M: War er dein Vater in diesem Leben, das wir gerade gesehen haben?

B: In gewisser Weise konnte ich es fühlen.

M: Ich denke, er könnte dein Vater gewesen sein. Er hat wirklich herausgefunden, dass er dich liebt. Selbst wenn du seinen Ideen nicht entsprachst. Du warst in diesem Leben ein großer Lehrer für ihn. Er hatte seine fixen Ideen, wie die Dinge sein sollten, und er machte durch dich eine Veränderung durch.

Interview mit Barbara:

B: Als ich durch eine Reise nach Russland kam, habe ich mich sofort sehr wohlgefühlt. In diese Landschaft zu kommen war wie ein Nach-Hause-Kommen.

Ich freute mich darüber, zu hören, dass ich in Russland gelebt habe. Es fand Anklang in mir, dass ich ein Straßenmusikant war. Leider spiele ich heute kein Instrument, aber heute gefallen mir am besten die Straßenmusiker. Ich höre ihnen viel lieber zu als einem professionellen Orchester. Das war für mich eine Erklärung. Mir gefällt einfach Volksmusik und vor allem die russische Musik.

Ich hatte einfach immer diese Freude und Beziehung zu Straßenmusik und vor allem zu östlicher Musik. Das Instrument, das ich damals spielte, war ein typisches russisches Instrument. Es kann sein, dass es eine Balalaika war.

Schon als Kind schaute ich mir den Doktor Schiwago immer wieder an. Als ich etwa 17 war, kam dieser Film im Kino, und die Titelmelodie war mit einer Balalaika gespielt. Ich liebte diese

Melodie so sehr, dass ich damals eine Langspielplatte kaufte und mir diese Musik immer wieder anhörte. Es gefiel mir einfach sehr. Seit ich den Doktor Schiwago-Film gesehen habe, da wollte ich damals schon Russisch lernen, weil es mich so berührt hatte. Wir hätten in der Schule Russisch lernen können, aber ich war zu schlecht. Die slawischen Sprachen gaben eine starke Resonanz in mir, deshalb hatte ich vielleicht auch zuerst einen tschechischen Mann, obwohl ich Russisch immer noch schöner finde.

Im vergangenen Herbst wurde mir eine Balaleika geschenkt von einem russischen Chor, mit dem wir ein Konzert organisierten. Das hat mich außerordentlich gefreut. Ich versuchte anfänglich selber damit zu spielen, doch ich brauche jemanden, der mich lehrt. Wenn ich dann mehr Zeit habe, dann möchte ich es spielen lernen.

Meine Eigenwilligkeit und Eigenständigkeit im vergangenen Leben hat mich beeindruckt. Ich ging meinen Weg mit allen Konsequenzen. Berührend war, wie es später gut ausgegangen ist. Es gab eine Versöhnung mit dem Vater und das war sehr schön.

Vielleicht gab es eine Verbindung mit meinem jetzigen Partner Kurt und dem Vater im vergangenen Leben. Ich hatte das Gefühl, dass es irgendwie stimmen konnte. Da mein Partner jetzt auch sehr tolerant ist und mich so leben lässt, wie ich möchte, oder auch das stehen lassen kann, was ich nicht so gut kann. Die Nachsicht und die Toleranz, die mein Vater im vergangenen Leben schlussendlich dann hatte, passt gut zu meinem jetzigen Partner.

Es gibt noch ein weiteres Leben in Russland mit Kurt, das ich durch Maitra erfahren durfte. Hier könnte es wertvoll sein, bestimmte Umstände nachträglich zu verifizieren.

Vergangenes Leben von Barbara und Kurt:

M: Jetzt sehe ich ein sehr gebirgiges Gebiet mit einem Fluss unterhalb tiefer Klippen. Dein Partner scheint ein Architekt zu sein. Er wurde von der Stadt ausgesandt, um Untersuchungen zu machen, weil sie eine Straße bauen wollten. Es gab eine Straße über die Berge, aber sie wollten eine Brücke über dieses Tal bauen. Es ist möglich, dass es noch nicht so lange her ist. In dieser Zeit war es eine wirklich radikale Idee. Niemand glaubte daran, dass dies möglich wäre. Er ging dorthin und sagte: „Es kann funktionieren. Wir können diese Idee umsetzen." Er hatte neue Möglichkeiten, eine Brücke zu bauen, denn es war sehr gefährlich, dort eine Brücke über so tiefe Klippen zu bauen.

Wenn ich hier diese Bilder sehe, erkenne ich nicht, wie sie es wirklich gemacht haben. Es war so hoch oben über dem Fluss. Er hatte eine Idee, wie es gemacht werden könnte. Als er zurück in die Stadt ging, präsentierte er diese Ideen. Es würde sich für viele Menschen ein Traum erfüllen. Wenn diese Straße gebaut werden könnte, würden zwei sehr isolierte Teile des Landes miteinander verbunden werden. Es würden sich viele neue Möglichkeiten eröffnen. So entschied sich diese Baufirma, ihm eine Chance zu geben, um zu sehen, ob er das schaffte. Sie riskierten eine Menge Geld für ihn. So kam er in dieses Dorf, in dem du wohntest.

Du warst eine hübsche junge Witwe, ungefähr 32 Jahre alt. Dein Mann wurde bei einem Unfall in derselben Gegend getötet, wo die Klippe abfällt und unten der Fluss durchgeht. Er wurde getötet während dem Versuch, eine Brücke zu bauen. Sie erstellten immer wieder während den vergangenen Jahren eine kleine Hängebrücke, aber früher oder später fiel sie immer wieder zusammen. Er war einer der Leute, die versuchten, sie wieder aufzustellen. Aber es gelang ihnen nie.

Dieser Mann, der Architekt (jetzt dein Lebenspartner), kam ins Dorf und er brauchte eine Unterkunft. Du musstest um deine Existenz kämpfen. Du warst ohne wirkliche Einkommensquelle, seit dein Mann gestorben war. Du hast für andere Leute gewaschen, hast für Leute Kleider geflickt, einfach alles, was du tun konntest, um ein bisschen Geld zu verdienen. In dieser Zeit, als dieser Mann kam, dachtest du, du würdest dein Haus verlieren. Du warst nicht in der Lage, genug Geld zu verdienen, um alles aufrecht zu halten.

Da kam dieser Mann und sagte: „Ich brauche einen Ort zum Leben und vielleicht bringe ich noch andere Leute mit, die eine Unterkunft brauchen. Es wird ein Projekt von mehreren Jahren sein."

Du hast gefragt: „Welches Projekt?" Er antwortete: „Nun, wir werden eine Brücke über den Fluss bauen." Du hast nur gelacht und gesagt: „Das hat man schon versucht, aber wenn du es auch versuchen willst, vermiete ich dir ein Zimmer."

Du hattest 5 Schlafzimmer, und als alle Schlafzimmer voll waren, hattest du mehr Geld, als du dir je vorstellen konntest. Sie sagten, dass sie mehrere Jahre blieben. Du hast nicht eine Minute lang daran geglaubt. Du dachtest, dass sie es versuchen werden und dann würden sie wieder weggehen. So zog er ein in deinem Haus.

Die ersten paar Wochen war er der Einzige dort. Er machte immer noch eine Menge Planungsarbeit. Dann kamen die anderen Arbeiter. Es gab vielen Menschen in diesem Dorf einen großen Schub. In den zwei Wochen, in denen er alleine im Haus war, habt ihr beide entdeckt, dass ihr euch sympathisch seid, und dass eure gegenseitigen Bedürfnisse in gewisser Weise die gleichen waren. Am Anfang war es praktisch. Während den kommenden Jahren hast du ihn lieb gewonnen und er dich auch.

Der Bau der Brücke dauerte etwa zehn oder sogar zwölf Jahre. Viele Menschen starben durch den Bau. Jedes Mal, wenn es durch so ein Unglück einen großen Rückschlag gab, fand er trotzdem einen Weg, weiterzumachen. Jeder im Dorf beobachtete alles, was er tat. Leute kamen, um dich zu besuchen, die dich nie zuvor besucht hatten. Jeder wollte sich diesen verrückten Mann ansehen. Sie konnten sofort sehen, dass sein Projekt unmöglich war, und er tat es trotzdem. Dann begannen sie eine Straße auf der anderen Seite zu bauen, und das dauerte noch zusätzliche Jahre.

Diese kleine Stadt begann dann zu wachsen. Häuser wurden gebaut, Geschäfte wurden eröffnet. Finanziell lief es gut für dich. Schließlich habt ihr geheiratet.

Du wusstest nicht, was dann kommen würde, wenn seine Arbeit einmal beendet sein würde, doch du dachtest, dass es in Ordnung sei, solltest du mit ihm irgendwohin ziehen. Nach einiger Zeit musstest du keine Zimmer mehr vermieten. Du machtest das zwar noch weiter, aber nur für die, die du mochtest. Dein Haus wurde zu einer Art Treffpunkt für Menschen. Leute, die bereit waren, neue Ideen zu diskutieren.

Du hattest eine schöne Ehe mit zwei Söhnen. Ihr wart im Dorf sehr beliebt: Der „Verrückte", der das Unmögliche tat, und die Witwe, die ihn heiratete und eure beiden Söhne. In diesem Leben hast du gerne gekocht. Vielleicht war es nicht das Kochen, das du so mochtest, aber du hast es geliebt, alle am Tisch zu haben und mit Menschen zusammen zu sein. Sein Kommen in die Stadt brachte die ganze Stadt zum Aufblühen.

Interview mit Barbara:

Mein Partner war dieser visionäre Architekt. Obwohl alle sagten, diese Brücke zu bauen sei unmöglich, gab er nicht auf und er hat es dann wirklich geschafft, dieses Bauwerk zu erstellen. Ich sehe hier auch Parallelen zum heutigen Leben, denn er ist immer überzeugt von Sachen, aber ich denke, dass es nicht geht, und dann sagt er: „Doch, das geht schon." Und schlussendlich geht es dann wirklich. Ich bin eher die, die viele Einwände hat, wenn es darum geht, etwas zu realisieren. Dann sagt er „Doch, es geht!" und er zieht es dann einfach durch. Er hat eine große Ausdauer. Die Sicherheit und Ausdauer meines Partners gibt mir Vertrauen und ich überwinde dann Zweifel in mir. Durch diese Haltung ist viel mehr möglich, zu erschaffen. Es wäre spannend, herauszufinden, wo und ob diese Brücke steht. Es muss eine ganz strategisch wichtige Verbindung sein.

Wir hatten damals viele Gäste. Das pflegen wir heute gerne auch und wir haben beide Freude mit Leuten zusammen zu sein.

Ich habe viele Bücher über Inkarnation gelesen. Da ich durch die Einsichten mit Maitra mehr darüber erfahren habe, gibt es mir in diesem Leben eine Art Sicherheit. Ich sehe es nicht als Ungerechtigkeit, wenn zum Beispiel jemand viel Geld oder mehr Erfolg hat, ich sehe es heute so, dass man in dieser Situation eine Aufgabe hat, die zu bewältigen ist. Da die Lebenswege so verschieden sind, geht es nicht darum, dass ich anderen nacheifern muss. Auch wenn es nach außen hin nicht so erfolgreich aussieht, kann es eben doch stimmig sein. Ich sehe es nicht einfach als Ungerechtigkeit, wenn es anderen besser geht als mir, ich empfinde überhaupt nicht so, denn vielleicht habe ich solche Erfahrungen auch einmal erlebt oder ich mache einmal eine solche Erfahrung, und es ist sich alles am Ausgleichen. Das gibt mir das Gefühl, dass es so stimmt, wie es ist, es ist richtig so für mich.

Wenn ich über das Sterben nachdenke, kommt auch der Gedanke, dass sich das schon mehrere Male erfahren habe und es für mich weitergeht. Ich habe mit diesem Bewusstsein weniger Angst davor. Das ist für mich eine große Erleichterung. Sicherlich ist es anders, wenn es dann so weit ist, doch meine Grundhaltung dem Tod gegenüber ist „normaler" geworden. In den Readings mit Maitra, die ich zwischendurch wieder anhöre, kommen immer wieder neue Ebenen zum Vorschein und ich nehme beim Anhören Aussagen wahr, die ich vorher noch nicht so gehört hatte.

Die Readings halfen mir auch, als meine Kinder noch Jugendliche waren. Da ich viele Probleme hatte mit den Kindern und ich einige Informationen erhielt aus den vergangenen Leben meiner Kinder, half es mir, sie selber anders zu sehen und mit ihnen einen anderen Umgang zu pflegen. Durch die Berücksichtigung dieser Umstände kann ich vieles aus einem anderen Blickwinkel heraus verstehen.

Interview mit Kurt:

K: Ich komme in Resonanz mit diesem Leben als Brückenbauer. Es reizt mich immer noch manchmal etwas Verrücktes zu machen. Ich hatte früher viele solcher Ideen vor allem in der Kunst. Ich konnte sie zwar nicht wirklich realisieren aus finanziellen Gründen, so wurde ich dann Kunstlehrer und arbeitete in diesem Beruf. Ich wollte ganz spezielle Figuren und Skulpturen aus Polyester anfertigen, doch ich habe es dann aufgegeben. Ich hatte immer auch einen starken Bezug zum Bauwesen. Meine Mutter kam aus einer Zimmermannsfamilie. Dadurch hatte ich eine Beziehung zu diesem Handwerk, zwar nicht ganz direkt, denn ich lernte meinen Großvater erst kennen, als ich 16 Jahre alt war. Seine Familie hatte ihn verstoßen wegen seiner zweiten Frau. So fehlte mir der direkte Bezug zu seinen Arbeiten als Zimmermann. Er hat jedoch sehr vieles gebaut. Er baute Chalets und war ein erfolgreicher Mann und ich lernte ja später Hochbauzeichner. Architektur hat mich bis heute immer interessiert. Das ist mir überhaupt nicht fremd. Ich habe mein ganzes Haus selbst umgebaut und gestaltet.

Durch die Informationen aus dem Reading habe ich bemerkt, wie mir etwas vertraut wird, das zuvor völlig fremd war, z. B.

Russisch zu lernen, wenn man sich damit wieder beschäftigt. Auch geht es mir ebenfalls so mit meinem Bezug zu Russland und wie es sich verändert durch die wirkliche Begegnung auf meinen Reisen mit der Bevölkerung, mit der Landschaft, mit der ganzen Kultur. Denn wir sind im Kalten Krieg aufgewachsen. Ich hatte als kleiner Junge bereits Angst vor den Russen, da gesagt wurde, dass die Russen gefährlich und böse sind. Die Russen waren für mich damals der Inbegriff von Gefahr. Es wurde uns vermittelt, dass man diesen Menschen überhaupt nicht trauen konnte.

Dann kommt man später als Erwachsener zum ersten Mal in dieses Land und macht eine völlig andere Erfahrung. Es stimmt ja alles gar nicht, was mir früher erzählt wurde. So habe ich dann die Menschen dort gespürt und wie sie dort leben, ihre Gesellschaft, ihre Familienstrukturen. Bei uns hat sich die Gesellschaft durch die 68er-Bewegung stark verändert. Diese Beobachtungen waren für mich sehr aufschlussreich. Ich habe so viel Herzlichkeit erfahren. Sie fallen dir zwar nicht einfach um den Hals und sind anfänglich etwas distanziert. Doch wenn sie einmal eine gewisse Freundschaft mit dir geschlossen haben, dann erfährst du ihre Herzlichkeit.

Wir dürfen alle lernen und erkennen,
was für uns der Kern der Wahrheit ist.
Wir dürfen für uns selbst Mitgefühl haben,
wenn wir nicht alles so schnell integrieren können,
wie wir es gerne hätten.

Maitra

Die Angst vor dem Tod überwinden

Kurt, *1947

K: Ich kam mit zwei Fragen in das Reading zu Maitra. Die eine Frage betraf meine Gesundheit. Auch kam ich für eine Beratung zu meinem aktuellen Leben. Ich bin 68 Jahre alt und habe vor einem Jahr aufgehört zu arbeiten. Vor 6 Jahren hatte ich einen Herzinfarkt und vor zwei Jahren hatte ich die Operation am Herzen. Ich fühle mich ziemlich gut, aber manchmal habe ich immer noch Herzschmerzen, ich nehme an, es kommt von der Operation. Die Ärzte sagen, dass alles in Ordnung ist. Manchmal habe ich Schmerzen, wenn sich das Wetter ändert. Aber das ist nicht mein wichtigstes Thema. Ich wache regelmäßig in der Nacht auf, habe Schweißausbrüche und fühle diese große Anspannung.

M: Du bist also nach dem Krieg geboren. War dein Vater in den Krieg verwickelt?

K: Ja, aber nicht an der Front. Er war an der Grenze. Er war Soldat in der Schweizer Armee während des Zweiten Weltkrieges.

M: Du hast eine Identifikation mit deinem Vater. Es ist eine sehr starke Identifikation mit ihm. Du wolltest als Kind wie er sein. Ich weiß nicht, warum du nicht so sein wolltest wie deine Mutter. Du warst ihr näher, als du klein warst. Doch ich spüre all diese Energie, die auf deinen Vater gerichtet ist. Dein Vater hat all diese Spannungen und den Stress aus dem Krieg mitgetragen. Die ganze Zeit war da diese große Angst. Dein Vater war sehr mutig, weil er morgens nicht aus dem Bett aufstehen wollte. Aber er tat es jeden Tag und er tat, was er tun musste. Du warst auf ihn eingestellt. Du sagtest dir: „Ich möchte so sein wie er, ich möchte ihm helfen", und so wurde es dir zur Gewohnheit, dass du die gleiche Spannung in deinem Körper hast. Dein Vater ist nicht mehr in seinem Körper?

K: Er starb sehr früh, als ich 12 Jahre alt war.

M: Also hast du viel für deinen Vater getragen. Ich denke, er besucht dich irgendwie in der Nacht. Es sind diese Erinnerungen, die du in dich selbst aufgenommen hast, um deinem Vater zu helfen. Wie ist dein Vater gestorben?

K: Er hatte Leukämie.

M: Wurde das als Todesursache genannt?

K: Er litt 3 Jahre an dieser Krankheit bis zu seinem Tod. Man wusste Ende der 60er-Jahre noch nicht viel über diese Krankheit. Er wurde zum Versuchsobjekt. Wir lebten 3 Jahre lang in der Familie mit seiner Krankheit.

M: Du warst also neun Jahre alt, als sie die Leukämie bei ihm diagnostizierten?

K: Ja. Am Ende ist er an einer Hirnblutung gestorben.

M: Es war ein Schlaganfall, der ihn am Ende tötete. Seine innere Anspannung und was er in sich getragen hatte, trug ebenfalls zu seinem Tod bei. Ich denke, du hast recht, dich mit dir selbst zu beschäftigen, weil es den Körper so sehr belastet. Es ist nicht nur zufällig, dass du jetzt lernst, dich zu entspannen, denn du kannst jetzt erkennen, dass du nicht wie dein Vater sein willst. Du konntest spüren, wie es ihm ging, und du wolltest so sein wie er war. Für ihn war es so wunderbar, einen Jungen zu haben. Ich weiß nicht, ob er es dir jemals sagte.

K: Wir waren 3 Kinder und ich war der Kleinste und sein Lieblingskind.

M: Es war so wundervoll für ihn. Du wolltest ihm helfen. Manchmal konntest du nicht, aber deine natürliche Reaktion darauf, jemanden leiden zu sehen, ist, dass du helfen wolltest. Dein Vater hat gelitten, bevor er wusste, dass er krank war, weil er nicht loslassen konnte. Das Leben fühlte sich für ihn so an, als ob er neben dem „Todestor in den Krieg" lebte. Ich möchte da noch etwas fortfahren mit deinem Vater, damit du noch etwas mehr erfahren kannst über ihn.

Ich freue mich dir zu berichten, obwohl er lange Zeit so viel Angst vor dem Tod hatte, und als es schließlich geschah, war es so wunderschön, sodass er sich schuldig fühlte. Er dachte, er dürfte es nicht genießen, weil er seine Familie verlassen musste.

Er hatte immer Angst in seinem Leben, dass er nicht gut genug wäre. Trotzdem drängte er sich selbst dazu, das zu tun, was er zu tun hatte. Auch dann, wenn er große Angst hatte. Oder was immer es war, wozu er sich aufraffen musste.

Das Erste, was ihm von den Lichtwesen gesagt wurde, die ihn führten, nachdem er gestorben war, war, dass er in Frieden, und dass er ein guter Mann sei. Sie sagten weiter, dass der Schmerz jetzt hinter dir sei. Und für eine lange Zeit blieb er einfach in der Nähe von seiner Familie. Er beobachtete seine Kinder und versuchte für seine Frau da zu sein, bis schließlich die Führer zu ihm sagten: „Es ist jetzt Zeit, zu gehen." Aber mehrere Jahre blieb er in der Nähe. Er hatte das Gefühl, dass es das Richtige war, genau das, was er tun sollte.

Die Angst, die dein Vater vor dem Tod hatte, ist Teil dessen, was du in deinen Körper aufgenommen hast. Vielleicht ist es dir bewusst, vielleicht nicht. Wenn du dich selbst befreien kannst, wenn du es loslassen kannst, bevor du deinen Körper verlässt, wird der ganze Prozess für deinen Vater ein schöner sein. Um es klarzumachen für dich: Dein physischer Tod ist jetzt nicht in deiner Nähe. Du hast noch einige Jahre und du weißt es. Du kannst es fühlen. Du kannst lernen, dich mehr zu entspannen. Vielleicht brauchst du etwas Hilfe dazu. Was du für deinen Vater übernommen hast, war aus Liebe zu ihm. Es war aus Liebe zu deinem Vater.

Nun lass es aus Liebe zu dir los. Ich habe nicht sehr oft Menschen gesehen, die vom Krieg betroffen waren und nicht während des Krieges geboren wurden. Du warst sehr davon betroffen wegen deiner Identifikation mit deinem Vater. In gewisser Weise denke ich, hat ihn der Krieg indirekt nachträglich getötet.

K: Ich denke meine Gesundheitsprobleme sind auch mit Stress verbunden. Ich fühle, dass ich auf dem Weg bin, meine Angst vor dem Tod zu überwinden.

M: Ja, ich denke auch. Was war dein Beruf?

K: Ich bin Kunstlehrer für junge Erwachsene. Als ich unterrichtete, hatte ich keine Zeit, meine eigenen Kunstwerke zu Hause zu machen. Ich wollte schon immer Skulpturen machen, aber ich wurde Kunstlehrer, um mein Geld zu verdienen.

M: Das eine ist, wovor du Angst hast, du hättest keine Zeit das auszudrücken, was du ausdrücken willst.

K: Ja, aber wenn ich male und zeichne, bin ich immer in Spannung, ob es gut genug ist. Ich habe Angst vor negativer Kritik, und ich fühle mich nicht frei, zu tun, was ich will.

M: Also ein weiteres Stück des Puzzles, das du von deinem Vater übernommen hast. Du bist also dein schlimmster Kritiker, es ist nicht jemand anderes. Für wen malst du?

K: Ich male Landschaften, weil ich Landschaften mag, und die male ich nur für mich. Es gibt einen anderen Wunsch in mir. Ich möchte mehr dazu beitragen, den Weltfrieden durch meine Gemälde und Skulpturen voranzubringen, und ich denke, dass die Liebe zwischen den Menschen die Basis für Frieden ist.

M: Wenn du mit jemandem sprichst und etwas diskutierst, kannst du dich so ausdrücken, wie du willst?

K: Manchmal halte ich mich zurück.

M: Wenn du erkennst, dass du etwas zurückhältst, was tust du dann? Hörst du es in deinem eigenen Kopf? So etwas wie: „Oh, ich möchte noch etwas sagen. Das möchte ich sagen." Du hast Einschränkungen akzeptiert, die nicht wirklich deine sind.

K: Ja, das stimmt. Der Druck war immer schon da, seit ich ein Kind war. In der Schule wurde das durch die religiöse Erziehung gegeben. Auch als Lehrer zu arbeiten, gab mir ein System mit einigen Einschränkungen vor.

Interview mit Kurt:

Der frühe Tod meines Vaters hat mich sehr stark geprägt. Es hat einfach vieles gefehlt, die Einführung in das Leben von einem eigenen Vater, das merkte ich immer, dass mir da etwas fehlte. In diesem Zusammenhang erfuhr ich beim Reading, dass mein Vater nach seinem Tod noch lange um seine Familie herum war und nach uns schaute. Das fand ich sehr interessant zu erfahren, da meine Schwester mir einmal sagte, sie habe kurz nach seinem Tod eine Vision vom Vater gehabt. Der Vater sagte ihr darin, sie solle ganz beruhigt sein, und dass es ihm sehr gut ginge. Das war kurz nachdem er gestorben war, als meine Schwester diese Botschaft empfing. Sie erzählte mir das erst jetzt vor Kurzem. Sie meinte, sie hätte das damals niemandem sagen können, weil dann die Leute gesagt hätten, sie spinne.

Ich selber hatte keine solchen Wahrnehmungen. Ich war damals 12-jährig, meine Schwester war 16 Jahre alt. Ich merkte erst kürzlich, dass sie eine intensivere Beziehung hatte zum Vater als ich. Als ich neun war, da erkrankte mein Vater und so kannte ich ihn einfach nur noch als einen kranken Mann. Ich hatte damals als Kind keine reifere Wahrnehmung. Deshalb war es für mich überraschend, als ich plötzlich gespürt habe, dass meine Schwester ja eine ganz andere Wahrnehmung vom Vater hatte als ich. Das hat mich sehr berührt und ist hilfreich, diese Begebenheiten besser miteinander verbinden und sie besser verstehen zu können.

Ich wurde streng katholisch erzogen. Mein Vater wurde krank, dann beteten wir drei Jahre lang für ihn und dann starb er. Dann sagte ich: „Das kann ja nicht sein, dass wir alle in der Familie den ganzen Tag für ihn beten – am Morgen, am Abend und ich weiß nicht noch wann –, und zum Schluss ist er trotzdem gestorben. Also wo ist denn hier der liebe Gott, der Herrgott?! Ich glaube das alles gar nicht." Dann wurde ich langsam erwachsen, las verschiedene Bücher und habe diese Religion auf die Seite geschoben. Überhaupt alles, was mit Religion zu tun hatte, stieß ich beiseite. Ich weigerte mich nicht zu einer Hochzeit oder Beerdigung zu gehen, ich war nicht so radikal, aber einmal war ich zu einer Beerdigung oder in einer Messe, und ich fand es einfach unpassend, was der Priester da vorne erzählte. Es hat mir einfach nicht entsprochen. Es war für mich schlichtweg grauenhaft, auf eine Art lebensfremd. Dieser strafende Gott war mir fremd. Das verneinte ich und ich wollte nichts mehr davon wissen. So bin ich aus der Kirche ausgetreten.

Ich erinnere mich wie ich als Kind unter diesen Regeln und Geboten sehr gelitten hatte. Uns wurde gesagt, dass man so vieles nicht darf, was ja die ganze Neugier und Lebenslust des Kindes einschränkte. Diese vielen Verbote und Gebote empfand ich als eine große Einschränkung. Es war lebensfremd. Es ist mir wichtig, selber gestalten zu können.

Die katholische Kirche spricht einerseits immer wieder vom Trost durch die Religion. Ich empfand das immer als eine sehr zwiespältige Sache. Den Menschen wurde viel Angst eingeflößt durch die Bilder wie eine Hölle. Das ist keine beruhigende Anschauung. Daran kann man sich nicht wirklich aufrichten. Es ist gut möglich, dass mich diese religiösen Vorstellungen als Kind oft stressten. Mein Vater war zwar auch religiös, doch er hat es einem nicht so streng nahegelegt. Es ging eher von meiner Mutter aus und es hat mich oft geplagt und löste in mir Ängste aus.

Im Zusammenhang mit meinen körperlichen Beschwerden und den Schweißausbrüchen in der Nacht konnte mir Maitra eine Verbindung aufzeigen, die mit meinem Vater zu tun hat. Mein Vater war während des Krieges an der Grenze am Rhein und stand dort unglaubliche Ängste durch. Er trug dieses Trauma in sich, was ihn später auch krank machte und zu seinem Tod führte. Ich wollte meinem Vater helfen, so kam ich mit dieser Haltung zu ihm, doch ich übernahm auch seine Ängste.

Ich bin immer noch daran, das Schicksal meines Vaters abzulegen. Ich lerne, alles etwas gelassener zu nehmen. Manchmal bin ich einfach noch ein bisschen gestresst. Ich gerate in Situationen, in denen alles ganz schnell abläuft, und das geht halt nicht ohne inneren Stress vorbei. Doch mein Ziel ist es jetzt wirklich, das Leben lockerer anzugehen und auch zu genießen. Oft bin ich einfach zu Hause und arbeite am Haus und im Atelier. Ich habe noch viele Pläne und die halten mich manchmal sehr auf Trab.

Als ich die Aufnahmen vom Reading nochmals hörte, nahm ich vor allem die Geschichte mit meiner Schwester stark auf. Den anderen Teil über die Ängste meines Vaters beachtete ich erst gar nicht so. Doch durch ein weiteres Mal Anhören der CD wurde es mir richtig bewusst. Ich konnte jetzt auch den Zusammenhang zu meinem eigenen Stress und dem Herzinfarkt, zu meinen Todesängsten und meinen Anspannungen besser verstehen. Das Gespräch hat mich sehr beruhigt. Mein eigener Tod rückte wieder etwas weiter weg.

K: Habe ich eine Verbindung mit Russland?

Vergangene Leben von Kurt:

M: Das Erste, was ich sehe, ist der Mann mit dem Akkordeon auf einem großen, schönen Platz mitten in einer schönen Stadt. Die Sonne scheint, viele Menschen um ihn herum, Leute tanzen zur Musik. Du warst ein Pfeiffer(mittelalterl. Bezeichnung für Musikant), spieltest deine Musik an öffentlichen Plätzen und konntest die Stimmung der Menschen erheben. Du hast die Menschen durch deine Musik angezogen und sie hatten einfach Freude und Spaß. Der Pfeiffer war derjenige, der alle Kinder zu sich rief; ich meine es nicht negativ, es ist sehr positiv. Du hattest eine kleine Tasse oder einen Hut oder etwas vor dir, dort konnten die Leute Geld hineinlegen. Das war ein Leben in Russland. Du warst ein reisender Musiker, vielleicht sogar ein Zigeuner, und hattest einen kleinen Hund, der mit dir herumreiste. Ich sehe, wie er mit seinem Schwanz wedelt.

Ich sehe noch ein anderes Leben in Russland. Du maltest Bilder an Wände und manchmal an Decken. Du warst sehr gefragt und sehr beschäftigt. So gibt es einige von deinen Gemälden immer noch in großen Gebäuden, wo die sehr Reichen lebten oder die Menschen, die herrschten und regierten. Im jetzigen Leben hast du ein ähnliches Gefühl wie im vergangenen.

Du warst sehr beliebt und bekannt. Sie bezahlten dafür viel Geld. Du konntest den vielen Anfragen der Leute nicht mehr nachkommen. Es fühlte sich immer so an, als maltest du, was jemand anderes wollte, aber nicht, was du selber wolltest. Ich weiß nicht genau, wie sich das in die gegenwärtige Situation überträgt, dieses Gefühl, dass du sehr erfolgreich gemalt hast, was andere Leute wollten, aber du warst nie wirklich zufrieden. Doch du wurdest sehr wohlhabend und dies nicht nur, weil sie dich sehr gut bezahlt haben, sondern du wurdest auch noch beschenkt von diesen extrem wohlhabenden Leuten.

Man gab dir ein Stück Land oder ein Haus. Das war ein echter Konflikt für dich. Du hattest immer das Gefühl, du könntest dich nicht wirklich in deiner Arbeit ausdrücken. Aber du hast dabei so viel Geld verdient, dass du dazwischen nie zu lange pausieren wolltest, um deine eigenen Kunstwerke zu schaffen. Russland ist in gewisser Hinsicht ein bisschen ein gemischter Segen. Diese beiden Lebenszeiten waren sehr gut, aber unter all diesen guten Gefühlen liegt dieses eine Gefühl, dass du nicht getan hast, was du wirklich tun wolltest. Da ist noch eine Frustration. Du warst dort, als die königliche Familie ermordet wurde, aber du warst ihnen damals nicht nahe. Du hast dich in deine Liegenschaft zurück- gezogen, die sie dir gegeben hatten. Die letzten Jahre in diesem Leben versuchtest du deine eigene Arbeit und Kunst zu schaffen, doch du hast nie ganz dazu gefunden, so wie du es haben wolltest.

Am jetzigen Punkt, wo du nun in deinem Leben stehst, das ist jetzt deine Zeit.

Interview mit Kurt:

K: Im zweiten Teil ging es um meine künstlerische Tätigkeit, das Malen. Es ging um meine Selbstkritik und warum ich mich selbst nicht frei fühle, wenn ich male, sodass es für mich eine große Anstrengung ist. So nahm ich mir Zeit und konnte da- raus einiges entwickeln, ohne dass ich meinen Qualitätsanspruch aufgab. Ich lerne ruhiger an alles heranzugehen und mich dabei gut und sicher zu fühlen. Vorher war es immer an die Frage ge- koppelt: „Kann ich es überhaupt, kann ich malen? Ich kann es ja gar nicht!" Jetzt habe ich das Gefühl, dass ich doch malen kann. Ich muss etwas tun, und es fällt mir nicht immer ganz leicht. Doch ich habe ein anderes Gefühl, wenn ich es mache. Das fühlt sich gut an.

Ich wollte wissen, ob ich einen Bezug zu Russland habe. Es ging mir weniger darum, zu erfahren, ob ich meine Partnerin Barbara im Zusammenhang mit Russland kenne, sondern was ist mein persönlicher Bezug zu Russland. Es zeigte sich dieses Leben eines Straßenmusikanten. Ich spielte Zigeuner-Musik mit einem Akkordeon. Diese Musik gefällt mir immer noch, be- sonders russische Volkslieder gefallen mir gut. Sie haben einen anderen Charakter als unsere Volksmusik, und es gibt heute so tolle Musiker, die ganz spezielle Musik machen. Ich hätte auch gerne ein Instrument gespielt. Meine Schwester lernte damals Akkordeon, aber ich hatte nicht die Geduld, mich auch hinzusetzen und ein solches Instrument zu lernen und zu üben. Ich durfte auch ihre Handorgel nehmen und sie zeigte mir, wie man spielen kann, doch mir fehlte die Konzentration und der Wille dazu. Ich konnte diese Fingerfertigkeiten nicht erlernen.

Akkordeon spielen wäre nicht meine Wahl gewesen, wenn schon hätte ich Schlagzeug lernen wollen. Dann habe ich mir eine Mundharmonika gekauft. Ich konnte zwar nicht wirklich spielen, aber zwischendurch spiele ich etwas darauf. Für mich ist diese Geschichte ein interessanter Zugang, da ich Musik sehr liebe, aber heute kein Instrument spiele. Es wäre schön, wenn ich etwas spielen könnte und ich bereue es ein wenig, dass ich mich in der Jugend nicht darauf eingelassen habe.

Mit den vergangenen Leben aus beiden Readings von Barbara und mir sehe ich uns als mögliche musikalische Freunde. Das sind spannende Überschneidungen. Ich war auch ein Freskenmaler in Russland laut einem Reading, das Barbara, meine Partnerin, empfing. Es macht Freude, dass es Aspekte gibt und Vergangenheiten, wo man Projekte zustande gebracht hat. Vielleicht werden diese Informationen einmal noch bedeutungsvoller, im Moment ist es nicht so bedeutungsvoll, aber es gibt so einen Aha-Effekt.

Wenn ich über den Tod nachdenke, dann weiß ich nicht, was nach dem Leben kommt. Es ist einfach offen. Vielleicht sehe ich es dann. Ich nehme es einfach, wie es kommt und wie es ist. Ich mache mir keine fixen Vorstellungen. Wenn ich darüber nachdenke, fühlt es sich locker an. Der Gedanke kommt, ich muss ja nicht alles jetzt erreichen. Es gibt immer wieder Gelegenheiten dazu. So nimmt der Druck ab, von dem, was ich noch alles will.

Ich habe mich nie mit vergangenen Leben beschäftigt, bevor ich in ein Reading ging. Ich weiß ja nicht, ob es wirklich stimmt. Ich würde auch nicht sagen, ich glaube das alles und es sei so. Für mich ist es einfach eine interessante Sichtweise, die in mir so einen Aha-Moment auslöst. Früher hätte ich es verneint und gesagt, dass es das nicht gibt und fertig. Heute finde ich es interessant, den Blickwinkel auszuweiten und sagen zu können, es könnte ja sein. Ich halte immer ein bisschen meine Augen offen und bleibe einfach etwas hellhörig.

Die Sichtweise, dass es vergangene Leben geben kann, ist eine viel offenere, und ich kann verstehen, dass man immer wieder Aufgaben und Herausforderungen zu bewältigen hat. Ich kam durch meine Partnerin damit in Berührung. Sie hatte sich schon immer damit beschäftigt und mir davon erzählt. Von mir aus wäre ich nicht zu einem Reading mit Maitra gegangen, da ich ja auch nichts von ihr gewusst hatte. Meine Wahrnehmung wurde dadurch etwas erweitert und es macht mein Leben gelassener.

Barbara und Kurt sind vor Kurzem zusammengezogen.

Sei dankbar für alles, was kommt.

Rumi

Ich kenne den Zweiten Weltkrieg in- und auswendig.

Didi, *1956

D: Meine Frau begann sich mit spirituellen Themen auseinanderzusetzen. Sie lernte Maitra kennen und war in einem Reading bei
ihr. So erfuhr sie unter anderem von einem vergangenen Leben
von mir, das ich mir danach auf einer CD anhören konnte. Mich
interessierte dies vorher nicht so. Eigentlich fand ich es eher Blöd-
sinn. Heute gehört es irgendwie dazu, aber es macht mir dann
Mühe, wenn es Menschen gibt, die damit gewisse Muster erfüllen.
Denen kann ich dann nicht glauben. Ich nehme nicht jeden sofort
ernst, der sich spirituell sieht oder sich mit bestimmten Themen
dazu beschäftigt. Ich bin kritisch und jemand, der wirkliche Zugänge hat und diese lebt, sieht das vielleicht anders als ich. Ich
kann sehr wohl an Inkarnation glauben als mögliche Realität,
doch ich sehe mich nicht als sehr spirituell an. Ich will einfach auf
dem Boden bleiben. Es hat für mich nicht den gleichen Stellen-
wert wie für andere Menschen, z. B. wie mein 2. Sohn, der sich
sehr dafür interessiert.

Ein vergangenes Leben von Didi:

M: In deinem letzten Leben wurdest du ermordet. Das bedeutet, dass du
in einer Machtposition warst und dir so Feinde machtest. Ich sehe, dass du
einer der deutschen Offiziere warst, die versuchten, Hitler zu ermorden.
Du warst einer der Ersten, der einem seiner Freunde sagte, dass Hitler
verrückt sei und er würde das ganze Land in die Irre führen. Du hast
versucht, eine andere Führung für Deutschland zu finden oder einzuschlagen, bevor es zu spät war. Dann musstest du dich wirklich zurückziehen, weil es so gefährlich wurde.
    Ich kann nicht genau erkennen, wie viele von euch dort waren. Ich
nenne es ein Attentat, weil ich denke, dass es das war. Ihr wurdet alle

erwischt und hingerichtet. In deinem heutigen Leben lehnst du dich etwas zurück. Du willst sicher sein. Du hast in dir bestimmte Urteile. Du siehst Vorgänge in der Politik und was da und dort passiert, worüber du kritisch bist, genauso wie du dich Hitler gegenüber kritisch zeigtest. Es war eine ehrenvolle Sache.

Wie die Welt am Ende über die Tat dieser Männer, die Hitler beseitigen wollten, urteilte, war positiv. Du warst ein mutiger Mann, alle waren es mutige Männer, das herauszufordern. Du solltest stolz sein auf dich. Du riskiertest dein Leben für etwas, an das du geglaubt hast. Du bist heute nicht in der Energie eines Versagers, sondern in dir ist die Energie, die sagt: „Ich möchte das nicht noch einmal durchmachen."

Hier in deinem Leben heute ist keine Revolution notwendig. Deshalb hast du dich entschieden, hierher ins Leben zurückzukehren. Du beobachtest die Welt. Du bist nicht nur sehr detailliert informiert über den Zweiten Weltkrieg, sondern auch über die Weltpolitik. Aber irgendwie versteckst du deine Intelligenz. Du möchtest nicht zu sichtbar sein, weil dein früheres Leben keine gute Erfahrung war. Du nimmst dir also das Recht, dich ein bisschen zu verstecken.

Du hast dich im vergangenen Leben aufgelehnt und wurdest in einer der schrecklichsten Welterfahrungen verwickelt, die wir je hatten. Du hast dein Leben dafür gegeben. Du kannst dich heute also ausruhen, wenn du das willst. Es bleibt jedoch noch ein Teil aus dieser Geschichte als Mangel an Vertrauen und du solltest in der Lage sein, diesen loszulassen. Als du Teil dieses Planes warst, Hitler zu töten, brachtest du deine gesamte Familie in Gefahr, und alle, die du kanntest.

Ich denke, du hast dich genug daran erinnert, denn du wolltest all dieses Wissen in dein Bewusstsein zurückbringen. Vielleicht konntest du dich mit deiner Rolle noch nicht ganz verbinden. Heute könntest du sogar an den Ort in Berlin zurückkehren und erkennen, wer du warst.

Interview mit Didi:

D: Nachdem ich die Informationen eines vergangenen Lebens von Maitra erhalten habe, fand ich es im ersten Moment etwas lustig. Ich ließ es auf mich wirken und konnte mir selbst vieles erklären, wie ich mich sehe, wie ich bin. Es gibt Parallelen zu meinem Wesen.

Wenn ich in eine Gruppe von Leuten komme, stelle ich mich gerne etwas auf die Seite. Im privaten Bereich ist das eher so als bei meiner Arbeit, da schaue ich gerne zuerst einfach nur mal zu. Ich lehne jede Art von Hierarchie ab. Ich hatte einen sehr autoritären Vater. Als ich 16 Jahre alt war, gab es Jugendunruhen in Zürich und da war ich ziemlich stark dabei. Ich kannte sehr viele Leute, die sehr aktiv waren. Diese Zeit hat mich sehr geprägt. Ich war nicht direkt politisch aktiv in den bestehenden Gruppen, aber ich nahm immer teil an Demonstrationen und Anlässen und kannte die Leute. Wenn wir ausgingen, hatten wir immer Zitronensaft dabei, um uns vor dem Tränengas zu schützen. Ich verbrachte viel Zeit im AJZ. Ich war einfach in Resonanz mit diesen Geschehnissen. Als Jugendlicher hatte ich also eine sehr anarchistische Einstellung. Heute habe ich das nicht mehr so stark wie damals. Doch ich bin immer noch gegen hierarchische Systeme. Auch im Geschäftsleben interessiert das mich nicht. Nur weil jemand eine Rolle hat, hat das für mich keine Bedeutung. Wenn jemand jedoch etwas zu sagen hat, dann bin ich interessiert daran. So habe ich für mich heute eine Erklärung, warum es so ist.

Seit ich ein kleiner Junge war, habe ich mich immer für den Krieg interessiert. Ich kenne den Zweiten Weltkrieg in- und auswendig. Ich begann bereits im Kindesalter Bücher darüber zu lesen. Ich wusste zuvor nie, woher so was denn kommt. Deshalb kann ich mir vorstellen, dass es damit zusammenhängt, was ich nun erfahren habe von Maitra. Das Wissen über das vergangene Leben hat jetzt nicht einfach mein ganzes Leben umgekrempelt. Nachdem ich die Informationen aus dem Reading erfahren habe, befasste ich mich noch nicht damit. Doch dann wurde ich etwas neugierig, wer genau diese Person war. Als ich dann anfing, die Bilder mit den Menschen anzuschauen, kam ein Interesse auf, zu wissen, wer es war, welcher konnte ich gewesen sein. Alles ist dokumentiert, welche Männer damals erschossen wurden, und es gibt gefühlsmäßig eine Verbindung zu einem dieser Männer zu mir. Sein Name war Beck. Ich wollte dann wissen, wie er denn sein Leben gelebt hatte, was sein Weg dahin war. Er hätte Selbstmord machen sollen, wurde jedoch dann erschossen.

Im vergangenen Leben brachte ich auch andere Menschen um. Ich kenne das, und ich würde das wieder machen, wenn ich in eine Situation käme, in der ich jemanden beschützen oder ganz verteidigen müsste. Was ich damals erfuhr, muss die Hölle gewesen sein.

Hitler sah ich in meiner Auseinandersetzung immer als einen abscheulichen Menschen. Trotzdem hat mich alles sehr interessiert, was zu dieser Zeit im Zweiten Weltkrieg passierte. Aber ich lehne es absolut ab. Ich verstehe es heute auch nicht. Ich weiß heute nicht, ob ich einen solchen Plan, Hitler in die Luft zu sprengen, wieder machen würde. Es wäre aber auch vermessen zu sagen, ich würde es nicht mehr machen. Ich weiß es nicht, ob ich so was wieder tun würde.

Ich habe diesen Widerstand in mir, wenn etwas von Menschen so stark gesteuert wird. Ich finde Nationalitäten auch schlimm, obwohl ich gerne hier in der Schweiz lebe. Ich lehne auch Religionen ab, nicht den Glauben an etwas, aber Religionen. Wenn es von Menschen gemachte Konzepte sind, finde ich es schwierig. Der Gedanke, Menschen zu beeinflussen, widerstrebt mir.

In meinem Innersten ist ein Anarchist, doch ich bin jetzt alt genug, um zu wissen, dass dies nicht funktioniert. Anarchie an sich funktioniert nicht. Hier in der Schweiz sind wir in der glücklichen Lage, dass wir doch etwas anarchistisch leben können. Wenn du dich an gewisse Regeln hältst, dann kannst du machen, was du willst. Ich kann mir jetzt gut vorstellen, dass diese Haltungen mit einer vergangenen Erfahrung zusammenhängen. Die Menschen, die das Attentat vollzogen haben, waren gleichzeitig auch innerhalb dieses Systems. Sie waren auch jahrelange Mitläufer und viele wollten das ja nicht machen, weil sie die Geisteshaltung ablehnten, sondern weil sie der Überzeugung waren, dass sie den Krieg verlieren werden. Nur weil einer diesen Plan vollzog, war er nicht unbedingt sauberer als der andere. Es waren alles Männer mit einer Militärkarriere.

Diese Gruppe von Militärs, die das Attentat planten, wollten 1944 den Krieg beenden. Sie waren der Überzeugung, dass sie nicht gewinnen werden. Es gab auch andere, die sahen, wie groß die Zerstörung von Deutschland war, so wollten sie den Krieg auch beenden. Es gab noch weitere, die lehnten Hitler, seine Haltungen, die Deportationen der Juden und den Krieg grundsätzlich ab.

Dieser Beck wurde von Hitler schon vor dem Krieg an die Seite gestellt. Er war nicht aktiv am Krieg beteiligt, doch Hitler stellte ihn abseits, denn er sagte ihm: „Wenn du einen Krieg mit mir anfängst, wirst du verlieren!" Beck war nicht grundsätzlich gegen Hitler, er hatte aber eine andere Meinung. Alle in diesen Positionen waren auf ihre Weise involviert ins ganze Geschehen und seine Auswirkungen dieses Krieges.

6 oder 7 dieser Militärs wurden in Berlin in einem Hinterhof erschossen. Ich sei einer von dieser Gruppe gewesen. Diese Begebenheiten, die Maitra im Reading sah, sind eins zu eins mit der Geschichtsschreibung, die dokumentiert ist, nachzulesen. Für mich ist das alles sehr spannend und eindrücklich. Ich kann daran glauben. Vielleicht gehe ich einmal an diesen Ort in Berlin, um zu sehen, wie das in mir anklingt.

Ich war hier in der Schweiz auch Soldat, machte die RS und 6 WKs, bis mein erster Sohn geboren wurde. Diese Erfahrungen waren für mich jedes Mal katastrophal. Ich hatte Wochen vor dem Einrücken bereits schlaflose Nächte. Ich sagte dann meinen Söhnen, dass sie sich gut überlegen sollten, Militärdienst zu machen. Sie gingen beide nicht in den Dienst. Meine Lebensthemen und diese ganzen Aversionen gegen Hierarchien haben bestimmt etwas mit den Erfahrungen aus dem vergangenen Leben zu tun. Das machte mir alles sehr viel Mühe, doch heute kann ich damit umgehen.

In meinem Berufsleben geht's heute gut. Bei meiner jetzigen Arbeit gibt es keine solchen Hierarchien, so kann ich gut arbeiten. Natürlich gibt es Abstufungen wie Hierarchien, doch es wird nicht so gelebt, und das funktioniert extrem gut. Wenn ich früher 2 oder 3 Chefs über mir hatte und ich nicht machte, was sie sagten, funktionierte es nicht so gut. Ich hatte immer Mühe, mich unterzuordnen. Sobald ein Unternehmen zu groß wurde, verließ ich den Arbeitsplatz. Ich konnte darin nicht funktionieren, da ich mich natürlich falsch verhalten habe. Als Jugendlicher hat mir dieser Konflikt viele Probleme gemacht. Wenn sich jemand in seiner Rolle über mich stellte, reagierte ich darauf immer sehr stark und ich rebellierte in solchen Situationen, weil ich es nicht ernst nehmen konnte.

Gewisse Verhaltensweisen, die mir bewusst geworden sind, konnte ich durch das Reading auflösen. Es wurde mir möglich, dass ich mir selbst viel über mein eigenes Verhalten erklären kann. Ich sehe zwei Seiten an mir, die eine ist die Person im Außen, im Berufsleben, und die andere Seite von mir in meinem Privatleben. Im Geschäft habe ich eine Führungsposition und trage sehr viel Verantwortung. Wenn ich jetzt zurückschaue, konnte ich in dieser Zeit nach dem Reading viele Konflikte auflösen, die ich auch im Geschäft zu bewältigen hatte. Im Umgang mit Menschen hat sich vieles verändert. Im Geschäft bin ich offener und aktiver als in meinem Privatleben. Zu Hause habe ich gerne meine Ruhe, da hänge ich gerne auf dem Sofa rum, um mich auszuruhen. Ich stehe in meinem privaten Leben nicht gerne im Mittelpunkt. Durch das Reading wurde mir doch einiges bewusster und ich habe für gewisse Umstände und Verhaltensweisen in meinem Leben Erklärungen gefunden. Vieles wurde relativiert. Ich fühle diese Veränderungen und es hat wirklich etwas ausgelöst in mir. Es ist nicht so, dass dies jetzt ein großes prägendes Ereignis ist, was sich im Reading gezeigt hat, doch Maitra sagte, dass ich mir in diesem Leben die Schweiz ausgesucht habe, weil die Schweiz mehr Sicherheit bietet, und dass ich nun hier bin, um mich zu erholen. Damit kann ich mir auch erklären, dass ich mich zu Hause einfach gerne zurücklehne.

Heute bin ich selbstsicherer und kann meine Stellung im Beruf und meine Kompetenzen wahrnehmen und einsetzen. Es geht mir besser bei der Arbeit als vor dem Reading. Es gibt eine Akzeptanz in mir zu meiner Tätigkeit und was ich kann. Der Widerstand von früher ist nicht mehr da. Heute ist alles selbstverständlicher geworden. Ich kann durch meine äußere Erscheinung und meine Art sehr viel bewegen.

Früher habe ich viel meditiert, es waren geführte Meditationen. Ich konnte jedoch nie irgendetwas sehen, was mich auch nicht störte. Manchmal meditiere ich auch heute, doch ich denke, meine Kanäle sind nicht ganz offen. Ich gehe auch nicht zu Meditationen in Gruppen, das zieht mich nicht dorthin. Ich würde auch niemanden aufsuchen, den ich nicht schon etwas kenne. Ich muss in mir sicher sein, dieser Person glauben und vertrauen zu können.

Ich lernte Maitra auch persönlich kennen. Ihre Gegenwart ist für mich sehr stark. Sie strahlt für mich eine große Ruhe aus, das kann ich gut fühlen. Der Frieden, den ich in ihrer Gegenwart erfahren habe, ist sehr schön und beeindruckt mich.

Gott erleuchtet den Verstand und scheint in ihm.
Man kann Gott aber nicht mit dem Verstand erkennen.
Man kann nur den Verstand nach innen wenden
und in Gott aufgehen lassen.

Bhagavan Sri Ramana Maharshi

Warum wurde ich in diese Familie hineingeboren?

Wilma, *1964

W: Warum wurde ich in diese Familie hineingeboren? Ich habe das Gefühl, dass ich nicht so viel lernen konnte, außer dass man das bäuerliche, arbeitsreiche Leben pflegte, es wurde gut gekocht und ich musste früh viel Verantwortung übernehmen. Das war einfach meine Frage: Warum bin ich hierhergekommen in dieses Umfeld?

Eine weitere zentrale Frage, die ich auch klären wollte: Wieso konnte ich keine wirkliche, emotionale Bindung zu meiner Mutter knüpfen? Ich möchte mich besser verstehen können innerhalb meiner Beziehungen. Ich machte in meinem Leben die Erfahrungen, dass ich immer wieder von vorne anfangen musste. 1996 verlor ich ganz viel durch einen Hausbrand. Es blieben mir damals nur noch die Kleider. Ich initiierte einige Male Projekte und gab mein ganzes Herzblut hinein, bis sich an einen Punkt kam und merkte, dass ich weitergehen musste. Irgendetwas stimmte dann nicht mehr und ich kenne solche Situationen sehr gut.

Ein vergangenes Leben von Wilma:

M: Es zeigt sich ein Leben in Japan. Es war so um das 17. Jahrhundert, als der weiße Mann gerade erst kam. Dein Vater war in Ungnade gefallen, und das einzig Ehrenvolle, was er tun konnte, war Selbstmord zu begehen, nach dem Ritual Harikiri, Seppuku. Er musste sich umbringen. Das ist kein Selbstmord, wie wir im Westen denken. Es ist ehrenvoll, dies zu tun. Es rettet die Familie.

Sie mussten das tun, wenn sie sich selbst blamierten.

Deine Mutter blieb mit 4 kleinen Kindern zurück. Dein Vater tat, was er konnte, um ihr Überleben nach seinem Tod zu sichern, aber nicht alles, was er im Voraus aufgestellt hatte, war genug. Es gab Freunde, die sich bereit erklärten, der Familie zu helfen, aber dann standen nicht alle zur Verfügung. Sie dachten zwar, sie könnten es, als sie es ihm sagten, aber sie waren nicht dazu in der Lage.

Du warst die älteste Tochter. Es gab 3 Mädchen, was ein großes Problem war, weil Mädchen definitiv Bürger zweiter Klasse waren. Das vierte Kind war ein Junge.

Von den Mädchen in deinem Alter warst du die Kleinste. Du warst 12 oder 13 Jahre alt, als dein Vater starb. Deine Mutter sah es selbst und ihr wurde es auch gesagt, dass es zu viele Kinder waren, um sie alleine aufzuziehen und zu unterhalten. Sie sollte für die beiden ältesten Plätze suchen. Du warst sehr hübsch, aber klein und nicht stark genug, um bei jemandem im Haus als Angestellte zu arbeiten. Das wäre ein Gesichtsverlust für die Familie gewesen, wenn sie sich für eine Dienerstelle entschieden hätten. Aber du hättest es trotzdem getan, wenn du stark und groß gewesen wärst. Aber du warst es nicht. Deine Mutter ging zum Geisha-Haus und sagte zu den Geishas, du seist sensibel und empfindlich. Doch du könntest ihnen helfen und eines Tages eine Assistentin für sie sein. Da du hübsch warst gab es die Hoffnung, du könntest als Geisha ausgebildet werden.

Also brachte deine Mutter dich in diesen Raum, wo 5 oder 6 Frauen warteten. Sie gingen um dich herum und schauten dich an, als wärst du ein Stück Fleisch. Du bekamst Angst, da sie anfingen dich auszuziehen. Sie wollten deinen Körper sehen. Du warst es gewohnt, dich zu Hause in der Familie auszuziehen, um zu baden. Aber du warst noch nie in einem öffentlichen Bad. Du hast dich noch nie vor jemandem außerhalb der Familie ausgezogen. Deine Mutter stand abseits im Raum, sie wandte den Kopf etwas weg und sie weinte, sah dann auf und meinte: „Lass sie tun, was sie wollen."

Du standest etwas verloren da, denn du warst in der Pubertät, und deine Brüste und Schamhaare zeigten sich schon. Selbst in der Familie fühltest du dich etwas fremd, weil alles an deinem Körper neu war.

Du warst also mit all diesen Frauen da. Sie schauten dich alle und baten dich, in die Hocke zu gehen, deine Arme auszustrecken und all diese verschiedenen Bewegungen zu tun. Schließlich nahm eine der Frauen eine Feder, die sie in ihrem Kimono stecken hatte. Sie zog diese Feder heraus und kitzelte dich damit. Du warst so geschockt und überrascht, dass du anfingst zu kichern. Auch die Frauen fingen an zu lachen. Deine Mutter wusste nicht, was sie tun sollte und schließlich fing sie auch an zu kichern.

Das brach diese Energie genug, damit du dich entspannen konntest und merktest, dass sie dir nicht feindlich gestimmt waren. Du wusstest nicht, warum sie das taten, und du verstandest es nicht, aber es fühlte sich nun in Ordnung an.

Du gingst mit allen Geishas hinein und am Anfang warst du eine Dienerin. Du brachtest ihnen Tee und putztest die Schuhe für sie. Es war keine harte Arbeit. Dienerinnen mussten nicht die schweren Arbeiten verrichten. Es gab Leute, die bereits diese harte Arbeit machten. Du warst wie eine kleine Helferin. Wenn die Geishas sich anzogen, hast du ihnen dabei geholfen. Du schautest danach, dass alles da war. Du stelltest jeden Tag frische Blumen in den Raum, hast die Blumen für ihre Haare vorbereitet, einfach alle möglichen Dinge. Als du ein bisschen älter warst, ungefähr 15, wiesen sie dich wie zufällig an: So machen es die Geishas. So sitzen sie. So stehen sie. So halten sie ihren Fächer, so achten sie auf die Männer, sodass du wusstest, was der Mann mochte und wie du dich benehmen solltest.

Du warst überrascht, jeden Tag lesen zu müssen. Du musstest über die Geschichte, die Regierung und aktuelle Nachrichten informiert sein. Du musstest in der Lage sein, ein Gespräch zu führen oder einem Gespräch zu folgen, das die Männer führten. Wenn die Männer dich anschauten und dich sahen, musstest du etwas zu sagen haben. Du hast gemerkt, dass deine Mutter nichts von diesen Dingen wusste. Das war etwas, was die meisten Frauen nicht wissen mussten. Aber die Geisha musste intelligent und informiert sein, da ihre Aufgabe darin bestand, die Männer glücklich zu machen. Geishas waren keine Prostituierten. Das ist das Interessante daran. Sie hatten manchmal Sex mit den Männern, aber es war eine sehr respektvolle Vereinbarung und manchmal unterstützten die Männer eine Frau und baten sie, ihren Beruf als Geisha zu verlassen, und er kaufte ihr dann ein Haus und ließ sie dort leben. Das passierte dir auch. Du warst sehr talentiert, da du bereits sehr sensitiv warst und dein 3. Auge etwas offen war. Du konntest also die Männer lesen, sowie die Frauen. So wusstest du, was sie brauchten und was sie wollten und was sie glücklich machte. Du wusstest auch, wann sie sich schlecht fühlten.

Da war ein ruhiger junger Mann und übernahm die Geschäfte seines Vaters. Er wurde als sehr jung für das, was er tat, angesehen. Er war wahrscheinlich in den späten 20ern. Aber die meisten Männer waren älter, in den 40er- und 50er-Jahren, die sich hier in diesem Haus versammelten. Er war ungeduldig über die Formalitäten. Er war ein Praktiker und wollte geschäftlich arbeiten, als er andere Männer traf. Sie mussten all diese rituellen Diskussionen über das Wetter, die Nachrichten, die Politik durchlaufen, bevor sie über Geschäfte sprachen. Er wurde sehr ungeduldig und du warst dir seiner Ungeduld bewusst. Du zogst ihn zur Seite und ludst ihn ein, darüber zu sprechen, worüber er sprechen wollte. Er hat dich geschätzt. Er hatte bereits eine Frau und zwei Kinder, – es war nicht so, dass sie intellektuell minderwertig war – aber seine Frau sah ihren Platz als etwas anderes an, als mit den Männern über solche Dinge zu reden. Sie fragte ihn, was sie tun sollte. Sie hatte keine eigene Meinung. Es gefiel ihm also wirklich, dass du nicht nur daran interessiert warst, was er zu sagen hatte, sondern auch eine Meinung dazu hattest. Du konntest auf eine Weise auf ihn eingehen, die ihn überraschte und ihn erfreute. Er sagte dir, er würde dir gerne ein Haus besorgen. Dann bekam er ein kleines Haus. Er hat es auf deinen Namen geschrieben, aber er hatte auch seinen Namen darauf gelassen. Er sagte: „Wenn wir beide älter sind, in einer anderen Lebensphase oder wenn ich von hier weggehen muss, werde ich meinen Namen streichen lassen. Aber jetzt lassen wir es so." Du sagtest: „Gut."

Einige Zeit verging, vielleicht ein Jahr, und er geriet in einen Machtkampf mit einem anderen Mann, der in seinem Geschäft war. Dann wurde er ermordet. Sein Geschäft wurde übernommen. Seine Frau musste zu ihrer Familie zurückkehren, zusammen mit den Kindern. Sie verloren alles und als sie die Papiere durchgingen, fanden sie dein Haus.

Sie kamen und sagten: „Du musst gehen. Dieses Haus ist ein Teil seines Eigentums und wir haben sein Eigentum übernommen." Du sagtest: „Nein, schauen Sie sich die Papiere noch einmal an. Mein Name steht auch auf der Urkunde. Das Haus gehört mir. Er gab es mir."

Du hast Ärger verursacht. Sie liefen weg und zwei oder drei Tage später wurde dein Haus in Brand gesetzt. Das war das Erste, was passierte. Du wusstest sofort, dass sie versucht haben, dich loszuwerden. Das Feuer wurde gelöscht. Menschen kamen von überallher, um das Feuer zu löschen. Du warst zum Präfekten gegangen, so etwas wie ein Polizeibeamter, und er sagte: „Nun, das muss vom Gericht entschieden werden, wem das Haus gehört oder wie es aufgeteilt werden könnte. Es ist wichtig, sich sofort darum zu kümmern, bevor sie etwas anderes tun, um Sie zu verletzen."

Er machte kein Angebot, dir zu helfen oder dich zu schützen. Er gab dir nur einen Rat, was du tun konntest. Also gingst du und hast dies getan.

In dieser Phase bist du zu deiner Mutter gegangen. Sie hatte noch ein Kind zu Hause, um das sie sich kümmern musste. Sie hatte wirklich Probleme. Du fragtest sie: „Ich möchte nur wissen, wenn ich mein schönes Haus verlassen muss, kann ich zu dir kommen? Kann ich nach Hause kommen?"

Deine Mutter sah sich um und sagte: „Nein. Ich bin nah dran, alles selbst zu verlieren, es sei denn, du könntest ein Einkommen mitbringen. Ich kann dich nicht aufnehmen, weil ich kaum genug für mich und deinen kleinen Bruder habe."

So gingst du also sehr niedergeschlagen davon, ohne deine Mutter zu beschuldigen, sondern sagtest dir selbst: „Nun, ich hätte wissen müssen, dass ich alleine bin."

Als du vor Gericht gingst und um einen Richter batest, um sich das Problem anzusehen und zu entscheiden, haben sie einfach entschieden, dass sie es nicht wollten. Sie ermordeten ja bereits den Mann und es war offensichtlich eine normale Sache. Also haben sie dich auch getötet. Vielleicht erkanntest du sie nicht einmal, weil sie in der Nacht kamen. Es waren zwei stumme Männer, die in dein Haus eindrangen, und dann schnitten sie dir im Schlaf einfach die Kehle durch. Du warst nicht einmal aufgewacht. Dann nahmen sie dein Haus und bekamen, was sie wollten. Es gab niemanden, der es bestreiten konnte.

Im Todesprozess sagtest du zu dir: „Okay. Im nächsten Leben werde ich nicht von anderen Menschen abhängig sein. Ich werde Unabhängigkeit lernen. Ich werde dieses Gefühl überwinden, dass andere Menschen alle Entscheidungen treffen können." Denn selbst die Geishas waren immer angenehm und angepasst, sodass sie einen Job haben konnten. Du hattest nie das Gefühl viel Macht zu haben. Die Macht, Männer zu manipulieren, gab es, aber es war nicht die Art von Macht, die dich bei Problemen schützte. Du warst immer noch abhängig von den Männern. Aber dein Mann war weg.

Warum kamst du nun in diese Familie, in die du in das jetzige Leben geboren wurdest?

Weil du blockiert wurdest und weil es dir schwer gemacht wurde und dich zwang, stärker zu werden und dir mehr zu vertrauen als jedem anderen. Da ist immer noch dieser unterschwellige Strom der Angst, dass alles wieder auseinanderfallen könnte. Du kennst deine eigene Kraft noch nicht genug, um zu wissen, dass du sie auch zurückziehen kannst, wenn sie auseinanderfällt. Obwohl du das mehr als einmal getan hast. Aber du hast immer noch nicht die Zuversicht, die Angst im Inneren überwinden zu können. Das Gefühl, es könnte erneut etwas passieren, ist noch da in dir. Wenn es wieder passiert, rettest du dich wieder. Du beginnst es zu erkennen.

Um von der Geisha zu dem zu werden, wer du heute bist, und dass du heute Homöopathie studierst, sagt vieles über dich aus. Auch wie du dich kleidest, hebt dich von anderen ab. Für die Geishas war es ein großer Teil ihres Alltages, die schönsten Kleider zu tragen und auch die Art und Weise, wie sie sie trugen. Kleidung wie diese findet man heute in Museen. Auch die Aufmerksamkeit, wie du dich einem Mann zuwendest, wenn du dich für ihn interessierst, all diese Ausdrucksweisen gehen auf dieses Leben zurück, das du hattest als Geisha.

Erklärung zu Geisha:
Zusammengesetzt aus gei = Kunst oder Künste und sha = Person, stammt aus dem Tokioter Dialekt und wurde von dort in die europäischen Sprachen übernommen. Das Hochjapanische kennt den Begriff geigi, im Kansai-Dialekt werden sie als geiko Kind/Mädchen der Kunst bezeichnet.

Der Beruf der Geisha hat seine Ursprünge in den taikomochi oder h kan (am ehesten vergleichbar mit Alleinunterhaltern) und wurde zunächst nur von Männern ausgeübt. Die ersten Frauen, die etwa ab dem 17. Jahrhundert den Beruf auszuüben begannen, wurden onna geisha, (weibliche Geisha) genannt. Die Blütezeit der Geishas war im 18. und 19. Jahrhundert, in dieser Zeit waren ihre Dienste als Unterhalterinnen gefragt und erschwinglich; auch waren sie Trendsetterinnen der Mode.

In den meisten japanischen Städten gab es sogenannte Hanamachi (Blumenviertel). In diesen Vergnügungsvierteln lebten Geishas in Okiyas, den Wohnhäusern einer Geishagemeinschaft, zusammen. Heutzutage existieren nur noch wenige Hanamachi, die berühmtesten davon in Kyoto, dem Zentrum der japanischen Geisha-Kultur. Das größte und bekannteste Hanamachi ist Gion. Die Zahl der Geishas geht stetig zurück, und ihre Dienste sind teuer und exklusiv. Um erfolgreich zu sein, muss eine Geisha anmutig, charmant, gebildet und geistreich wirken. Sie muss außerdem die Regeln der Etikette einwandfrei beherrschen und bei jeder Gelegenheit Haltung bewahren.

Interview mit Wilma:

W: Was Beziehungen zu Männern betrifft, fehlen mir scheinbar Erfahrungen, wo ich Partnerschaften mit Familien lebte. Das Leben als Kurtisane oder Geisha hat mir gezeigt, dass ich mich nicht auf jemanden stützen kann, dass ich selbst Verantwortung habe für mich. Man kommt alleine zur Welt und geht auch alleine wieder aus dieser Welt. Dies ist eine Tatsache für jeden Menschen. Für mich war es im Bewusstsein immer präsent. So bekam ich Bestätigung, dass meine Zugänge und meine Sichtweise so in Ordnung sind. Als Geisha ist man nicht komplett frei in der Gesellschaft, da die Arbeit und die Funktionen vorgegeben sind. Heute fühle ich mich freier. Damals konnten diese Frauen keine wirkliche Beziehung zu einem Mann leben. Sie hatten zwar Beziehungen, doch diese Männer hatten Familien und waren verheiratet, nur konnten sie innerhalb ihrer Ehe nicht die gleiche Kommunikation haben, wie mit einer Geisha. Die Geisha hatte jedoch keinen Anspruch auf einen solchen Mann. Sie war Gesellschafterin.

Ich selber hatte auch nie wirklich ein Familiengefühl. Das kenne ich nicht. Das Reading hat mir die Themen von Beziehungen nähergebracht und ich kann mehr begreifen und alles besser verstehen. Es macht mich auch stolz. Heute in meiner Arbeit, wo ich Menschen berate und therapeutisch begleite, sehe ich die Parallelen, dass ich als Geisha auch eine solche Funktion hatte, nur bin ich heute freier darin. Ich war immer sehr offen für weltliche Themen, für die Umwelt, die Politik und das ganze Weltgeschehen. Meine Welt hörte nicht in den eigenen vier Wänden auf. Ich wollte immer wissen, was los ist, was die Welt bewegt, ich war immer interessiert an der Umwelt, den Pflanzen, an den Tieren, an politischen Strukturen. So hielt ich mich manchmal ein paar Jahre an einem Ort auf und ging dann weiter. Anfänglich war ich ja an Kunst interessiert und konnte eine Ausbildung in Grafik machen. Doch es war kein Beruf für mich, den ich lange ausüben wollte. Die Suche ging dann weiter und das hielt mich lebendig und neugierig.

Im vergangenen Leben als Geisha, als ich ermordet wurde, bleibt jetzt dazu nur dieses Gefühl, einfach plötzlich auf der anderen Seite zu sein. Ich fühle keine Angst, kein Trauma. Es war einfach, wie es war. Ich bin kein Mensch, der mit dem Tod Mühe hat. Sterben ist, dass man am anderen Morgen wieder aufwacht. So, wie wenn man am Abend ins Bett geht und am anderen Morgen in einer anderen Dimension aufwacht. Einer meiner Lehrer sagte das immer sehr schön: „Jeder weiß, dass er eines Tages sterben wird, und davor Angst zu haben ist etwas sehr Surreales, denn der Tod kommt ja trotzdem, auch wenn man sich dagegen wehrt. Wenn wir in steter Angst leben, obwohl wir wissen, dass wir alle sterben, ist das eine Verschwendung unserer Lebensenergie."

Es gibt viele Parallelen zum jetzigen Leben, zum Beispiel als ich das erste Mal Tai-Chi machte, hatte ich so ein tiefes Gefühl, dies schon immer gemacht zu haben und ich kannte es in mir sehr gut. Auch als Geisha lernte man diese Tänze und diese sind ähnlich wie Tai-Chi, diese Bewegungsabläufe kommen aus dem Tai-Chi. Ein gewisses Verständnis oder das Bewusstsein, das ich für etwas habe, ist einfach in mir, und ich kann auch wahrnehmen, dass es bei anderen Menschen nicht gleich ist.

M: Jetzt gehen wir auf deine zweite Frage ein, denn wir sind heute auch hier, um zu sehen, was das Karma und die Verbindung zwischen dir und deiner Mutter ist.

Deine Mutter hat jetzt Angst vor dem Sterben. Sie spürt den Tod näher kommen und sie weiß nicht, was passieren wird. Selbst ihre Religion gibt ihr keinen Frieden. Sie hat jetzt wirklich eine schwere Zeit. Sie wacht in der Nacht auf, sie hat Angst und sie versucht zu beten. Sie ist in einer Glaubenskrise. Sie stellt fest, dass sie an die Dinge, von denen sie glaubte, dass sie wahr wären, nicht mehr wirklich glauben kann. Einige Leute würden fragen: „Also, was glaube ich?" Aber nicht so deine Mutter. Sie hat das Gefühl, es gibt nichts, woran sie glauben kann. Sie erlebt eine Desillusionierung. Sie fühlt sich seit Langem verloren, da sie sich lange Zeit so fühlte, als wäre es nicht wirklich so, eines Tages zu sterben. Jetzt ist es plötzlich echt. Es kommt, und was wird mit ihr passieren? Sie ist sich über all die harten/bösen Dinge bewusst, die sie den Menschen gesagt hat. Sie weiß, dass sie so gewesen ist. Sie weiß, dass sie Menschen immer und immer wieder verletzt hat. Selbst als sie versuchte aufzuhören, konnte sie sich nicht aufhalten. Es war zu stark in ihr. Jetzt ist sie enttäuscht.

Noch ein vergangenes Leben von Wilma:

M: Jetzt sehe ich Dämme und Tulpenfelder in Holland, ich sehe Holzschuhe vor den Häusern stehen. Die Menschen trugen Holzschuhe auf der Straße, die sie jedoch nicht ins Haus nahmen. Es war ungefähr 1917, während des Ersten Weltkrieges. Deine Mutter wurde 1937 wiedergeboren. Es muss also ihr letztes Leben gewesen sein, möglicherweise auch dein letztes. Sie war verheiratet und Anfang zwanzig. Ihr Mann war Soldat und er war weggegangen. Ich weiß nicht, dass Holland teilnahm am Ersten Weltkrieg, aber dein Vater hat teilgenommen. Vielleicht lief er einfach weg und schloss sich einer der Armeen an.

Du warst sehr klein, etwa zwei Jahre alt, und deine Mutter wurde erneut von einem Matrosen schwanger. Er war aus Holland, ein Matrose in Urlaub. Du bekamst einen Babysitter oder deine Großmutter kam, um dich zu hüten und deine Mutter ging mit ihren Freundinnen in die Bar und tanzte und trank. So wurde sie von diesem Matrosen schwanger. Danach ging sie zu jemandem, der ihr zu einer Abtreibung verhalf. Es war nicht ein richtiger Arzt. Sie zog sich eine schwere Infektion zu und erholte sich nie wirklich davon. Sie war eine Woche krank und ihr Immunsystem war komplett geschwächt. Du wurdest zu ihrer Mutter gebracht, zu deiner Großmutter, die langsam senil wurde. Sie vergaß dich dann

stundenlang, dass du bei ihr warst. Sie vergaß dich zu füttern, dich zu
wickeln. Sie war wirklich eine gutherzige Frau, aber ihr Verstand war
nicht mehr so klar. Deine Mutter war zu krank. Vielleicht befand sie sich
in einem Krankenhaus. Ich kann nicht sehen, dass du wieder zu deiner
Mutter zurückgebracht wurdest. Es ging ihr nicht besser, es wurde immer
schlimmer. Sie hatte eine massive Infektion im Körperinnern.

Dies ist deine Mutter in diesem Leben, die dich im letzten Leben weg-
gab. Sie war erst 23 Jahre alt und sie hat dich nicht deshalb weggegeben,
weil sie es wollte, sondern weil sie zu krank war und nicht mehr fähig war,
sich um ihr Baby zu kümmern. Ein 2 Jahre altes Kind braucht rund um
die Uhr eine Aufsicht. Ein Kind in diesem Alter probiert alles aus und
geht überallhin. Du warst am Kriechen und gingst auf die Straße. Du
wurdest von einem Pferdewagen, der mit Holz beladen war, erfasst und
überfahren. Du wurdest bewusstlos, warst aber nicht sofort tot, sondern
jemand hat dich mitgenommen. Sie brachten dich in ein Krankenhaus, doch
du fandst das Bewusstsein nicht wieder. Für eine Weile warst du immer
noch an deinen Körper gebunden, aber du warst bereits außerhalb deines
Körpers und auf der Suche nach deiner Mutter. Du konntest sie nicht
finden. Auch deine Großmutter konntest du nicht finden. Du konntest
niemanden finden, den du kanntest. Du warst so klein. Ein liebevoller
Geistführer kam zu dir, um zu helfen. Er entschied sich, dich nicht dazu
zu bringen zurückzugehen. Es gab ja nichts für dich da, wo du zurück-
kehren konntest, obwohl du dich hättest erholen können. Es war niemand
da, der sich um dich hätte kümmern können. Es wäre zu schwer gewesen.

Als es an der Zeit war, zum Körper zurückzukehren, war da diese
ungelöste Beziehung mit deiner Mutter. Sie wurde zu krank, um sich um
dich zu kümmern, und so ließest du deinen Körper zurück. Deine Mutter
starb einige Monate später. Deine Großmutter litt in klaren Momenten
unter einer großen Schuld, weil sie nicht bemerkt hatte, dass du aus dem
Haus gekrochen bist. Jedoch war sie nicht immer klar.

Wer könnte diese Großmutter sein, hast du Schwestern?

W: Ja, eine meiner Schwestern ist sehr seltsam, Mary.

M: Ich glaube, Mary war deine senile Großmutter im vergangenen Leben. Sie hatte manchmal einen klaren Geist und
dann wieder nicht mehr.

W: Ich habe heute keine echte Verbindung zu dieser Schwester. Es ist schwierig, eine Beziehung mit ihr zu haben. Sie lebt mit zwei Hunden zusammen und geht nur mit ihnen aus. Sie redet immer über die Hunde, obwohl sie eine Familie mit zwei Kindern hat.

M: Vielleicht ist sie immer noch in der Welt, in diesem geistigen Zustand, in der sie sich in diesem vergangenen Leben befand. Auch deine Mutter war in diesem vergangenen Leben voller Schuldgefühle, dass sie sich nicht um dich kümmern konnte. Ihre Angst vor dem Tod hat heute sogar damit zu tun, wie sie versagt hat, sie fühlt sich so. Mit dem nahenden Tod kommen diese Gefühle hervor.

Sie fühlte sich damals ebenso schuldig, schwanger zu werden, dieses Kind von einem Fremden zu bekommen und eine Abtreibung zu machen. Dieser Mann war nicht einmal bekannt, er ging wieder aufs Schiff und war verschwunden.

Im Moment gehst du immer noch auf Distanz zu deiner heutigen Mutter, stimmt das?

W: Ja.

M: Stell dir also dich und deine Mutter vor und sende ihr einen Segen. Du kannst sie segnen, indem du sagst: „Mögest du in dir Frieden finden, bevor du stirbst. Mögest du erkennen, dass du trotz allem geliebt wirst. Vielleicht weißt du, dass deine Kinder verstehen, dass du dein Bestes gegeben hast."

Segne sie auf diese Weise, damit du etwas von deiner Verbitterung neutralisieren kannst und sie nicht mehr so ablehnst und auch damit sie etwas beitragen kann, um ihren Frieden zu finden. Wenn sie vor ihrem Tod nicht zur Ruhe kommt, wird es ihr danach schwerfallen. Erhöhe dein Mitgefühl und sende ihr deinen Segen. Du kannst ein Bild dazu von ihr verwenden oder du kannst „Om Namah Shivaya" für sie singen. Bewusst kann sie das nicht unbedingt schätzen, aber sie wird die Energie auf einer tieferen Ebene fühlen. Wenn du zu ihrem Frieden beitragen kannst, trägst du auch zu deinem eigenen Frieden bei.

W: Die Mutter meiner Mutter war auch sehr hart mit ihr.

M: Wenn ihre eigene Mutter in deiner Nähe ist und du sie fühlen kannst, ist sie da, damit du deiner Mutter vergeben kannst.

Sie sucht Vergebung. Es wurde ihr gezeigt, wie viel Schaden sie angerichtet hat.

In diese Familie mit dieser Mutter geboren zu werden, hat dich mehr nach innen und in deine eigene Kraft gelenkt, da deine Mutter sich nicht um alles für dich kümmerte. Du musstest Kraft, Unabhängigkeit und Vertrauen in dich selbst entwickeln. Das war kein Zufall, denn das wolltest du. Du wolltest frei sein, du selbst sein. Je mehr du gebremst wirst, desto entschlossener bist du, du selbst zu sein. Du musstest dafür kämpfen. Du musstest vieles loslassen, was sie über dich gedacht haben, wie sie mit dir gesprochen haben, wie sie dir die Liebe vorenthielten. Jetzt kommst du immer mehr zu dir. Es hat mit deinem Rückgrat zu tun, mit deiner inneren Kraft, deinem Selbstvertrauen, deinem Wohlbefinden, deiner Zuversicht. Wenn das stärker wird, können die Menschen dich nicht mehr herumschubsen.

Jetzt bist du immer mehr in deiner körperlichen Präsenz. Deine Kraft ist da, aber sie ist noch etwas vage. Du schwankst noch ein bisschen, aber du bist in den letzten Jahren viel stärker geworden. Du wirkst noch etwas entschuldigend, als hättest du kein Recht hier zu sein und deinen Raum einzunehmen. Du kamst in diese Familie, weil genau das da war, was du in diesem Leben lernen und entwickeln wolltest. Das war nicht einfach, keine glückliche Zeit, aber es war das, was es brauchte.

Interview mit Wilma:

W: Meine Mutter wurde in eine neue Familie hineingeboren, die sehr prüde und Lebens einschränkend dachte. In ihrem Leben musste man kochen, stricken und jäten und auch stille sein und beten. Mit solchen Regeln und Haltungen wurde sie großgezogen. Sie verbrachte ihre freie Zeit mit Bauernmalerei. Diese Art von Leben hat sie für sich durchgezogen. Möglicherweise hat sie sich selber gestraft. In meinen Augen hat sie sich innerlich nicht wirklich weiter entfaltet.

Manchmal dachte ich bei mir, dass ich in dieses Leben gekommen bin zu dieser Mutter, um sie zu heilen, doch sie konnte es nicht annehmen. Ich selber bin einfach nochmals zu ihr gekommen, und diese Mutter-Tochter-Bindung war immer sehr eigenartig. Ich suchte nie wirklich Körperkontakt mit ihr, solange ich mich erinnern kann. Ich hielt mich immer irgendwie fern von ihr. Es gab keine emotionale Bindung. Ich habe sie selbst nicht als schuldig empfunden. Ich konnte nicht wirklich Vertrauen aufbauen zu ihr, durch ihren Umgang mit mir. Ihre Erniedrigungen und Beschuldigungen hörten nie auf. Es kommen immer noch oft Kritik oder einfach harsche Kommentare. Ich kenne nichts anderes von ihr. Sie möchte einfach mit dem, was sie jetzt kann und gelernt hat, mit allen ihren Einstellungen so bleiben und nichts mehr ändern, verstehen oder begreifen. Sie kann es nicht zulassen, dass sich alles immer verändert um sie herum. Auch dass sich Werte geändert haben, ist schwierig für sie.

Es fehlte einfach an innerer Nähe. Ich kam in einem Tarotkurs mit der Karte des Narren in Berührung und hatte eine ganz spezielle Erfahrung. Durch die Auseinandersetzung mit der Karte des Narren wurde ich plötzlich wie von einem Blitz getroffen und hatte ein inneres Bild von der Zellteilung. Ich habe das vorher noch nie gesehen. In diesem Bild sah ich genau diesen Vorgang der Zellteilung. Ich wurde in dieses Leben hineingestoßen. Ich musste nur noch einmal ins Leben kommen. Da ich einen Zwillingsbruder habe, habe ich das Gefühl, dass er zuerst da war als zweieiiger Zwilling. Ich denke darüber so, dass man das nicht immer selbst entscheidet. Manchmal muss man einfach wieder ins Leben kommen.

Als ich so geboren wurde und noch sehr klein war, habe ich immer über Abtreibungen gesprochen. In meinem Denken war das dann noch Mord. Es war etwas, das mich schon früh beschäftigte. Ich hatte ein sehr starkes Schwarz-Weiß-Denken. In meinem Leben heute, wo ich selber sehr schwierige Erfahrungen durch Abtreibungen machen musste, wurde dieses Schwarz-Weiß-Denken sehr stark durchbrochen. Das erfuhr ich, als ich 20 war. In mir wurden diese starken Wertungen, gut und böse falsch und richtig ganz umgekrempelt. Ich erkannte, dass es das ja gar nicht gibt und es nicht wirklich so ist, sondern dass es nur individuelle

Momente sind. Das ist auch die Grundlage, wenn man heilen will, sich als Allererstes von Wertsystemen zu befreien. Durch die karmischen Erfahrungen in Verbindung mit meiner Mutter ist dieses Thema Abtreibung auch in ihrem vergangenen Leben aufgetaucht und zeigte die Belastungen und Schuldgefühle, die sie für sich mitgenommen hatte, die ich selbst in jungen Jahren in mir zu heilen begann.

Als mir Maitra von diesem vergangenen Leben erzählte, empfand ich in mir keine belastenden Gefühle, was die Verletzungen und den Verlauf des Todes nach dem Unfall durch den Pferdewagen betrafen. Jedoch kamen die Erinnerungen an meine Kindheit zurück, wo ich als Kind oft Ausfälle hatte und viele Ohnmachten erlebte. Meine Eltern ließen das medizinisch abklären, doch es gab keinen Befund dazu. Vielleicht waren das Erinnerungen an diesen letzten Tod oder jeweilige Versuche, aus dem Körper auszutreten, einfach in anderen Dimensionen zu verweilen oder mich zu erinnern.

In meiner Herkunftsfamilie konnte ich mich über mein Leben, meine Veränderungen und Erkenntnisse nie wirklich austauschen. Ich fand dort nicht eine Welt, die wächst und immer größer werden kann. Die Haltungen meiner Mutter waren für mich einschränkend und nicht lebensbejahend. Ich verstehe jetzt, dass es ihre Entscheidung ist, darin stecken zu bleiben. Ich bekam durch die Einsichten im Reading Klarheit und Einsicht, zu vergeben und meine Verletzungen zu heilen und meine Mutter mit Mitgefühl zu segnen. Das ist eine große Befreiung.

Jetzt kann ich das alles besser stehen lassen. Es geht nicht mehr um Schuldgefühle. Ich kann es so sein lassen. Ich habe auch nicht mehr das Gefühl, dass ich irgendetwas ändern will oder muss in meiner Herkunftsfamilie. Ich verstehe einfach alles mit mehr Klarheit. Das Reading durch Maitra zeigt ganz viel über mich selber auf. Was ich mit einem Menschen erlebt habe, sagt mir immer auch sehr viel über meine eigene Person, über meine Stärken. Das war das schönste Reading, das ich erhalten habe.

Dunkelheit kann Dunkelheit nicht vertreiben,
das kann nur Licht.
Hass kann Hass nicht vertreiben,
das kann nur die Liebe.

Martin Luther King

Orientierungslosigkeit

Carla, *1989

C: Nach einer Weiterbildung in diesem Sommer habe ich sehr viel für diese Prüfungen gelernt und danach war ich zwei Monate ohne eine Arbeit. Ich hatte nichts zu tun und ich fühlte mich orientierungslos. Ich wusste einfach nicht so genau, wie es weitergeht. Ich hätte Geld gebraucht, und ich machte diese Weiterbildung, weil ich einfach nicht genau wusste, wo es langgeht. Diese großen Prüfungen waren sehr intensiv für mich. So ging ich danach zu einem Reading zu Maitra mit der Frage: Was könnte jetzt als Nächstes kommen in meinem Leben? Ich war wirklich orientierungslos. Es schien der richtige Moment für mich, so eine Beratung zu erhalten. Es war das erste Reading bei Maitra. Ich liess mich auf diese Art Beratung ein. Und ich wusste auch nicht, ob ich überhaupt an so etwas wie vergangene Leben glauben würde.

Ich weiß nicht so genau, wie es weitergeht, ich fühle mich orientierungslos, ich möchte kreativ sein, aber ich fühle mich blockiert. Woher kommt das?

M: Du hast Angst vor deiner kreativen Kraft.

Ein vergangenes Leben von Carla:

Im vergangenen Leben warst du ein junger Kunststudent. Du hattest mehr Mut als Sinn. Du warst in einer ganz berühmten prominenten Kunstschule in Paris. Es gab viele Künstler während des Krieges in Paris und niemand wusste, was morgen sein würde. Wenn die Deutschen hereinkommen werden, würden die Franzosen sich wehren? Was wird geschehen? Aber du warst ein Student. Du warst ein Junge und so außerordentlich und leidenschaftlich. So wie du jetzt in diesem Leben alles zurückhältst, warst du im vergangenen Leben voller Energie und voller Leidenschaft.

Alle hörten dir zu, was du über die Nazis dachtest. So wie ich es sehe ist es etwa in der Zeit vor 1940, als die Deutschen gerade an ihre Macht kamen. Sie waren noch nicht in Frankreich eingedrungen, doch es gab viele Gerüchte. Man hörte viele Sachen von überallher. Doch niemand wusste so recht, was wirklich vor sich ging. In Deutschland und sonst wo würden sie jene oder etwas angreifen. Du lebtest also in der Mitte dieser Verrücktheiten und warst dir sicher, dass du dein Studium machen kannst, vorwärtsgingst und eine Ausbildung erhieltst. Du hattest dein Studium einfach angefangen. Deine Eltern in diesem Leben sagten: „Wir bezahlen deine Schule, aber wovon wirst du leben? Wer wird sich um dich kümmern? Was willst du machen, wenn du dann ein Künstler bist? Warum bist du so überzeugt von dir?"

Dann sagtest du zu ihnen: „Ich muss das einfach machen. Ich weiß zwar nicht, warum, aber ich muss es einfach machen. Wenn ihr nicht wollt, dass ich diese Studie mache, dann kriege ich einen Job." Deine Eltern wollten, dass du zur Schule gingst, denn sie wollten auch nicht, dass du einen armseligen Job annehmen musstest. Sie wollten, dass du eine Ausbildung bekommst, aber sie wollten nicht diese Ausbildung, die du selber gewählt hast. So machtest du einen Kompromiss und du warst einverstanden, zu studieren und auch etwas zu tun, wo du Geld verdienen konntest. So warst du auch noch in einer Handelsschule. Du sagtest zu dir selber: „Ich weiß, wo ich mich jetzt eingeschrieben habe, und darauf konzentriere ich mich jetzt. So können sie nichts sagen, ich mache einfach, was ich kann." Du warst zwar nicht wirklich interessiert an der Handelsschule, was dich dann aber wirklich überraschte, war, als dann immer mehr Neuigkeiten kamen aus Deutschland, da begannst du dich immer mehr für Politik zu interessieren. Du wolltest einfach wissen, was da vor sich ging und wolltest immer auf dem Laufenden sein. Du hast dich mit den Leuten getroffen in den Cafés, auch sie waren interessiert, was vor sich ging durch den Krieg. Die Leute, die mehr Interesse am Krieg hatten, waren eher in den Cafés als die anderen Kunststudenten. Du fühltest dich einfach da hingezogen, weil du herausfinden wolltest, was da vor sich ging. Als dann wirkliche Nachrichten hereinkamen, passierte etwas mit Picasso.

Picasso hatte Freunde in Deutschland. Es ist möglich, dass du etwas darüber in einer alten Zeitung aus dieser Zeit oder im Internet findest. Picasso gab ein Interview oder er schrieb etwas über das, was die Nazis

*in den Konzentrationslagern machten. Dass Leute verschleppt wurden,
dass man sie aus ihrem Zuhause holte, und dass man den Leuten das
Geld wegnahm. Du hast dich darüber so aufgeregt, und sagtest dir, dass
das wahr sein muss. Picasso würde sich nicht wagen, und die Zeitungen
würden es auch nicht wagen, so etwas zu veröffentlichen, wenn es nicht
wahr wäre.*

*Du gingst zurück in die Kunstschule und hast angefangen, zu malen.
Du hast dann manchmal Tag und Nacht gemalt und dabei vergessen zu
schlafen. Manchmal hast du vergessen zu essen. Die anderen Studenten
sind manchmal einfach gekommen und haben dir zugeschaut. Sie konnten
nicht glauben, was du machst. Du hast alle diese wirklich leidenschaft-
lichen, starken, blutigen und gewalttätigen Bilder gemalt, wie du die
Situation verstanden hast. Du sagtest: „Die Leute müssen das wissen.
Alle müssen das wissen!" Du hattest eine Ecke im Klassenzimmer, und
hast sozusagen da campiert. Du legtest eine Matratze auf den Boden,
die du während des Tages zusammengerollt hast und in der Nacht hast
du dich da wieder hingelegt, oder wenn du müde wurdest. Das Zimmer
wurde nie abgeschlossen, weil du ja da drinnen gelebt hast.*

*Die Leute kamen herein und schauten dir zu. Es waren nicht nur
Studenten. Es kamen auch andere wie Lehrer und Professoren, es kamen
auch Freunde, um deine Bilder anzuschauen, die du maltest. Und dann,
als das alles passierte mit den Deutschen ...*

*Das Nächste, was sich zeigt, sind aber deutsche Offiziere, die in Paris
lebten. In dieser Zeit wusste niemand, was morgen sein würde. Alles
war so beängstigend. Alles hing so in der Luft oder so kurz vor dem Zusammenbruch. Dann kam ein Mann, der sehr gegen die Nazis war, an
die Schule, um deine Bilder anzusehen und sagte: „Wir müssen diese
Bilder zeigen. Wir müssen die Leute wissen lassen, was hier geschehen
wird, wenn wir die Deutschen hier hereinlassen."*

*Du sagest, dass es in Ordnung sei, aber du warst nicht wirklich dabei
zu denken, was du als Nächstes tun solltest. Du warst so absorbiert mit
deiner Arbeit mit dem Malen, mit diesen kreativen Impulsen, die dich
trieben und dich in der Nacht wach hielten und dich vom Essen ab-
hielten. Du warst irgendwie besessen davon, nicht in einer krankhaften
Weise, mehr in einer kreativen Weise. Picasso war berühmt geworden für
diese Lebensweise. Er malte manchmal eine ganze Woche durch, ohne*

zu schlafen. Er war wirklich verrückt in diesem Zustand. Und auf eine Weise tatst du es auch so.

Die Ausstellung war in einer kleinen Galerie in einer Straße, wo es viele Galerien gab. Die größeren Galerien wollten diese Bilder nicht ausstellen. Sie wollten die Deutschen nicht verärgern. Sie wollten einfach niemanden verärgern. Der Mann, der dich organisierte und unterstützte, dachte nicht, dass es so sein würde, sondern er dachte, dass es die Leute etwas schockieren würde, dass sie zum Denken angeregt werden, und dass die Menschen motiviert werden, die Deutschen nicht in Frankreich einzulassen. Nun stand die Ausstellung und du warst auch dort. Du warst 20 Jahre alt, das ist ungefähr dein jetziges Alter, denn du bist jetzt 21. Du warst wie verloren, und wusstest nicht, was es bedeutet, diese Bilder aufzuhängen. Du wolltest einfach malen. Du hattest das Gefühl, jemand muss das doch zum Ausdruck bringen, ohne dabei zu denken, was passieren könnte, wenn man es ausspricht. Ich sehe dich in schwarze Kleider gekleidet und du wirkst sehr jung.

Die Galerie eröffnete am Nachmittag um 16:00 Uhr. Es waren viele Leute da und du hast fünf oder sechs Bilder bereits in der ersten Stunde verkauft. Die Leute waren so beeindruckt von deinem Talent, dass du den Mut hattest, das zum Ausdruck zu bringen, was du zu sagen hattest, und sie fanden, dass diese Bilder es wert sind, dass man sie sammelt, dass sie Sammlerwert hätten und man später mit ihnen Geld verdienen könnte. Du wusstest jedoch nichts darüber und dachtest einfach: „Wow, die Leute lieben meine Bilder! Wow, denen gefällt das."

Ungefähr um 19:00 Uhr an diesem Abend kam der Besitzer der Galerie herein. Er ging oft hinaus und kam wieder herein. Als er erneut hinausging, kam er plötzlich wieder herein und sagte: „Ich habe gehört, dass die kommen und uns verhaften wollen, die ich unterstütze und ausstellen lasse."

Du fragtest: „Wer kommt und will uns verhaften?"

Er antwortete: „Die Autoritäten. Jemand sagte mir, wir sollen die Bilder schnell wieder wegschaffen, da wir sonst Probleme bekommen." Ihr schautet dann einander an und nach etwa 15 Minuten dachtet ihr, was ihr wohl tun solltet, denn ihr habt zu diesem Moment noch nichts entschieden und plötzlich standen alle diese Männer in Uniformen da im Eingang und bei den Fenstern. Sie kamen herein und nahmen die Bilder weg, brachten sie auf einen Lastwagen und ein anderer Mann, der keine Uniform trug, wahrscheinlich der damit beauftragt war, kam und fragte: „Wer ist hier verantwortlich?"

Der Galerist kam und sagte, dass er der Besitzer der Galerie sei, und stellte den Mann vor, der dich unterstützte, ebenfalls stellte er auch dich vor und der uniformierte Mann sagte: „Ihr seid alle verhaftet. Ihr werdet alle alleine herausgehen und auf den Lastwagen steigen oder ich kann Leute hereinrufen, die euch herausführen."

Ihr schautet und gingt zusammen hinaus auf den Lastwagen. Bevor der Wagen startete, hatten sie dich getrennt und in verschiedene Lastwagen gesetzt. Du hattest versucht herauszufinden, warum, aber niemand erklärte dir, warum es so war.

Als Nächstes warst du in diesem dunklen Lastwagen. Du konntest kaum etwas sehen, denn es kam nur wenig Licht herein durch ein kleines Fenster von der Decke über dem Fahrer, aber sonst war es einfach schwarz dort drinnen. Du fragtest dich, was denn hier los war, und worum es denn hier eigentlich ging. Dann stoppte der Lastwagen, du musstest aussteigen und sie brachten dich in einen Duschraum. Sie sagten dir, du sollst dich ausziehen und dann nahmen sie deine Kleider weg. Das war alles sehr schrecklich und beängstigend für dich. Sie traten dir auf die Füße, drehten dich herum, wuschen dich überall und gaben dir dann einen Anzug. Es war ein einteiliger Anzug, den die Gefangenen bekamen. Anschließend sperrten sie dich in eine Zelle. Das war eine Gefängniszelle, wo du mit niemandem sprechen und niemanden sehen konntest. Es war vollständig abgeschlossen, mit der Ausnahme eines Fensters, zu dem sie hereinschauen konnten.

Du warst dort, aber hattest keine Ahnung, wie lange, da du kein Zeitgefühl mehr hattest. Die Zelle hatte kein Fenster nach außen. Endlich kamen sie mal herein und brachten dir ein paar Schuhe, denn vorher warst du barfuss und dadurch waren deine Füsse immer kalt. Sie sagten, dass sie dich zum Gericht bringen würden. Als du dann vor Gericht gestanden hast, waren die beiden anderen Männer auch dort: Der Mann, der dich unterstützte, und der Galerie-Besitzer. Es war sehr schwierig, denn sie ließen euch nicht miteinander sprechen und ihr wurdet nicht zusammen betreut. Jeder von euch hatte seinen eigenen Prozess.

Sie gaben euch einen Anwalt, einen Verteidiger, aber dieser sprach nicht einmal mit euch. Er gab sich mit dem einverstanden, was immer sie

auch sagten. Es war nur mehr eine formale Abhandlung. Du hast nicht
verstanden, was sie hier taten. Sie deportierten euch in ein Lager, in ein
Konzentrationslager. Ihr wart französische Bürger, später passierte das
anderen auch, aber in der Zeit, als es mit euch passierte, war es etwas
Neues. Du wusstest nicht, was das bedeutete. Du hörtest zwar Ge-
rüchte über so etwas und über solche Orte, aber du wusstest nicht wirk-
lich etwas darüber.

    Du musstest dann zuschauen wie deine Bilder verbrannt wurden. Sie
machten draußen auf einem offenen Platz ein großes Feuer neben dem Ge-
fängnis und verbrannten alle Bilder. Einige deiner Bilder gingen ja schon
weg bei der Ausstellung. Es ist möglich, dass drei oder vier Bilder immer
noch existieren. Man weiß nicht, was mit ihnen passiert ist. Die meisten
deiner Arbeiten wurden verbrannt und du wurdest in ein Konzentrations-
lager deportiert. Dort bist du an einer Lungenentzündung gestorben.

    Du bist gestorben, weil du nicht genug zu essen und nicht warm genug
hattest, und es war unmöglich, dass es einem wieder besser ging, wenn
man krank wurde. Es gab keine medizinische Versorgung. Du bist ge-
storben, indem du versuchtest, noch Luft zu bekommen. Du lagst auf
vier Schachteln, die übereinander aufgestapelt in der Mitte des Raumes
waren. In diesem Raum war eine gemischte Gruppe von Menschen. Es
gab welche, die waren irgendwie sympathisch und nett, auf der anderen
Seite jedoch, sobald du zu schwach wurdest, dich zu verteidigen, haben sie
dein Essen gestohlen. So kam das Essen nie ganz zu dir. Vielleicht gab
es manchmal nur ein Stück Brot, doch alle waren am Überleben. Wenn
jemand zu krank und zu schwach wurde, um für sich zu schauen – du
warst nicht alleine, der krank war - dann bekam dieser meist kaum noch
etwas zu essen ab.

    Es ist deine Angst, das ist der Grund, weil du Angst hast dich
mit dem zu verbinden, was du wirklich willst. Du hast Angst,
dich mit deinen Herzenswünschen zu verbinden. Du hast bekommen, was du wolltest in diesem Leben. Du warst so leidenschaftlich in diesem Leben, aber ebenso verloren darin. Das alles
bewegte dich so sehr.

    Es ist wirklich interessant, als du dich hier vor mich gesetzt
hast und ich dich fragte: „Was willst du? Was ruft dich?" Du
kannst das ein wenig in dir berühren, das, was wirklich in dir

ist, die Tiefe der Gefühle, die Tiefe der Leidenschaft. Doch es ist viel zu beängstigend, weil es dir dein letztes Leben gekostet hat. Es kostete dich alles. Es ging so schnell. Du hast einfach gemalt, das war alles, woran du denken konntest. Du dachtest nur ans Malen, Leinwände zu bekommen, sie zu gebrauchen, sie wegzulegen und dann weiterzumachen, zum nächsten Bild.

Du hattest viele Freunde, die mit dir zusammen waren und dich bewunderten, weil du so jung und so leidenschaftlich warst. Es fiel mir auf, dass du mindestens zweimal sagtest, seit wir miteinander redeten, wie jung du bist, und dass du nicht bereit bist, dieses und jenes zu tun. Ich glaube, es ist wirklich eine Erinnerung aus diesem letzten Leben. Du hast gesagt: „Ich war zu jung, um das zu haben. Ich war zu jung, um so leidenschaftlich zu sein, was ich tat. Ich hatte nie die Chance, wirklich herauszufinden, wer ich bin, um erwachsen zu werden." Dein Gefühl in diesem Leben ist, dass du dir Zeit nehmen willst, denn du wirst dich nicht in irgendetwas hineinstoßen lassen.

Verstehst du, was ich meine? Du wirst nicht zulassen, dass jemand das Kommando übernimmt, denn genau das ist passiert. Du maltest und maltest und dann kamen sie einfach und nahmen deine Bilder mit, nahmen sie von der Wand in der Galerie. Das Nächste, was passierte, war, dass du ins Gefängnis kamst, und du hattest nicht das Gefühl, dass du irgendeinem etwas sagtest darüber. Alles, was dich interessierte, war, dich auszudrücken.

Also dieses Mal willst du das nicht so machen. Du willst etwas Distanz schaffen und dir Zeit nehmen. Aber leider kann man nicht wirklich vergessen, was dort passiert ist. Es ist in dir, es ist unterschwellig in dir, und es sagt dir: „Nicht so schnell, ich weiss, ich brauche Zeit, um erwachsen zu werden und zu wissen, wer ich bin."

Ich weiß nicht, ob du jetzt ein Maler bist, aber es hat etwas mit Kreativität zu tun. Kunst und Reisen ist in Ordnung, du magst es, aber es ist nicht wirklich, wo dein Herz ist. Dein Herz drückt sich aus, wenn es unterwegs ist oder wenn es wieder malt oder was auch immer. Mein Vorschlag bei der Betrachtung dieses vergangenen Lebens besteht darin, dass du anfängst, dich auf verschiedene Arten auszudrücken und zu erfahren, wie diese Angst sich zu lockern beginnt.

Welche Art von Kunst musst du machen, um dir der Angst bewusst zu werden und wie sie dich zurückhält?

Lass den Gedanken los, dass du die Zukunft voraussiehst, du siehst sie nicht voraus. Du erinnerst dich an etwas. Du erinnerst dich daran, wann dir das passiert ist, und du hattest keine Ahnung, was hier vor sich ging. Die Nazis konnten eine Stimme wie deine nicht anhören. Übrigens sind die anderen beiden auch in Konzentrationslagern gelandet. Aber du hast es nie gewusst. Sie sind nicht an denselben Ort gebracht worden, damit du nie herausfinden konntest, was mit ihnen passiert ist.

Es gibt einen Grund, warum du Angst hast, Dinge zu tun. Das ist ein guter Grund, aber es ist nicht, wer du bist. Und jetzt musst du herausfinden, was du machen willst. Vielleicht wirst du dir einen Film über den Zweiten Weltkrieg ansehen und sehen, ob du etwas spürst und das, was in dir steckt, beleben kannst. So versuchst du einen Weg zurück zu dir selbst zu finden. Du bist nicht verloren. Du verarbeitest gerade etwas, das wirklich machtvoll und traumatisch ist. Und es war größtenteils unbewusst. Jetzt steigt es in dein Bewusstsein auf, sodass du sehen kannst, woran du arbeitest. Ich denke nicht, dass es dich für sehr lange oder sehr viel länger noch blockieren wird. Sobald du siehst und verstehst, was du zurückgehalten hast, fängst du an, zu sehen, wohin es geht mit dir.

Ich denke, dass es ein wirklich guter Schritt wäre, wenn du deine Kreativität erkunden würdest. Denk daran, dass es das letzte Mal dein Leben gekostet hat, obwohl du wusstest, wofür du leben wolltest. Du hattest gefunden, was du wolltest. Es war aufregend, denn du hättest niemals gedacht, dass du diese Dinge tun könntest, die du getan hast.

C: Wie beeinflusst ein vergangenes Leben gerade das gegenwärtige Leben?

M: Ich bin mir nicht sicher, wie es genau funktioniert, aber ich beobachte es immer wieder:

Was auch immer unvollendet war, welche Gefühle auch immer noch da waren, was immer unvollendet blieb, scheint sich in das nächste Leben zu übertragen. Du bist nicht erwachsen geworden und hast dich so gefühlt, und du sagst Sachen, die die meisten Leute nicht sagen würden: „Ich bin jung und ich will keinen Vollzeitjob haben. Ich will von Tag zu Tag leben." Das würden die meisten Leute nicht sagen. Aus der Perspektive deines vergangenen Lebens macht es Sinn, denn du sagst, dass du das nicht noch einmal passieren lassen wirst.

Und doch ist hier diese Kraft in dir, die du nicht ganz in den Griff bekommen kannst: Diese Kreativität, du selbst. Es ist diese Leidenschaft in dir, und je mehr du anfängst, dich um etwas zu kümmern, desto mehr wirst du es wegschieben, denn das war das, was dir passiert ist. Du hast etwas kreiert und zum Ausdruck gebracht, und dann hast du es nie wiedergesehen. Du hast die Sonne nie wiedergesehen.

Interview mit Carla:

C: Das Reading hat bei mir so viel ausgelöst, dass es sich für mich wirklich wahr anfühlte. Es hat für mich wie eine neue Dimension geöffnet, sodass es für mich danach wirklich klar war und auch sehr viel Sinn daraus ergab, dass wir wieder ins Leben kommen und Geschichten mit uns bringen, die wir nicht unbedingt in diesem Leben aufgebrochen haben. Es gibt diese Dinge, die im jetzigen Leben etwas unerklärlich sind und demnach einen anderen Ursprung haben. Dann ist nicht alles so ichbezogen, Themen, an denen man arbeitet, relativieren sich dann etwas.

Zumindest erging es mir so, dass ich für mich gewisse Themen nun umarmen konnte, als Geschichte und nicht als ICH mit meinen Fehlern in diesem Leben, die irgendwelche Schwierigkeiten hat, sondern sozusagen als Geschichte meiner Seele, was kompliziert erscheint, aber was ich auch heilen kann und dass ich jetzt in diesem Leben die Handlungsmacht habe.

Bei mir war das Thema der Kreativität sehr wichtig im Reading. Es ging auch um den Wunsch nach Kreativität. Wie will ich sie ausleben, denn gleichzeitig verspürte ich auch eine Blockade.

Und diese Themen konnte ich durch die Geschichte des vergangenen Lebens im Reading sehr gut verstehen. Ich merkte, dass es im Zusammenhang mit meinem früheren Leben stand. Maitra gab mir den Rat, eben kreativ zu sein, um diese ganze Geschichte aus dem vergangenen Leben zu verarbeiten. Leider bekam ich danach einen Job und hatte in dieser Phase nicht die Zeit, meiner Kreativität genug Raum zu geben. Es war aber nicht so schlimm für mich, denn ich fühlte, dass sich doch einige Blockaden in mir lösten.

Während des Readings, als mir Maitra von diesem vergangenen Leben erzählte, musste ich sehr weinen. Ich fühlte mich stark in Resonanz mit dieser Geschichte, sie hat etwas in mir ausgelöst. Maitra hat mir diese Geschichte erzählt, wie mein Idealleben ausgesehen hat. In diesem Lebensstadium damals als Künstler, das war mein Ideal, so stimmte es für mich. Ich war ein Maler in Paris, völlig expressiv, ich hatte einen Fokus, war mit Herz und Seele bei dem, was ich machte. Doch in meinem jetzigen Leben ist es überhaupt nicht so, ich lebe viel verzettelter mit meinen ganzen Energien. Einmal bin ich hier, einmal dort. Aber das war wirklich mein Ideal, so wollte ich leben.

Von diesem idealen Leben als Künstler, das mir gezeigt wurde im Reading, konnte ich jetzt etwas loslassen. Jetzt bin ich das nicht mehr. Ich kann nicht mehr etwas so in diesem Ausmaß ausleben wie ich es damals konnte. Diese Erkenntnis war sehr spannend für mich. Die Geschichte im vergangenen Leben endete sehr abrupt, durch dieses schnelle Ableben durch den Krieg. Durch das Auftreten der Nazis und die Zensuren habe ich in meinem jetzigen Leben noch Ängste vor dem, was ich am liebsten tue. Dass ich Angst habe vor allem, was mir wichtig ist und dies zu entfalten, weil es im letzten Leben zerstört wurde, wurde mir bewusst. Alle diese Informationen machten für mich Sinn. Ich meldete mich später auch noch an einer Kunstschule an, um einen Vorkurs machen zu können. Das Reading löste damals sehr viel aus in mir. Ich schwebte ein paar Tage danach so richtig wie auf Wolken. Es war ein Gefühl, als ob ich jetzt mehr verstehen kann. Das war ein schönes Gefühl.

Jetzt studiere ich Ethnologie, das ist für mich auch kreativ. Ich stellte mir die Kreativität früher bildnerischer vor, dass ich mit Farben und Pinsel malen würde. Jetzt entdecke ich auch die intellektuelle Kreativität. Sie ist auch ein Teil von mir. Jetzt kann ich das studieren, was mich wirklich interessiert. Ich fühle mich privilegiert. Jetzt kann ich sogar einen Film machen – ich finde das toll. Das wird meine Bachelorarbeit. Kunst und Wissenschaft finden in der Ethnologie zusammen. Es gibt hier wie eine Öffnung vom wissenschaftlichen Denken her, dass man Filme und künstlerische Wege als Erkenntnismethoden in der Ethnologie integrieren kann. Das interessiert mich sehr stark. Es ist super, dass das an diesem Institut, wo ich studiere, möglich ist.

Es gab eine zeitliche Übereinstimmung mit dem vergangenen Leben und dem jetzigen. Als ich im letzten Leben als Student umkam, war ich nur knapp über 20. Und ich war genauso alt, als ich zu Maitra für das Reading ging. Bei der Deportation von den Nazis war ich etwa 21 Jahre alt. Ich hatte immer ein sehr starkes Gefühl in mir, dass ich nicht alt werde. Ich hatte oft auch das Gefühl, dass ich nicht richtig in diesem jetzigen Leben angekommen bin. Und manchmal hatte ich ein Gefühl, dass ich gar nicht in dieser Welt oder in diesem Leben sein möchte. Das waren sehr starke Gefühle in meiner Jugendzeit. Ich fühlte manchmal ein gewisses Unbehagen, auch Misstrauen. Ich hatte das Gefühl, dass ich wie im falschen Film bin, so, als sei ich zum falschen Zeitpunkt am falschen Ort zur Welt gekommen.

Meine wirkliche Entscheidung und ein klares Ja zum Leben bekam ich nach meinem Unfall, bei dem ich mit 24 ein Schädel-Hirn-Trauma erlitt. Da spürte ich, dass es nicht zu Ende ist, und dass ich weiterleben will, dass es noch nicht vorbei ist. Ich fühle mich wirklich auf meinem Weg, vor dem Reading fehlte mir das Vertrauen ins Leben, es war nicht so groß, jetzt ist mein Grundvertrauen stark. Wenn ich heute die Geschichte des vergangenen Lebens nochmals anhöre, so fühle ich mich ganz an einem anderen Punkt. Es fühlt sich an, als ob es wirklich verarbeitet ist, es ist weit weg.

Lass deinen Becher von gestern los.
So kannst du die Herrlichkeit
dieses Augenblicks trinken.

Rumi

Ein karmisches Muster in der vergangenen Ehe klären

Gina, ★1960

G: Meine Ehe war sehr schwierig und ich war nie richtig in meinen Mann verliebt. Ich hatte immer das Gefühl, dass da ein karmisches Muster zwischen uns sein muss. Ich habe mich nach 30 Jahren von ihm getrennt. Wir haben einen gemeinsamen Sohn. Ich möchte das Karma mit meinem Ex-Mann klären.

Vergangenes Leben von Gina:

M: Dein heutiger Ex-Mann war dein geliebter Sohn in einem vergangenen Leben, lange Zeit zurück, ungefähr im Jahr 100 nach Christus. Ich sehe euch in Italien in einer christlichen Sekte. Es ist eine Art Geheimnis. Er war dein einziges Kind und dein damaliger Mann war nicht mehr da, denn er verließ die Sekte und du warst geblieben. Es war traurig für dich, dass er ging, aber du wolltest mit deinem Sohn bleiben. Ich sehe deinen Sohn von damals etwa 13- oder 14-jährig, und er hatte sich außerhalb der Gruppe mit anderen Kindern angefreundet. Es war ein Geheimnis, dass ihr in einer Sekte wart, weil ihr in der damaligen Ortsgemeinschaft lebtet und auch teilgenommen und eure Arbeit dort verrichtet habt, und die Leute um euch herum wussten nichts davon.

Ihr hattet ein großes Haus zusammen mit anderen Menschen in der gleichen Sekte in einer Kommune. Es gab nicht so viele andere Kinder im Alter deines Sohnes, vielleicht sogar keine.

So hatte er Freundschaften mit Kindern aus der Nachbarschaft. Sie waren immer zusammen und gingen überallhin zusammen, und er liebte seine Freunde wirklich. Er setzte sich auch für sie ein. So kam es, dass sie anfingen, in euer Haus zu kommen. Alle im Haus fühlten sich etwas unwohl dabei, aber sie wollten deinem Sohn nicht sagen, dass er seine Freunde nicht im Haus haben darf. Gegenstände, die offenlegten, was im Haus wirklich vor sich ging, wurden versteckt, wenn der Junge mit den

Freunden ins Haus kam, und alle waren dann sehr vorsichtig im Haus. Dein Sohn war sich der Ängstlichkeit der anderen um ihn herum nicht bewusst. Er wollte einfach mit seinen Freunden sein. Er bemerkte nichts und machte sich keine Gedanken darüber.

Eines Tages, an einem regnerischen Nachmittag, war die Schule früher zu Ende und die Kinder entschieden, zu euch ins Haus zu kommen. Niemand wurde vorher gewarnt, dass sie früher kommen würden, und die meisten Leute waren nicht zu Hause. Sie kamen ins Haus und da waren all diese Gegenstände, Bilder und Bücher in den Räumen, alles Dinge, die offenlegten, wer ihr seid und es machte ihm nicht viel aus. Aber für seine Freunde war es ein Schock, und nachdem sie für eine Weile da gewesen waren, fanden sie eine Ausrede und wollten nach Hause gehen. Das verletzte ihn und er fragte: „Warum?"

Die anderen Jungen sagten: „Es ist uns etwas in den Sinn gekommen und wir müssen jetzt gehen."

Er war verwirrt und auch verletzt und verstand nicht, was da vor sich ging. Am nächsten Tag, als er zur Schule ging, da sprachen seine 3 Freunde nicht mehr mit ihm. Als sie ihn kommen sahen, drehten sie sich weg und gingen ihren eigenen Weg. Er konnte das nicht verstehen. Er versuchte sie anzusprechen, um zu fragen: „Was ist los, was habe ich getan?" Aber sie haben überhaupt nicht mehr mit ihm gesprochen. Es war klar und wurde immer offensichtlicher, dass die drei zusammenhielten. Etwas passierte dann in der Nachbarschaft. Die Nachbarn waren nicht mehr so freundlich mit den Leuten im großen Haus. Sie waren nicht mehr bereit, z. B. ein Werkzeug auszuleihen. Plötzlich schloss man die Türen der Häuser in der Nachbarschaft.

Du fragtest dann deinen Sohn: „Ist etwas passiert?"

Er sagte: „Es ist nichts passiert, ich weiß nicht, was los ist."

Schließlich erzählte er, an welchem Tag sie das letzte Mal da waren, und dass sie mitten am Nachmittag da waren, als niemand davon wusste und du wusstest, dass sie bestimmte Dinge und Gegenstände gesehen hatten, die da waren. Nun wussten es alle um euch herum, und in der Kommune wurde darüber diskutiert, umzuziehen.

So, wie ich deinen Sohn sehe, als dies passierte, hat dies sein Herz zerdrückt und verdreht. Als seine Freunde sich von ihm abwendeten, nahm er das so persönlich und er wurde wütend auf alle in der Sekte. Es kam so weit, dass du ihn mitnehmen musstest und mit ihm weggingst.

Zuerst zogen alle an einen neuen Ort und das war hart genug. Dann war er so wütend und verursachte so viele Probleme in dem Haus, dass sie euch schlussendlich aufforderten, zu gehen, du und dein Junge. Jetzt war er plötzlich derjenige, der all die Probleme verursachte, er konnte nicht verstehen, warum sie dich rausschmissen. Zuerst hatte er all seine Freunde verloren, sie haben ihm den Rücken zugekehrt, und dann hatte er seine Familie verloren. Obwohl sie anfangs tolerant waren, entschieden sie, dass sie das einfach nicht im Haus haben konnten, weil sie früher oder später wieder weiterziehen müssten, weil es einfach unmöglich war. Am Ende musstet ihr wieder gehen.

Er wurde von allen abgelehnt, von denen er dachte, dass sie für ihn sorgten. Am Ende musstest du auch gehen. Du hast ihn dann zu seinem Vater gebracht und zu ihm gesagt: „Ich kann damit nicht mehr umgehen. Er ist immerzu so wütend. Er vergrämt alle und es ist nun deine Aufgabe, nach ihm zu schauen."

Sein Vater nahm ihn zu sich.

Maitra sagt, wie sehr ihr beim Erzählen dieses vergangenen Lebens das Herz schmerzt, sie könne diesen Schmerz von Ginas Sohn im eigenen Herzen fühlen, der Schmerz seines „verdrehten" Herzens.

Ein paar Monate später warst du auf dem Marktplatz einkaufen und du hast gesehen, wie dein Sohn ein paar andere Jungs in seinem Alter besucht hat, und du sahst sie stehen. Als du versuchtest, ihn zu erwischen und mit ihm darüber zu reden, ist er vor dir weggelaufen. Sofort gingst du zu seinem Vater und fragtest: „Was ist hier los?" Sein Vater sagte: „Nun, ich musste ihm sagen, dass er gehen soll, er lebt auf der Straße."

Da war er erst 16 Jahre alt.

Wenn du immer noch denkst, dass du in diesem Leben und im vergangenen Leben falsche Entscheidungen getroffen hast, hast du die ganze Sache noch nicht verstanden. Wenn du das Ganze siehst, erkennst du, dass es eine Erfahrung ist, die dir nützt. Dann gibst du dieses Richtig-Falsch-Denken auf: Das Yin und Yang. Wir fangen an zu erkennen, dass es ein dynamisches Symbol ist, und wenn das Bewusstsein sich erhöht, wird es mehr und mehr grau und immer weniger schwarz und weiß.

So könntest du über Meditation und auch über Kontemplation nachdenken. Lass dein Unbewusstes nur die Dinge offenbaren, die du bereits gelernt hast.

Du fängst an, eine tiefere Wertschätzung für dich zu haben. Mein Eindruck ist, dass du sehr mutig warst, du hast dich nicht von der Angst aufhalten lassen. Viele Leute lassen sich aufhalten. Jetzt musst du deine Angst vor der Ungeduld überwinden, nicht zu wissen, was zu tun ist. Und es wird dir nicht in den Sinn kommen, es wird von ganz unten aus deinem Bauch kommen.

Unsere Bilder oder Ideen, wie es in Beziehungen sein sollte, können uns wirklich in die Quere kommen. Sie halten uns davon ab, innerlich anwesend zu sein. Schau noch einmal auf Erfahrungen, wo du denkst, dass du versagt hast, wann du einen Fehler gemacht hast oder was immer es war. Schau mal, was war der Vorteil? Alle Fortschritte werden von Menschen gemacht, die bereit sind, Fehler zu machen.

Du dachtest damals, du könntest deinem Sohn helfen, da er etwas verstanden hat. Er aber lehnte jeden in seinem Leben ab, der für ihn sorgte, und er konnte nie sehen, was er tat, und dass er es selbst war, der das zustande brachte.

Im gegenwärtigen Leben hast du dir gedacht: „Nun, vielleicht konnte ich in dieser anderen Zeit nichts dagegen tun, aber vielleicht kann ich ihm diesmal helfen." Ich denke, der Grund ist, warum du denkst, dass du einen so großen Fehler gemacht hast, dass du nicht das erreichen konntest, was du wolltest.

Er kann sein Herz nicht öffnen, weil es verdreht ist. Er kann nicht glauben, dass irgendjemand ihn lieben könnte und er kann nicht glauben, dass er jemanden lieben könnte. Es ist wie ein Spiel, das er spielt, aber du kannst ihn innerlich nicht erreichen und zu ihm durchkommen, weil er es nicht haben will. Das ist nicht wirklich gesund, er hat eine so starke Neurose.

Euer gemeinsamer Sohn heute ist in Ordnung. Er hat das Herz, das sein Vater nicht haben konnte. Dein Sohn hat ein großes Herz. Wenn jemand jemals die Augen deines Ex-Mannes öffnen könnte, wäre er es. Wir wissen noch nicht, ob er es will. Dein Sohn könnte das. Was deinem Sohn fehlt, ist, dass du ihm noch nicht gesagt hast, dass du stolz auf ihn bist. Dein Sohn ist all das, was sein Vater sein sollte, und du hast es in seinem Vater gesehen, aber es war verschlossen. Du hattest gehofft, dass du es öffnen könntest. Dass du deinen Ehemann verlassen hast, ist für ihn immer eine Ablehnung. Die Leute haben ihm immer den Rücken gekehrt und ihn verlassen, aber du musstest es tun, du musstest ihn verlassen.

Interview mit Gina:

Bei meinem Reading ging es um die Ablösung von einer lang-jährigen Beziehung, von meinem Mann. Es war für mich eine riesengroße Bestätigung und es hat mir außerordentlich geholfen, diese Beziehung vollständig abzuschließen. Es hat mir gutgetan. Und zwar abschließend in dem Sinne, dass es so gut gewesen war. Es waren keine verschwendeten Jahre, obwohl es eine ganz schwierige Ehe war. So könnte ich in diese Abwärtsspirale hinein-geraten und denken, dass ich die besten Jahre meines Lebens ver-tan habe, doch das, was mir offenbart wurde im Reading, ließ mich wie aufatmen: „Jawohl, jetzt ist es gut so." Ich habe dann gewusst, dass ich sozusagen dieses Karma angenommen habe und ich konnte es bewusst vollziehen. Es gab dem Ganzen einfach einen tieferen Sinn. Das war der Hauptaspekt, der mir extrem ge-holfen hat, wie dieses Leben sinnvoll ist. Obwohl ich das ja weiß oder ahne und denke, dass es Sinn macht, doch jeder von uns hat seine Biografie, seine Erfahrungen und seine Geschichten, und wenn du von jemandem so viel Klarheit und Sinn bekommst, fühlt sich das sehr befreiend an.

Früher sagten oft Menschen in meinem Umfeld: „Warum bleibst du bei diesem Mann? Du hast es doch nicht nötig. Du kannst doch weggehen von ihm." Und das war auch nicht immer einfach. Diese Beziehung hat schon schwierig angefangen und ich war nie wirklich stark verliebt in ihn. Doch ich spürte eine Bindung zu ihm, die einfach tiefer war. Und so habe ich mich auf diese Beziehung eingelassen. Die einzige Person, die das nicht sagte wie die anderen, war meine buddhistische Lehrerin. Sie hörte mir oft zu und sie war eine von denen, die nicht sagte, ich soll ihn verlassen. Dies sei ein guter Weg, den ich ginge, sagte sie. Sie war kein Medium. Offenbar kannte sie mich sehr gut, und begleitete mich ganz neutral.

Dieses vergangene Leben mit meinem Mann als mein Sohn verhilft mir zu einem wirklich guten und klaren Abschluss meiner fast 30-jährigen Beziehung zu diesem Mann. Das war ja mein halbes Leben. Und wenn ich heute sagen kann, es war ein gutes Leben, obwohl es ein hartes Leben war, und wenn ich jetzt damit ins Reine komme und Frieden finde und es wirklich so spüre, so ist das ein großes Geschenk.

Die Gefahr ist wirklich da, wenn man eine so lange Zeit mit einem so schwierigen Menschen zusammen ist, dass man sich fragt: „Wieso habe ich das gemacht?" Und wenn du dir das nicht beantworten kannst, dann fühlt es sich nicht wirklich gut an. Maitra gab durch ihre Informationen in diesem Reading die wirkliche Quintessenz und half die Beziehung zu klären und zu transformieren.

Maitra meint, ich werde sehr alt werden, etwa 100 Jahre. Zuerst dachte ich, ich will gar nicht so alt werden. Doch dieser Satz hat etwas mit mir gemacht. Das hat mich sehr erstaunt und seitdem bin ich viel sorgloser.

Mein jetziger Sohn war in eine Geschichte verwickelt, wo er von einem Messerstecher niedergestochen wurde und dabei fast das Leben verlor. Ich wollte dann, dass er eine Therapie machen würde. Maitra gewährte kurz Einblick und sagte mir, dass diese Messerstecherei auch noch einen karmischen Aspekt hatte und mein Sohn immer helfen und der Held sein wollte. Das berührte mich sehr. Etwas vergesse ich nie mehr, als ich seinen Namen aussprach: Kaum hatte ich ihn ausgesprochen, begann Maitra zu lächeln, und sagte mir, dass ich mir absolut keine Sorgen machen muss. Er sei ein guter Junge. Das entspannte mich zutiefst und so viele Sorgen lösten sich auf, obwohl ich es ja innerlich auch so empfand.

Dieses Reading liegt auch schon einige Jahre zurück und es hat sich genauso entwickelt, wie Maitra mir damals die Dinge dargelegt hat. Sie konnte mir damals auch schon sagen, dass er nicht auf mich hört, wenn ich ihm zum Beispiel empfehle, er solle eine Therapie machen. Vielleicht macht er einmal eine. Doch bis jetzt fand er es nicht wichtig. Aber er machte eine Entwicklung durch in eine ganz schöne Richtung, die mich selber sehr berührt. Ich spüre, dass wir uns näherkommen. Früher war ich ja in den Augen seines Vaters, meines Mannes, immer die Abgehobene. Er fand meine Ansichten immer etwas „schräg". Damals machte ich mir manchmal auch Sorgen darüber, welche Einstellungen er so vom Vater mitnimmt. Doch nun kann ich auch spüren, dass er auch etwas von mir annehmen konnte, und dies hat sich nun auch bewahrheitet.

Ich finde die Arbeit, die Maitra macht, unglaublich hilfreich. Sie sagte, falls mein Ex-Mann auf jemanden hören werde, dann wird es sein eigener Sohn sein, und ich kann das auch so sehen, wie es sich jetzt zeigt. Natürlich ist für meinen Ex-Mann jetzt nicht alles einfach perfekt, aber sie beide haben einen sehr guten Kontakt, und er hört auf meinen Sohn. Im vergangenen Leben musste mein Sohn darunter leiden, dass wir so anders gelebt haben. Von außen her wurden wir als sonderbare Menschen betrachtet und wir lebten etwas abgeschottet, sektenartig. Deshalb ist für ihn heute Spiritualität immer noch wie ein rotes Tuch. Und das hat mir so eingeleuchtet, als ich die Informationen aus dem vergangenen Leben bekam.

Auch kam ich mit der Frage in das Reading zu Maitra, ob sie in mir irgendwelche Blockaden erkennen kann, da ich das Gefühl habe, dass ich zurzeit in meinem Leben etwas feststecke und nicht so richtig weiterkomme.

Gina auf dem spirituellen Weg

Mit meinem Ex-Mann machte ich früher viele Reisen und wir kamen in Berührung mit dem Buddhismus, so, wie er gelebt wird, nicht wie er gelehrt wird. Das war sehr eindrücklich. Mein Mann spürte dort auch viel und er war beeindruckt von den Mönchen, den Klöstern und ihrer Lebensweise. Als wir zurückkamen, hatte ich einen Lehrer aufgesucht, und das war auch sein Lehrer. Anfänglich kam er auch immer mit und war eine Zeit lang sein Schüler. Später hatte er sich wieder entfernt von ihm und kam dann auch nicht mehr so oft mit. Dieser Lehrer starb etwas später und dann wurde unser Sohn geboren. Mein Mann hatte damals einen Zugang zu diesen buddhistischen Lehren, aber entschied sich dann, wieder auszusteigen. Nach all den Jahren konnte ich das jetzt einfach abschließen und ich bin froh, wenn es meinem Ex-Mann gut geht. Ich habe keine Erwartungen mehr an ihn. Auch habe ich nicht mehr das Gefühl, ihm helfen zu müssen. Ich lebte lange mit diesem Gefühl. Ich wollte ihn auf meinem Weg mitnehmen.

Trotzdem gibt es manchmal solche Momente, wenn er über irgendjemanden schimpft, dann denke ich einfach bei mir, woher diese Worte und diese Urteile wohl kommen. Dann erkläre ich ihm manchmal eine solche Situation aus einer anderen Sicht, damit er sich beruhigt, damit er andere Zusammenhänge darin sehen kann, dass man aus einer Situation etwas lernen kann. So begann er tatsächlich zuzuhören und machte keine Sprüche mehr.

Ich war immer sehr skeptisch, zu Medien oder hellsichtigen Menschen zu gehen. Es gibt so viele Leute die solche Art von Beratungen anbieten. Da habe ich schon dies und jenes gehört. Doch ich spüre es sofort, ob ich jemandem vertrauen kann. Dann kann ich mich auch demjenigen öffnen. Früher wollte ich nicht unbedingt über vergangene Leben etwas erfahren. Diese Begegnung und diese Art von Informationen, die ich erhalten habe, sind für mich ein neuer Einblick in mein Leben. Ich habe zum Beispiel immer wieder von Menschen ein Feedback bekommen, dass ich sehr indisch auf sie wirke. Ich kann auch schwierige indische Mantras in Sanskrit ganz schnell lernen. Eine andere Lehrerin von mir sagte mir auch einmal, ich hätte eine indische Seele. Maitra gab mir auch noch einen Einblick in ein Leben, wo ich Inderin war. So macht alles einen Sinn.

Als junge Frau war ich sehr ehrgeizig und ich wollte viel meditieren. Durch das lange Meditieren wird der Körper ausgeblendet, man ist dann vor allem mit der Energie in den oberen Chakren. Dann begann mein Körper zu rebellieren. Ich meinte und in meiner Vorstellung war, dass ich im vollendeten Lotussitz schneller zur Erleuchtung gelange. Wenn ich jetzt so zurückschaue auf mein Leben, sehe ich auch etwas Naives in mir und wie ich manchmal handelte, dazu kam noch ein so blödsinniger Ehrgeiz, der schon immer in mir steckte. Wahrscheinlich habe ich ihn immer noch ein wenig, so war ich einfach vor 20 Jahren und meditierte sehr viel.

Laut meines Orthopäden kann ich aber gar nicht so lange so dasitzen, so wie er meine Körperstruktur sieht. Aber ich habe es trotzdem gemacht. Deshalb bekam ich dann auch Probleme in der Hüfte. Ich machte zehntägige Retreats, wo man von morgens früh bis abends spät dasitzt. Natürlich macht man zwischendurch auch Geh-Meditationen, und ich machte solche Retreats zweimal im Jahr, und das war nicht wirklich gut für meine Hüfte. Manchmal spürte ich das und oft ging ich dann hinaus, wenn wir Mittagspause hatten. Ich musste dann im Wald herumtoben, um wieder in den Körper hineinzugelangen.

Jetzt erfahre ich über andere Methoden wie Feldenkrais, dass das auch eine Art von Meditation ist, um ganz bewusst den Körper zu spüren. Das ist durch konzentrierte Meditation im Körper zu sein und alle seine Teile gut wahrzunehmen. Durch das langjährige Meditieren habe ich heute den Vorteil, meinen Körper mit neuen Übungen noch besser wahrzunehmen. Manchmal macht man einfach Sachen im Leben, und ich habe angefangen mit Zen Meditation, weil es damals nichts anderes gab. Ich wollte meditieren und es gab hier nur wenige Möglichkeiten, und da es nichts anderes gab, machte ich einfach Zen.

Dann ging ich an diese Zen Meditationen und das war sehr strukturiert. So habe ich es ein paar Jahre lang praktiziert, bevor ich meinen tibetisch-buddhistischen Meister traf. Ich sagte zu ihr: „Warum habe ich dich nicht schon zehn Jahre vorher gefunden, denn man kann das Ganze auch mit ganz viel Freude machen." Vorher machte ich alles mit reiner Disziplin. Meine Lehrerin sagte: „Diese Disziplin hast du gebraucht, um jetzt mit

Freude weiter zu verfahren." Das finde ich schön, dass man im Leben immer wieder sehen kann, dass nicht immer alles toll ist, aber es hat es gebraucht, um dorthin zu gelangen, wo man im Moment ist.

Es kam der Zeitpunkt, als ich aus dieser buddhistischen Gemeinschaft/Sangha austreten wollte, doch es war mehr äußerlich, denn innerlich blieb ich verbunden. Ich war so ganz drinnen. Gerade kürzlich war die Tara-Nacht. Das ist ein großes Ritual, da singt man die ganze Nacht und man macht das etwas abgeschwächter als das ganze Ritual, wie es in Tibet vollzogen wird. Das ist ein sehr kraftvolles Ritual. Und es gibt noch ganz viele Sachen, die sehr stark sind und ich war schon so viele Male dabei, bis ich fühlte, dass es jetzt gut ist. Jetzt ist es okay und ich bin deshalb zwar noch nicht erleuchtet, aber ich brauche es auch nicht mehr in dieser Form. Ich arbeite jetzt weiter mit diesen Erfahrungen und ich muss nicht mehr zu diesen Retreats und zu diesen vielen Kursen. Ich habe so viele Werkzeuge in den Händen.

Es war eine schöne Gemeinschaft und es war für mich schwierig, diesen äußeren Rahmen zu verlassen nach so langer Zeit. Ich fühlte mich etwas verloren. Ich kannte einige Leute, die in dieser Sangha drin waren. Ich verbrachte meine ganze Freizeit damit, auch alle meine Ferien, und es war gleichzeitig eine Art Flucht aus meiner Ehe. Einmal in der Woche leitete ich eine Meditationsgruppe. Dann kamen die Wochenenden, danach kamen die Retreats und der Rest der Zeit war dann Arbeit und Familie. So war ich sehr ausgefüllt, und als ich dann diese Aktivitäten beendete, fühlte ich mich wie in einem luftleeren Raum. Was wollte ich jetzt tun? Ich machte dann noch weitere Kurse und dann spürte ich plötzlich: „Nein, es ist jetzt wirklich gut so, ich habe meine Werkzeuge, ich muss diese jetzt umsetzen und ins Leben integrieren." Für mich ist es das allerwichtigste Werkzeug, zu bemerken, was ich denke, mich nicht zu verurteilen, mich gut zu beobachten, und ich muss nicht immer die Starke sein.

M: Du begannst einen neuen Zyklus zwischen 28 und 30. War das, als du Buddhistin wurdest?

G: Ja, dann traf ich meinen zukünftigen buddhistischen Lehrer. Etwas später wurde ich dann Mutter.

M: So ist jetzt in deinem Leben wirklich eine große Veränderung. Es ist fast wie ein großes Schiff, das eine Drehung gemacht hat, so, als hättest du beschlossen, vor ein paar Jahren etwas zu verändern, aber es gab eine Dynamik, und schließlich hat dieses große Schiff gestoppt und jetzt sitzt du in einem stillen Ozean. Du dachtest, du wüsstest, was deine nächste Ausrichtung sein wird. Jetzt, wo du hier bist, fragst du dich: Wo geht es weiter?

Du weißt es nicht. Du warst so in das vertieft, was du tatst, und diese Veränderung passierte, wenn sie einfach passierte. Du bemerktest es nicht und gingst einfach weiter. Im Moment bist du in einer Art Lücke. Du bist nicht blockiert und es ist nichts falsch daran, wo du bist. Es ist nur eine Zeit, in der du mehr Schlaf brauchst, du möchtest vielleicht mehr alleine sein. Es ist eine Zeit, dich selbst auf einer tieferen Ebene einzustellen.

Du warst im Grunde genommen eine Extravertierte, und jetzt wirst du plötzlich aufgefordert, mehr zu tauchen und herauszufinden, wer hinter der Extravertierten lebt. Ich nenne es eine Ebene, in der du an einen Ort kommst, wo es nichts mehr gibt. Eine Ebene wechselt oft mit dem Ende eines Zyklus, und du musst nur warten, bis du in dir aufwachst. Manchmal wird dieser Zustand in dieser Ebene einige Monate dauern. Manchmal könnte es sogar ein oder zwei Jahre dauern. Ich denke, du warst dir dieses Zustandes dieser Ebene nicht sehr bewusst, selbst wenn du einen Zyklus beendet hast, warst du so stark mit deinen Projekten beschäftigt. Du hast es nicht einmal bemerkt. Jetzt musst du dich mehr finden. Du hast einen Weg gefunden und bist diesen Weg gegangen und immer warst du sehr involviert mit anderen Menschen, halfst anderen Menschen oder pflegtest einfach Freundschaften. Ich sehe nur, wie du mit anderen Menschen verbunden warst, was dich jedoch von dir wegbrachte.

Jetzt versuchst du, dich tiefer in dir zu finden, und das bedeutet, aufzuhören zu denken, dass es eine Handlung oder eine Bewegung gibt. Finde heraus, was in dir steckt. Das Interessante ist, dass vieles, was du getan hast, wieder zurückkommt, wenn du deinen neuen Zyklus beginnst. Zum Beispiel lehrst du vielleicht Buddhismus.

Du weißt es noch nicht. Du willst nicht alles wegwerfen. Es hat einen Wert für dich. Warte nur und sieh, was dich von innen bewegt, nicht das, was du hier herausholen willst. Es könnte nächsten Frühling oder auch im übernächsten Frühling sein. Du wirst irgendwie unterrichten. Aber wenn es dich auf ein Kreuzfahrtschiff ruft, dann gibt es dir Freude. Lass es zu, wo auch immer es dich hinbringen will, was dich von innen bewegt.

G: Als Leute mich gebeten haben, zu unterrichten, habe ich immer Widerstand geleistet. Ich wollte keine Lehrerin sein, ich wollte Student sein.

M: Es hat dich noch nicht von innen her bewegt. Also ich weiß nicht, was noch sein wird. Der Samen hat nicht angefangen zu wachsen. Bewegte Meditation ist auch in Ordnung. Gerade jetzt ist es wichtig, Geduld zu üben, weil du so eine aktive Person warst und immer nach dem gehst, was du willst. Jetzt ist eine Wartezeit angesagt, warten darauf, dass du selbst auftauchst, und warten auf diesen nächsten Geburtsprozess. Alles, was du tun willst, führt dich tiefer in dich hinein. Hast du jemals holotrope Atemarbeit gemacht?

G: Ja.

M: So etwas bringt dich tiefer in dich hinein. Ich sehe innerlich gerade Thich Nhat Hanh. (★ 11. Oktober 1926 in Zentralvietnam, buddhistischer Mönch, Schriftsteller und Lyriker)

Wenn es dich tiefer in dich bringt, dann tu es. Für dich geht es jetzt nicht darum, auszugehen. Wenn du mehr Retreats machen willst, dann vor allem ohne Ziel. Von allen Religionen halte ich den Buddhismus für den leichtesten in den nächsten Jahrhunderten. Viele Religionen werden verschwinden. Die Menschen werden geistiger, bewusst und wach. Der Buddhismus hat so viele Praktiken, womit die Menschen geistig erwachen. Eine Form des Buddhismus wird wahrscheinlich überleben. Der neue Papst (Papst Franziskus) ist sich dessen sehr wohl bewusst. Er versucht innerhalb der Kirche Strukturen zu schaffen, die sich besser auf die Menschen beziehen. Zum Beispiel, die Harley Davidson zu segnen und Jesus wirklich ernst zu nehmen, wenn es darum geht, Armen zu helfen. Er ist ein ziemlich weiser Mann, der neue Papst, aber ich glaube immer noch nicht, dass der Katholizismus noch viel länger dauern wird.

G: Ich möchte mich von allen Religionen befreien.

M: Ja, es ist in Ordnung, sie gehen zu lassen.

G: Es ist nicht leicht für mich, mich hinzusetzen und zu warten.

M: Darum geht es gerade jetzt. Das ist jetzt dein spiritueller Weg, um den Raum mehr und mehr zu öffnen. Was dich jedoch immer noch davon abhält und du dich nicht geduldig genug fühlst, ist Gewohnheit. Es ist deine Gewohnheit, reinzugehen und auszugehen und aktiv zu sein.

G: Ja, ich stimme zu.

M: Muktananda war mein spiritueller Lehrer und ich erinnere mich an seinen Lebensweg, als er 25 Jahre lang in einer Hütte saß, bis er schließlich spürte, wie es ihn hinauszog. Es ist nicht so lange. Du hast die ganze Zeit Stück für Stück gemacht, also kennst du den Weg nach innen, aber bleib dort und freunde dich damit an. Das ist deine Herausforderung. Du bist okay. Ich sehe keine großen Blockaden bei dir.

G: Manchmal brauche ich nur diese Art von Bestätigung.

M. Ja, das machen wir alle. Ich auch, wir brauchen andere Menschen, nicht wahr?

G: Ja.

M: Es ist heilsam, wenn wir in unseren eigenen Familien anfangen zu vergeben. Wir können nicht die ganze Welt retten.

G: Ja, ich verstehe. Es gibt Gott sei Dank viele Menschen, die nicht einmal so sichtbar sind, und auch Heilige Menschen im Himalaya und anderen abgelegenen Regionen und vielen Gegenden der Welt, die vieles dazu beitragen, dass es besser wird.

Mikroskopisch

Das gewöhnliche Leben ist erleuchtet,
wenn das Bewusstsein sich ausdehnt.
Abwaschen, mit dem Kätzchen spielen.
Der Moment erhellt,
wenn die mikroskopische Ebene offenbar wird.
Der Moment, der Moment ist alles.

Wir schwimmen im Bewusstsein.
Die Vergangenheit fällt weg.
Die Zukunft fällt weg.
Ich begrüße die Ewigkeit.
Und in der Ewigkeit: Schönheit, Freude,
grenzenlose Liebe.

Der Frieden, nach dem ich mich sehnte,
kam mit meiner Geburt
und wurde verschluckt durch Ablenkung.
Komm nach Hause, komm zu dir nach Hause.
Lass alles gehen, lass alles los!
Sei jetzt hier
in diesem mikroskopischen,
wunderschönen Moment.

Maitra

Mein Sohn mit Schizophrenie

Liliana, ★1954, Sohn Patrick ★1982

L: Ich kam mit der Frage in ein Reading mit Maitra, warum mein Sohn krank ist. Seit 2001 leidet er an Schizophrenie.

Ein vergangenes Leben des Sohnes Patrick:

M: Ich weiß nicht, ob das passt, aber ich werde dir erzählen, was ich sehe. Dann werden wir sehen …

Im Zweiten Weltkrieg war dein Sohn amerikanischer oder englischer Pilot. Er war auf der Seite der Alliierten, nicht auf deutscher Seite. Er wurde abgeschossen. Sein Flugzeug stürzte ab und er schaffte es, aus dem Flugzeug zu steigen und mit dem Fallschirm zu springen. Er landete irgendwo in Frankreich in einem Obstgarten mit Pflaumen und Äpfeln. Es war Frühling und die Bäume standen alle in Blüte. Er ist an diesem schönen Ort gelandet und konnte es nicht glauben. Er lag auf dem Boden und da waren all diese Blüten um ihn herum nach seinem Absturz und über ihm diese Bäume und es fühlte sich wie im Himmel an. Er dachte ein wenig nach: „Oh, vielleicht bin ich im Himmel. Vielleicht wurde ich getötet und ich bin im Himmel." Aber nein, ein Mann kam aus dem Haus, vielleicht einen halben Kilometer entfernt, rannte durch die Bäume und sprach sehr schnell in einer Sprache, die er nicht verstand. Es war Französisch.

Er war nicht schwer verletzt, sondern hatte seinen Knöchel verstaucht, als er landete, aber er war nicht gebrochen. Er hatte auch Schürfungen an Ellbogen und Arm.. Sie legten ihm einen Verband an und es war nicht so schlimm. Er hatte eine große Quetschung an seinem Kopf, da er auf einen Ast eines Baumes prallte, als er durch die Bäume krachte, aber es brachte ihn nicht um. Er war den Umständen entsprechend in einer guten Verfassung.

Der Mann half ihm aus seinem Fallschirm und führte ihn zum Haus und er dachte: „Oh, ich bin an einem freundlichen Ort gelandet und diese Leute werden nett zu mir sein." Für ein paar Tage war es so. Aber nur für ein paar Tage. Sie fütterten ihn. Sie gaben ihm auch einen Schlafplatz, in einer Art Glashaus oder Treibhaus auf der Rückseite des Hauses mit einem Bett darin, und er schlief dort und wurde sehr früh am Morgen geweckt, weil es keine Vorhänge über den Fenstern gab und das Dach aus Glas war.

Die Familie, die ihn gerettet hatte, bestand aus 4 Personen, die Eltern und 2 Kinder im Teenageralter, ein Junge und ein Mädchen. Sie hatten ihm viele Fragen gestellt, woher er kam. Sie konnten seine Sprache nicht, aber es war ihnen irgendwie gelungen, auf irgendeine Art mit ihm zu kommunizieren.

Am dritten Tag saß er plötzlich am Frühstückstisch. Nach dem Frühstück und dem Kaffeetrinken war die ganze Familie verschwunden. Jeder hatte einen Grund zu gehen und plötzlich saß er alleine da und dachte, was denn jetzt los war. Sie waren doch bis jetzt so nett zu ihm.

Als Nächstes passierte Folgendes: Die Küchentür sprang auf und drei Soldaten mit Pistolen drängten herein. Er hatte keine Waffe oder irgendeine Möglichkeit, sich zu verteidigen, aber sie taten trotzdem so, als hätten sie Angst vor ihm. Sie warfen ihn auf den Boden, fesselten seine Hände hinter seinem Rücken und waren sehr grob mit ihm. Natürlich sprachen sie wieder nicht die gleiche Sprache, also fragte er: „Wer seid ihr, wie habt ihr herausgefunden, dass ich hier bin?" Aber sie antworteten ihm nicht, sie kommunizierten nicht mit ihm und sie brachten ihn zu einer Art Dorfpolizeistation. Dort sperrten sie ihn in eine Zelle in dieser kleinen Polizeistation. Ein paar Tage vergingen. Wieder waren die Franzosen nett zu ihm, fütterten ihn gut und er begann sich zu entspannen und zu denken, dass vielleicht alles gut werden würde. Vier Tage später kam ein Mann in schwarzer Uniform von der SS.

Er hatte ein paar Soldaten bei sich. Sie stülpten ihm einen Sack über den Kopf, brachten ihn auf die Ladefläche eines Lastwagens und legten ihn auf den Boden. Es schien ein langer Weg zu sein. Aber er war sich nicht sicher, ob es wirklich so war. Sie konnten ihn betrügen, indem sie mit ihm einfach herumfuhren, und es kam ihm so vor, als würden sie im Kreis herumfahren. Er konnte es nicht wirklich sagen, weil er diesen schwarzen Sack über seinem Kopf hatte. Das nächste, was passierte, war, dass sie ihn aus dem Lastwagen holten. Es war draußen im Wald. Sie ließen ihn auf die Knie sinken, die drei Soldaten richteten ihre Waffen auf ihn und er war sicher, dass sie ihn sofort erschießen würden.

Und genau das sollte er denken. Dieser SS-Offizier, dieser Mann in der schwarzen Uniform, stieg aus dem Lastwagen und hatte eine Art Hocker dabei. Er setzte sich hin, verschränkte die Beine, zündete sich eine Zigarette an und fragte: „Bist du heute bereit zu sterben?"

Und der junge Pilot sagte: „NEIN!" Er sagte es auf Englisch, in seiner eigenen Sprache. Der Offizier sagte: „Dann wirst du mir alles erzählen, was du darüber weißt, was du hier machst, wie du hierher-kamst, woher du kamst und alles, was du weißt."

Er sagte: „Okay, es macht mir nichts aus, dir alles zu erzählen, was ich weiß, aber ich weiß wirklich nichts. Ich bin ein Pilot." (Ich glaube, er war aus dem Norden Englands.) Er sagte, woher er kam, dass er diese Familie hätte, er sagte, was sein Vater tat, und er redete und redete.

Er erzählte eine Menge Dinge, die nicht wirklich wichtig waren, in der Hoffnung, dass es diesen Mann befriedigen würde, aber nein, der Mann sagte: „Stopp!"

Und er sagte: „Ich erzählte dir alles, was ich weiß."

Der Offizier sagte: „Nein, ich möchte wissen, wer du bist und wer dir befohlen hat, hierherzukommen, wo du gelandet bist. Was sind die Pläne für den Krieg?" Und er antwortete: „Sie haben mir nichts von ihren Plänen gesagt. Sie sagten mir, dass sie wollen, dass ich mit dem Flugzeug da hinfliege."

Der Offizier stand ganz beiläufig auf und ging zum Lastwagen, holte eine Waffe und schoss ihm in den Fuß. Er war unter Schock. Er war auf den Knien, der Offizier ging um ihn herum und schoss ihm ein-fach von hinten in den Fuß.

Er sagte: „Warum hast du das gemacht? Ich erzählte dir alles, was ich weiß. Ich erzähle dir alles, was du wissen willst." Der Offizier sagte: „Du weißt etwas, ich weiß, was zwischen Soldaten passiert, sie erzählen untereinander Dinge, es gibt Gerüchte, die herumgehen."

Der Offizier wurde richtig sauer, hielt ihn auf den Boden und ging zurück, um dann die anderen Soldaten zu holen, die ihm den Sack wieder über den Kopf stülpten. Sie hoben ihn auf und führten ihn zurück in den LKW. Ich sage dir dies, um dir zu erzählen, wie sie ihn gefoltert haben. Sie machten weiterhin Dinge, die sehr grausam waren. Er wusste nie, ob er die Nacht durchschlafen durfte, oder ob etwas, was er sagte, diesen Mann wütend machen würde und ob er wieder auf ihn schießen würde. Dann hatte er ihm tatsächlich in seine rechte Schulter geschossen. Er versuchte nicht, ihn zu töten, er versuchte nur, ihn dazu zu bringen, alles zu erzählen, was er wusste. Natürlich wusste er nicht so viel. Er erzählte alles, was er wusste, und er erfand sogar ein paar Dinge, um diesen Offizier, der dies zu seinem persönlichen Projekt machte, zu befriedigen. Der Offizier versuchte dauernd, Informationen aus diesem Piloten zu bekommen. Es ging vielleicht ein oder zwei Monate lang so weiter.

Zuerst hielten sie ihn in der Zelle fest, die ein Fenster hatte, durch das Sonnenlicht hereinkam. Er konnte Dinge und Leute in anderen Zellen hören. Sie konnten manchmal sogar miteinander reden und es gab einen gewissen Austausch. Es fühlte sich an, als wüsste er, wo er war. Als der SS-Offizier ihn aufgab, brachten sie ihn in eine unterirdische Zelle ohne Licht und ohne Fenster, ohne Luftzirkulation.

Es gab nur drei Wände und die vierte Seite bestand aus einer Tür aus Eisenstäben. Der ganze Keller war dunkel, und so weit er sehen konnte, war niemand da unten. Es gab keine Matte zum Schlafen oder es gab keine Toilette zu benutzen. In der Ecke stand ein Eimer, und einmal am Tag brachten sie ihm etwas Wasser und etwas Essbares, das aber nicht wirklich genug war, um ihn zu ernähren. Er schaffte es irgendwie, sich selbst am Leben zu erhalten, als sie ihn an diesen dunklen Ort brachten. Er hörte nichts, er konnte nichts sehen und nichts riechen. Er verlor sich in einer Fantasiewelt. Er begann zu halluzinieren und er war die ganze Zeit hungrig. Dieser Hunger zehrte ihn vollständig aus, er verlor immer mehr Gewicht. Ihm war die ganze Zeit kalt, weil es unterirdisch war. Sogar in den Jahreszeiten, wo es draußen warm sein konnte, war es dort kalt und er fror die ganze Zeit. Sie hatten ihn so am Leben erhalten und er war noch zwei oder drei Monate dort unten.

Die Deutschen begannen dann, ihre Standorte zu räumen, denn der Krieg war inzwischen vorbei. Sie räumten auf und gingen. Sie holten also die letzten ausgehungerten Gefangenen heraus, die noch eingesperrt waren. Er wurde mit anderen Männern zusammen abgeholt und sie wurden alle in den hinteren Teil eines Lastwagens gesetzt und aufs Land hinausgefahren. Sie mussten einen großen Graben ausgraben und wurden dann alle erschossen und fielen in den Graben. Es gab ungefähr noch 12 von

solchen Gefangenen, sie nahmen sie aus diesem Gefängnis, brachten sie
dorthin und erschossen sie ohne einen wirklichen Grund.

Sagen wir, das ist Karma. Aber es ist kein Karma in dem Sinne, dass er etwas getan hat, um weiteres Leiden zu verdienen. Verstehst du, was ich meine? Er hat heute keine Geisteskrankheit, weil er etwas falsch gemacht hat. Er hat es, weil er in diesem Leben nicht die Chance hatte, sich von diesen wiederholten Traumata, die ihm auferlegt wurden, zu erholen.

Was für ihn jetzt Heilung sein kann, ist sehr einfach: Es sind Menschen, die sehr freundlich und nett zu ihm sind. Es darf sein, dass er hinausgeht, wenn er die Sonne sieht. Die Vorhersehbarkeit ist wahrscheinlich das Wichtigste für ihn, dass er keine Angst haben muss, dass jemand seine Meinung ändert und ihn wieder verletzt. Er braucht eine Routine, zu einer bestimmten Zeit zu essen, spazieren zu gehen, usw. Eine Routine, die vorhersehbar ist, und das hilft ihm sehr, in seinem Körper zu bleiben und sich anzupassen oder daran zu arbeiten, sich an die Welt anzupassen, so wie sie ist.

Seine Realität war erschüttert, sie haben ihn gebrochen. Manchmal werden Leute innerlich zerstört und sie haben im gleichen Leben die Chance, sich selbst zu reparieren. Manchmal können sie es tun. Aber er hatte nie die Chance, das zu tun. Und da gab es keine Logik. Er hatte wirklich nichts, was sie wollten. Er konnte ihnen nichts von dem geben, was sie wollten. Er war ein Pilot. Er war glücklich, das zu tun, was er tat.

Als er im vergangenen Leben im Teenageralter war, entdeckte sein Mathelehrer, dass er einen brillanten Verstand für Mathematik hatte. Er kam aus einer kleinen Fabrikstadt in Nordengland, wo am meisten erwartet wurde, seinem Vater in eine Fabrik zu folgen. Aber dieser Mathelehrer fand heraus, dass der Junge ein sehr begabter Mathematiker war und er nahm ihn unter seine Fittiche und brachte ihn in diese Schule, wo sie Piloten ausbildeten. Dieser Junge kam aus einer Familie, die nicht viel hatte. Es war nicht so, dass sie hungern mussten, doch er wuchs in Armut auf, sodass er für sich selbst keine Zukunftserwartungen hatte, bis dieser Lehrer sein Talent erkannte. Er wurde also zu einem leuchtenden Stern. In seiner Zeit war er also die erfolgreichste Person, die aus seinem Dorf kam. Wenn er zwischen den Flügen nach Hause flog, wollten ihm alle ein Bier kaufen oder ihn zum Nachtessen in ihr Haus einladen. Er war glücklich darüber, dass jemand entdeckt hatte, dass er dieses Talent hatte, und dass er jemand war.

Von da aus kam er in diese ausweglose, schreckliche Situation, in der es nicht mehr möglich war, vorherzusagen, was in der nächsten Minute geschehen würde, und was sie mit ihm machen werden. Er war machtlos, ausgeliefert und konnte nichts daran ändern. Jetzt im Leben wird es besser. Er ist jetzt in einer Situation, in der die Menschen nett zu ihm sind, und er weiß, was er zu erwarten hat. Langsam fühlt er sich sicher. Ich kann nicht vorhersagen, dass er geheilt wird. Das weiß ich nicht, das sehe ich nicht. Aber ich sehe gerade kleine Verbesserungen. Also deine Frage war, warum dein Sohn so ist, warum er schizophren ist. Die Antwort ist, weil er so geschädigt wurde. In diesem vergangenen Leben wurde er von einer Seite auf die andere geschleudert und fand nie wieder Boden unter den Füßen.

L: Als sein Verstand krank wurde, lag er oft tagelang auf dem Sofa und hörte immer dasselbe Lied: „Ich bin im Himmel ..." Als ich aus dem vergangenen Leben hörte, wie er unter den blühenden Bäumen in diesem Obstgarten lag, nachdem er abgestürzt war und dachte, dass er im Himmel sein könnte, kam mir dieses Bild von früher, als er den Song hörte.

M: Ja, dieser Schlager stammt aus dieser Zeit.

Interview mit Liliana:

L: Wenn ich jetzt so zurückschaue, sehe ich, dass ich mich als Mutter frage: „Was habe ich denn falsch gemacht?" So wie ich meinen Sohn immer wieder sehe und fühle, wie es ihm geht, wühlt es mich sehr auf und berührt mich innerlich. Als mir Maitra im Reading dieses vergangene Leben erzählte und mir aufzeigen konnte, womit es zusammenhängt, hat das mir ein ganz neues Verständnis gegeben. Es hat mich sehr tief bewegt und sehr betroffen gemacht.

Wenn ich meinen Sohn wiedersehe, kann ich ihm anders begegnen, weil ich mehr Zusammenhänge wahrnehme. Es ist so, wie wenn man sich am Morgen die Knoten aus den Haaren kämmt. Es ist so, wie „Aha, ich bin nicht schuld." Ich darf mit ihm diese Erfahrung machen, ich darf das lernen. Ich darf etwas erfahren durch die Liebe, die uns verbindet. Und dies hat mich an einen ganz neuen Ort gebracht. Die Erfahrung, dass wir als Seelen miteinander verbunden sind mit dem Schönen und mit dem Schmerz. Da gibt es keinen Ausweg. Ich habe gelernt, dazu Ja zu sagen. Seither geht es einfacher, es ist nicht leichter, dieser Schmerz, aber indem ich es anders sehen kann, hat sich auch etwas bei meinem Sohn verändert.

Das letzte Mal, als er mich besuchte, war er klar. Er konnte mit uns sprechen und mit uns essen. Dieser Besuch ist von ihm aus gekommen. Er hatte gefragt, ob er wieder mal nach Hause kommen soll. Was mir so gut getan hat durch das Reading mit Maitra: Es ging so tief an die Wurzeln und zeigte andere Zugänge auf. Ich spürte die Trauer noch einmal, als ich die CD anhörte, seine schreckliche Erfahrung, und was ihm angetan wurde in seinem vergangenen Leben während des Weltkrieges, und dann die Parallelen, wie ich ihn wahrgenommen habe in der Schule, zu Hause, sein Wesen, da brach noch einmal so viel alte Trauer aus mir hervor, und ich wusste oft nicht, wohin damit. Ich fühlte mich so gesehen von Maitra, und dass alles sein darf, wie es ist, indem ich erzählen konnte, wie es mir dabei ging. Was mir sehr gutgetan hat, war die Aussage, dass mein Sohn jetzt in diesem Leben ganz klare und liebevolle Strukturen braucht. Menschen, zu denen er Vertrauen haben kann, und dass es eine Konstante hat innerhalb von Beziehungen, die ihm Sicherheit geben, und er das bekommt, solange er es braucht, damit er ohne Bedrohung leben kann. Als ich das Reading nochmals anhörte, war es sehr spannend zu sehen, da ich zwei deutsche Freunde hatte, auf die mein Sohn extrem stark reagierte. Doch ich konnte es nicht verstehen. Er fühlte sich außerordentlich bedroht von ihnen, als ob er in großer Gefahr wäre. Er war damals in der Pubertät und er reagierte ganz stark auf meinen damaligen deutschen Partner.

Das Reading hat für mich eine ganz neue Sicht gegeben und auch eine neue Fragestellung. Ich bin ein Teil dieser Schöpfung. Ich versuche das zu lösen, was ansteht. Es ist mein Weg und es tut mir leid, meinen Sohn so zu sehen. Doch unsere Wege haben sich irgendwie wieder gekreuzt. Es ist ein Thema, das mich sehr ins Leben stellt mit allen Aspekten. Es ist ein zentraler Nerv, der getroffen wird. Mit allen diesen Themen wurde jetzt so vieles klar. Die Schuldfrage konnte ich klären. In diesem Netz von Erkenntnissen kommen viele Bilder. So sehe ich meine Kindheit mit meinen Eltern als perfekte Situation für mein persönliches Wachstum. Wenn ich in mich hineinspüre, so sehe ich heute, dass es nicht besser hätte sein können, und ich stehe an diesem Punkt und sehe, wie ich mich entfaltet habe. Trotz dem, dass es schmerzhafte Erfahrungen gab, empfinde ich auch große Dankbarkeit. Mein Sohn ist wirklich der größte Bewegungsimpuls, um aus ganz alten Mustern herauszukommen, um alte Prägungen zu lösen wie die Ideen über Beziehungen, Kinder, Partnerschaft, Familie.

Ich habe mich dann ertappt dabei, dass ich dachte, zuerst müsse es meinem Sohn gut gehen, damit ich zu mir selber schauen kann. Das war ungefähr vor vier Jahren. Da lernte ich zu sehen, dass es auch um mich geht, dass ich auch auf mich achten darf, und habe mir diese Themen angeschaut. Weiter sagte Maitra, dass mein Sohn zu früh auf die Welt gekommen ist. Es gab so viele traumatische Erfahrungen, dass er nie Zeit hatte, sich selber wirklich zu finden. Kaum hat er sich irgendwo ein bisschen orientieren können, kam schon das nächste Ereignis. Es gab kaum Zeit, irgendetwas zu verstehen, was mit ihm passierte. Die Aussage, dass es zu früh war, wieder in ein Leben zu kommen, nimmt Bezug darauf, dass es schwierig war, die Erfahrungen zu verarbeiten. Doch hier ist ja mein Kind und er ist ein Geschenk an mich.

Manchmal gibt es so schöne Begegnungen mit ihm. Etwa vor eineinhalb Jahren als er hierherkam, da hatte ich einen Tee gekocht. Er schaute mich an und es war eine ganz innige Begegnung, wo wir uns getroffen haben in dem Gefühl „Ich sehe dich, du siehst mich.". Dann konnte ich ihm die Hand geben. Ich habe gesagt, dass ich ihn gernhabe. Das konnte er ganz annehmen und fühlen. Das ist eine sehr tiefe Erinnerung, und wenn ich daran denke, nährt sie mich immer noch. Das ist etwas, das bleibt. Wenn du diese Verbindung einmal mit einem Menschen gehabt hast, egal, was passiert, es bleibt. Es war ein Moment für ihn, wo er sich für nichts schämte, wo er keine fremden Stimmen in seinem Kopf hörte, es war ihm nicht unwohl, er war einfach ganz da.

Maitra erzählte nicht nur von den schwierigen Themen, sondern auch von seiner Herkunft, wo er geboren wurde, und dass er ein Mathematikgenie war, wodurch er gefördert wurde durch seinen Lehrer, der ihn dann in die Flugschule brachte. So wurde er von allen bewundert in seinem Dorf. Aus ihm ist etwas geworden. Er hatte etwas Besonderes erreicht. Solche Aussagen gaben mir noch mehr Einblicke in die Facetten seines Wesens.

Licht wird dich eines Tages aufbrechen,
auch wenn dein Leben jetzt ein Käfig ist.
Nach und nach verwandelst du dich in Sterne.
Nach und nach verwandelst du dich in das
ganze, süße, liebende Universum.

Hafiz

Versöhnung mit dem Vater

Remo, *1970

R: Ich bin ein Querdenker. Ich sehe mich als freiwilligen, natur-
verbundenen Lebenswandler und bin Vater von 4 Kindern. Ich
möchte bei Maitra meine Beziehung zu Geld und den damit verbundenen Lebensumständen klären.

Zwei vergangene Leben von Remo:

*M: Ich sehe diesen römischen General. Er ist dein Vater und es sieht
so aus wie in einem vergangenen Leben, wo du auch sein Sohn warst.
Du wolltest so sehr seine Anerkennung, seine Liebe, dass du alles getan
hast, um seine Zuwendung zu gewinnen. Du tatst alles, um ihm zu beweisen, dass du seiner Liebe würdig bist. Du warst ein sehr vorbildlicher
Soldat. Das Problem war: Du glaubtest es nicht. Du hast nicht daran
geglaubt. Du lebtest in der Realität deines Vaters und versuchtest, seine
Anerkennung zu bekommen.*

*Dein Vater dachte, wenn er seinen Sohn anerkennen würde, dann
würde er seinen Sohn bevorzugen, deshalb lehnte er dies ab. Er anerkannte
eine andere Person für etwas, das du auch tun konntest. Dich konnte er
nicht anerkennen dafür. Schließlich beförderte er dich. Das klingt etwas
übertrieben, denn er hätte das schon früher tun können. Du wurdest mit
einer kleinen Gruppe von 7 Männern hinter die feindlichen Linien geschickt. Dies war deine große Chance, um endlich seine Anerkennung
zu bekommen. Du hast nicht nur das getan, was er dir aufgetragen hatte,
sondern du hast dich entschieden, weiterzugehen, um ihn zu beeindrucken.*

*Was du dann diesbezüglich tatst, kann ich nicht genau sehen, aber
im Kampf wurde die Hälfte deiner Männer getötet. Du konntest es kaum
über dich bringen, zu deinem Vater zurückzukehren, um mitzuteilen,
dass du deine Männer verloren hattest. Du hast einfach weitergemacht,
um noch mehr zu tun und alle wieder in Gefahr zu bringen, wo wiederum*

einer von deiner Gruppe ausgelöscht wurde. Nun warst du furchtbar ver-
unsichert. Du hattest durch die Kämpfe einen Teil deines Beines ver-
loren, und die zwei verbliebenen Männer, die noch lebten, schafften es,
dich durch die feindlichen Linien zu deinen eigenen Leuten zurückzu-
bringen. Du hattest die Aufgabe erfüllt, die du am Anfang bekommen
hast, und es war dir sogar gelungen, weitere Fortschritte zu machen.
Aber dein Vater wollte wissen, wie du alle diese Männer verloren hast.
Er sagte zu dir: „Ich habe dir die besten Männer gegeben. Ich habe dir
meine besten Leute anvertraut und du hast sie alle getötet. Sie sind alle
umgekommen. Ich möchte, dass du zu deiner Mutter nach Hause gehst
und ich möchte dich nicht wiedersehen."

Du hattest keine Wahl mit einem verlorenen Bein und musstest nach
Hause gehen. Als dein Vater nach Hause kam, hatte er sich so verhalten,
als wärst du nicht da. Das war für dich verheerend.

Jetzt trägst du nicht nur die Schuld für den Tod dieser Männer,
sondern noch diese Ablehnung deines Vaters in dir. Tief in dir
drin ist eine Hoffnungslosigkeit, die deinen eigenen Wert betrifft und statt, dass du heute in deinem Leben versuchst, dich
vor ihm zu beweisen, versuchst du zu beweisen, dass du ihn
nicht brauchst. Aber erneut ist es das gleiche Bedürfnis in dir:
von deinem Vater akzeptiert und geliebt zu sein. Noch mehr als
das, du willst seine Anerkennung und als gleichwertiger Mensch
gesehen werden.

Unglaublich, nun zeigt sich noch ein anderes Leben viel weiter
zurück:

Ich sehe weit zurück nach Atlantis. In dieser Zeit waren du und dein
Vater Brüder. Du warst sehr konkurrenzfähig. Ihr beide wart Topathleten
in einer Stadt und konkurriertet immer sportlich miteinander. Ihr wart
zusammen in einem Rennen und dein Bruder war vor dir. Er drehte sich
um, um dich anzusehen, um zu sehen, wo du warst, und er stürzte. An-
statt ihn zu überholen, hieltest du an, nahmst ihn auf und halfst ihm,
wieder ins Rennen zu kommen. In der Nähe der Ziellinie wart ihr im
Rennen ziemlich nebeneinander. Da kam ein Hund auf die Rennbahn
und du versuchtest um den Hund herumzurennen. Bei diesem Versuch,
diesen nicht umzurennen, hattest du nun selbst einen Sturz.

Dein Bruder machte nur einen Moment Pause und schaute dich an, dann rannte er das Rennen weiter und gewann es. Er anerkannte dich nie für das, was du für ihn damals getan hast. Da entstand eine so tiefe Verletzung in dir, über die du nie hinweggekommen bist. Es war eine Ungerechtigkeit und er nahm nie die Gelegenheit wahr, dies zu berichtigen. Die Ironie dabei war: Du hast es auch keinem erzählt. Dein Stolz hinderte dich daran, irgendetwas irgendjemandem zu erzählen. Du gingst davon aus, dass er erzählen sollte, dass du das Rennen gewonnen hättest, wenn du ihm nicht geholfen hättest. So wusste das niemand und dein Bruder hatte es nie jemandem erzählt. Du hast es auch nicht getan.

So liegt diese Angelegenheit zwischen euch, wo er weiß, dass du der bessere Mann bist. Aber er wird es nicht zugeben.

Im jetzigen Leben, zusammen mit ihm, fühltest du dich ihm überlegen und konntest dich nicht wirklich mit ihm verbinden. Er schuldet dir etwas seit so langer Zeit. Aber jetzt schmerzt es deinen Stolz, zu ihm zu gehen. Du denkst, wenn er dir z. B. Geld gibt, dass das Geld eine unangenehme Färbung habe. Geld ist grundsätzlich einfach eine Energie. Das, was zwischen euch ist, hat eine Färbung. Es ist nicht das Geld. Leider hast du die Tür geschlossen, sonst müsstest du nicht kämpfen.

R: Ich freue mich über alle anderen Türen, die sich öffnen.

M: Du stellst Geld mit Liebe gleich und dann lehnst du es ab. Du hast deinem Vater viel zu vergeben. Wenn du frei sein willst, musst du es tun. Ansonsten bleibst du noch so viele Leben mit ihm, wie es dauert, ihn wieder zu lieben. Du weißt es also bereits, dass du den Wettbewerb und diese Schwierigkeiten überwinden kannst.

R: Ich bin frei von Wettbewerb.

M: Nein, noch nicht. Wenn du raus bist, gibt es kein Problem. Ihr werdet Brüder sein.

Was das Geld betrifft, so ist es wichtig, dass du es nehmen und symbolisch erhalten kannst. Dies bedeutet, dass sich die Tore deiner Empfänglichkeit, die du einst geschlossen hast, wieder öffnen können. Bist du klar genug, um dich davon zu befreien?

Du bist nicht alleine. Du denkst, niemand kann dir helfen. Ich bin sehr glücklich, dass du hierhergekommen bist, um das zu klären. Ich freue mich über die Hilfe, die du uns hier in der Gruppe gegeben hast. (Die Einsichten in die vergangenen Leben von Remo fanden im Gruppenseminar „SelfMastery" statt.)

Interview mit Remo:

R: Die Einblicke und Informationen aus vergangenen Leben haben in mir vieles bewegt. Beide Positionen sind mir bekannt: In einer Rolle beteiligt zu sein sowie die Position des Beobachters. So ging ich mit diesen Geschichten nach Hause und hatte mit meiner Mutter ein längeres Gespräch, da sie sensitiv und offen für solche Einblicke ist. Mit meinem Vater wollte ich es auch besprechen, doch ich spürte nach dem Gespräch mit meiner Mutter, dass es gar nicht so wichtig war. Der Prozess in mir selbst war das Wichtigste. Ich überlegte mir, wenn ich ihm nichts erzähle, bin ich dann derjenige, der nichts sagt wie im vergangenen Leben, obwohl ich einen neuen Zugang habe, und es nun für mich behalte? Doch ich spürte, wie wichtig es nun war, ganz bei mir zu bleiben und mich selbst zuerst wahrzunehmen.

Grundsätzlich fällt es mir schwer, Nein zu sagen, wenn jemand etwas will oder braucht von mir. Was seit dem Reading geschieht in Bezug zu Geld, ist, dass es mir viel leichter fällt, einen Preis dafür zu machen und so einen angemessenen Ausgleich zu erhalten, wenn Menschen etwas von mir wollen. Indem ich Ja sage und meine Hilfe zur Verfügung stelle, behalte ich meinen eigenen Wert und kann etwas dafür entgegennehmen.

Als ich meine Stelle verlor und durch die Auseinandersetzung mit dem damaligen Chef sehe ich heute, dass es nicht wirklich etwas mit mir zu tun hatte. Ich wurde damals an eine Grenze herangeführt, da meine bisherige Existenz mit einem regelmäßigen Einkommen abrupt abgebrochen war. Daraufhin entschloss ich mich, nicht länger bloß für Geld zu arbeiten, sondern dafür zu arbeiten, weil ich etwas gerne tue. Es ging um wirkliches

Ja sagen und in ein vollständiges Vertrauen hineinzufinden. Ich lernte in dieser Phase auch zu sagen, was mein Budget ist und was ich mir leisten kann und erwartungslos zu sein, inwiefern ein Entgegenkommen möglich ist.

Nach diesem Reading mit Maitra trat eine Situation mit meinem Sohn ins Leben. Das fand ich sehr bewegend für uns alle. Bevor das aufbrach, habe ich die karmischen Geschichten mit meinem Vater meinem Sohn erzählt. Als Eltern waren wir uns bei Entscheidungen in der Adoleszenz des Jungen oft nicht ganz einig, zogen nicht am selben Strang. Ich nahm mich aus gewissen Angelegenheiten raus. Meine Frau und mein Sohn handelten das Ganze gemeinsam ab, zumal ich mich mit unserem Sohn kommunikativ eher schwertat zu dieser Zeit. Es ging um den Kauf eines Mofas, der dann geschah, trotz meinen Vorbehalten. Im Laufe der Monate hat er sich mit einer beachtlichen Summe Geld verschuldet. Das wussten wir Eltern lange nicht, er hat es uns nicht erzählt (vgl. Reading).

Zusätzliche Auslagen wie Prüfungen, Führerschein, Benzin kamen dazu und auch ein Selbstunfall. So häuften sich in kurzer Zeit seine Auslagen und Mahnungen. Stück für Stück entschleierte sich, indem ich ihm wieder und wieder anbot, im Kontakt zu bleiben und nicht bereit war, in die selbst erlebte Rolle des vorwerfenden und schweigenden Vaters gedrückt zu werden. Gemeinsam gelang es, eine Übersicht zu schaffen und die Einladung, mit ihm alles in Ordnung zu bringen, nahm er nach außen widerwillig, innerlich auch befreit, an. Er machte mich immer mal wieder verantwortlich und warf mir vor, wie ich ihn hätte unterstützen sollen, und dass ich die letzten Monate zu wenig Geld verdient habe. In seiner Vorstellung hätte ich ihm alles zahlen sollen. Das ist die Vorstellung, die er von mir als Vater zeichnete.

Nun hat sich aus der Situation eine ganz gute Lösung ergeben. Mein Sohn fand, dass er aus einem angesparten Konto, das wir für Ausbildungen für alle unsere 4 Kinder haben, das Geld gebrauchen könnte. Zuerst war ich dagegen, da „mein" Schaffen all die Jahre das Ausbildungskonto mit aufbaute und nicht für solche Zwecke gedacht war. Vielleicht dank dem Reading überlegte ich mir diese Reaktion reichlich. Ich fand, dass mein Sohn lernen musste, mit Geld umzugehen.

Irgendwann nach dem Reading hatte ich die zündende Idee. Ich begann diese Situation auch als eine Art Ausbildung für ihn zu sehen, sozusagen als internes Rennen. Mit dem ihm zur Verfügung stehenden Geld konnte er alle Schulden begleichen. Übrigens suchte mein Sohn zuvor seinen Großvater auf, also meinen Vater. Der bot ihm Hilfe an, ohne dass wir davon Kenntnis hatten. Mein Vater hat uns alle immer beraten, wenn es um Geld, Investitionen, Versicherungen, Behörden, Ämter ging. Mein Vater nutzte die Gunst des Enkels, dass er zu ihm kam und nicht zu mir. Er hätte ihm Geld geliehen, das mein Sohn dann an ihn wieder zurück-bezahlt hätte. Ich besprach dies dann mit meinem Vater und er verstand den Einwand, dass es sich energetisch nicht korrekt an-fühlen würde, er seine Position ausnutzen würde, bloß weil ich als Vater nicht sofort alles bezahlt habe. Ich versuchte einfach einen anderen Lösungsweg zu finden. Diese Besprechung und sein Verständnis waren so klar und unterstützend. Und ich führe dies auch auf die karmischen Lösungen zurück, die ich ja im Vor-feld im Reading einsehen konnte. Ich spürte meine Aufgabe als Vater ganz klar und nahm sie voll wahr. Mein Vater konnte das Vorgehen vollständig unterstützen.

Durch das Reading konnte ich verstehen, warum ich generell so aktiv bin und mich heute in so viele verschiedene Projekte in-volviere. Es könnte in Zusammenhang stehen, gesehen zu werden. Hier löst sich etwas in mir. Ich nehme zwar wahr, dass ich es nicht wie mein Vater machen wollte. Ich wollte keine Militär-karriere anstreben oder in die Politik gehen. Ich habe ganz bewusst einen anderen Weg eingeschlagen. Ich hätte Medizin studieren können (und insgeheim auch wollen), dennoch tat ich dies in-brünstig verneinend nicht. Auch hätten meine Eltern mich gerne als Anwalt gesehen, da ich sehr wortgewandt bin. Da ich bereits seit meinem 12. Lebensjahr in der Krankenpflege arbeitete, hatte ich zudem so viel Einblick in andere Lebensbereiche und in das Gesundheitswesen, dass ich ahnte, nicht unbedingt Arzt werden zu müssen und so den Ansprüchen des Vaters zu „ent-sprechen" (gleichbedeutend mit schweigen). Ich fühlte mich in der Sichtweise der Schulmedizin nicht zu Hause. Ich wurde in dieser Zeit von Nonnen und ihrem Wissen über Heilen und Spiritualität so gut unterrichtet und hatte so viele Lehrmeisterinnen, was mich alles sehr geprägt hatte. Mir wurde später auch empfohlen, selbstbestimmt meinen eigenen Weg zu gehen. Ich vertraute dieser Person, die mich damals in der Entscheidung unterstützte. Es war nicht nur eine Verweigerung gegenüber meinem Vater, sondern da war etwas Tieferes in mir, das mich vorwärtstrieb.

Natürlich hörte ich oft von meinem Vater: „Wenn du diesen Weg gegangen wärst, wäre aus dir auch etwas geworden." Das forderte mich sehr heraus, triggerte mich enorm und ich dachte, ich muss noch viel extremer anders leben, damit er mich sehen kann. So erkenne ich heute mehr Zusammenhänge. Es zeigte sich auch im Reading, weshalb ich so sehr zu mir selber gestanden bin, zu dem, was in mir ist. Es ist eine andere Zeit und ich sehe Dinge anders als mein Vater, und das ist in Ordnung, auch wenn es ihm nicht immer passt. Im Gegensatz zu mir bekam mein Bruder immer Anerkennung, da er ein erfolgreicher Berufsmann ist. Nachdem mein Bruder auswanderte und meine Eltern durch uns Enkelkinder bekamen, hat sich vieles verändert. Meine Eltern sagen heute, dass sie durch die Erweiterung der Familie und durch uns alle viel lernen konnten, indem sie sahen, wie wir heute mit unseren Kindern umgehen. Auch schätzen sie unser Engagement für die Gesellschaft und unsere Ideen, wie wir leben. Jetzt fühlt es sich so an, wie wenn mein Verhältnis zum Vater mehr in einen Frieden geführt wird. Aus mir wurde nicht einfach ein Verweigerer, sondern ich lerne einfach noch viel klarer dazustehen.

Nachdem ich die Stelle aufgab vor zwei Jahren, war der Umgang mit Geld gewissermaßen ein Ausreißer auf Zeit. Kein Interesse war da, die hohle Hand zu machen. Da komme ich in Berührung mit meinem Stolz, den Maitra mir im Reading aufgezeigt hat. Ich hätte meinen Vater nicht um Geld gebeten in den vergangenen Jahren, als es knapp wurde. Jetzt warte ich auf den Moment, bis es sich ergibt, falls ich wirklich darauf angewiesen wäre. Als Unterstützung für Projekte würde ich es gerne annehmen. Ich kann heute ein dankbarer Empfänger sein für Geld, das von meinen Eltern kommt. Ich würde es nicht ablehnen, doch ich möchte frei sein von Kalkulation und Ansprüchen. Somit sind wir darüber heute im Gespräch.

Als mir Maitra über das Rennen in Atlantis erzählte, erhielt ich ganz starke innere Bilder, die bis heute anhalten. Ich könnte es zeichnen, ich sehe alles ganz klar vor mir, ich sehe Zuschauer in Details, ich sehe Gebäude im Hintergrund, die Rennbahn, usw. Mich beschäftigen Maitras Schilderungen über diese noch wirksamen, subtilen Gefühle zwischen mir und meinem Vater. Ob ich ein besserer Mensch sei, da mir mein Vater in der Situation damals nicht auf die gleiche Weise half wie ich ihm und wir es nie zur Sprache brachten, kann ich nicht beurteilen. Dennoch hat es mich innerlich tief berührt, zumal ich zu ihm bis jetzt als den Erfolgreichen aufschaute. Es blieb vielleicht bis heute dieser Wunsch und das Verlangen in mir, wirklich von ihm gesehen und anerkannt zu sein. In meinem Leben begegnete ich jedoch vielen Menschen, die diese menschliche, empathische Seite in mir sahen und mich auf meinem Weg bestärkten. Das kräftigte auch mein ganzes Urvertrauen. Vielleicht schütze ich mich davor, erneut in diese Energie mit ihm zu gelangen, wo nochmals ein Rennen zu gewinnen wäre.

Aus dieser Erfahrung lerne ich wohl, die alten Verletzungen zu heilen und Versöhnung mit ihm zuzulassen, und andere und somit auch meinen Vater bedingungslos anzunehmen. Auch wenn die Beziehung ab und zu wieder auf die Probe gestellt wird, gab es scheinbar weniger Anstrengungen für mich, für mein Anderssein gesehen zu werden. Seit den Readings kommen nun manchmal Gedanken, ob ich bestimmte Projekte möglicherweise dennoch aus diesem Grund auf mich nehme. Doch grundsätzlich habe ich das nicht mehr nötig, das fühle ich heute. Ich anerkenne mich selbst heute zu einem großen Teil. Ich spüre den Sinn der Dinge, die ich manifestiere, und ich vertraue meinen Visionen, die ich erhalte. Aus einer Vision heraus etwas materiell Gewinn-bringendes hervorzubringen, ist noch ein großer Lernschritt für mich. Ich tendiere dazu, vor dem Ertragreich-Werden Projekte anderen zu überlassen und zu übergeben. Ich sehe mich einfach als Initiant, und wenn es dann läuft, kann ich weiterziehen und sehe, dass es gut weitergeht.

Ob es noch einen Rebellen in mir gibt? Heute geht es für mich nicht mehr um Revolution, doch als Menschen sollten wir doch aufstehen und uns empören können, wenn es nötig ist, ohne zu kämpfen. Es geht mehr um ein Bewusstsein, wieder hinzustehen, nicht zu widerstehen. Ich sehe dies als neue Form des Widerstandes, als eine Energie, die transformierend wirkt. Ich höre das Wort „Re-bell" anders als die gängigen Inhalte des Wortes. Für mich ist das Wiedererklingen sichtbar. Es gibt vielleicht noch einen rebellischen Anteil in mir, wenn es darum geht, etwas kritisch zu formulieren, wodurch ich dann Widerstand entfache. Ich bin in Kontakt mit diesem Rebellen in mir, der vieles noch deutlicher zum Ausdruck bringen möchte, dem etwas nie genug ist. Doch dann spüre ich, dass es nichts bringt. Vielleicht nehme ich mich in solchen Momenten auch zu wichtig.

Ich lebte den Rebellen in mir stark aus als ich jung war, gegen meine Eltern, gegen die Schule, gegen die Gesellschaft. Ich habe mich damals im Schreiben stark damit beschäftigt und die Menschheit kritisiert. Doch da war immer auch eine große Hoffnung. Ich benannte die Welt, wie ich sie sah, und beschrieb oft die Hoffnung danach, wie es anders sein könnte. Auf einer Indienreise fragte mich einmal ein alter Mann, was ich da mache und ich antwortete, dass ich über die Welt und die Hoffnung schreibe. Er schaute mich an und gab lächelnd ein altes Sprichwort wieder: „Hope is the first doubt of life. (Hoffnung ist der erste Zweifel im Leben)" Darüber ärgerte ich mich zuerst. Es stellte meine Konzepte auf den Kopf. Als ich mich damit in der Tiefe zu beschäftigen begann, holte es mich jedoch ganz in den Augenblick, der die Wirklichkeit unberührt und unbewertet als Lebenszauber abbildet. Der Rebell in mir schwindet durch die Bereitschaft, alles anzunehmen, so, wie es ist.

Deine Aufgabe besteht nicht darin, nach Liebe zu
suchen, sondern lediglich die ganze Barriere in dir zu
suchen, die du dagegen aufgebaut hast.

Rumi

Die Beziehung zu meiner Mutter

Leila, ★1955

L: Ich bin in ein Reading zu Maitra gekommen mit der Frage, ob mein Brustkrebs in einem Zusammenhang mit meiner Mutter-Tochter-Beziehung stehen könnte.

Ein vergangenes Leben von Leila:

M: Ich sehe eine sandige, ockerfarbene Landschaft mit Bergketten in der Ferne. Ich sehe dich in einer Gemeinschaft von Frauen, die zusammenleben. Die Behausungen sind relativ leicht, es ist ein warmes Klima und diese Frauen haben nicht viele Kleider an. Ich sehe eine große Führerin oder Herrscherin dieser Gemeinschaft, und sie hat eine starke Machtposition. Sie ist deine Mutter. Du bist ihre Tochter, so wie heute, wo ihr wieder in diesen Rollen zusammen seid. Sie ist das Oberhaupt der Gemeinschaft und ihre Autorität ist machtvoll, streng und demonstrativ.

Die Frauen in dieser Gemeinschaft hatten Kinder, die untereinander von allen versorgt wurden, da die Zuteilungen untereinander fließend waren. Einige waren bereits Mütter, andere noch nicht. Es gab einen hierarchischen Unterschied zwischen dir zu deiner Mutter, da ist ein gewisses Spannungsfeld zwischen euch.

Diese Spannung entstand deshalb, da du selber andere Ansichten hattest, denn die Führung deiner Mutter war sehr autoritär und die Frauen wurden streng und auf einer niedrigeren Stufe gehalten. Es gab strikte Regelungen innerhalb der Gemeinschaft, die alle zu befolgen hatten. Als Tochter der Herrscherin war es so, dass du ihre Nachfolgerin werden und ihr Leitungskonzept übernehmen solltest. Es wurde erwartet, dass es in der gleichen Art und Weise so weitergehen würde, wie es die Regierende an ihre Nachfolgerin weitergab.

Schon während deines Heranwachsens hattest du andere Ansichten entwickelt und setztest dich ein für mehr Solidarität unter den Frauen.

234

Deine Ideen und Konzepte waren offener, weniger streng für das Zu-sammenleben in der Gemeinschaft, z. B. dass man zusammen etwas auf-baut, dass die Gemeinschaft weniger hierarchisch geführt wird, eine neue Art von Solidarität und Fürsorglichkeit, weniger autoritär, man könnte sagen menschlicher, freundlicher. Du hattest einfach andere Auffassungen, ein Grundkonzept, das sich von dem Herkömmlichen unterschied. Das ergab einen Konflikt zwischen dir und deiner Mutter, die ja das Ober-haupt war und viele Erwartungen an dich stellte.

Du begannst immer mehr daran zu zweifeln, wie deine Mutter regierte, und fingst an, dich auf eine Weise abzunabeln, da du ein eigenes Bewusst-sein für das Leben entwickelt hattest und du wolltest nicht ihre Führungs- und Lebensweise kopieren und übernehmen für die Gemeinschaft. Du hattest eigentlich bereits ein anderes Bewusstsein als deine Mutter und andere Vorstellungen und wolltest nicht nach ihren Regeln spielen und so autoritär als Führerin wirken. Es ging gegen deine Ideen, sogar gegen deine eigenen Prinzipien, gegen dein Gefühl fürs Leben, die anderen Frauen kleinzuhalten oder gar zu erniedrigen, um die eigene Position zu halten.

So gab es eine Spaltung, du hast dich entfernt und deine eigene Lebens-weise in Gemeinschaften aufgebaut. Das war nicht einfach für deine Mutter, sie konnte das nicht verstehen, was du wolltest, sie war enttäuscht, denn sie musste dich ziehen lassen mit den Menschen, die sich mit deinen Ideen und deiner Art von Führung und Lebensweise einverstanden gaben.

Diese Gemeinschaften gehörten zu den Völkern, die wir heute „Amazonen" nennen.

Zum Begriff Amazonen:
Als **Amazonen** werden in griechischen Mythen und Sagen einige Völker bezeichnet, bei denen Frauen „männergleich" in den Kampf zogen. Antike Autoren verorten Amazonenvölker in verschiedene Regionen am Schwarzen Meer, im oder nörd-lich des Kaukasusgebiet, vor allem aber im nordanatolischen Teil des Pontosgebiets, in dem ihre Hauptstadt Themiskyra (am Thermodon) gelegen haben soll. Auch in Karien und Lykien sowie in Libyen sollen Amazonen gelebt haben. Es wird von Amazonenköniginnen und Stadtgründerinnen berichtet. Dabei werden Amazonen immer als Normalsterbliche beschrieben; oft

werden sie in Kämpfen besiegt, stellenweise werden ihre Grab-stätten genannt.

Seit der Antike ist die Herleitung des Namens umstritten und bis heute ungeklärt. Eine Reihe antiker Autoren führten die griechische Bezeichnung „Amazone" auf a-mazos (ἀμαζός „brustlos") zurück. Denn die Amazonen sollen ihren kleinen Töchtern die rechte Brust verstümmelt haben, damit diese später den Bogen un-gehindert abschießen konnten. Allerdings wurden Amazonen in den griechischen Darstellungen gewöhnlich mit zwei Brüsten wiedergegeben und nach Philostrat wurden sie nur nicht an der Brust gesäugt.

Herodot beschrieb auch aus seiner Sicht ungewöhnliche Bräuche der Lykier, die in Südwest-Kleinasien lebten. Die Lykier be-nannten sich noch zu Herodots Zeit nach ihren Müttern, hatten also eine matrilineare Abstammungsregel. Außerdem richtete sich der Status eines Kindes nach dem Ansehen seiner Mutter. War sie aus dem Bürgerstand, bekamen automatisch auch ihre Kinder Bürgerrechte, selbst wenn der Vater ein Sklave war. War ihre Mutter hingegen unfrei, so bekamen auch die Kinder keine Bürgerrechte, selbst wenn der Vater ein angesehener Bürger war. Dies deutet auf eine hohe Stellung der Frau in dem Teil Lykiens, den Herodot bereiste. Die mutterrechtlichen Regelungen könnten Herodot auf die Idee gebracht haben, es handele sich hierbei um Nachfahren des mythischen Volkes der Amazonen.

Interview mit Leila:

L: Da ich eine sehr bildhafte Wahrnehmung habe, erlebte ich das Reading mit Maitra wie einen Film. Ich sah viele innere Bilder dazu mit starken Farben einer hügeligen, hellbraunen, ockerfarbigen Landschaft. Ich sah diese Erdfarben. Es hatte nicht wirklich viele bunte Farben. Das Gefühl dazu ist diese Kraft und es kommt ein Wind dazu. Es ist nicht eine verankernde Kraft, sondern eine Kraft, die an einem zieht. Es gibt eine weibliche Prägung, eine weibliche Kraft. Es gibt keine mütterlichen Bilder.

Es gibt viel Bewegung darin und es fühlt sich sehr intensiv an. Diese Bilder sehe ich ganz klar und spüre sie auch. Sie kommen und bleiben in meiner Erinnerung.

Die Bilder aus dem vergangenen Leben haben mir verständlich gemacht, dass meine Solidarität mit Menschen ein wichtiger Punkt ist und ich meine Visionen und meine Ideen mit anderen teilen möchte. Bei meiner Mutter ist es ganz klar: Ich bin die Königin. Ich bin die Herrscherin und es ist so, wie ich es will. So habe ich sie immer erlebt bis heute.

Das Reading lieferte mir ganz viele Bilder, mit denen ich mir heute vieles erklären kann. Sie helfen mir jetzt immer wieder, mein Verhältnis zu meiner Mutter besser zu verstehen, und ich habe eine gesunde Distanz erhalten zu ihr. Ich sehe mich heute an einem anderen Punkt. Als Mutter hat man immer eine gewisse Macht, zum Beispiel wenn die Kinder klein sind. Doch Macht hat mich nicht wirklich interessiert. Mich interessierte immer Gerechtigkeit, Solidarität, das soziale Verhalten innerhalb von diesen Beziehungskräften.

Meine Mutter hat versucht uns Individualität mitzugeben. Dies war sehr wichtig für sie. Für meine eigenen Kinder war es mir wichtig, dass sie glücklich sind, dass sie glückliche Menschen werden, dass sie glücklich sein können mit anderen Menschen.

Mit dem Kriegerischen der Amazonen kam ich sehr in Resonanz. Ich kenne das Kämpferische in mir, die Wut, den Kampfgeist, dieses Feuer und sehe dies positiv. Die negative Seite ist für mich der extreme Trieb, zu kämpfen bis hin zu Rachsucht, die ich manchmal auch noch fühle. Solche kriegerischen Anteile in mir geben mir jetzt einen klaren Bezug zu diesem vergangenen Leben und das hilft mir sehr, starke Gefühle und Reaktionen, die ich habe, besser einzuordnen. Ich habe einen unheimlich starken Beschützertrieb. Diesen kriegerischen Teil in mir spüre ich ganz intensiv, wenn ich zum Beispiel verletzt werde oder wenn ich etwas beschützen muss. Dann reagiere ich sehr stark, sobald jemand um mich Schutz braucht. Jetzt kann ich das besser einordnen und verstehen, warum das so ausgeprägt in mir ist.

So wird mir nun auch bewusst, wie ich den in meinen Zellen gespeicherten Beschützertrieb immer noch so anwende wie in jener Zeit, wo er vielleicht mehr Sinn machte innerhalb eines anderen kulturellen Kontextes. In Konflikten fühle mich oft so wie ich mich am liebsten mit Schwert und Messer verteidigen oder schützen möchte. Das ist ganz stark in mir. Ich kann mich sogar daran aufhalten, dass mein Mann keine solchen Verhaltensweisen zeigt. Es verwundert mich geradezu und ich merke, wie es mir erst jetzt auffällt, wie stark dieses Verhalten in mir ist. Ich spreche kaum mit jemandem über diese starken Emotionen und Impulse in mir. Ich hätte kein Problem, jemanden ein Messer zwischen die Rippen zu stoßen, wenn es sein müsste, zum Beispiel, um jemanden zu verteidigen.

Ich war oft in einer Rolle, andere zu verteidigen. Jetzt bin ich an einem Punkt wo ich erkenne, dass ich mich selber verteidigen muss. Ich glaube, dass das mit der Beziehung mit meiner Mutter zu tun hat. Ihre Art als Mutter war oft sehr grenzüberschreitend. Bis vor Kurzem hatte ich noch nie das Gefühl, dass ich mich selber verteidigen müsste. Doch wenn ich es jetzt klarer versuche zu verstehen, dann gab es für mich als Kind keinen sicheren Raum, außer die Traumwelt, die ich mir innerlich aufbaute. Ich hatte somit bis anhin nicht das Gefühl, dass ich mich gegen meine Mutter verteidigen müsste, oder dass ich mich schützen müsste, und ich verspüre meiner Mutter gegenüber keine Wut.

Doch immer mehr kam die Frage, ich denke auch durch die Diagnose Brustkrebs, wie ich mich beschützen, und wie ich mich selber abgrenzen kann. Da ist eine Art Konflikt in mir, meiner Mutter klare Grenzen zu setzen, da ich sie ja auch gernhabe. Wie kann ich zu ihr liebenswürdig sein, ohne dass sie mich packt und ich mich dann für sie und alle ihre Themen und Beschwerden verantwortlich fühle? Das ist der Punkt, der sich jetzt zu lösen beginnt. Da ich sehr gut spüre, wie es anderen Menschen geht, habe ich manchmal die Tendenz, ihre Probleme oder Zustände zu übernehmen. Ich lerne jetzt mehr und mehr mich auf eine natürliche und klare Weise abzugrenzen, was ich als Kind nicht konnte und lernte, da das Verhalten meiner Mutter grenzüberschreitend war. Es kann etwas mit ihrer Macht zu tun haben, die sie ausübte, und das Reading mit dem Einblick in die karmischen Verstrickungen machte mir die Konstellation ihres Wesens und ebenso meines Wesens bewusster.

Heute weiß ich, dass ich zu meiner Mutter eine natürliche Distanz aufbauen kann. Für meinen Schutz mache ich das mehr mit der Vorstellung und baue einen Schutzschild auf, indem ich innere Distanz zu ihr schaffe. Das gelingt mir immer besser, da ich sie in dieser Rolle besser erkenne, die ich durch die Information aus dem vergangenen Leben erhalten habe. Ich sehe ihre Machtposition, die sie für sich selber beansprucht und auf alle um sich ausübt.

Durch den Brustkrebs kamen Verletzungen durch meine Mutter in mein Bewusstsein. Es gab unheimliche Momente, denn auch die Ärzte, als ich im Spital war für meine Krebsoperationen, verhandelten darüber, welche Macht und Stärke meine Mutter auf mich und andere ausübte. Sie nahmen sogar wahr, wie sie ihren Machtanspruch ganz für sich lebt und mit Macht arbeitet, indem sie sich selber erhöht und andere kleiner macht. Sie will Königin und Herrscherin sein.

Durch die Geschichte aus dem vergangenen Leben erklärt sich vieles für mich. Es versöhnt sich noch nicht alles, doch ich kann jetzt besser damit umgehen. Ich verspüre keinen Machtanspruch, aber ich habe eine übertriebene Verteidigungs- und Beschützermentalität, die in der heutigen Zeit nicht immer angebracht ist. Das will ich bei mir anschauen, und indem es mir nun bewusst wird, kann ich es einordnen. Ich spüre einfach stark, dass meine Beweggründe und Ziele immer andere waren als die meiner Mutter.

Das Reading hat nicht schlagartig alles verändert. Doch es wirkte über die Wochen und Monate hinweg. Es zeigt mir Entwicklungen in mir auf und die vielen Chancen, die ich habe, um mich weiter zu entfalten. Dadurch, dass meine Mutter so ist, wie sie ist, kann ich mich selber weiterentwickeln. Ich kann mich entscheiden, wie mein Leben verläuft und wie ich sein möchte. Es fühlt sich so an, als ob meine Mutter noch in diesen alten Strukturen ist und diese noch sehr stark in ihr wirken. Sie hat sich vielleicht nicht so fest verändert. Doch nun erkenne ich die Strukturen aus dieser Zeit, und wie wir unterschiedliche Ziele verfolgen.

Das Reading ist für mich wie eine einfache Gebrauchsanweisung, eine Art Übersetzung, und das ist sehr hilfreich für mich. Ich spüre in mir immer wieder das Kämpferische in Beziehungskonflikten und stelle mir heute die Frage, was mein Ziel ist und wie ich die Energie sinnvoll einsetzen kann. Ich möchte meine starken Emotionen gut kanalisieren können, damit sie das gute Ziel erreichen. Ich möchte mich so fokussieren, dass wenn ich einen Pfeil abschieße, er auch das Ziel erreicht und am besten ins Schwarze trifft, damit eine gute Entwicklung stattfinden kann. Ich kann auch verzeihen. Ich bin ein Mensch, der gerne Harmonie und Solidarität pflegt.

Ich kann es nicht so gut verstehen, wenn sich jemand so halbherzig solidarisch verhält. Es ist für mich einfach sehr wichtig. Wie schon gesagt mein Beschützerinstinkt ist so stark, und manchmal weiß ich nicht, woher das wirklich kommt. Bestimmt gibt es noch einige vergangene Leben, die da Antworten bereithalten. Ich kann diese Geschichte heute als ein Werkzeug gebrauchen, vor allem in Zeiten, wenn es etwas schwieriger ist und Konflikte zu lösen sind. Die Kriegerin in mir oder diese kriegerische Kraft spüre ich am stärksten, wenn ich kreativ tätig bin. Ich fühle ganz tief in mir diesen Weg weiterzugehen und meine Kraft gezielt in meinen kreativen Ausdruck zu bringen, wenn ich gestalte, Objekte mache, usw. Ich bin zum ersten Mal mit dem Thema in Berührung gekommen, mich selber zu schützen. Das ist für mich ein wichtiger Prozess, meine Verletzlichkeit wahrzunehmen und mich selber zu schützen und zu nähren.

Obwohl ich das ethisch nicht wirklich vertrete, wenn ich darüber nachdenke, aber wenn es einen Feind gäbe und meine liebsten Menschen um mich wären bedroht und jemand könnte ihnen schaden oder sie verletzen, dann würde ich auf diese Person losgehen und sie wenn nötig angreifen, auch verletzen oder sogar töten. Es wäre nicht einfach ein abstrakter Feind. Als Kriegssoldat könnte ich das nicht vertreten, das finde ich grauenvoll. Doch diese Energie und Kraft fühle ich sehr stark in mir in der letzten Zeit. Innerlich spüre ich, dass ich das eigentlich gar nicht möchte, weil ich mich dann nicht mehr so gut entspannen kann. Ich fühle mich manchmal noch etwas gefangen in diesen starken primitiven Instinkten. Wenn ich Menschen erlebe, die für meine Empfindungen Grenzen überschreiten, Tabus und Regeln übergehen und sich Dinge erlauben, die mich extrem aufregen, dann kommt in mir eine enorme Wut und Empörung hoch und ich möchte diese Person wirklich angreifen. In diesem Moment fehlt mir völlig diese innere Größe, die sagen würde: „Ich kann diese Person so akzeptieren oder gar gernhaben." Ich bin schon etwas erstaunt über meine primitiven Impulse. Doch ich spüre meinen ganzen Verteidigungsmechanismus und die Abwehrkräfte, die einfach aktiviert werden. Ich fühle mich in der Täterrolle grundsätzlich gut. Manchmal muss etwas getan und deponiert sein und dann ist es abgeschlossen. Auch während meiner Chemotherapie fühlte ich mich nicht in einer Opferrolle. Ich konnte immer noch in die Tat gehen, mich da hineinbegeben und weitergehen. In der Täterrolle habe ich auch wieder meine Würde.

Die Leute sagen, dass es ein Wunder sei,
auf dem Wasser zu laufen.
Nun, für mich ist das wahre Wunder,
friedvoll auf der Erde zu gehen.

Thich Nhat Hanh

Die Wut in mir fühlen und erlösen

Hans, *1953

H: Maitra, dein Vortrag hat mich sehr berührt. Ich fühle mich
genau so gefangen in dieser „Box", wie du im Vortrag beschrieben
hast. Ich will einfach etwas verändern. Seit 11 Jahren arbeite ich
am gleichen Ort und ich habe so viele Ideen. Der Gedanke, dass
ich noch bis zur Pensionierung dort arbeite, fühlt sich nicht so
gut an. Ich biete Harmonisierungen in Häusern und Wohnungen
an. Ich getraue mich aber noch nicht wirklich, es auszuführen.
Ich habe 2000 Prospekte zu Hause und möchte sie verteilen,
doch fühle ich eine Schranke, meine Ideen umzusetzen. Es ist
wie eine Hülle um mich herum, eine Mauer, eine Grundangst,
eine Art Depression. Ich habe an einem Tag so viele Ideen und
am anderen Tag sagt etwas in mir: „Ach nein, das geht nicht,
das schaffe ich nicht." Das bemerken auch meine Freunde und es
wirkt sich auf meine Beziehung aus. Meine Frau hat die Situation
akzeptiert, hat sich damit arrangiert, aber die letzten Jahre war
das ein Konflikt. Ich habe bestimmte Erklärungen dafür, ich
hatte einen großen Konflikt mit meinem Vater.
    M: Ist dein Vater noch am Leben?
    H: Nein. Beide Eltern sind gestorben. Mein Vater war sehr
autoritär und hat uns viel geschlagen und er trank, ich lehnte ihn
als Vater ab. Vielleicht ist das der Ursprung.
    M: Wie alt warst du, als du deinen Vater von dir gestoßen
und abgelehnt hast?
    H: Die ganze Kindheit, solange ich mich zurückerinnern kann.
    M: Also 3- oder 4-jährig? War er zu streng und zu grob?
    H: Ich glaube als ich 5- oder 6-jährig war. Ich hatte eine
herzliche Beziehung zur Mutter. Mein Vater war für mich einfach zu streng.
    M: Möchtest du heute etwas mit deinem Vater probieren?
    H: Ja.

M: Lass ihn mal bei dir platzieren am Ende deines Bettes, und du stellst dir vor, dass du dich auf dem Bett hinter ihm platzierst. Du legst deine Hände auf seine Schulter und spürst, was du für ihn fühlst.

H: Ich spüre es auf diese Weise, dass er das Beste für uns machen wollte.

M: Was hast du für ein Gefühl für ihn?

H: Ich fühle eine gewisse Distanz, im Moment nehme ich ihn nicht als Autorität wahr, sondern mehr als kleiner, schüchterner Mann.

M: Ja, ja … Empfindest du Liebe für ihn?

H: Ja, ich spüre es.

M: Und hast du den Wunsch, ihn zu verstehen?

H: Ja.

M: So lasse dich einfach in ihn hineingehen, sodass du jetzt gerade in seinen Kopf hineingehst, in seine Schultern, und wenn du durch seine Augen schaust, siehst du dich, Hans, an, der da auf dem Stuhl sitzt. Wenn du Hans siehst, was siehst du?

H: Ich sehe einen kleinen Hans vor mir.

M: Ja … Wie war der Name deines Vaters?

H: Rudolf.

M: Was siehst du, wenn du den kleinen Hans siehst? Was fühlst du, wenn du Hans anschaust? Liebst du diesen kleinen Jungen?

H: Ja, schon.

M: Was denkst du von ihm?

H: Ich komme irgendwie nicht in dieses Gefühl hinein.

M: Weißt du, was ich ihn hören sage?

H: Was?

M: Ich sehe mein Herz.

H: Hmm.

M: Was ich von deinem Vater fühle, ist, dass er sich sehr ängstigte vor dir, und sehr sorgte um dich. Du warst zu weich für ihn, und er dachte, dass es seine Aufgabe war, dich hart und robust zu machen, dich stark zu machen für diese Welt. Er konnte dein Licht sehen, und er glaubte, dass du es in dieser Welt nicht schaffen würdest, du warst ihm zu weich und zu nett. Er versuchte dich zu stärken, indem er so streng war mit dir. Fühlst du wie sehr er dich liebte?

H: Ja.

M: Er war ein Mann, dem die Werkzeuge fehlten, sich auszudrücken, und er konnte sich auch nicht sicher und wohl in dieser Welt fühlen. Er sah deine Unschuld und deine weiche Herzlichkeit und dachte, dass es so nicht funktioniert. Auf diese Weise hast du ihm erlaubt, diese Mauer um dich herumzubauen, um ihm auch zu gefallen und weil du ihn liebtest. Du hast diese Einschränkungen akzeptiert, die er dir auferlegte. Und wenn du darüber nachdenkst, in die Welt hinauszugehen, wie du wirklich bist, mit deinem großen Herzen und deiner Empfindsamkeit gegenüber anderen, dann denkst du, dass du es nicht schaffst, da du glaubtest, was dein Vater sagte.

Die Wahrheit ist, dass die Version der Realität deines Vaters ihn umbrachte. Seine Härte hat ihn von anderen Leuten getrennt, isoliert. Er war sehr einsam und isoliert. Und er hat nie einen anderen Weg gesehen.

Du hast bereits einige Muster durchbrochen. Oder nicht?

H: Ja, ich denke schon.

M: Aber in dir drin kannst du der Lehrer deines Vaters werden, um auszubrechen und zu sein, wer du bist, und dann hast du deine Bedenken und meinst, es geht auf diese Weise nicht. Dein Vater ist wirklich gerade da drüben und hofft, dass du dich befreien kannst. Sag doch mal deinen ganzen Namen und dein Geburtsdatum.

H: ... Ich habe ein Problem mit meinem Namen. Ich habe immer das Gefühl, ich muss einen anderen Namen haben.

M: Was ist dein Problem mit deinem Namen?

H: Ich höre den Klang dieses Namens einfach nicht gerne. Ich fühle mich nicht gut mit diesem Namen.

M: Ach ja? Ich glaube, du hast einen anderen Namen, aber du musst ihn für dich erobern und in Anspruch nehmen. Dein Name ist zu klein für dich, das ist wahr. Aber du musst zuerst diesen kleinen Namen nehmen.

Da gibt es eine schöne Geschichte über Ram Dass. Kennst du ihn?

H: Nein.

M: Er wurde ein weltbekannter spiritueller Lehrer, Ram Dass. Sein Geburtsname war Richard Alpert. Eines Tages, als er auf der Bühne war, um vor 2000 oder mehr Menschen zu sprechen, sah er etwas in seinem seitlichen Blickfeld, und er drehte seinen Kopf und sah den kleinen Richard Alpert auf einem Stuhl sitzen, der den Daumen lutscht. Und als er Ram Dass wurde, musste er diesen Teil in sich loslassen, diesen kleinen empfindlichen Knaben. Ich denke, dass ist dein Identitätsthema, das du zu lösen und aufzuarbeiten hast. Du solltest diesen kleinen Hans akzeptieren und lieben, der Hans … heißt, und dann den größeren Teil in dir beanspruchen.

Was wäre denn dein Name?

H: Ich weiß es nicht. Sonst hätte ich mir schon längst einen anderen Namen gegeben und gebraucht, wenn ich ihn wüsste. Ich konnte keinen anderen finden bis jetzt.

M: Oh, du meine Güte. Also, das erhalte ich jetzt: Mein Geistführer sagte: „Richard the Lionheart, Richard Löwenherz", und ich fragte: „Du meinst, er war Richard Löwenherz?" Und er sagte: „Ja." Nun, ich weiß nicht so viel über Richard Löwenherz, er war englisch, er war ein General oder er hatte eine Armee, ich weiß nicht genau, was es bedeutet, aber du musst dem nachgehen. Du magst vielleicht diesen Namen nicht wählen. Vielleicht gibt es einen besseren, aber dieser ist sicher einer deiner Namen, einer der Mut ausdrückt. Dein innerer Käfig ist nicht sehr stark. Er kann dich einschränken, so lange wie du es ihm erlaubst, aber im Moment, wenn du dich entscheidest, dass er dich nicht mehr einschränkt, öffnet er sich oder fällt von dir ab. Als ich darüber sprach, dass man die Schachtel treten sollte, hast du dabei ein Gefühl gehabt?

H: Ja.

M: Denkst du, das wäre gut für dich, es mal zu tun?

H: Ja, dass ich mich selber daraus befreie, ja.

M: Ich wundere mich, wie das passieren würde. Wie siehst du deinen Käfig?

H: Ich nehme ihn eher rund wahr, nicht viereckig, wie ein Fass, ein Holzfass.

M: Gut, wenn es möglich ist, ein Kartonfass zu finden. Wenn du kein Fass findest, benutze eine Schachtel, die aussieht wie Holz und schlage sie in Stücke. Lass raus, was immer es sein wird, z. B. „Ich will frei sein!" Vielleicht musst du etwas anderes sagen, wie: „Geh mir aus dem Weg, verdammt noch mal! Scheiße!" Ich habe das Gefühl, dass du bereit bist, es zu tun. Es war jetzt ziemlich lange so und du hast ein paar gute Bilder und Ideen, wenn diese Wand von dir abfällt. Du hast ja schon Prospekte und alles gemacht, um aufzubrechen.

Jetzt sehe ich das Karma mit deinem Vater:

Ein vergangenes Leben von Hans:

Dein Vater war in der römischen Armee. Er war ein Offizier gerade über dir. Du warst seine rechte Hand. Er hat sich in allem auf dich verlassen. Ich sehe eine Schlacht und beide Armeen zogen sich zurück und alle gingen ihre separaten Wege. Man nahm die Verletzten weg. Es war ein Waffenstillstand. Alles war zerstört, deinen Vorgesetzten fand man nicht mehr, und du realisiertest, dass sie ihn gefangen nahmen. Wenn er getötet worden wäre, hätte man seinen Körper auf dem Schlachtfeld gefunden. Das machte dich und alle anderen sehr wütend, weil das nicht die Abmachung war. Es war nicht vereinbart, dass man Gefangene machte. Die Abmachung war der Waffenstillstand, Rückzug und Zeit für Geschäfte und Verhandlungen.

Dein Rang hat es dir nicht erlaubt, an den Verhandlungen teilzunehmen. In dieser Nacht hast du entschieden, selber und mit ein paar Soldaten, die unter dir standen, zu gehen, den Ort zu finden, wo er gefangen gehalten wurde und euren Offizier zurückzuholen. Es war während dieser Nacht, als die Verhandlungen liefen, um herauszufinden, wie du ihn befreien konntest. Du gingst mit etwa 5 oder 6 Leuten, du hast den Wächter umgebracht und bist einfach in dieses Lager eingedrungen, ganz ruhig und vorsichtig, und du fandst ein Zelt, wo du dachtest, dass er dort gefangen gehalten wurde.

Dann bist du zurückgegangen, um noch mehr Leute zu holen. Du gingst wieder hinein und hast das Zelt geöffnet, bereit deinen Weg wieder heraus zu kämpfen, aber er war nicht da drin. Da waren ein paar andere Leute drin und Gefangene, von denen du noch gar nicht gemerkt hast, dass sie nicht mehr bei euch waren. Diese Leute konntet ihr dann befreien, aber sie hatten keine Ahnung, wo der Offizier war.

Am nächsten Tag brachen die Verhandlungen ab, und als Machtspiel hatten sie deinen Vater herausgezerrt. Sie forderten, wenn sich deine Armee nicht freiwillig ergeben würde, dann würden sie ihn hinrichten. Er hatte eine ziemlich hohe Position, er war der General auf dem Feld und da waren andere noch über ihm. Sie waren alle sehr wütend darüber. Sie wollten sich nicht ergeben. Und vor allem wollten sie nicht erpresst werden. So sagten sie NEIN. Und du musstest zusehen, wie dein Offizier, dein General geköpft wurde. Danach startete eine neue Schlacht.

Diese Erfahrung blieb für lange Zeit in dir. Du wurdest dadurch ein sehr wütender und zielstrebiger Krieger. Du bewegtest dich mehrere Leben in dieser Energie. Es blieb ein Ort von Schmerz und Wut in dir, der dich mehrere Leben weitertrug. Die Erinnerung an das Ende, wo euer General enthauptet wurde, war sehr hart für dich. Du sahst, wie wenig Mitleid da war, so wie sie mit eurem Offizier umgingen.

Es folgten viele Leben, wo du in dir mit einem Konflikt lebtest, bis sich dann endlich innerlich etwas veränderte. Du wurdest spiritueller und gabst ein Versprechen, nie mehr jemanden zu töten.

Wenn heute Wut in dir aufkommt, steigt die Erinnerung auf, wohin dich die Wut in der Vergangenheit führte. Wenn diese Wut überhandnehme, würdest du wieder töten. Das Versprechen stoppt dich nicht nur, die Kontrolle nicht zu verlieren, sondern überhaupt Wut zu spüren. Wir schauen über eine große Zeitspanne, etwa in das Römische Reich vor 2000 Jahren, und ich denke, du hast das nicht mehr so in dir, diese Veranlagung, die Kontrolle zu verlieren und jemanden zu töten. Du kennst dich gut genug, dass du das nicht mehr tun wirst mit oder ohne Versprechen. Du hast Wut in dir, die heraufkommt und ausgedrückt werden kann, aber es kann nicht mehr auf diese Weise ausarten. Ich glaube, du hast nicht ganz wahrgenommen, wie weit du dich entwickelt hast aus diesen Ereignissen. Du hast immer noch Angst, dass das in dir ist. Ich weiß nicht, ob du dieses Gelübde oder Versprechen ablegen möchtest, und dir selber ganz vertrauen kannst. Der Prozess, die Box oder Schachtel zu treten, ist, um die Wut zu befreien. Dann gehst du das Risiko ein, zu fühlen, wie viel Wut da ist. Aber wenn du das in diesem sicheren Rahmen machst, dann führt das dich dahin, um dich zu befreien und etwas in dir aufzulösen. Ich glaube, das ist es, weshalb du dich selber in diesen Einschränkungen hältst, da du niemanden verletzen möchtest. Aber da sind Gefühle, die etwas anderes sagen, und es geht darum, diese Gefühle zu kanalisieren, um einen Weg zu finden, dich sicher zu fühlen. Da du viel Wut deinem Vater gegenüber spürtest, musstest du dich auf eine Weise von ihm trennen und du hast diese Mauer um dich aufgebaut, da du ihn nicht verletzen wolltest.

Die Größe deines Geistes hat nicht genug Raum, solange du dich in dieser Mauer gefangen hältst. Für dich ist es ein Risiko, dies zu tun, Richard Löwenherz ist irgendwo hier drin. Er ist der mutige Geist, aber er ist auch ein Krieger. Er bewies sich selber im Kampf, in der Schlacht. Wenn du ihn in dich nimmst, diesen Kämpfergeist, muss er auch kontrolliert werden. Kennst du das Buch „Der Friedvolle Krieger" von Dan Millman? Das bist auch du, ein Aspekt von dir. Es gibt noch andere Bücher von ihm und er ist sich bewusst über diese Herausforderungen. Aber für mich bist DU das. Du kannst dich nicht verwirklichen, ohne dass du den Krieger in dir spürst und in Anspruch nimmst.

Wie geht es dir?

H: Ja, es macht schon Sinn.

M: Oh, du warst soooo wütend. Wir sagen in Englisch: Jemand ist blutrünstig. Was sie taten war völlig gegen die Regeln. Doch eine Zivilisation beruht auf Regeln und Abmachungen, die man hält.

H: Meine Frau sagte auch schon, dass sie sich ängstigt vor der Wut in mir.

M: Ja sie kann es fühlen. Kannst du es auch fühlen? Es ist Zeit, damit zu experimentieren, damit es kanalisiert wird und sicher herauskommt. Es gibt auch die Möglichkeit mit Tennisschlägern auf ein Bett zu schlagen, dann bist du sicher, dass nichts kaputt-geht, denn die Angst, etwas zu zerstören, ist noch da.

Ich kannte einen, der wollte Geld sammeln für eine Gruppe. Er kaufte ein altes rotes Auto und jeder musste 10 Dollar bezahlen, damit sie mit Hämmern auf dieses Auto einschlagen konnten. Er machte viel Geld damit. Welche Kombination auch immer du wählst, es soll dich befreien. Wenn du befreit bist, nimmst du deine Prospekte mit und verteilst sie.

Was deine Arbeit betrifft, glaubst du zu wissen, was du da machst? Es ist offensichtlich auf der einen Seite, aber ich glaube, dass du die Menschen mehr berührst, als du weißt. Du hilfst den Leuten dort, wo sie Unterstützung brauchen. Du solltest darüber nicht so denken, dass du meinst, dass du zu wenig tust. Vielleicht hat sich das erübrigt, aber du solltest den Wert der Arbeit sehen, die du machst, da du vielen Leuten hilfst. Es ist die Energie, die du gibst. Es ist Zeit, dich selbst zufriedenzustellen. Bist du dir der Angst über deine Wut bewusst?

H: Ja, ich denke schon. Ich habe sie deshalb eingeschlossen.

M: Ich sehe noch ein Problem: Als du ein Teenager warst, vielleicht sogar jünger, 11- oder 12-jährig, hattest du das Ge-fühl, du könntest deinen Vater umbringen, dann hattest du so viel Wut und auch Angst, was passieren könnte – dann hast du dich verschlossen.

H: Ja, es könnte schon sein, jetzt, wo du es mir sagst, es war mir nicht bewusst.

M: Ich teile mit dir gerne eine meiner Erleuchtungen – mein Erwachen. Ich könnte sogar sagen, dass dies mich auf meinen Weg brachte:

Ich hatte meine Mutter etwa 5 Jahre nicht mehr gesehen. Sie kam zu Besuch und eines Abends lag ich in der Badewanne. Meine Mutter kam ins Badezimmer, zog sich ihre Bluse aus und begann, sich zu waschen. Ich war nicht wirklich wütend auf sie, aber ich sah mich selber in der Vorstellung, wie ich in die Küche ging, ein Messer holte und zurück ins Badezimmer kam. Dann sah ich mich immer wieder mit dem Messer auf sie einstechen. Und da war Blut an der Decke, im Waschbecken, in der Toilette, auf dem Boden, und ich lag in der Badewanne und dachte, du mein Gott, (dies war eine Art Vision, nicht real) ich muss da etwas unternehmen, bevor mir das wirklich passiert. Das wurde mir einfach so gezeigt, obwohl ich keine sehr nahe Bindung zu meiner Mutter hatte, aber ich realisierte, wie viel Wut ich in mir hatte und es wäre ein richtiges Vergnügen gewesen. Ich wusste, dass ich mit mir damit arbeiten musste, dass ich etwas zu klären hatte.

Du bist nicht allein in deiner Wut. Ich hatte Frieden geschlossen mit meiner Mutter, bevor sie starb. Das konntest du nicht mit deinem Vater, aber es ist nie zu spät.

H: Mein Vater starb, als ich 23 Jahre alt war, mit 49 Jahren an Krebs.

M: Ja, und an Isolation.

H: Das denke ich auch.

M: Du hast diese Einsichten erhalten und du bekommst Frieden, wenn du dich aus deinem Käfig befreist.

Du kommst an einen Punkt, wo du erkennst,
dass du auf dem spirituellen Pfad
in dem Tempo vorwärtskommst,
das in deinen eigenen karmischen Gegebenheiten
begründet ist – nicht in dem,
was jemand von außen für dich bewirkt.
Du kommst nicht schneller voran
als es dir gegeben ist, kannst nichts übereilen,
du kannst die Gottgefälligkeit nicht herbeizaubern –
sonst schlägt sie gegen dich selbst zurück
und trifft dich direkt am Kopf.

Ram Dass

Mein Beruf und meine Haut

Jonas, *1989

J: Ich kam in erster Linie mit der Frage zu einem Reading mit Maitra, ob mein Arztstudium der richtige Weg ist für mich, denn manchmal kommen Zweifel auf, da die stark verstandesmäßige Wissensvermittlung für mich sehr einseitig ist und ich das Gefühl bekomme, dass meine intuitiven Zugänge und Wahrnehmungsebenen zu kurz kommen, oder dass ich sie schlichtweg wenig einbringen kann und ich diesen Teil wegstecken muss.

Da ich seit einigen Jahren unter Neurodermitis leide, möchte ich auch wissen, was Maitra mir dazu raten kann, und ob es seelische oder karmische Hintergründe gibt.

Jonas Mutter Susann *1963, Begebenheiten und Träume, bevor Jonas bei Maitra ein Reading nahm:

Susanns Traum: Ich erinnere mich leider nicht mehr an die Fülle und alle wichtigen Begebenheiten dieses Traumes, doch ich sehe auf einem Hügel ein Pantheon, so wie die Akropolis von Athen, Griechenland. Es ist ein heiliger Berg und ich bin in einem großen Raum und sehr beschäftigt mit Menschen um mich. Ich sehe ein großes Bild mit einer Figur drauf. In diesem Raum sind viele Studenten und das Bild sollte präsentiert werden. Doch ich werde irgendwann aus dem Saal gerufen und bin nun in der Nähe des Pantheons, das ich oben auf einem Hügel vor mir sehe. Da treffe ich meinen heutigen Sohn Jonas und im Traum kennen wir einander gut und sprechen miteinander. Er sagt mir, dass er fortgehen will, er werde nach *Marduk* gehen. Ich war überrascht und erstaunt über seine Pläne und seine Bestimmtheit, einerseits fand ich es gut und ich kannte seinen Drang, die Welt zu erleben und zu entdecken, andererseits machte es mir Angst, ein schwerer

Abschied stand bevor, er würde weit weg reisen, und wer weiß, wann und ob er wieder zurückkehren würde.

Im Traum fühlte ich mich nicht wie seine Mutter, wie es heute ist, sondern eher wie eine Freundin, oder Schwester, die ihn gut kannte und ihm sehr nahestand. Ich war dazu eine Studentin. Wir hatten keinen großen Altersunterschied. Ist dies ein Hinweis auf ein Leben im antiken Griechenland, wo wir uns kannten?

Den Namen „Marduk" kannte ich vor dem Traum nicht, später schaute ich nach, ob dieser Name eine Bedeutung hat:

Marduk: Ursprünglich war Marduk ein Stadtgott von Babylon. Als es Hammurapi gelang, die Zwistigkeiten der anderen Stadtstaaten auszunutzen und diese unter die Herrschaft von Babylon zu zwingen, erklärte er den babylonischen Stadtgott zum obersten Gott des Pantheons. Dementsprechend wurde Marduk im Codex Hammurapi bereits als Sohn von Ea bezeichnet. Seinen Aufstieg als oberster Gott über die Stadtgrenzen hinaus erfuhr Marduk ab der 2. Dynastie von Isin in dem Schöpfungsmythos Enuma elis. In diesem wird beschrieben, wie Marduk von den anderen Göttern zu ihrem Oberhaupt gewählt wird. Somit übernahm Marduk die Funktion einer Vielzahl von Göttern, was sich in den 50 Namen des Marduk widerspiegelte. Marduk übernahm die Funktion der bisherigen Göttertrias An, Enlil und Enki bzw. des Quartetts An, Enlil, Enki und Ninmach, was in dem stetig wachsenden Einfluss Babylons begründet war.

Marduk *bedeutet auch (sumerisch) „Die untergehende Sonne".*

In dieser Zeit holte ich seit Langem wieder einmal ein paar DVDs, um zu Hause Filme anzusehen. Ich hatte 5 Filme spontan ausgewählt und einer davon hieß „AGORA – Die Säulen des Himmels" (Regie: Alejandro Amenabar 2010). In der Regel schaue ich keine Monumentalfilme an, doch diesen musste ich einfach mitnehmen.

Als der Film startete, lief es mir kalt den Rücken herunter und gleichzeitig war ich völlig fasziniert. Ich war mitten in diesem Traum in Griechenland, auf der Akropolis, den ich vor ein paar Wochen hatte und konnte es kaum glauben, dass es vom Gefühl her eine solche Resonanz gab. Ich war völlig überwältigt, genau so, als ich die Erklärung fand zum Namen Marduk. Kurz darauf hatte ich einen weiteren Traum von Jonas: Mein Sohn Jonas, der unter Neurodermitis leidet, kommt im Traum nach Hause und hat über dem rechten Auge einen Hautausschlag. Er ist traurig, sagt zu mir: „Schau, ich habe wieder einen Ausschlag, es kommt schon wieder." Ich bin selber auch ratlos, denn ich kenne sein Leiden und wie diese Ausschläge immer wieder irgendwo auf-flammen, kaum scheinen sie etwas abgeheilt zu sein. Ich versuche ihn zu beruhigen, um ihm den Stress zu nehmen. Im Traum kann ich fühlen, wie er sich fühlt. Etwas will nie richtig abheilen, und ich sehe seine Verzweiflung, mit der er kämpft.

Gegen morgen in der gleichen Nacht hatte ich weitere Traum-bilder. Ich war mit Jonas in einem fremden, kargen Raum. Ich konnte ihm nicht helfen, er schien krank zu sein und lag seit-lich auf einem Bett oder gar auf dem Boden. Im Raum hatte es noch andere Menschen mit dunkler Haut, Nordafrikaner oder Asiaten. Sie waren aber jung und kümmerten sich nicht so sehr um den kranken Menschen hier am Boden. Er lag in Schmerzen und ich beugte mich zu ihm. Es war schrecklich für mich, ihn so zu sehen, und ich konnte ihm auch nicht helfen. Er wand sich vor Schmerzen, war jedoch schon viel zu schwach, um noch aufzu-stehen, und plötzlich sah ich, dass er erbrach. Aus seinem Mund floss dicke, helle Flüssigkeit, die wie Eiter aussah, es war entsetz-lich. Was konnte ich nur tun? Dann sah ich, wie sich seine Mund-region auflöste, das Fleisch zersetzte sich schnell und dieser Teil des Gesichtes verwandelte sich in die Schädelzone. Alles löste sich auf und die Zähne kamen hervor wie bei einem Totenkopf. Ein unendlich qualvoller, entsetzlicher, verzweifelter Schrei, tief und lang und mit allen erdenklichen Emotionen gefüllt wurde von ihm ausgestoßen. Dieser grauenvolle lange Schrei riss mich aus diesem Traum und ich erwachte, ich hörte sein Schreien noch lange weiter.

Ich war überfordert mit diesen Bildern und noch hallte dieses Schreien in meinen Ohren. Der Traum fühlte sich so wirklich an, dass ich das Gefühl hatte, ihn hier im Raum gehört zu haben. „Was ist das für ein Traum, wie komme ich dazu, so etwas Grauenvolles zu träumen?", fragte ich mich. In mir kamen Ängste hoch, ob dies eine Todesahnung ist. Trotzdem hatte ich auch das Gefühl, dass es sich möglicherweise in einer anderen Dimension oder in einem anderen Leben abgespielt hat. Ich war den ganzen Tag hindurch traurig und etwas weinerlich, so stark waren meine Emotionen dazu. Sobald ich mich nicht mehr ablenken konnte, weinte ich über diese schrecklichen Bilder und meine Hilflosigkeit, die ich in diesem Traum empfand. Es war schlichtweg grauenvoll.

Gerade in dieser Zeit hörte ich durch eine Bekannte von Maitra und ihren Einzelsitzungen mit dem Zugang zur Akasha-Chronik und entschied mich, ein Reading bei ihr zu nehmen, denn es fiel mir schwer, dies alles innerlich einzuordnen. Auch fragte ich Jonas, dem ich von meinem Traum erzählte, ob er eine Einzelsitzung nehmen möchte bei Maitra. Er willigte ein und so kam es, dass wir beide am gleichen Tag nacheinander eine Einzelsitzung hatten, Jonas zuerst und ich nach ihm.

Als ich begann, Maitra von meinem traumatischen Traum zu erzählen, hörte sie aufmerksam zu und kaum war ich fertig, sagte sie, dass ich im Traum einen Teil des vergangenen Lebens gesehen hätte, das sich soeben im Reading vor mir bei Jonas gezeigt hatte und ihm offenbart wurde. Sie meinte, dass ich den ganz starken emotionalen, traumatischen Teil in diesem Traum mitbekommen hätte und gesehen hätte, wie sein Leben damals qualvoll zu Ende ging. Jonas war nach seinem Reading vor mir bereits wieder unterwegs und Maitra forderte mich auf, ihn anzurufen, um seine Erlaubnis zu erhalten, dass sie mir über sein vergangenes Leben erzählen darf, das er in seinem Reading erfahren hat. Ich konnte ihn telefonisch erreichen und er willigte ein.

Ein vergangenes Leben von Jonas:

M: Sag mir deinen ganzen Namen, den du heute trägst.

J: …

M: Dein Name gibt dir im jetzigen Leben viele Möglichkeiten und eine große Auswahl des Ausdrucks.

Du wurdest gefangen und versklavt, da du in einem Schiffskrieg verwickelt warst. Ich denke, du warst in diesem Leben ein Grieche, oder

von irgendeiner Insel her kommend. Du warst auf einem Schiff Offizier,
ein Helfer des Kapitäns. Du warst in Ausbildung, um ein Kapitän zu
werden und sein Assistent. Aber es machte keinen Unterschied als du
ein Sklave wurdest, du warst dann einfach ein Körper, eine Arbeitskraft.
Auf dem Mittelmeer gab es zu dieser Zeit viele Kämpfe, Piraterie und
Überfälle. Schiffe wurden geplündert, Menschen versklavt und verkauft.

Ich sehe ein sehr klares Bild. Ich sehe die Pyramiden in Ägypten. Du
bist ein Sklave. Du hilfst, diese großen Steine zu tragen und zu bewegen.
Damit sind ganz viele Gegebenheiten verbunden. Du warst ein Sklave
und Arbeiter und du hattest auch ein Talent im Umgang mit Tieren. Bei
dieser Arbeit brauchte man Menschen und auch Tiere, um diese riesigen
Steine zu bewegen. Der Vorarbeiter hatte eine große Peitsche. Er merkte
dann, dass du mit den Tieren sprechen konntest, und so nahm er dich
weg von deiner aktuellen Arbeit.

J: Im vergangenen Sommer habe ich mich mit den Bauten
der Pyramiden beschäftigt und mit der ägyptischen Kultur. Ich
habe viel darüber gelesen, und mich damit auseinandergesetzt,
auch mit dem Thema der Sklaverei.

M: Ja, das passt vollständig. Du trugst etwas Schweres auf der Schulter
mit Seilen. Der Aufseher befreite dich von dieser Arbeit und brachte
dich zu den Tieren, da nicht so viele Menschen es verstanden, die Tiere
zu überzeugen, dass sie so hart arbeiten müssten. Das war ein sehr ge-
mischter Segen für dich. Einerseits musstest du nicht weiter diese sehr
harte körperliche Arbeit tun. Du konntest jetzt etwas tun, was weniger
hart für deinen Körper war, und zur gleichen Zeit hasstest du es, da du
veranlasst warst, diese Tiere umzubringen, weil sie nicht so lange lebten
unter so harten Bedingungen. Auch die Menschen nicht.

Niemand kümmerte sich wirklich um die Sklaven. Keiner hatte genug
Ruhepausen, niemand, weder Mensch noch Tier. Niemand bekam genug
Nahrung. Es schien so, dass es einfach so viele davon gab, dass man sie
einfach fortwerfen konnte und andere kamen nach.

Etwas passierte mit einem Tier. Es waren entweder Esel oder Maul-
tiere, ich sehe sie etwas größer als Esel, ich denke es waren Maultiere.
Das eine Tier biss das Tier neben sich und verursachte, dass der ganze
Zug anhalten musste. Man verlor Zeit und Menschen wurden verletzt.
Du warst dann gerade neben dem Tier und wurdest dafür für schuldig

befunden. Man setzte dich wieder zurück zur Arbeit wie zuvor mit dem Seil und den Riemen über die Schultern, zum Steine-Ziehen.

Der gleiche Vorarbeiter oder Aufseher, der dich zurück versetzte in die Reihe der Zieher, tötete zuvor die Tiere und beobachtete dich weiterhin die ganze Zeit. Er war hart und brutal zu dir, schlug dich ohne Grund, schrie dich an und du wurdest innerlich immer wütender und wütender. Du hattest das Maultier sehr gut verstanden, welches das andere gebissen hatte und aggressiv wurde in einem Moment.

In den Reihen stellte man die kleinen Leute zwischen die größeren. Es war nicht gut, die kleinen Leute zusammenzustellen. Ein Junge war neben dir, so ungefähr 17 Jahre alt. Für sein Alter war er sehr klein und er war sehr ängstlich. Da er so klein war, hackten alle auf ihm rum, die anderen Sklaven und die Aufseher. Er konnte nie etwas gut genug machen. Du dachtest, dass er sehr mutig war, und dass er sein Bestes gab. Du versuchtest ihn irgendwie zu decken, zu schützen, indem du etwas härter gearbeitet hast, sodass man nicht bemerkte, wie ausgezehrt und schwach er bereits war.

Der Aufseher kam während der Essenszeit zu euch, als alle für ein paar Minuten anhalten durften, um etwas Brot und Wasser zu sich zu nehmen. Du warst auf einem Stein und der Junge saß auf dem Boden, und lehnte sich gegen den selben Stein. Ihr beide spracht zusammen in sehr gedämpften Stimmen, damit euch niemand hören konnte und er sagte dir: „Ich schaffe es nicht mehr länger als diesen Tag." Und du gabst zur Antwort: „Verliere deinen Mut nicht und tu einfach so, als ob du arbeitest, und ich versuche das zu machen und übernehme etwas, so viel wie ich kann. Ruhe dich zwischendurch aus und tue einfach so, als ob du ziehen würdest." Er versuchte nicht zu weinen, doch Tränen rollten über sein Gesicht und er sagte weiterhin: „Ich schaff es nicht mehr, ich kann nicht weitermachen."

Plötzlich stand jemand über euch beiden. Es war der Aufseher mit seiner Peitsche. Er trat den Jungen und sagte zu ihm: „Wenn du meinst, dass du davonkommst, ohne deine Arbeit zu leisten, dann irrst du dich. Ich habe dich beobachtet." Dann drehte er sich zu dir und trat dich ebenso ins Bein und sagte: „Du meinst, du kannst mich reinlegen mit dem, was du machst?!"

Dann nahm er einfach seine Peitsche und begann, diesen Jungen am Kopf und an Schultern zu schlagen. Er schlug ihn völlig zu Boden und hörte nicht auf, ihn zu treten und zu schlagen. Jetzt verlorst du deine Kontrolle. Du gerietst außer dir und konntest das nicht mehr ertragen. Du standest auf, nahmst seine Peitsche aus seiner Hand und begannst auf seinen Kopf einzuschlagen. Dann begann ein kleiner Aufstand in den Reihen der anderen Männer.

Jeder hasste diesen Aufseher so sehr, da er so brutal war, und die anderen Sklaven begannen ebenso auf ihn einzuschlagen. Sie schoben dich auf eine Seite und begannen, Steine auf ihn zu werfen Auch schlugen sie mit Steinen auf ihn ein und als sie aufhörten, lag er blutend auf dem Boden und war tot.

Andere Aufseher kamen her zu euch und fragten: „Wer startete das hier?" Sie sahen, wenn sie euch alle hinrichten würden, wären es zu viele und es würde der Arbeit schaden, die gemacht werden musste. Also konnten sie das nicht machen. So wollten sie wissen, wer den Konflikt anzettelte und alle sagten: „Er begann damit, er selbst", und zeigten auf den toten Aufseher.

Die Aufseher fragten weiter: „Aber wer war es, der sich gegen ihn wehrte?" Niemand sagte etwas. Irgendwie sprach keiner darüber und es war so, dass sie alle zusammen aufstanden und so zusammenhielten. Dann sagten die Aufseher: „Dann werdet ihr alle bestraft."

Die Bestrafung waren viele Peitschenhiebe. Den Ersten, den sie nahmen, war der kleine Junge, den du vorher verteidigt hattest, als der von diesem Aufseher geschlagen wurde, da er den schuldigsten Eindruck machte. Und sehr wahrscheinlich fühlte er sich auch am schuldigsten. Sie gaben ihm 2 Hiebe mit dieser sehr harten Peitsche und es tötete ihn. Er wollte eigentlich auch nicht mehr leben und hätte vielleicht nicht mehr so lange gelebt, doch die Schläge trafen ihn am Körper so, dass er sofort starb. Dann sagtest du: „Schlagt nicht noch mehr andere, ich war es."

Das war es, worauf sie warteten. Die Bestrafung für dich war so etwas wie 100 Peitschenhiebe. Das waren genug Schläge, um dich zu töten, und das war auch die Absicht: dich so weit zu bestrafen, dass du nicht überleben konntest und dass alle anderen es sehen würden, damit sie danach gehorchen würden. Sie konnten keine Sklaven gebrauchen, die rebellieren und sich widersetzen.

Du sagest zu dir selber: „Das war das Einzige, was ich tun konnte, da ich so hilflos war und sie waren so stark." Du wusstest, dass sie die

Absicht hatten, dich zu töten. Wie konntest du noch etwas tun, um dies zurückzuzahlen? Also das Einzige, das du tun konntest, war auf eine Weise dagegen zu kämpfen, indem du es nicht ohne Weiteres hinnahmst. Auch wenn du wusstest, dass es hoffnungslos war, konntest du die Wahl treffen, etwas zu sagen, um ihnen zu zeigen, dass du immer noch ein Mann warst. Dafür hast du dich entschieden, dies zu tun.

Die Bestrafung wurde erst am kommenden Tag ausgeführt, wofür sie alle Sklaven und Arbeiter zusammentrommelten. Sie gaben für alle diese Zeit von der Arbeit frei, um ihnen zu zeigen, was passierte, wenn man sich gegen einen Aufseher auflehnte.

Jedes Mal, wenn sie dich schlugen, sagtest du im Trotz etwas, das sie herausforderte: „Ihr könnt meinen Körper verletzen, aber ihr könnt meinen Geist nicht verletzen." Du verwünschtest und verfluchtest sie: „Möge eure ganze Familie sterben durch die gleichen Bestrafungen. Mögt ihr alle eure Eigentümer verlieren." Es waren 3 Männer, die dich abwechslungsweise schlugen, da es zu viel gewesen wäre für einen. Sie hätten sich selbst zu sehr erschöpft. So war jeder jeweils dran, dich zu peitschen. So lange, wie du sprechen konntest, versuchtest du ein bisschen Respekt zu halten und dich nicht so als Opfer zu fühlen, indem du sie verfluchtest. „Möget ihr euer Augenlicht verlieren." Und es war deine Haut, die verletzt, geschändet wurde und blutete: „Was ihr mir antut, soll auf euch zurückkommen."

Du bist gestorben. Doch in Wirklichkeit bist du verblutet. Sie rissen deine Haut an bestimmten Stellen so tief auf und verletzten dich. Du weißt heute, was das heißt, da du jetzt Medizin studierst. So bist du nicht so lange am Leben geblieben, wie sie eigentlich wollten, weil du zu viel Blut verloren hast. Und währenddessen hast du so viel Energie verloren, dass du nicht mehr sprechen konntest, aber du schriest es trotzdem mit voller Kraft aus dir heraus.

Jedes Mal, wenn du was sagtest, konntest du die Suche nach Hoffnung fühlen in den Männern um dich, die Sklaven. Du fühltest ihre Identifikation mit dir und ihre Gefühle bis zum letzten Moment, dass jemand den Mut hatte, sich aufzulehnen, obwohl er dafür geschlachtet wurde.

Am Ende warst du glücklich zu sterben. Es war eine große Erlösung, deinen Körper zu verlassen und nicht mehr so viel Schmerz ertragen zu müssen. Dann trafst du zwei Geistführer, die sofort begannen, dir Folgendes zu vermitteln: „Es ist zu schade, dass du dich in ihre Realität

hineinstoßen ließest. Es ist zu schade, dass du begannst, ihnen das an-
zutun, was sie dir angetan haben, dass du da hineingegangen bist. Du
bist innerlich weiterentwickelt. Bevor du versklavt wurdest, warst du ein
Führer, eine Person, die auf dem Weg war, ein Schiffskapitän zu werden,
in einer Position mit großer Verantwortung und Ansehen. Wenn du nicht
so intelligent und entwickelt gewesen wärst, wärst du nicht auf diesem
Weg gewesen, der zu sein, der du bist."

Sie sagten zu dir, dass du getestet wurdest, und du ließest dich auf
ihr Niveau fallen. Du sagtest darauf: „Schaut auf all die Menschen,
die das mit angesehen haben, es gab ihnen zum ersten Mal Hoffnung."

Und die Geistführer, die zu dir sprachen, sagten: „Du hast recht,
es gab ihnen Hoffnung, aber mit dieser Hoffnung war auch das Gefühl,
dass andere Menschen zerstört werden sollten. Es gab da diese Energie
von Krieg, die Energie von Rache, Zurückschlagen, Heimzahlung."

Sie sagten weiter: „Dafür musst du noch hinhalten, das musst du
ausbügeln. Du weißt, das ist das, als Jesus sagte, dass man die andere
Wange hinhalten soll." Er meinte damit nicht, dass man sich für sich nicht
einsetzen soll. Er meinte damit, lasse dich nicht auf ein tiefes Niveau
ein, mach nicht das Gleiche, was dir angetan wurde, sei eine denkende
und bewusste Person. Lass dich nicht von anderen verletzen, was meint:
Mach nicht das, was sie tun.

In der heutigen Welt können wir sagen, der Dalai-Lama ist
einer, der weiß, wie man das macht. Nelson Mandela ist ein
anderer, du weißt, dass im Gefängnis litt, herauskam und allen
vergab, die ihn verletzten und einsperrten und ihn während all
diesen Jahren gefangen hielten. Dann wurde er anerkannt als
ein Friedensbringer zwischen den Rassen in Südafrika. Das sind
einige Beispiele von Menschen, die taten, was deine Seele tun will.

Ich glaube, in einigen Leben hast du dich bereits selbst getestet, dass du nicht ein Krieger bist, der im Sinne hat, Menschen
zu töten. Du bist nicht nach Rache aus. Du hattest Leben, die
ich aufzählen könnte, mindestens 3 Lebenszeiten, als du bemüht
warst, Konflikte zu lösen, die dich in ähnliche Situationen geführt hatten. Was jetzt übrig bleibt in diesem Leben, ist dein Gefühl in deinem Körper. Es ist die Wirkung der Flüche, die du
ins Universum geschickt hast. Sie kommen zu dir zurück, in der

gleichen Art, dass sie dich nun peitschen, ohne dass du jemanden bestraft oder etwas gesagt hast. Wenn du verstanden hast, wie das Universum funktioniert, hättest du gewusst, dass es zurück zu dir kommt. Was immer man herausgibt, kommt zurück.

Was zu dir zurückkommt ist das Gefühl der Rache und die Flüche, die du ihnen gewünscht hast. Dein Körper ist irgendwie mit dieser Energie in Konflikt. Ich weiß nicht, wie du heute mit Wut umgehst. Findest du, dass du manchmal sehr temperamentvoll oder schnell wütend bist? Doch du gehst ja nicht so weit, dass du jemanden verletzen willst oder töten würdest. Aha, durch den Kampfsport hast du einen Weg gefunden, diese Energie zu kanalisieren, sodass es andere nicht verletzt.

Was es jetzt zu tun gibt ist Mitgefühl für dich selbst aufzubringen.

Der Mann, der du damals warst – sein Name war wie ADRIAN – also wenn ich ihn ansehe, dann kann ich ihn nicht verurteilen, für das, was er tat. Ich kann nicht sagen, dass er etwas sehr Schreckliches getan hat, obwohl er diese Menschen verfluchte. Es war alles, was ihm übrig blieb, es war alles, was er tun konnte, er war so hilflos. So kämpfte er sich in den einzigen Weg zurück, den er sich denken konnte. Aber er ging dahin zurück, ohne zu verstehen, was für Folgen dieses Verhalten für ihn haben wird. Er wusste nichts über Karma, er wusste nicht, dass dies auf ihn zurückkommen würde.

Deine Aufgabe heute ist Adrian zu vergeben für seine verständliche Hasserfülltheit und Rachsucht. Wir können dies heute verstehen, aber vom Standpunkt der Seele aus ist es jetzt notwendig, dich selbst nicht mehr zu bestrafen. Etwas von deinem inneren Stress, den du heute hast, ist eine Art Widerspiegelung, wie deine Seele das sah im vergangenen Leben.

Heute erwartest du von dir, der Beste zu sein, perfekt zu sein, fehlerlos zu sein. Also dein heutiger Stress, den du fühlst, wirkt sich auf deinen Körper aus und ist das, was du dir selber antust. Dir selbst zu vergeben und Mitgefühl für dich selbst zu finden heißt, dass du für dich selber wünschst, nicht mehr länger zu leiden. Das verwandelt die Flüche und Verwünschungen in Segen, verstehst du? Die Flüche kamen auf dich zurück und dies ist, was dich jetzt so trifft, diese schreckliche Irritation in deinem Körper, in deiner Haut. Diese Flüche wollen in Segen umgewandelt werden. Es könnte sein, dass es genügt heute darüber zu sprechen, und dass du es jetzt verstehst, sodass etwas in dir hochkommt, um gelernt und wieder erkannt zu werden.

Du kannst es im Moment so ausgleichen, korrigieren. Wenn du aber nicht so viel Besserung erlangst, wie du gerne hättest, kannst du dich wieder in diese alte Situation versetzen, dich darin vorstellen und dir auch diese Flüche und Verwünschungen vorstellen, die du den Tätern mit deinen eigenen Worten gabst. Und erinnere dich, du hast nicht nur diese Männer verwünscht, die dich getötet haben, und nicht nur die, die ihnen befohlen haben, dich zu töten, auch ihre Familien. Du wolltest sie für das bestrafen, was sie dir antaten, und ihnen Angst machen.

Stelle dir einfach vor, was du ihnen alles gesagt hast, und schreibe alles auf ein Stück Papier, und dann nimm ein anderes Blatt Papier und wandle diese Flüche in Segenssprüche um. Z. B. wenn du gesagt hast „Ich wünsche, dass deine Familie ausstirbt, eure Kinder sollen sterben, eure Großkinder werden sterben, euer Name wird aussterben …" verstehst du, wenn dies ein Fluch war, dann sollst du auf das andere Blatt schreiben: „Mein Wunsch ist, dass eure Familie etwas daraus lernt, was passiert ist und ihr erlaubt, zu erblühen und mögen gesunde und wohlhabende Familien nach euch folgen, die gelernt haben, andere Menschen nicht zu misshandeln."

Du musst nicht ignorieren, was du erlebt hast und was sie dir angetan haben. Du kannst immer noch darauf hinweisen, dass daraus eine Lektion gelernt wird, aber ohne Bestrafung und Hass. Du wünschst ihnen jetzt ein neues Bewusstsein, das sie glücklich macht. Indem du diese Flüche veränderst, ausradierst und in Segenssprüche auf einem anderen Blatt Papier schreibst. Und wenn du fertig bist damit, verbrennst du das Blatt mit den Flüchen und Verwünschungen, um diese Energie zu beenden und loszukommen davon und es hinter dir zu lassen.

Die Heilung wird nicht nur von dir selbst, sondern auch von allen Seelen, die betroffen waren durch die Verfluchungen, von diesem Segen erfasst sein. Ich glaube, dann bekommst du ein besseres Verständnis dafür, warum du heute Medizin studierst. Den Grund, warum du dieses Studium als Beruf gewählt hast, hast du intuitiv gespürt, dass dies jetzt stattfinden sollte. Heilung muss passieren, nämlich für dich und für alle anderen Menschen, auf die diese Flüche wirkten. Verstehst du? Ich denke, du bist bereits auf der richtigen Spur, auf dem richtigen Weg. Ich kann dir deshalb nicht sagen, ob du weiterverfahren sollst mit dem Medizinstudium oder nicht. Du spürst es.

Wenn du durch diesen Prozess hindurchgehst, wird sich das zeigen und du wirst wissen, ob du mit dem Studium weitermachen möchtest. Ich möchte bekennen, dass deine Intuition gut ist, deine innere Führung ist stark. Du hast das bereits gefühlt, diese Energie hat dich bereits berührt. Du fühlst dieses Bedürfnis zu heilen. Bis anhin war es noch nicht so ganz klar, weil du über diesen Teil und die Verfluchungen nicht alles gewusst hast, aber du wusstest es trotzdem in deinem Inneren, ganz intuitiv.

Wenn du weitermachst, ist das auch eine Heilung dieses vergangenen Lebens, und wenn du nicht weiterstudierst, ist es, weil du das Gefühl hast, dass du genug getan hast, dies zu heilen. Vielleicht möchtest du etwas anderes machen. Ich weiß noch nicht, wie das bei dir genau ankommt. Ich denke, die Angst, etwas falsch zu machen oder die Kontrolle zu verlieren, kommt von dieser Erfahrung. Du verstehst zwar, warum du es gemacht hast. Hoffentlich kannst du dir selbst dafür verzeihen. Da ist ein Platz in dir, wo du wirklich hoffst, dass du niemals so etwas wiederholen musst, oder wo du in eine Situation kommst mit solcher Verantwortung. Jetzt passiert das, da du verantwortlich bist für das Negative, das du in die Welt gesetzt hast. Aber ich denke, es ist nicht mehr länger so stark und überwältigend. Du hast bereits viel Arbeit geleistet, um dies zu heilen. Jetzt, da es noch bewusster wird, kannst du einige der Bilder zurückholen. Als ich die Geschichte erzählte, konntest du die Bilder dazu sehen?

J: Ja.

M: Jetzt weißt du auch, was du mit diesen Bildern tun musst. Meine Vermutung ist, dass du auch sehr starke Gefühle zum

Thema Sklaverei hast. Hast du je darüber nachgedacht? Weißt du, dass es in dieser Welt immer noch stattfindet?

J: Ja, es beschämt mich und tut mir weh, wenn ich darüber lese.

M: Wir müssen unser Bewusstsein verändern. Ich denke, deine Scham kommt aus dieser Erinnerung. Es war unter dem Niveau von Bewusstheit, und jetzt beginnst du dir darüber bewusst zu werden. Ich hoffe, dass dies jetzt schon vieles in Bewegung setzt, aber es kann sein, dass du noch mehr machen musst. Damit musst du dich selber auseinandersetzen, niemand anders kann das für dich entscheiden. Dieser Richter ist in dir selber und sagt, wenn es genug ist. Niemand anders kann das für dich sagen. Ich kann jetzt sagen, es ist genug, und vielleicht viele Leute, die dich kennen, würden dasselbe sagen, aber du hast es noch nicht ganz entschieden. Was du herausgibst, kommt zurück.

Ich sehe **Jack Schwarz**. Das bist du, auf deine eigene Weise. Es ist ein Aspekt von dir. Hier geht es darum, Hass mit einem offenen Herzen, mit Liebe zu ersetzen. Hass kann nicht standhalten gegenüber einem offenen Herzen. Dies ist ein Teil deiner Geschichte, da Jack auch gefoltert wurde. Er kann deine Inspiration sein, wenn du das möchtest.

Erklärungen zu Jack Schwarz:

Jack Schwarz überlebte den Holocaust und verwandelte viele Leben. Er war ein erstaunlicher Mann.

Jack Schwarz war ein niederländischer jüdischer Schriftsteller, der von den Nazis gefangen genommen und wie Millionen andere in ein Konzentrationslager geschickt wurde. Er wurde vergewaltigt und unfassbar gefoltert. Und an diesem Punkt ist nach Schwarz etwas Ungewöhnliches passiert. Er erkannte, dass er den Schmerz, den er ertragen musste, kontrollieren und regulieren konnte. Er praktizierte Meditation und Gebet. Er schärfte seinen Verstand bis zu dem Punkt, wo er Folter und Entsetzen standhalten konnte.

Am Ende des Zweiten Weltkriegs begann Schwarz, über die Kraft der Liebe und des Gebets mit einem höheren Selbst zu sprechen. Um dies zu demonstrieren, reiste er durch Europa. Schwarz drückte brennende Zigaretten in sein Fleisch, und es gab keine Brandspuren. Er steckte Messer und Nadeln durch seine Organe und die Löcher schlossen sich ohne Blutung oder Schmerzen. Er drückte sich auf ein Nagelbett und sprach über die Kraft des Gebets. Schwarz wollte nicht sagen, dass er außergewöhnlich sei. Tatsächlich betonte er, dass sein Geist derselbe sei wie bei jedem anderen, und dass er daraus diese Kraft nutzen konnte. Die Macht war nach seiner Meinung Gott.

Jack Schwarz wurde an der Universität von Kalifornien und vielen anderen Instituten getestet. Er unterzog sich einer ganzen Reihe von Untersuchungen von Wissenschaftlern, um sicherzustellen, dass es kein Scherz war. So demonstrierte er weiter, sich mit Nadeln und Messern ohne erkennbare Wirkung zu erstechen. Trotz seiner übernatürlichen Fähigkeiten betrachtete Schwarz seine Fähigkeiten als eine Kraft, die sich aus der Verbindung mit Gott ergab. Seine Folter weckte sein Verständnis, dass er seine Gedanken kontrollieren konnte. Er konnte sich mit zunehmender Intensität auf ein Objekt konzentrieren. Und er erkannte, dass LIEBE das beste Meditationsobjekt zur Verbesserung von Gesundheit, Wohlbefinden und Schutz vor Gewalt war. Er erkannte, dass Liebe der Name Gottes ist. Und indem er über diesen Aspekt nachdachte, konnte er der Nazifolterung, den Lebensbedingungen in den Konzentrationslagern standhalten und nach dem Krieg ohne Hass gegenüber den Deutschen und seinen Peinigern leben.

Schwarz's Geschichte ist keine Freak-Show oder der Triumph der Willenskraft. Es ist wirklich eine Energie, die von innen kommt und durch Gebete, Meditation, Konzentration und Mantras aufgebrochen wird. „Ich bin, was ich bin."

Interview mit Jonas:

J: Das ganze Reading hindurch empfand ich eine sehr starke emotional aufgeladene Stimmung. Ich bekam durchgehend Gänsehaut, etwas in mir ging mit dieser Geschichte stark in Resonanz. Durch das Reading und die Einsicht in dieses tragische vergangene

Leben bekam ich eine Art Erklärung und eine Erleichterung für mein Hautleiden. Es wurde in diesem Sinne noch nicht ganz geheilt, meine Beschwerden mit der Haut verschwanden nicht einfach. Der Auslöser für mein tragisches Ende dieses Lebens war ja, dass ich die Kontrolle über meine Gefühle verlor und mich den Grausamkeiten des Vorstehers widersetzte. Das löste dann die ganze Lawine von weiteren Konsequenzen aus. Daraus erfolgte die Todesstrafe durch die Auspeitschungen. Es wurde mir auf eine Weise bewusst, dass ich ganz tief in mir drinnen noch eine Angst habe davor, auszurasten oder die Kontrolle über mich selbst und über die Gefühle zu verlieren. Darunter liegt so ein Gefühl, dass es schlimm enden könnte, dass ich bestraft oder sogar das Leben verlieren könnte. Einen Teil dieser Energie, und wahrscheinlich auch einen Teil von Ängsten, konnte ich über den Kampfsport über viele Jahre gut kanalisieren und auch ausleben.

Was mir danach auffiel, dass ich in meinem Leben immer wieder mit cholerischen Menschen zu tun bekomme, als ob ich solche Situationen mit diesem Menschentyp anziehe. Ich kam dann in Situationen, wo diese Menschen emotionale Ausbrüche hatten, und das wiederholte sich in verschiedenen Gegebenheiten. Ich fragte mich, was könnte das mit mir zu tun haben. Ich kann mir vorstellen, dass es auch etwas mit diesen tiefen alten Erfahrungen zu tun hat und mir da etwas gespiegelt wird. Ich tendiere nämlich dazu, wenn ich Menschen um mich habe, die etwas explosiv oder eben schnell aufgebracht sind, dass ich mich eher zurücknehme. Weil ich oft noch solche Situationen anziehe, frage ich mich, ob ich selber lernen kann, Gefühle und vor allem die starken und unangenehmen, wie Wut und Ärger, mehr zuzulassen, mehr Kontrolle abzugeben und auch Fehler machen kann, also weniger perfekt sein muss.

Ich lebte ein Jahr lang in einer Wohngemeinschaft und einmal hatte ich richtiggehend eine Rückblende (Flashback), so eine Blitzerinnerung an dieses vergangene Leben aus dem Reading mit Maitra. Ich arbeitete zusammen mit meinen 3 Mitbewohnern im gemeinsamen Garten. Besonders einer von den drei war sehr impulsiv und cholerisch. Ich war dabei, mit einer Karrette Unkraut zu transportieren. Mein Oberkörper war nackt. Er kam auf mich zu und hatte einen Ast als Peitsche in der Hand und schlug mir so als Scherz über den Rücken, um mich vorwärtszutreiben.. In mir geschah diese Rückblende, diese Realitätsverschiebung und die Bilder und Gefühle dieses vergangenen Lebens tauchten alle vollständig in mir auf. Es war so unerwartet und ich war völlig verblüfft über dieses Geschehen.

Es erstaunte mich sehr, diese Erinnerung zu spüren. Es waren ja auch ein paar Jahre vergangen seit dem Reading. Ich war für einige Zeit wie in einem anderen Zustand, diese Erinnerung holte mich ein. Ein Gefühl eines Aha-Erlebnisses kam, eine tiefere Erkenntnis und innerlich verknüpften sich Zusammenhänge und reihten sich aneinander.

Für mein Empfinden waren diese 3 Mitbewohner immer etwas gegen mich gerichtet. Sie attackierten mich manchmal zu sehr für eher unbedeutende Sachen, als hätte ich gegen sie etwas ausgerichtet, als ob ich ihnen etwas angetan hätte. Sie forderten oft von mir, dass ich genau nach ihren Vorstellungen pariere, was mir meistens sehr extrem vorkam. Natürlich war dies und jenes berechtigt, doch oft empfand ich es einfach als zu fordernd und übertrieben, was sie von mir wollten. Das kam mir unverhältnismäßig vor. In dem Moment, als mich der Kollege aus Spaß peitschte, und diese alten Erinnerungen wieder aufflackerten, sah ich alle diese Zusammenhänge, und es fühlte sich wirklich so an, dass diese 3 Mitbewohner damals die Mitspieler waren, also mein Todesurteil ausführten, indem sie mich zu Tode peitschten. Mir wurde bewusst, dass sie immer noch etwas unbewusst handeln, auf einer subtilen Ebene, und dass für mich noch anderes mitwirkte, als wussten sie nicht so genau, weshalb sie sich so verhielten. Ich konnte ihnen meine Perspektive nicht wirklich mitteilen.

Als mir das bewusst wurde, habe ich in mir diese Energie gespürt, die ihnen alles verzeiht. Ich versuchte diese Versöhnung in diesem Moment im Garten innerlich auszusprechen, damit sie es auch irgendwie wahrnehmen konnten. Manchmal habe ich wie auf eine Gelegenheit gewartet, um ihnen sagen zu können, dass ich ihnen verzeihe, ohne dass sie den ganzen großen Zusammenhang verstehen müssten. Ich spürte einfach dieses tiefe Bedürfnis zu verzeihen und auch diese stille Bitte, dass sie auch mir verzeihen konnten, da ich durch die Verfluchungen, die ich aussprach, auch belastet war. Ich glaube, da hat sich nochmals etwas ganz Tiefes in mir gelöst. Kurz danach bin ich ausgezogen. Ich fühlte, dass die Zeit in dieser Wohngemeinschaft für mich beendet war.

Die Neurodermitis ging in den vergangenen Jahren immer mehr zurück. Ich fühle mich viel besser in meinem ganzen Körper.

Interview mit Susann:

S: Diese Zeit mit den Träumen von meinem Sohn und dem Film, der auf der Akropolis startete, war sehr intensiv für mich. Was Maitra mir und meinem Sohn an diesem Tag, als wir nacheinander zu einem Reading bei ihr waren, aufdecken konnte, hat mich zutiefst berührt und auch auf eine Weise sehr entlastet. Ich konnte es mir nicht anders erklären und auf einer tieferen Ebene nahm ich es so wahr, dass Bilder und Botschaften durch Träume und auch durch äußere Bilder wie Filme oder Informationen aus Büchern, Begebenheiten oder Erinnerungen an vergangene Leben vermitteln, die ich für mich in dieser Zeit jedoch noch nicht so klar verstehen konnte.

Ich begann wahrzunehmen, dass wir alle als seelische Wesen unterwegs sind, und wir noch viel komplexere Verbindungen untereinander haben als die gegebenen Rollen wie z. B. Mutter, Sohn, Vater, Partner, Großeltern, Geschwister, usw. Durch diese Erfahrungen geriet ich wie in ein übergeordnetes Feld aller Verknüpfungen unter uns, und ich begann mich und mein Umfeld aus einer völlig neuen Perspektive zu sehen. So war ich Maitra sehr dankbar, wie sie den Schleier etwas beiseitezog, und alles auf eine neue Ebene von Realitäten hob, was eine enorme Bewusstseinserweiterung für mich war.

Im Traum auf der Akropolis, als ich meinen Freund oder Bruder verabschiedete und er sagte, er wolle nach Marduk gehen, hat mich sehr verblüfft. Ich wusste bis dahin nichts von Marduk, doch andere Träume wiesen mich auf Mesopotamien hin, was ich später noch besser einordnen konnte. Für mich deutete dies darauf hin, nachdem ich wusste, dass Marduk ein Gott war, dass der junge Mann auf seine spirituelle Suche ging, es war sein Aufbruch, und nichts konnte ihn aufhalten. Heute ist Spiritualität weiterhin für uns beide sehr wichtig und worüber wir einen innigen Austausch pflegen. Es ist ein tiefes Gefühl, dass diese Ausrichtung uns innerlich schon über viele Leben verband.

Doch der Abschied im Traum von meinem Freund oder Bruder auf der Akropolis war sehr schwer. Es blieb so ein Gefühl, dass ich ihn nie mehr gesehen habe, er kam nicht zurück. Immer, wenn ich Jonas in den Jugendjahren verabschieden musste, wenn er auf eine größere Reise ging, hatte ich sehr viel Angst um ihn. Es war eine Überbesorgnis, ich fürchtete mich einfach, ihn loszulassen und war oft sehr traurig, wenn er länger wegging und hatte Angst, er könnte nie mehr zurückkehren. Es waren schon diese Ablösungsphasen, die alle Eltern und vor allem Mütter durchmachen, doch es war einfach so stark und mit dieser Angst und einem Trennungsschmerz verbunden.

Nach diesem Traum und auch durch das Reading über meinen Sohn, wie ich seinen qualvollen Tod im Traum wahrnahm, ohne eine bestimmte Rolle darin zu haben, lösten sich diese Ängste auf. Sein Fortgehen ist heute unbeschwert und natürlicher als vorher. Auch wurde mir bewusst, dass wir uns als Seelen schon über lange Zeit und Inkarnationen immer wieder begegneten, und dass sich in diesem Leben diese Liebe und Verbundenheit auf einer neuen Ebene des Bewusstseins und vor allem auf der seelischen Ebene weiter entfaltet. Es ist für mich ein großes Geschenk, dass ich diese Nähe und dieses Vertrauen zu ihm empfinden und zum Ausdruck bringen kann. Auch ist es wunderbar, dass Jonas in diesem Moment die Offenheit hatte, Maitras Hilfe anzunehmen, um seine persönlichen Fragen zu klären. Ein unglaubliches, heilsames Zusammentreffen. Für all das bin ich unendlich dankbar.

Wir können der Tatsache nicht ausweichen,
dass jede einzelne Handlung, die wir tun,
ihre Auswirkung auf das Ganze hat.
Eine neue Art von Denken ist notwendig,
wenn die Menschheit weiterleben will.

Albert Einstein

Den Verstand verloren – ADHS

Aurelio, *1956

A: In meinem Leben gibt es so viele Fragen, die ich manchmal auch verdränge. Ich glaube, dass es darauf keine Antworten gibt, und das macht mich etwas traurig. Ich bin hyperaktiv und dadurch oft nervös und zerstreut. Meine schwankenden ADHS-Zustände bereiten mir schon das ganze Leben Schwierigkeiten. Ich fühle mich nie so ganz wohl in meinem Körper. Ich leide auch schon lange unter meiner Transidentität (Transsexualität). Da ich überzeugt bin, dass ich Leben für Leben inkarniere, ist ja transident zu sein für mich fast schon logisch und naheliegend. Wir Menschen haben demnach in vielen vergangenen Leben viele Male einen Frauen- oder Männerkörper angenommen.

In meinem jetzigen Leben war es bis anhin sehr schwer, mich zu lieben und zu akzeptieren, weil ich mich unter den gesellschaftlichen Normen und Geschlechterrollen unter Druck gesetzt und diskriminiert fühlte. Ich habe in Beziehungen Schwierigkeiten mit den Frauen, und ich habe Schwierigkeiten mit den Männern. Mit stetiger Selbstakzeptanz meiner ungewöhnlichen Natur hätte ich als Künstler authentischer leben können, so wie ein Paradiesvogel. Der Mut fehlte mir irgendwie.

M: Ich bekomme eine Art widersprüchliche Bilder. Ist es in Ordnung für dich, wenn ich dir etwas erzähle, das sehr schwierig ist?

A: Ja, ich bin bereit dafür.

Ein vergangenes Leben von Aurelio:

M: Du warst in Vietnam ein Gefangener, aber du warst kein Soldat, sondern hattest etwas mit der Botschaft zu tun. Du gingst eines Tages mit einer Gruppe von Soldaten aus. Es gab einen Angriff der Nordvietnamesen. Viele der Männer um dich herum wurden getötet. Sie

276

schossen in dein Bein, deshalb konntest du nicht weglaufen. Sie nahmen dich gefangen und du wurdest eingesperrt. Du hast einiges davon noch in Erinnerung, was da passierte. Es gab Folter, weil sie dachten, dass du Informationen hättest, die ihnen helfen würden. Aber du konntest ihnen keine Informationen geben. Du hättest ihnen zwar alles gesagt, was sie wissen wollten, aber diese Umstände und Folterungen richteten in dir einen unglaublichen Schaden an, da sie dich in einen Käfig steckten.

Der Käfig war in einem Loch in der Erde. Wenn es regnete kam das Wasser rein und man blieb nie trocken. Es war ein tiefes Loch im Boden. Immer wenn sie dich wieder heraufbringen wollten, zogen sie dich mit der Kette herauf. Der Käfig war aus Bambus ohne Wände, um dich warm zu halten, weil es unten im Loch war und wenn es heiß war, gab es keine Abkühlung. Du hattest nur ein paar Shorts an und du konntest weder aufstehen noch deine Beine ausstrecken oder dich hinlegen. Du warst immer in einer geduckten, kauernden Position.

Ich denke, du hast in diesem Zustand auf eine Weise deinen Verstand verloren, um dich zu schützen, um die Schmerzen in deinem Körper zu überwinden und auch in deinem Kopf, weil du nicht verstehen konntest, warum sie dir das antaten. Du hattest ihnen gar nichts angetan. Du warst ja kein Soldat, so warst du keine Bedrohung für sie. Das hast du ihnen immer wieder gesagt, als sie dich von Zeit zu Zeit wieder ausfragten und immer wieder versuchten, Antworten zu erhalten. Du bist in diesem Käfig gestorben. Sie gaben dir sehr wenig zu essen. Du hast ausgesehen wie ein Skelett mit Haut darüber. Auch das Verlangen nach Essen hast du verloren und aufgegeben. Du hattest einen friedvollen Tod. Es war, als ob du eingeschlafen wärst und dann den Körper verlassen konntest.

Aber du warst für eine längere Zeit sehr verloren nach deinem Tod. Es war eine Erlösung, den Körper zu verlassen, da es so schmerzhaft war in diesem Käfig zu sein, denn du konntest nie richtig aufstehen. Die Schusswunde an deinem Bein war nie richtig gepflegt und behandelt worden, auch nicht desinfiziert. Deshalb schmerzte dir dieses Bein auch sehr. Die Zeit und der Weg dahin, bis du sterben konntest, war eine sehr, sehr traumatische Erfahrung. Als du dann gestorben warst, hast du lange Zeit nach Hilfe Ausschau gehalten. Doch wenn ein Geistwesen sich dir näherte, um dir Hilfe anzubieten, hattest du so viel Angst vor ihm. Du stießt es von dir. Das Wesen oder der Geistführer nahm dann das Gesicht *deines damaligen Vaters an. Er sprach in einer sehr ernsten Art mit dir, etwas hart und autoritär, und sagte: „Du musst dir jetzt von jemandem helfen lassen. Die Wesen, die dir hier zu Hilfe kommen, sind nicht deine Feinde. Niemand wird dich verletzen. Also lass dir helfen, sonst bist du verloren und du bleibst so allein, und ich weiß, dass dir das gar nicht gefällt."*

Dann begannst du zu weinen und sagtest: „Papa …" Dann erkanntest du, dass er gar nicht dein Vater war. Er war ein Wesen wie ein Engel. Er lächelte dich an, legte seine Hand auf deinen Kopf und sagte: „Ich segne dich. Ich sah, dass du auf niemanden hören wolltest. Da dachte ich, wenn ich das Gesicht deines Vaters annehme, dann wirst du vielleicht hören und annehmen, was ich dir sage. Weil du Hilfe brauchst."

Als du in diesem Leben wieder in einen Körper kamst, nahmst du ein Gefühl der Orientierungslosigkeit und des Misstrauens mit und du fühltest dich nie wirklich gut in deinem Körper. Auch als Kind warst du ängstlich, es fehlte dir an Vertrauen in die Menschen, die um dich herum waren. Du wusstest nicht, wem zu trauen ist. Es brauchte für dich eine lange Zeit, dass du Menschen trauen konntest. Es ist bis heute immer noch ein Thema.

A: Ja, ich war als Kind sehr schüchtern und gehemmt. Es war für mich fast unvorstellbar körperliche Nähe zuzulassen.

M: Machst du Yoga?

A: Vor über 40 Jahren gab mir mein Vater ein Buch über Yoga. Ich öffnete das Buch und begann Yoga-Asanas zu praktizieren. Es war mir etwas sehr Vertrautes. Heute ist es für mich schwierig, es zu praktizieren, obwohl ich weiß, dass es gut wäre für mich. Ich schaffe es auch heute nicht, irgendeine Art von Yoga regelmäßig zu praktizieren. Ich bin zu wenig diszipliniert.

M: Ich will dir etwas sagen: Deine Vertrautheit mit dem Yoga kommt aus einer Zeit, die sehr lange zurückliegt. Es geht viele Leben zurück. Yoga kann dein vergangenes Leben heilen, wenn du es möglich machst. Dein Körper braucht Raum und Ausdehnung, um frei zu sein. Deine Erinnerung an die Gefangenschaft in diesem engen Käfig könnte durch Yoga aufgelöst werden. Sie schränkt dich noch ein und ist so schmerzhaft. Aber du vermeidest deshalb das Praktizieren von Yogaübungen. Du stößt also etwas von dir weg, das dir helfen könnte. Es würde dich langsam wieder mehr und mehr mit deinem Körper vertrauter machen. Du würdest die Kraft wieder spüren. Dein heutiger Vater nahm das irgendwie wahr, was du brauchtest. Auf eine Weise war er immer sehr sensitiv, meinst du nicht auch?

A: Ich glaube, er hat dieses Buch einfach gekauft und mir dann geschenkt.

M: Er fühlte, was für dich gut gewesen wäre, damit du wieder in deinen Körper zurückfindest, um dich zu spüren. Du könntest so die Einschränkungen deines Körpers fühlen. Denn dadurch schafftest du es, so lange in diesem Käfig zu überleben. Ich denke, diese Gefangenschaft dauerte einige Jahre und war sehr schmerzhaft. Alles in deinem Körper schmerzte, du wolltest nicht mehr drin sein.

A: Mein Vater versucht mir seit 30 Jahren zu helfen und es ist schwierig für mich, es anzunehmen. Ich vertraue einfach niemandem. Mein Vertrauen zu mir, zu Lehrern, ist irgendwie erschüttert.

M: Das hat alles mit dem Karma des vergangenen Lebens zu tun. Karma bedeutet hier nicht, dass du etwas falsch gemacht hast. Hier bedeutet Karma, dass du so sehr gelitten hattest, und dass du heute immer noch daran bist, dich davon zu befreien. Warum lässt du dir von deinem Vater nicht helfen? Das möchte ich gerne wissen.

A: Da mich meine Familie dafür verurteilt, weil ich schon immer mehr an den östlichen Religionen und Philosophien interessiert war als an der christlichen, katholischen Kirche. Meine Schwester und alle in der Familie verurteilen mich dafür. So entschied ich mich, dass ich von ihnen auch nichts mehr annehme. Heute versuchen meine Eltern und ich Freunde zu sein. Ich versuche sie daran teilnehmen zu lassen, wie ich denke, und dass ich an Reinkarnation glaube. Sie wollen mir nicht unbedingt zuhören. Sie glauben Leuten nicht, die nicht so erfolgreich sind im Leben.

M: Deine Eltern verstehen das nicht. Es ist, wie wenn du mit jemandem etwas ansehen möchtest und er blind ist. Du musst akzeptieren, wo sie sind und wie sie die Dinge sehen. Dein Vater hat das Bedürfnis, dir zu helfen. Wenn du ihm helfen möchtest, dann lass es zu, dass er dir hilft. Er fühlt sich, als ob er etwas falsch gemacht hätte. Lass ihn wissen, dass er so in Ordnung ist, wie er ist. Das ist auch für dich ein guter Schritt zu sehen, dass du auch in Ordnung bist, so, wie du bist. Schau: Dein Vater verurteilt dich, weil du nicht die gleichen Ansichten hast wie er. Du verurteilst deinen Vater, weil er nicht gleich denkt wie du. Wer durchbricht dieses Muster? Nur du kannst es tun. Er kann das nicht. Du musst diesen Schritt machen und verstehen, dass jeder auf einer anderen Ebene ist.

Interview mit Aurelio:

A: Zuerst war ich geschockt. Ich beschäftige mich seit über 30 Jahren mit dem Thema Karma und Wiedergeburt und ich zweifle nicht daran, dass es das gibt. Es ist ein universelles Gesetz, von Aktion und Reaktion, nur ist es nicht so einfach zu verstehen, wenn man karmische Reaktionen erfährt. Natürlich stellte ich mir die Frage, warum man so etwas Grauenvolles erlebt. Doch wahrscheinlich geht es nicht darum, es so anzuschauen. Vielleicht ist es so, dass sich durch viele andere Leben etwas angestaut hat und durch diese Erfahrung konnte ich Karma auflösen. Trotzdem hat es mich sehr schockiert. Ich versuchte einfach sehr wachsam zuzuhören. Danach hörte ich mir die CD wieder an. Es ging mir nochmals sehr nahe. Ich war die folgenden 2–3 Wochen lang etwas niedergeschlagen.

Die Erfahrung des vergangenen Lebens, in einem engen Käfig eingesperrt zu sein, war sehr traumatisch. Ich kann heute verstehen, dass ich gewisse Empfindungen in dieses Leben mitgenommen habe. Ich habe immer noch sehr viel Misstrauen und leider habe ich auch nicht viel Vertrauen in mich selber. Es fühlte sich anfänglich wirklich schlecht an, dass ich in eine solche Lebenssituation hineingeriet. Ich habe mich entschlossen, mein Leben und diese Informationen aus der Sicht des Karmas nachhaltig und positiv zu gestalten.

Maitra beschrieb meinen Sterbensprozess im vergangenen Leben, wie der Engel das Gesicht meines Vaters annahm, damit ich mich auf ihn einlassen konnte. Diese Botschaft hat sich tief in mir eingeprägt. Über den Vietnamkrieg recherchierte ich danach auch geschichtlich und es hat alles gepasst. Bevor damals die Amerikaner kamen, da war der Vietnamkrieg schon voll im Gange. Das war ca. 1952 und danach. Die Amerikaner mischten sich dort auch noch ein. Ein schrecklicher Krieg.

Jetzt nach einiger Zeit fühle mich besser und ich denke, es hat etwas in mir bewegt. Es gelingt mir besser, einfach ich selbst zu sein, ich selbst zu bleiben. Ich hatte im Grunde genommen die Aufgabe, mir selbst und auch anderen zu verzeihen. Das liegt doch in unserem Lebensplan. Oft begegnen wir anderen noch mangelhaft. Da ich eine sehr scharfe Beobachtung habe, sehe ich bei vielen Leuten wie sie sich fragwürdig benehmen, und es stellt sich mir die Frage, warum sie das so machen, warum sie so mit anderen umgehen. Es gibt für mich manchmal schwer zu akzeptierende Verhaltensweisen. Das sind echte Herausforderungen für mich. Wenn ich mehr Vertrauen hätte in das Universum, dann würde ich denken: „Ach ja, ist ja gut gegangen, ist ja nicht so schlimm." Ich fühle, es hat sich wirklich etwas verändert, ich bin gelassener und ich übe mich weiter darin und stehe zu mir selber.

Die vier Buchstaben ADHS sind nur ein Versuch, das Naturell von irgendjemandem zu beschreiben. Nach mehrjähriger Psychotherapie und diversen Tests sagte mein Therapeut, dass meine Symptome ADHS zuzuschreiben sind. Ich war damals 44 Jahre alt. Dies ist ein Teil von mir und durch meine kunterbunte und viel verzweigte Natur kann man das Gefühl haben, dass ich dieses Handicap habe. Ich spreche nicht von einer Krankheit. ADHS ist ein Fluch und ein Segen. Auch als Transsexueller habe ich die Gabe und ich bin fähig, mich viel besser in Frauen hineinzufühlen als die meisten Männer, die ich kenne. Auf der anderen Seite kann ich jedoch die Rolle als Mann schlecht spielen. So gibt es nicht gut oder schlecht. Es kommt immer darauf an, was ich daraus mache. Im Vergleich zu meiner Jugendzeit und wie sich heute die Gesellschaft zu diesem Thema verändert, sind die Verhaltensweisen zwischen den Geschlechtern nicht mehr so rigide und viel mehr Individualität ist möglich.

Gewiss kann Ritalin für einige Menschen über einen beschränkten Zeitraum eine gute Unterstützung sein. Es gibt Kinder, die können kaum schreiben und sich kaum auf etwas konzentrieren. Ich selber nahm einmal Ritalin. Ich würde es nie mehr nehmen. Ich wollte mich selber beobachten, dann hatte ich ein richtiges High. Es gab einen Energieschub und meine Konzentration war stärker. Doch in den folgenden 3 bis 5 Stunden wechselte mein Zustand ins Gegenteil. Da war ich gereizt und ich fühlte mich komplett wie in einem Vakuum. Dies konnte ich beobachten und ich nahm es nie eine längere Zeit. Ich erfuhr von den Gefahren einer Abhängigkeit von Ritalin oder nach langjährigen Gebrauch von Persönlichkeitsstörungen.

Durch meinen Zustand und meine Lebendigkeit habe ich meine Eltern früher oft überfordert. Vielleicht habe ich sie als Pädagogen oder Psychologen gebraucht, weil ich nicht wusste, wo es langging, da es mir nicht gelang, alles zu verdrängen, was mich beschäftigte. Denn ich mache mir Gedanken darüber, wenn mir etwas zustößt und frage mich dann: Warum passiert mir das? Warum war ich in dieser oder jener Situation nicht fähig, besser zu handeln? Warum kann ich nicht ruhiger bleiben? Darauf habe ich schon Antworten über meinen Zustand als Hyperaktiver, da ich mich immer wieder instabil fühle. Es gibt Situationen, da fühle ich mich gut und ich habe gute Tage und dann kommt jemand und sagt oder macht etwas und meine ganze gute Laune ist weg. Heute lerne ich mehr und mehr das, was mir andere entgegenbringen, einfach bei ihnen zu lassen. Eine langjährige Therapie war da auch eine hilfreiche Unterstützung.

Im vergangenen Leben musste ich damit fertigwerden, so viel Schmerz zu ertragen. Ich musste mich auf eine Art von diesem Körper distanzieren, um die Qualen zu ertragen. Es kann sein, dass ich heute auf die Leute etwas sonderbar oder verrückt wirke. Das diskriminiert mich nicht wirklich. Im Gegenteil, es macht mich einzigartig. Es gibt eine Bestätigung, dass ich individuell sein darf. Ich kann mich heute besser verstehen. Ich hatte lange nicht den Mut, ich selbst zu sein. Da sind einfach noch Ängste, wieder einmal eingesperrt zu werden, in einem Käfig leben zu müssen. Mir ist zudem aufgefallen, dass ich große Mühe habe, mich in engen Räumen aufzuhalten. Es war immer schwierig, mich für Beziehungen zu öffnen. Ich hatte schnell das Gefühl, dass Beziehungen mich einengen könnten. Vielleicht gibt es ja einen Zusammenhang mit den vergangenen traumatischen Erfahrungen. Ich möchte mich nicht einengen lassen. Heute ist es mir ein großes Anliegen Freiräume für meine Interessen und Hobbys zu beanspruchen.

Da gibt es trotzdem eine Frau, die schon so lange in meinem Herzen ist und doch gibt es Schwierigkeiten, wenn wir zusammen sind, die ich lösen möchte. Es ist eine gegenseitige Liebe, aber es gibt auch immer wieder Missverständnisse. Ich möchte gerne wissen, ob es aus früheren Leben Zusammenhänge gibt, dass wir beide nicht loslassen können. Die Nähe, die wir haben, empfinde ich jedoch sehr schön. Es ist eine spirituelle Liebe oder Beziehung. Wir spüren, dass wir einander etwas geben können.

Wir versuchten als Familiengemeinschaft mit ihren beiden Söhnen zusammen zu sein. Ihre Söhne waren damals 4,5 und 8-jährig und wuchsen mir sehr ans Herz.

M: Wenn ich mich in deine Freundin hineinfühle, fällt es mir schwer zu atmen. Es ist wie ein schwerer Stein auf meiner Brust. Ich bin mir nicht sicher, ob es Angst ist. Es scheint, dass sie sich für alles verantwortlich fühlt. Das Leben fühlt sich für sie wie eine Last an. Die Last nimmt viele verschiedene Gesichter an: die Gesichter ihrer Kinder, die Gesichter ihrer Eltern. Ich weiß nicht, ob es ihre Eltern sind oder ein Elternteil, der immer noch da ist. Doch da gibt es einen Konflikt mit jemandem, mit dem sie in Beziehung steht. Es ist sehr widersprüchlich, weil es sich wie eine Last anfühlt.

Soll ich nach dem Karma Ausschau halten?

A: Ja.

M: Deine Freundin und du wart beide angestellt in der Produktion einer Fabrik in England. Zumindest war es irgendwo in Nordeuropa. Es gab große Maschinen Ende des 19. Jahrhunderts. Es war vielleicht zwei oder drei Lebenszeiten her. Du warst ein Vorgesetzter. Du hattest auch am Fließband gearbeitet, aber du hattest mehr Verantwortung, und du wurdest ein Vorarbeiter.

Zu diesem Zeitpunkt lebtest du allein, weil deine Frau nach langer Krankheit gestorben war. Sie starb an einer Lungenentzündung oder es war Tuberkulose. Sie war lange krank und alles in deinem Leben drehte sich um sie. Du sorgtest dich sehr um sie. Du hattest nachts Träume, dass du eines Tages nach Hause kommst und sie dann gestorben wäre. Aber du musstest weiterarbeiten, weil das der einzige Weg war, zu überleben. Dein Albtraum wurde wahr. Eines Tages kamst du nach Hause und sie war gestorben. Du fandst eine kleine süße Notiz von ihr. Sie hatte geschrieben: „Ich liebe dich!" Sie legte das Papier auf ihre Brust, weil sie wusste, dass du sie so finden würdest. Sie wusste, dass sie im Sterben lag. Als du manchmal in ihrer Nähe warst, versuchte sie vorzugeben, dass es ihr besser ging. Aber sobald du draußen warst, ging es mit ihr bergab, und sie wusste es. Du spürtest das auch, obwohl sie ein Lächeln für dich aufgesetzt hatte.

Als sie gestorben war, bekamst du einen freien Tag von der Fabrik. Dann warst du lange sehr traurig. Eines Tages war da diese Frau, die am Fließband arbeitete. Sie war ziemlich neu. Du hast sie im Auge behalten, um sicherzustellen, dass sie ihre Arbeit richtig machte. Du warst dir nicht wirklich bewusst, dass du von ihr oder irgendetwas angezogen wurdest. Du warst immer noch zu deprimiert und traurig.

Dann wurde sie durch einen Unfall verletzt. Sie hielt ihre Hand unter eine Maschine, die herunterkam. Es war nur ein Finger und man hatte Angst, sie würde ihn verlieren. Sie wurde ohnmächtig. Aber du warst sofort da und konntest sie auffangen, als sie zusammenbrach vor Schmerz. Du wusstest, was zu tun war.

Du hast sie in einen Hinterraum genommen, wo du sie hinlegen konntest. Du hast sie tatsächlich getragen. Sie war klein und du warst groß. Du konntest einen Arzt organisieren und als sie langsam wieder zu sich kam, begann sie zu summen. Du hast sie kennengelernt und gefragt: „Warum summst du?" Und sie sagte: „Es hilft mir den Schmerz zu ertragen. Es tut so weh. Wenn ich nicht summe, schreie ich. Aber wenn ich summe, kann ich fokussiert bleiben." Das hat dein Interesse erregt. Diese junge Frau hatte eine Möglichkeit, mit Schmerzen umzugehen. Du hast gedacht: „Okay, das funktioniert für sie."

Das Nach-Hause-Kommen war immer noch die traurigste Zeit für dich, weil das Haus leer war. Vorher warst du glücklich, wenn du nach Hause kamst, egal, wie krank deine Frau war. Es war schön, sie zu sehen. An diesem Tag, als du nach Hause gingst, fingst du an zu summen. Dann hast du sogar gesungen. Du hast das Lied gesungen, das du mit deiner Frau gesungen hast, und du hast die Lieder deiner Kindheit gesungen.

Dann bist du an die Arbeit zurückgegangen und die junge Frau war wegen ihrer Verletzung für ein paar Tage nicht zur Arbeit gekommen. Als sie zurückkam, wartetest du darauf, dass sie eine Pause machte. Du gingst zu ihr, um ihr zu sagen, wie sehr sie dir geholfen hatte. Du dachtest vorher, du würdest dich vom Tod deiner Frau nicht erholen. Doch da sie dir zeigte, wie du deinen Geist auf eine andere Weise fokussieren könntest, hatte dir das sehr geholfen. Sie arbeitete, um sich um ihre Mutter zu kümmern, die eine Witwe war und keine Möglichkeit hatte, sich selbst zu versorgen. Um es kurz zu machen: Du bist bei ihr und ihrer Mutter eingezogen und es war ein Gewinn für alle. Es war ein großer Gewinn für dich, weil du nicht mehr allein warst. Es war ein Gewinn für sie, weil die Last, ihre Mutter zu unterstützen, durch die Beziehung zu dir erleichtert wurde. Es war ein Gewinn für die Mutter, weil sie sich so schuldig fühlte, ihre Tochter gefangen zu halten. Es war nicht ihre Absicht, aber sie hatte keine Wahl.

Man kann nicht sagen, dass alles nur ein großes Glück war. Natürlich gab es Herausforderungen im Zusammenleben und Zusammensein. Ihr alle konntet fühlen, dass diese Gemeinschaft eine Verbesserung in eurem Leben war. Du hast wieder dein Herz gefunden. Das ist kein negatives Karma zwischen euch. Es ist ein positives Karma.

Es ist heute zwischen euch so ein Ziehen und Stoßen. Komm näher, ich liebe dich, bleib weg, es ist mir zu viel. Wenn ihr beide zusammen seid, wird es aus ihrer Perspektive, wenn ihr euch nahekommt, zu eng und sie stößt dich weg. Für dich ist es dann schwierig, ihr nahezukommen, jemandem genug zu vertrauen und dein Herz für sie zu öffnen. Dann passiert das, dass sie dich wegstößt. Sie konfrontiert dich mit deinen eigenen Grenzen. Es ist deine eigene Angst vor Intimität. Ihr habt das beide, aber es manifestiert sich auf unterschiedliche Weise.

Das Problem zwischen euch besteht also darin, dass jeder von euch einen Konflikt hat, wie nahe er mit anderen Menschen sein kann. Ihr fordert euch gegenseitig heraus. Wenn sie sich nähert und es von dir eine Offenheit fordert und du mehr Vertrauen zeigen solltest, dann schiebt sie dich weg.

Dann fühlt sie sich einfach zu verletzlich, wenn sie sich nähert. Findet einfach Wege, um die Bedürfnisse des anderen zu erkennen, wo ihr einander nicht verletzt.

Interview mit Aurelio:

Was mich erfreut hat, war die positive Erfahrung, die ich mit einer langjährigen Freundin hatte, die mir auch gezeigt wurde im Reading. Das hat mich getröstet. Dies konnte ich auch meiner Freundin erzählen und sie konnte es annehmen. Es gibt manchmal Schwierigkeiten zwischen uns. Sie ist wie das Gegenteil von mir, sie ist voller Mut für neue Beziehungen und ich habe einfach immer noch Angst davor, verletzt zu werden. Da ich mich noch nicht ganz so akzeptiert habe, wie ich bin, fürchte ich mich vor Ablehnung. Heute betrachte ich das Leben mit allen seinen Aufgaben und Herausforderungen mehr und mehr als Möglichkeit und nicht als Schwierigkeit. Ich wachse weiter in Dankbarkeit für alle Erfahrungen, die mir das Leben schenkt.

Die Illusion des Bösen

Die Illusion des Bösen ist unsere größte Angst,
denn dann verlieren wir den Kontakt zur Liebe,
die unser Fundament ist.
Wird gefrorenes Wasser etwas anderes als Wasser?
Kommt es nicht zwangsläufig
in den ursprünglichen Fluss zurück?
Wir sind umgeben von Wesen, die erstarrt sind
und vergessen haben,
dass ihre wahre Natur darin besteht,
sich immerzu zu verändern und zu verändern.
Wenn Menschen anfangen zu tauen,
nennen wir es aufwachen.
Wenn es zu fliessen beginnt, verändert sich alles.
Was veranlasst die Menschen zum Auftauen?
Die Liebe, wenn sie ins Eis eindringen kann.

Maitra

Eine alte Wunde heilt

Lotta, *1959

L: Mein damaliger Mann grenzte sich immer mehr ab und zog sich zunehmend von mir zurück. Ich träumte in dieser Zeit oft, dass er mit starken Gefühlen auf meine Schwester fokussiert war. Ich spürte es intuitiv, war verunsichert, konnte es nicht einordnen. Eine derartige Situation und ein solches Verhalten innerhalb der Familie war für mich irritierend. Ich sprach ihn darauf an und bekundete ihm meine Bedenken. „Mach dir keine Sorgen, es ist nichts, sei ruhig ein bisschen eifersüchtig" war seine Antwort. Dann sagte ich zu meinem Mann, falls erneut eine schwierige Situation unsere Beziehung auf die Probe stellen und trüben würde, würde ich mich von ihm trennen.

Plötzlich lag alles auf dem Tisch. Er war schon länger verliebt in sie, er wollte eine Liebesbeziehung zu seiner Schwägerin. Für mich war es jetzt genug. Er klagte: „Jetzt haben wir den Flächenbrand!!" Aus Rücksicht auf die Familien würden sie beide nicht weitergehen, meinte er. Ich spürte, dass ich genug hatte und beendete die Ehe.

Ich hörte in dieser Zeit von der Seherin Maitra und ihrer Arbeit. Ich wollte verstehen, warum ich so stark reagierte und warum sich diese Begebenheiten in meinem Leben und in meinem Familiensystem abzeichneten. Auch die Beziehung zu meiner Schwester wollte ich beleuchten und klären. Maitra gab mir in mehreren Sitzungen dazu tiefe Einsichten und ein Verständnis zu den karmischen Verstrickungen:

Ein vergangenes Leben von Lotta

M: Es war in Nordengland in der keltischen Zeit, vielleicht 500 nach Christus. Die Menschen verehrten damals die Natur. Es gab einen Frauen-

zirkel und ich sehe dich mit einer anderen Frau. Es könnte deine Schwester sein, wir werden es sehen, wenn wir tiefer in diese Geschichte eintauchen.

Eine von euch beiden war dabei, die neue Führerin für den Zirkel zu werden. Die alte Führerin war krank geworden und hat sich zurückgezogen. Sie war dabei, ihre Rolle abzugeben. Du bist immer noch zu ihr gegangen, um unterwiesen und geführt zu werden. Wenn eine Zusammenkunft im Zirkel stattfand, beauftragte sie dich, einen Teil zu übernehmen und die Gruppe zu leiten. Oder sie überließ es dir, die ganze Zusammenkunft zu leiten. Vor und nach den Treffen bist du zu ihr gegangen, um zu berichten, was sich unter den Anwesenden ereignet hatte.

Die Führerin nahm ihre Energie langsam zurück. Sie konnte sich noch nicht ganz entscheiden, wer die neue Führerin sein sollte. Da war auch ein Mann, ein Priester von hohem Rang. Dieser Mann ist dein Ehemann in deinem jetzigen Leben. Er hatte als Priester das letzte Sagen, wenn es um Entscheidungen ging. Mit anderen Worten: Die Frauen unterbreiteten ihm einen Vorschlag, der von ihm genehmigt werden musste.

Du hattest mehr als ein Jahr unterrichtet und geleitet, weil die Führerin bettlägerig und nicht mehr fähig war, an den Zeremonien teilzunehmen. Im Hintergrund behielt sie jedoch immer noch die Führung. Es fand eine Vollmondzeremonie statt, wo Frauen und Männer zusammenkamen. Das waren zu dieser Zeit Fruchtbarkeitsrituale. Es war die Zeit, wo sich Männer und Frauen sexuell vereinten, sich paarten, wenn sie zusammenkamen, und die ganze Nacht feierten. Die Kinder, die aus diesen Vereinigungen entstanden, waren dafür bestimmt, Priester und Priesterinnen zu werden. Es wurden auch Kinder aus verheirateten Paaren geboren. Dieses Ritual hier war jedoch speziell. Es war etwas anderes.

Deine Führerin traf ihren Entscheid und wählte dich aus. Sie merkte, dass du die bessere Führerin von euch beiden warst. Sie teilte es dir mit, doch sie musste noch auf die Genehmigung des Priesters warten. Ich weiß nicht, warum sie ihre Entscheidung der anderen Frau nicht mitgeteilt hatte. Dir sagte sie es, weil sie wollte, dass du dich schon jetzt auf diese Führungsaufgabe vorbereiten konntest.

Es fand ein großes Ritualfest statt, viel größer als die normalen Feste. Es kamen Menschen von weit her, um sich zu treffen für dieses sehr wichtige Tagundnachtgleiche-Fest im Frühling.

Der Priester kannte euch beide und er hatte mit dir gesprochen. Er kannte auch den Entscheid der Priesterin. Er behielt seinen Entscheid, den er bereits gefällt hatte, für sich. Er wusste, dass dies für beide Frauen ein Prozess war und er kannte eure Fähigkeiten. Dann schockte er alle Anwesenden in den Anfangszeremonien. Er rief die neue, die andere Frau nach vorne, die für die neue Führung initiiert werden sollte und von nun an die Frauenzirkel leiten würde. Er rief nicht dich auf, sondern die andere. Du warst so schockiert, du warst am Boden zerstört. Die andere Frau war sehr überrascht, weil sie vermutete, dass du gewählt werden würdest und ihr vorher nichts mitgeteilt wurde. Sie wusste, dass sie für diese Aufgabe eine Vorbereitung brauchte, die sie nicht hatte. Sie musste diese nicht machen. Auch sie war überrascht, eigentlich genauso überrascht wie du selbst. Während den ganzen Zeremonien lief es dir manchmal kalt durch den ganzen Körper, manchmal wurde es dir ganz heiß, manchmal drehten sich deine Gedanken wie wild im Kopf und du konntest manchmal kaum mehr richtig denken.

Du warst in einem außerordentlichen Zustand, geprägt von sehr starken und explosiven Emotionen. Der Priester war sehr auf dich eingestimmt. Er war sich bewusst, dass du all diese Emotionen durchmachtest. Hin und wieder streckte er eine Hand nach dir aus. Manchmal warst du nahe genug, dass er dich tatsächlich anfassen konnte, aber manchmal konntest du seine Energie spüren, die dich stabilisieren sollte, dir helfen sollte, dich zu erden, sodass du die Kontrolle behalten konntest. Er konnte sehen, dass du fast die Kontrolle verlorst. Du warst während des Abends drei- oder viermal fast ohnmächtig geworden. Nur die Kraft deines Willens hielt dich in deinem Körper. Alles in dir war vorbereitet, um die nächste Führungsebene zu übernehmen. Diese Vorbereitung half dir zu wissen, wer du warst, ob du leben wolltest oder wie du mit dieser anderen Frau als Anführerin weitergehen würdest. All das war verheerend für dich.

Nach ein oder zwei Monaten hast du gesehen, wie die neue Leiterin am Kämpfen war. Du verbrachtest Zeit mit deiner Lehrerin, die im Sterben lag. Es wurde dir klar, dass du wenig Zeit mit deiner Lehrerin übrig gehabt hättest, wenn dir die große neue Verantwortung als neue Leiterin übertragen worden wäre. Du hättest nicht bei ihr sein können, als sie gestorben ist.

Du warst sehr dankbar und glücklich, dass du im Prozess ihres Sterbens mit ihr zusammen sein konntest. Sie war ein sehr bewusstes Wesen und gab dir ihre letzten abschließenden Unterweisungen und Weisheiten. Du konntest bei ihr sein. Deshalb hast du diese Situation und Entscheidung des Priesters akzeptiert. Es blieb jedoch eine tiefe Wunde für eine lange Zeit in dir. Jedes Mal, wenn du den Priester sahst oder von ihm hörtest, wolltest du zu ihm laufen und fragen: „Warum? Warum? Meine Lehrerin sagte, ich war diejenige, die besser für ihre Nachfolge vorbereitet war. Warum hast du das nicht anerkannt und danach gehandelt?" Doch du konntest dich nie dazu aufraffen, ihn zu fragen.

Als der Priester selber im Sterben lag, rief er dich und die andere Frau zu sich. Er sprach zuerst mit der neuen Führerin und sagte zu ihr, dass sie zeigen müsse, der Verantwortung würdig zu sein. Er wusste, dass ihr euch beide immer noch wundertet, warum er sie wählte und nicht dich. Er sagte: „Ich kenne keinen Grund, der euch zufriedenstellen würde. Es war genau das, wozu ich mich geführt fühlte." Er sagte, dass er dieses Gefühl hatte, dass es so richtig war. Wie du Verantwortungen übernahmst, sei eine gute Unterstützung für die ganze Gruppe, auch für die neue Leiterin. Weiter sagte er zu dir: „Die Art und Weise, wie du alles gehandhabt hast, zeigt die Stärke und Flexibilität deines Charakters. Wenn du an der Reihe bist, wirst du eine der wahrhaft großartigsten Führerinnen sein. Du musst dir keine Sorgen machen, nochmals übergangen zu werden. Es wird deine Bestimmung sein, in diese Position zu kommen."

Irgendwie hattest du dich dazu gebracht über den Schock und die Enttäuschung hinwegzukommen, damit ins Reine zu kommen und zu vergeben. Die Art und Weise, wie du es für dich selbst lösen konntest und weiterhin für alle da warst, war sehr großzügig. Du dachtest für dich: „Ich frage mich, ob sie das für mich hätte tun können."

Es vergingen ungefähr zehn Jahre. Etwas war erkrankt im Gehirn der Führerin. Wahrscheinlich hatte sie einen Hirntumor. Vielleicht war es ein Schlaganfall. Ihr Verstand brach zusammen. Nach einer kurzen Zeit hatte sie ihre Aufgaben auf eine vorsichtige Art zur Übergabe vorbereitet. Gemäß einer Abstimmung, die unter allen getroffen wurde, erhoben sie dich in die Führungsposition. Sie hatte jedoch Anhängerinnen, die ihr gegenüber loyal waren. Diese Gruppe von Anhängerinnen, dachte sie, würde nach langem geduldigem Warten zurückkommen. Dies, ob-

wohl man sehen konnte, dass ihre Fähigkeiten nicht für alle Belange genügten. Sie hatte einige Dinge getan, die bemängelt wurden. Die Gruppe bestand jedoch auf ihr Recht, dass sie die Stellung als Führerin behalten könnte. Daraufhin wurdest du vergiftet. Wahrscheinlich waren es einige pflanzliche Zutaten oder ein Pulver, die in dein Essen gemischt wurden. Über einen Zeitraum von zwei oder drei Monaten wurdest du immer schwächer und kränker. Dann war klar, dass es nicht mehr so weitergehen konnte.

Es war damals wirklich eine Zeit großer Veränderungen für diese Gruppen. Ich denke, es muss ungefähr zur gleichen Zeit gewesen sein, als die Römer kamen und versuchten diese Gruppierungen und Stämme zu zerstören. Deine Führungszeit dauerte nicht sehr lange. Die Anhängerinnen der anderen Frau wollten nicht, dass du übernimmst. Interessanterweise glaube ich nicht, dass es die Idee der anderen Frau war, dich zu vergiften. Ich bin mir nicht sicher, ob sie überhaupt daran beteiligt war. Es waren ihre Anhängerinnen. Wenn sie gefragt worden wäre, hätte sie gesagt „Lasst alles in Ruhe!", weil sie wirklich fühlte, mit nichts mehr fertigzuwerden.

Also zeigte sich diese Dreieckskonstellation innerhalb deiner heutigen Beziehung, und es sieht so aus, dass es im vergangenen Leben deine heutige Schwester war. Der Priester wählte sie aus und überging dich, ohne es wirklich zu verstehen. Er wusste nicht, was er tat. Er hatte keinen plausiblen Grund. Er folgte einfach dem, was er fühlte. Es gab vielleicht einen psychischen Einfluss. Es könnte Magie gewesen sein, was sie dann an die Spitze brachte. Vielleicht war sie nicht so überrascht, wie sie zu sein schien, aber ich sehe, dass du dich sehr betrogen fühltest und du eine sehr starke Reaktion hattest. Am Ende gab es Dinge, die dich entlastet haben. Du lerntest über eine tiefe Enttäuschung hinwegzukommen, zu dir zurückzukehren und wirklich eine wundervolle Arbeit zu machen, die jeder anerkannte.

Auf das, was dann im weiteren Leben passierte, warst du jedoch nicht vorbereitet. In dem Moment, als du zum ersten Mal krank wurdest, hattest du eine Vermutung. Du warst sehr vorsichtig mit deinem Essen. Sie waren sehr schlau. Vielleicht war etwas im Wasser. Aha, es war der Apfelsaft, denn zu dieser Zeit war es Herbst. Es war Erntezeit und man pflückte Äpfel und presste viel Apfelsaft. Fast jeden Tag wurde frischer Apfelsaft zu den Mahlzeiten serviert.

Es gab ein altes Zelt mit einer Mostpresse. Es stand draußen im Freien, wo jeder es sehen konnte, wie der Saft aus den Äpfeln herausgepresst wurde. Es waren öffentliche Behälter. Du konntest nicht herausfinden, dass es mit dem Apfelsaft zusammenhing, weil jeder sehen konnte, was damit gemacht wurde. Was du nie in Betracht gezogen hattest, war der Becher oder die Tassen, in denen der Saft serviert wurde. Sie beschichteten das Innere deines Bechers mit dieser Kräutermischung, die ziemlich geschmacklos war und dann den Apfelsaft vergiftete. So trankst du Apfelsaft und das Gift wirkte stark und machte dich sehr durstig. Du hast viel Apfelsaft getrunken, und du warst misstrauisch gegenüber allem, weil du vermutet hast, dass du vergiftet würdest. Du sagtest: „Woher stammten diese Apfelsäfte? Habt ihr es gesehen?" Du fragtest deine eigenen Leute, die dir die Wahrheit sagten. „Ja, wir haben es gesehen." „Wann wurde er gemacht? Heute Morgen?" Niemand dachte daran, in die Tassen zu schauen. Dein Becher hatte ein Zeichen oder deinen Namen oder etwas darauf. Wenn sich jemand damit beschäftigte, würde niemand etwas sehen. Es war unsichtbar. Es mussten die Leute sein, die das Geschirr wuschen, die es taten.

Als diese Situation mit deinem Mann und deiner Schwester in diesem Leben sich wieder zeigte, fühlte es sich für dich einfach so an: „Es ist einfach zu viel, nicht schon wieder! Nicht noch einmal, es ist genug!" und darunter war diese Angst. Im vergangenen Leben, in dem du nie wirklich sicher warst, wurdest du vorsichtig. Du brauchtest andere Leute, die dein Essen für dich probierten, du hattest andere Leute, die dafür sorgten, dass der Saft aus einem Krug kam, aus dem alle einschenkten. Irgendwie hast du nie gedacht, dass etwas in deiner Tasse wäre, denn du hättest um eine weitere Tasse bitten können, wenn du das vermutet hättest. Die Tasse sah sauber aus. Es war eine vorsichtige schlaue Art, das so zu tun.

Ich weiß nicht, ob du jemals wirklich gefühlt hast, dass jemand versuchte, dich zu töten. Es war dieses extreme Gefühl: „Was kommt als Nächstes? Ist es gefährlich? Bin ich in Gefahr?" Es ist mehr als nur das Gefühl, dass dein Mann verächtlich mit dir herumspielte. Er war verächtlich, weil du ihm erzählt hast, dass du etwas spürst, und dass es dir etwas ausmacht. Er machte damit einfach weiter, als ob es egal war, wie du dich dabei fühltest. Das ist Verachtung. Du warst machtlos und er hatte die ganze Macht.

Deine starke Reaktion darauf war so, weil er wieder deine Schwester ausgesucht hat und zu ihr gegangen ist, obwohl er dich nicht verlassen wollte. Du selbst hattest vielleicht nicht einmal die Wahl für eine andere Entscheidung. Es war zu verletzend, weil sie mit deinen Gefühlen gespielt haben. So wie er sich von dir distanzierte und seine Energie von dir entfernte, das funktionierte für dich nicht. Er handelte ziemlich unbewusst in dieser Situation. Er versuchte auf eine sehr unbewusste Weise deine Aufmerksamkeit zu bekommen. Er dachte, du hättest ein Leben ohne ihn. Er versuchte dich in die alte Beziehung, wie sie bis anhin war, zurückzuziehen. Er scheint immer noch nicht wirklich zu verstehen, warum dich sein Verhalten so sehr verletzte. Er hatte nie eine echte Einsicht oder ein Gefühl dafür.

Er hatte nicht wirklich vor, mit deiner Schwester irgendwohin zu gehen. In der ganzen Sache ging es um dich. Er wollte, dass du zu ihm kommst und ihn bittest, dass er sich nicht mit deiner Schwester abgibt. Dann würde er dir zeigen, dass er dich immer noch liebt. Er versucht es immer noch zu reparieren. Durch deine Trennung bist du jedoch für dich auf eine neue Ebene der Autorität gelangt. Er hat dein Vertrauen verloren. Er hat etwas getan, das dich getroffen und verletzt hat, aber er sagt sich immer noch, dass er gar nichts getan hat. Er hat noch nicht ganz verstanden und erkannt, wie abhängig er von dir war. Wenn einer sich stark verändert in der Beziehung, ist der alte gewohnheitsmäßige, emotionale Austausch anders. Es ist wahr, dass du deinen Mann nicht mehr auf die gleiche Art und Weise gebraucht hast wie in der ersten Zeit der Ehe. Er spürte das und es fühlte sich für ihn an, als ob du ihn nicht mehr brauchst und dich nicht mehr um ihn kümmerst. Dein gewohnheitsmäßiges Dasein und Begleiten war für ihn Liebe. Das ist die Liebe, die man von seiner Mutter kennt. Dann bist du gegangen. Wenn er in der Lage gewesen wäre, dir dort zu begegnen, als du gegangen bist, hätte daraus eine andere Partnerschaft entstehen können, worauf du gehofft hattest. Deine

Hoffnung war, dass er loslässt und auf dieser anderen Ebene mit dir sein kann. Er konnte es nicht, also versuchte er dich auf seine Ebene zu bringen. Er tut das Beste, was er kann. Er versteht wirklich nicht, was passiert ist. Es ist zu viel, von ihm zu erwarten, dass er es verstehen kann. Du musstest für dich entscheiden, du konntest nicht anders. Du hast nur darauf reagiert, was sich in dir bewegte. Es ist nicht so, als würdest du dich von ihm oder von irgendwem wegbewegen. Du wirfst dich einfach ins Leben hinein. Das ist wie das Aufblühen einer Pflanze. Sie fängt an, Blüten zu treiben und man kann nicht zu ihr sagen: „Hör auf!" Man kann zwar verweigern, ihr Wasser zu geben oder ihr das Sonnenlicht wegnehmen und so ihr Wachstum aufhalten. Aber du bist keine Pflanze, du bist ein Mensch, eine Frau.

Du warst immer lebendiger als er. Er versucht herauszufinden, was ihm fehlt. Er orientierte sich immer mehr nach außen. Er hat seinen Platz und sein Gefühl „Hier bin ich, hier gehöre ich hin, das ist mein Platz im Leben!" noch nicht wirklich gefunden. Du dachtest, dass er das wisse. Ich denke, du hast nicht bemerkt, wie sehr er deiner Führung folgte, weil du dich selbst niemals als Führerin empfunden hast.

Ich habe das Gefühl, dass er nicht wirklich verstand, warum er im vergangenen Leben diese Wahl getroffen hatte. Am Ende sah es aus, als ob du dich besser geeignet hättest für diese Führungsaufgaben. Du zeigtest deinen Charakter, indem du dich nicht an der neu ernannten Führerin ausgelassen hast. Du versuchtest immer alle zu unterstützen und zu helfen. Du hast deine Energie genutzt, um der ganzen Gruppe zu helfen, und nicht nur für dich zu schauen. Du hast deine geistige Größe gezeigt, obwohl es so schmerzhaft und verheerend war. Es ist wichtig, die Stärke zu beachten, die das braucht: Zu akzeptieren, dass es so ist. Du sagtest dir: „Lass uns mit dem weitermachen, was wir tun können, um unser Bestes zu geben."

Du hattest mehrere Leben mit deinem Mann und dein Selbstvertrauen wurde immer wieder von ihm erschüttert. Dass er deine Schwester wollte, erschütterte dein Vertrauen von Neuem in dich selbst als Frau, deine Liebenswürdigkeit, deine Würde, geliebt zu sein. Das meiste davon wurde verarbeitet und jetzt sammelt sich alles, was übrig bleibt, in deinem ganzen Körper, im Zentrum deiner Menschlichkeit und deiner Weiblichkeit. Es ist da, um geheilt zu werden.

Auch die Zeit des Umsorgens der Kinder ist vorbei. Deine Kinder finden ihren Weg selbst. Einerseits beginnst du es zu feiern, andererseits gab es noch einen Teil in dir, dass sie dich brauchen. Und nun erkennst du, dass auch dies vorbei ist. Nun, wer bin ich? Bin ich eine Mutter oder was bin ich jetzt? Wir nennen es das „Empty-Nest-Syndrom", wenn Frauen wieder zu sich kommen, wenn ihre Kinder erwachsen sind. Auch wenn es manchmal Zeiten gibt, in denen man ihnen noch helfen kann, ist es nicht mehr dasselbe wie früher, als sie Kinder waren. Die Abhängigkeit ist beendet. Alle Abhängigkeiten, die sie auch noch mit dir verbunden haben, sind beendet. Sie treffen ihre eigenen Entscheidungen und tun Dinge, um sich selbst zu finden, auch wenn sie nicht immer ganz reif sind. Und du denkst: Sind sie wirklich schon fähig für ein eigenständiges Leben?

Interview mit Lotta:

Als es offensichtlich war, dass sich zwischen meinem damaligen Mann und meiner Schwester ein Verhältnis anbahnte, war ich sehr erschüttert. Obwohl es während der Ehe für mich immer wieder Grenzüberschreitungen gab, die meine Gefühle sehr herausforderten, mich verunsicherten und ich mich wieder neu finden konnte, erschütterte diese Situation etwas in mir, das ich bis anhin nicht gekannt habe. Möglicherweise war es eine innere Instanz, eine ganz tiefe Ebene meiner Integrität, die bis ins Innerste getroffen war und sich verletzt fühlte. Ich spürte von diesem Moment an, dass sich in mir alles veränderte und ich eine Entscheidung traf. Aus der Tiefe meiner Seele hörte ich diesen Aufschrei: „Nein, nicht noch einmal!"

Ich war in einer Art Überlebensmodus. Ich fühlte mich in meinem eigenen Familiensystem nicht mehr sicher, denn auch meine Schwester fiel mir in den Gesprächen, die ich im Vorfeld in meiner Not bei ihr suchte, in den Rücken. Ich hörte mir Sätze an wie: „Was ist denn schon dabei, wenn ich mit deinem Mann schlafe? Ich habe viele Männer um mich, die mich begehren." Oder: „Dein Mann fühlt sich unter Kontrolle von dir. Das ist nun deine Feuerprobe." Als ich sie fragte, wenn jetzt die Situation umgekehrt wäre und ihr Mann ein Verhältnis mit mir suchte, antwortete sie: „Dann würde ich wahnsinnig werden." Ich konnte das nicht mehr einordnen. Wo bin ich? Was sind das für Menschen? Ist das meine Schwester, ist das mein Mann?

In dieser Zeit war ich mit meinem Koffer und den wichtigsten Sachen unterwegs und kam bei verständnisvollen Freundinnen unter, sodass ich wenig zu Hause war, um nicht mit meinem Mann, der noch in der Wohnung lebte, zusammen sein zu müssen. Es gab für mich nicht mehr viel zu sagen und ich musste funktionieren, da ich sehr viel arbeitete in dieser Zeit. In der Nacht wurde ich oft jäh aus Träumen und einem unruhigen Schlaf gerissen und fühlte mich dann sehr ausgetrocknet, als ob ich am Verdursten wäre. Nachdem ich diese Geschichte aus dem Reading erfuhr, gab es so viele Begebenheiten, die ich nochmals intensiv durchlebte. Die Vergiftung durch den Apfelsaft verursachte ja dieses innere Austrocknen. Unglaublich, dass in einer solchen Stresssituation diese Zellerinnerungen wachgerufen werden und traumatische Erinnerungen auf einer anderen Ebene durchlebt werden. Eine Art Verunsicherung war tatsächlich aktiviert, ich fühlte mich in meinem eigenen Familiensystem nicht mehr sicher. Ich wusste nicht, was als Nächstes kommen würde. Was würden sie tun, was passiert hinter meinem Rücken? Und niemand spricht mit mir darüber. Ich muss vorsichtig sein, weil ich niemandem mehr trauen kann! Ich kann verletzt oder hintergangen werden! Wem kann ich denn jetzt noch trauen? Das alte Trauma war voll aktiviert. Es war nicht direkt das Gefühl physisch getötet zu werden, wie mich Maitra fragte, doch ich fühlte mich schutzlos.

Da ich mich auch mit Trauma und Reinkarnation beschäftige, wusste ich, dass bei hohem Stress die Nieren und Nebennieren so wie das ganze Körpersystem sehr viel leisten, und der Körper mehr Zucker und auch viel mehr Flüssigkeit braucht, um solche Situationen zu meistern. So bemühte ich mich, gesund zu leben und mich gut zu ernähren. Ich konnte durch Atemübungen, vor allem nachts, immer wieder ein körperliches Gleichgewicht herstellen. Dies half mir, diese Zeit durchzustehen.

Ich war erstaunt über die weit zurückliegende Zeit dieses vergangenen Lebens. Folgendes verblüffte mich noch mehr: Seit einigen Jahren geht mein Ex-Mann jeweils zu Tagundnachtgleiche- und Sonnenwende-Ritualen. Das sind Treffen mit Freunden, bei denen meine Schwester auch dabei ist. Dort wird nächtelang musiziert, gegessen, getanzt und im Tipi geschlafen. Mich haben diese Rituale und Feste nicht mehr angezogen. Diese rituellen Stimmungen entfachten vielleicht bei ihnen die Anziehung, unbewusst tief verankert die alten karmischen Erinnerungen.

Damals hat mich der Umstand erschüttert, dass die Wahl der neuen Führerin auf die andere Frau fiel. Ich konnte es nicht verstehen, und der Priester, der im heutigen Leben mein Ex-Mann ist, wusste nicht ganz genau, was ihn zu dieser Wahl veranlasste. Er folgte seinen Gefühlen. Die Absage war für mich deshalb so schwierig, da ich bis ins Innerste darauf vorbereitet wurde, diese Aufgabe zu übernehmen.

In meiner Ehe, die nicht immer einfach war, gab es in dieser Phase einen Punkt, wo ich hoffte, mit ihm weitergehen zu können. Die Kinder waren aus dem Haus und eine andere Beziehungs- und Lebensphase brach an. Ich wünschte mir einen wachsenden Reifungsprozess und einen Austausch für unsere Beziehung, ein Sich-Einlassen, einen gemeinsamen, geistigen Prozess und Kommunikation, die uns zusammen weitergehen lassen würde. Doch seine starke Ausrichtung nach außen, sein Verhältnis mit meiner Schwester zerbrachen in diesem Moment meine Hoffnung und vor allem meine innere Bereitschaft war weg, noch mit ihm weitergehen zu wollen. Es war ein tiefes Erwachen und setzte in mir unglaubliche Kräfte frei. Es verschaffte mir einen Durchbruch zum Auflösen alter Verhaltensmuster und Anpassungen, in denen ich selber noch feststeckte. Seine Grenzüberschreitung und das Verhalten meiner Schwester haben mich zum Klären,

Handeln und Entscheiden geführt. Mit der daraus entstandenen Kraft durfte ich mich aus diesen Verstrickungen befreien und bin mehr und mehr in ein authentisches, eigenständiges Leben hineingewachsen. Meine Gesundheit wurde stabil. Ich habe wieder Energie für meine Arbeit und kann meine Kreativität voll entfalten. Aufgrund dieser karmischen Erinnerungen bin ich Maitra mit ihrem tiefen Blick in meine Seelenstrukturen so dankbar, denn diese Erfahrung hat mich wachgerüttelt und mich mit kraftvollen Erkenntnissen bereichert. Eine alte Wunde heilt. Auf der seelischen Ebene war ich vorbereitet für die nächsten Schritte in diesem Leben.

M: Dieses vergangene Leben erschütterte dein Vertrauen stark, und wenn dir so etwas wieder passiert, verlierst du das Vertrauen in dich selbst. Aber du springst jedes Mal schneller zurück. Dieses Mal hast du schnell zu dir zurückgefunden, innerhalb eines Jahres. Du hast heute mehr Selbstvertrauen, als du je hattest.

Das Karma mit meiner Schwester:

L: Als ich meinen zukünftigen Mann kennenlernte, arbeitete ich in einer Firma, zusammen mit meiner Schwester. Sie ließ sich dort auch anstellen, als ich sie auf diese Möglichkeit einer Arbeitsstelle aufmerksam gemacht hatte. Später mietete sie mit ihrer Familie eine Wohnung im Haus, das ich zusammen mit meinem Mann kaufte. Wir lebten zehn Jahre als große Hausgemeinschaft zusammen. Dann zeichneten sich viele Veränderungen und auch einige Konflikte in der Gemeinschaft ab. Es kam der Zeitpunkt, als meine Schwester mit ihrer Familie eine eigene Wohnung kaufte und auszog.

Wenn ich heute zurückschaue, dann weiß ich, dass diese nahe Bindung zu meiner Schwester sehr speziell und außergewöhnlich war. Ich hatte ihr gegenüber immer eine unterstützende Haltung. Während der langen Zeit des Zusammenlebens gab es keine großen Konflikte oder Meinungsunterschiede zwischen uns, die ausgetragen wurden. Es war wie ein stillschweigendes

Abkommen, das zwischen uns wirkte. Es lag mir fern, sie mit etwas zu konfrontieren, das sie zu sehr herausgefordert hätte. Ich war ihr gegenüber zurückhaltend, aber unterstützend, hilfsbereit und respektvoll. In der Hausgemeinschaft und mit der Betreuung der Kinder konnten wir uns immer gut aushelfen.

Eine sensitive Beraterin, die ich kannte, bevor ich Maitra kennenlernte, und die ich vor vielen Jahren betreffend meiner beruflichen Neuausrichtung aufsuchte, stellte mir plötzlich die Frage: „Haben Sie eine Schwester? Wenn Sie an Ihre Beziehung denken mit Ihrer Schwerster, können Sie Ihre eigenen Bedürfnisse wahrnehmen? Leben Sie Ihre eigenen Bedürfnisse?" Ich fand darauf nicht sofort eine Antwort und fragte mich, wie sie denn darauf kommt. Diese Beraterin sagte weiter, dass sie ein vergangenes Leben sehe, als ich und meine Schwester siamesische Zwillinge waren, und dass diese Bindung bis heute energetisch wirke. Es würde nun darum gehen, diese gegenseitige Abhängigkeit und Bindung vollständig abzulösen, damit jede von uns ein autonomes, selbständiges Leben führen könne. Durch ein Ritual wurden diese Energien dann gelöst.

Als ich zu Hause ankam, begann ich diese eben erfahrenen Informationen richtig körperlich zu fühlen. Ich spürte, wie sich etwas ablöste von mir. Es fühlte sich an, als ob ich erst langsam begann, mich zu spüren, indem ich von einer Energie getrennt wurde, die bis anhin als Teil meines Selbstverständnisses wirkte, mich aber lange davon abhielt, mich selbst und meine Bedürfnisse gut zu spüren. Dann durchlief ich Erinnerungen von Berichten und Filmen mit siamesischen Zwillingen, die mich jedes Mal zutiefst berührten und beschäftigten. Ich wusste jeweils einfach nicht, warum. Den anderen um mich herum erging es ja nicht so. Sie hatten kaum Resonanz bei diesem Thema. Auf einmal durchlief es mich wie ein Blitz: Das Bild! Da ist ja das Bild. Mit meiner Schwester habe ich 1987 während einer Kunstaktion ein großes Bild 1,5 m x 10 m gemalt. Wir malten zusammen 2 Wochen lang auf dem Boden in einem großen Kunstatelier. Darauf entstanden verschiedene Figuren und vor allem viele Doppelwesen. Ganz am Ende, wir malten es von links nach rechts, zeigte sich dieser siamesische Zwilling. Ich holte das Bild hervor und rollte es vor dem Haus in seiner ganzen Länge aus. Ich konnte es kaum fassen. Wir malten etwas zusammen, ohne zu wissen, was wir eigentlich darstellten. Trotzdem zeigten sich diese Bilder und Ahnungen, die offenbar in unseren tieferen Ebenen des Unterbewusstseins wirkten und zum Vorschein kamen. Warum haben wir uns damals nicht gefragt, was wir da zum Ausdruck brachten? Wer hätte uns schon die tiefere Bedeutung dazu geben können, wenn nicht eine Person, die sensitiv war und bei der ich eben Jahre später in die Beratung kam. Die Beraterin wusste nichts von diesem Bild.

Meine Schwester lebte zu diesem Zeitpunkt nicht mehr im Haus. Sie war einige Zeit zuvor ausgezogen. Nach meiner Entdeckung mit dem Bild vergingen ein paar Tage, und dann stand sie an einem Morgen relativ früh in meiner Wohnung, was noch nie vorgekommen war, seit sie weggezogen war. Sie hätte den Impuls gehabt, vorbeizukommen, sagte sie.

Ich spürte, dass sie gekommen war, damit ich ihr die ganze Erfahrung mit dieser Inkarnation und dem Zusammenhang zum Bild erzählen konnte. Ich erzählte ihr über das Leben und das Karma als siamesische Zwillinge und weshalb wir so lange zusammenlebten, und dass diese starke Verbindung nun definitiv abgelöst wurde, damit wir beide selbständig und unabhängig voneinander weiterleben können. Das war auch die Notwendigkeit, dass sie ein eigenes Heim gefunden hatte und aus dem Haus ausgezogen war. Zu diesem Zeitpunkt denke ich, hat sich meine Schwester nicht mit Inkarnation befasst, sie hörte mir einfach zu und sagte wenig dazu. Ich hatte den Eindruck, dass sie das mit dem Selbständig- und Unabhängig-Sein annehmen konnte.

Als ich mich getrennt hatte, nachdem sich ein Verhältnis zwischen meinem damaligen Mann und meiner Schwerster anbahnte, suchte ich wieder Maitra auf und bat um Einsicht in die tieferen Hintergründe betreffend das Leben mit meiner Schwester als siamesische Zwillinge, um alles vollständig zu klären.

Das vergangene Leben als siamesische Zwillinge:

M: *Ich bekomme die seltsamsten Bilder. Ich bekomme dieses Bild von deiner Schwester mit einem Bein, das hochgeklappt ist. Es ist so hochgeklappt, wie wenn man in der Lotusposition ist. Aber ich sehe, wie dann das Bein in sie hineingezogen wird. So ist es in ihr. Also frage ich mich, ob ihr als siamesische Zwillinge vielleicht ein Bein vermisst habt. Eines ihrer Beine war missgebildet und irgendwie in ihr drin.*

Jetzt nehme ich wahr, dass du sie wegschiebst. Das ist ein seelisches Bild, denn sie fühlt sich ohne dich unvollständig oder nicht ganz. Du fühlst das nicht so. Wahrscheinlich hattet ihr zusammen drei Beine und das vierte Bein war bei ihr nach innen gezogen. Du konntest sie einfach mitnehmen und weggehen und dich dadurch unabhängiger fühlen. Sie konnte das nicht einfach tun. So habt ihr zusammen in einem Körper gelebt. Aber wenn sie euch getrennt hätten, wärst du ganz gewesen und sie wäre verletzt worden.

Und so fühlt sie sich auch heute noch auf eine Weise. Wenn sie mit deinem Mann zusammen sein könnte, ist er ihr eine Stütze, er würde ihr beim Gehen helfen, um sich ganz zu fühlen.

Wenn wir dieses Bild einfach ein wenig benutzen können, ist es, als ob sie auf einem Bein herumhüpft. Aber sie kann das andere Bein entfalten lassen. Sie fühlt sich nie wirklich ganz im Gleichgewicht, seit sie dich im heutigen Leben durch ihren Auszug aus der Hausgemeinschaft verlassen hat. Du gabst ihr inneres Gleichgewicht. Für dich war es nicht dasselbe. Du warst nicht in der gleichen Abhängigkeit von ihr, wie sie zu dir. Du konntest dich gut trennen und deinen Weg weitergehen. Sie machte als Schwester schon einen Teil deines Lebens aus, aber es war für dich keine Notwendigkeit, mit ihr zusammen zu sein. Für sie war es eine Notwendigkeit, deshalb ist sie wütend auf dich. Du hast ihr ein Gefühl des Ganzseins weggenommen. Dann versuchte sie, dich durch deinen Ehemann zu ersetzen.

Es gibt zwei Möglichkeiten: Auf eine Weise versuchte sie, sich durch deinen Ehemann wieder mit dir zu verbinden. Die andere Variante war, dass sie versuchte, euch zu trennen, weil sie wusste, was sie dir antun würde, wenn du keine Verbindung mehr zu ihm haben wolltest. Und vielleicht ist da eine Ambivalenz der beiden Möglichkeiten. Ein Teil in ihr, den ihn haben will, um sich mit dir wieder zu verbinden, der andere Teil will dich wegschieben.

Dein Mann mag es, wenn jemand auf ihn angewiesen ist. Als du immer unabhängiger wurdest, bekam er das Gefühl, dass du ihn nicht mehr brauchtest. Er fühlte sich nutzlos. Er reparierte zwar das Haus und bemühte sich um alles, machte dies und jenes, aber er fühlte sich nicht mehr gebraucht. Er weiß noch nicht, wie es sich anfühlen könnte, wenn zwei ganze, bewusste Personen zusammen sein könnten, weil sie zusammen sein wollen. Dein Mann und deine Schwester waren viel abhängiger von dir als du von ihnen. Du hast das nie wirklich bemerkt, weil du einfach so dahinsegeltest, dein Lied des Lebens singend, und du selbst bist. Du hast nie darüber nachgedacht oder gemerkt, wie abhängig sie von dir waren. Deine Schwester kann deinem Mann nicht geben, was er von dir hat. Sie ist zu abhängig. Er dachte, sie wäre ein Ersatz. Du wurdest stärker und unabhängiger und sie beide fühlten sich entweder ausgeschlossen oder rausgeworfen. Dies ist das Dilemma vieler Frauen, wenn sie in ihre Kraft hineinwachsen. Du brauchst sie nicht wirklich so, wie sie dich noch brauchen. Du brauchst sie nur, um glücklich zu sein und um mit Menschen zusammen zu sein, die dir wichtig sind, weil du sie liebst, sie aber nicht brauchst. Kennst du den Unterschied?

L: Ja.

M: Das ist ein großes Dilemma. Du bekommst das nun gleichzeitig von beiden Seiten ab, nicht nur von einer Seite. Sie sind sehr wütend auf dich, weil sie das Gefühl haben, dass du sie nicht mehr brauchst. Das ist wahr. Du kannst nicht zurückgehen und so tun, als ob. Niemand kann das tun. Es ist nicht möglich.

In diesem Leben als Siam war ihr Bein nach innen hochgezogen und sehr klein und sie fühlt es immer noch so, als hätte sie keine Füße, um aufrecht zu stehen und als wäre sie nicht im Gleichgewicht. Sie braucht jemanden, der sie stützt, damit sie sich ganz fühlen kann. Wenn ich mit ihr zusammenarbeiten könnte, würde ich daran arbeiten, dass dieses Bein herauskommt, und dass sie es wachsen lässt und ihr Gleichgewicht wiederherstellt.

Das ist vielleicht der Grund, warum sie Yoga macht. Es ist der Versuch, das Gleichgewicht zu finden.

Dein Mann war sehr wütend, weil du dich getrennt hast von ihm. Die Zeit nach der Trennung klammerte er sich an den Yoga und versuchte, sich zusammenzuhalten und nicht destruktiv zu sein. Das Beste aus seiner Sicht war, einfach nicht zu Hause zu sein. So machte er es. Also verbrachte er seine Zeit in Bars und Clubs, mit deiner Schwester, in Retreats oder war mit Freunden auf Partys zusammen, wenn es möglich war. Bis jetzt hielt er sich selbst über Wasser. Er dachte mit der Zeit positiver darüber nach, gab Yoga-Kurse, aber meistens war viel Wut in ihm.

Wenn deine Schwester eine Beziehung mit ihm eingeht, würde das ihr ganzes Leben durcheinanderbringen. Es ist nicht das, was sie will. Was sie will, bist du. Sie möchte zurückkommen, um von dir abhängig zu sein. Aber du kannst nicht. Er ist nur ein Ersatz dafür, um sich ganz zu fühlen. Du kannst deine Geistführer bitten, dass sie mit den Geistführern deiner Schwester sprechen, um ihr dabei zu helfen, dieses Bein zu entrollen, loszulassen und es auf den Boden fallen zu lassen. So wie es sich gut für sie anfühlt, und wie es erlaubt ist, diese Bitte anzubringen, ohne ihre Persönlichkeit zu übergehen.

Jetzt sehe ich noch ein Leben mit deiner Schwester:

Ich sehe noch eine ältere Verstrickung zwischen dir und deiner Schwester. Du hast sie vor langer Zeit einmal abgetrieben. Ich denke das war in Spanien, Portugal oder auf den Kanaren. Ich sehe Menschen, die in Höhlen leben, aber sehr gut in Höhlen leben, nicht wie Höhlenmenschen, die sich schützen mussten. Sie haben es warm und fühlen sich sicher. Ich sehe dich, wie du eines Tages draußen bist, um Pflanzen zu sammeln, die wie Wassergras im Wasser wuchsen. So warst du am Sammeln im Wasser und du hattest eine Art mehrere Röcke an, die du hochgerollt hattest, damit du im Wasser gehen konntest. Da kamen zwei Männer. Sie gingen der Straße entlang und sie konnten dich mit deinen Röcken und deinem Hintern sehen. Sie kamen zu dir und vergewaltigten dich schließlich.

Sie verletzten dich durch die Vergewaltigung nicht körperlich, dir wurde also kein Arm gebrochen, sie bedrohten dich nicht mit einem Messer oder auf eine solche Weise. Sie vergewaltigten dich einfach. Aber es war so gewalttätig und du hattest so viel Angst und kämpftest sehr hart gegen sie. Tatsächlich hattest du ein Messer, weil du diese Pflanzen geschnitten hast. Sie mussten dir das Messer wegnehmen und es wegwerfen, weil du versuchtest sie zu verletzen und zurückzuschlagen. Aber sie verletzten dich nicht weiter, sie machten einfach weiter und liefen dann davon. Davon wurdest du schwanger.

Du wolltest aber kein Kind aus einer Vergewaltigung austragen. Du hattest schon zwei eigene Kinder und einen Mann. Du hast deinem Mann nicht erzählt, was mit dir passiert war, weil du Angst davor hattest, was er tun würde. Er hätte diese Männer gesucht und getötet. Du wolltest einfach nicht, dass er sich so in Gefahr bringen würde. Er war ein temperamentvoller Mann. Du sagtest ihm also nichts. Als du wirklich sicher warst, dass du schwanger warst, gingst du zu der Frau, die sich mit solchen Dingen auskannte und wo du Hilfe bekamst. Ich weiß nicht, wie ich sie nennen soll. Sie gab dir ein paar Kräuter und sie sagte dir, du solltest hüpfen oder springen. So warst du in der Lage, die Schwangerschaft abzubrechen.

Diese Seele, die in diesem vergangenen Leben, das ich gerade sehe, war auch deine Schwester. Sie war in den Körper eingedrungen. Sie war so ängstlich und so entschlossen, wieder in einen Körper zu kommen, dass sie sofort hereinkam. Sie kam aus dieser Gewalt. Du aber fühltest einfach, dass du kein Kind wolltest, das aus einer Vergewaltigung gezeugt wurde.

Es ist wichtig, dass du verstehst, was ein solcher Umstand, durch Gewalt gezeugt zu werden, für eine Seele bedeutet. Deshalb hast du sie abgelehnt und abgetrieben. Du hast sie wirklich abgelehnt. Was ich wahrnehme gibt den Eindruck, dass diese Seele bereits verletzt war und deshalb versuchte sie auf diese Weise durch Gewalt wiederzukommen. Dieser verletzte Zustand war schon da, bevor du jemals darin involviert wurdest. Sie versuchte durch diese gewalttätige Handlung durch diese Männer in einen neuen Körper hereinzukommen. Diese Seele, die heute deine Schwester ist, kam mit dieser Energie herein. Du wusstest, dass es nicht gut war, ein Kind zu bekommen, das auf diese Weise gezeugt wurde. In ihr war ein schwacher, verzweifelter Anteil. Es war dieser hilfsbedürftige Teil in ihr, der sich so verletzt fühlte durch deine Ablehnung.

Es war eine lähmende Situation für dich, als du endlich zugestimmt hast, mit ihr zu sein. Das war, als ihr später als siamesische Zwillinge geboren wurdet. Dieser beschädigte, verletzte seelische Anteil manifestierte sich in ihrem physischen Körper, dem fehlenden Körperteil und der Anhaftung an dich. Sie war dann an dich gebunden.

Das ist der Ort, wo noch Schuld und Schmerz in dir ist. Da euch im heutigen Leben Liebe als Schwestern verbunden hat, schmerzte es umso mehr, wie sie mit dir umgegangen ist und was sie dir gesagt hat, als du das Gespräch mit ihr suchtest. Sie sprach so zu dir aus ihrer Wut und dem Gefühl der Ablehnung, die unbewusst karmisch in ihr wirkten. Sie brachte durch ihr Verhalten das Fass zum Überlaufen. Du fühltest dich im Moment als Opfer und es brachte Schmerz und Ohnmacht in dich.

Das ist heute noch ein Grund, dass du dich schuldig fühlst, wenn du jemanden verletzt oder ablehnst, auch wenn du es nicht willst und nicht so gemeint hast. Du übernimmst Verantwortung, die nicht wirklich deine ist. Das war es, was dich mit dem siamesischen Zwillingsteil zusammenbrachte, wo auch du sehr eingeschränkt warst, weil du an sie gebunden warst.

Du erkennst nun, dass es nicht förderlich ist, sich für jemanden aufzuopfern, um zu helfen. Du hast verstanden, dass du nicht mehr so viel zu geben brauchst. So kannst du heute Menschen helfen, wenn es sich richtig anfühlt und wenn es dich nicht zu viel kostet. Du hast gelernt, dich durch diese Erfahrung mehr zu schätzen und dir selbst zu vergeben. Du lernst zu sehen, was für dich richtig ist und was nicht. Für deine Schwester, damit sie alles verstehen kann, braucht es eine seelische Heilung. Du musst sie nur sein lassen, solange sie immer noch so wütend auf dich ist, weil du sie nicht brauchst. Du brauchst ihre Bestrafung nicht, nur weil du deinen eigenen Weg gehst, um du selbst zu sein. Wenn sie bereit wird, Heilung zu empfangen, gibt es eine

Verbesserung. Und sie wird bereit sein dafür, zu empfangen. Sie wird dankbar sein, Heilung zu erhalten. Jetzt kannst du etwas aktiv dafür tun. Deine Absicht, für sie Heilung zu aktivieren, genügt. Schicke ihr deine Liebe und deinen Segen.

Das habe ich mit meiner Mutter gemacht. Ich habe es etwa fünf Jahre lang gemacht, bevor sie zu mir kam und sie sagte: „Ich weiß nicht, was du gemacht hast, aber ich kann fühlen, dass sich etwas zwischen uns verändert hat." Und ich heilte sie nur, weil ich mit ihr nie darüber sprach, weil sie dafür noch nicht offen war. Aber sie wusste, dass etwas passierte, und dass es etwas mit mir zu tun hatte.

Dein Ex-Mann wollte deine Schwester haben, um einen Ersatz für dich zu finden, für etwas, was ihnen beiden fehlte. Er dachte für sich: „Wenn ich dich haben kann, werde ich auch deine Schwester haben können. Und wenn ich dich nicht haben kann, will ich deine Schwester haben." Er ist sich dessen bewusst. Im Grunde aber wollte er dich haben. Sie ist ein Ersatz. Er wollte dir nicht wehtun. Er hat Schwierigkeiten zu akzeptieren, dass du ausgestiegen bist, und dass sein Weg nicht mehr derselbe ist wie deiner. Er sieht und fühlt nicht, wie sehr er dich verletzt hat. Du kannst das nicht mehr zulassen. Du musst dich selbst respektieren.

Ich habe eine solche Art einer verletzten Seele wie bei deiner Schwester noch nicht oft gesehen. Du hast schon oft versucht, ihr zu helfen, aber es hat nicht wirklich etwas verändert.

Jetzt beginnt sich auch dein Seelenvertrag mit deinem Ex-Mann zu lösen. Als du mit deinem damaligen Mann in diesem Leben wieder zusammentrafst, hattet ihr einen Seelenvertrag. Es gab die Abmachung, zusammenzukommen und 2 Kinder zu haben. Als du spürtest, dass diese Partnerschaft zu Ende ging, wolltest du sicher sein, dass es wirklich beendet ist, dass du nicht nochmals eine solche Beziehung durchlaufen wirst, da es für dich jetzt genug war. Das war für dich wichtig. Du konntest es in dir lange nicht wirklich akzeptieren, dass diese Beziehung zu Ende ist. Es war nach der Trennung schwer, damit umzugehen, wo dein Ex-Mann jetzt ist und wie es ihm geht und dich dabei gut zu fühlen, was auch immer geschah mit ihm.

Vor einer sehr langen zurückliegenden Zeit übernahmst du eine Verantwortung für das Glücklich-Sein deines Mannes. Auf eine bestimmte Weise wirkte ein unbewusster Vertrag und du warst die Person, die allem eine Richtung gab und das Leben und die Beziehung in Schwung hielt für beide. Dann brachen beide den Vertrag. Dein Ex-Mann kann dies auch fühlen durch die Erfahrungen, die er jetzt macht, obwohl er sich noch so vorkommt, als ob er von dir in die Kälte hinausgeworfen wurde und du ihm die Tür ins Gesicht geschlagen hast, indem du ihm klarmachtest, dass er bei dir nichts mehr zu suchen hat. Das hat euch beide getroffen, doch für dich kam es zu diesem Punkt, als es zu viel und zu schwierig war für dich, noch mit ihm weiterzugehen und weitere Erfahrungen zu machen. Seine Energie war für dich zu einschränkend und zu eng, du bekamst nichts zurück von ihm, und er wurde so leichtsinnig, unsorgfältig und nachlässig für dein und euer gemeinsames Wohlergehen. Er engagierte sich wenig für seinen Teil in der Ehe. Von da an lerntest du die Verantwortung, die du für sein Glück übernommen hattest, loszulassen. Im jetzigen Moment kann dein Ex-Mann nicht sehen, was er getan hat und denkt immer noch, es sei dein Fehler, der zur Trennung führte. Er muss da noch hindurch und so weit gehen, wie es nötig ist, bis er dies sehen kann, dass es so keine gute Partnerschaft mehr war für dich. Es war eine gute Partnerschaft für ihn, da du die Familie zusammenhieltest und er musste sich wenig darum kümmern. Als er seinen Teil immer weniger wahrnahm für die Beziehung, war es dir nicht mehr wert, die Beziehung aufrecht zu halten.

Obwohl er dir das Gefühl von materieller Sicherheit gab und in der Beziehung so funktionierte, dass er da war, um Aufgaben zu erledigen und Begebenheiten und Situationen aufzufangen, hast du dich trotzdem entschieden, die Beziehung zu beenden. Durch die Trennung fällt dieser Teil der Sicherheit von dir weg. Er machte es dir anfänglich schwer, die Beziehung aufzulösen. Er wollte nicht darüber sprechen, um aktiv Lösungen anzugehen. Du machtest es ihm einfach, weil du nicht wolltest, dass er wütend wurde wegen dir. Du warst in dieser Zeit etwas fragil und es fehlte dir an Schutz. Du konntest dir in dieser Phase deine Abhängigkeiten bewusst machen und auflösen, indem du die volle Verantwortung auf allen Ebenen für dein Leben übernahmst. Das war der beste Weg, aus der Beziehung herauszukommen. Es brauchte in dieser Phase keine drastischen Handlungen. Der ganze nächste Zyklus deines Lebens wird ohne ihn sein. Du hast diesen neuen Zyklus bereits begonnen und du kannst fühlen, dass du nicht mehr am gleichen Punkt stehst wie am Anfang, als du ihn in dieser Inkarnation getroffen hast.

Eure Beziehung als Ehepartner ist beendet. Es ist möglich, dass ihr euch wiederbegegnet, da die karmischen Verbindungen über viele Leben hinweg stark waren. Es ist möglich, dass ihr euch wieder als Geschwister begegnet, oder als Tochter oder Sohn, Mutter oder Vater, doch was auf der Ebene als Partner durchlebt wurde in diesem Leben, ist vollendet. Mit dem freien Willen kann man sich immer entscheiden, wieder in eine Partnerschaft zu gehen, doch du bist nicht mehr an diesem Punkt. Als ihr euch in diesem Leben fandet, wart ihr noch mehr am gleichen Punkt. Das ist jetzt nicht mehr so.

Du und dein Mann hattet dieses Leben zusammen, da war Liebe und da war Familie. Aber als es Zeit für dich wurde, alleine und unabhängig zu sein, konnte deine Schwester nicht dasselbe tun. Sie war nicht stark genug. Sie hatte zu wenig Gleichgewicht, um so unabhängig zu sein wie du. Sie kann sich entscheiden, Verantwortung für sich selbst zu übernehmen. Beide, sie und dein Mann, sind eifersüchtig auf dich. Das ist ein weiterer Teil der Umstände, weil du dich so sehr entfaltet hast und deinen Weg einfach immer weitergegangen bist. Das kann jeder sehen. Du hast wirklich alles unternommen, um deinen Mann mitzunehmen. Aber er war einfach nicht bereit dazu.

Interview mit Lotta:

Durch all diese tiefen seelischen Einblicke kann ich sehen, dass unbewusste Schuld und Schmerz in mir wirkten. Dies hielt auch die Bindung zu meiner Schwester aufrecht. Ich lebte oft im Gefühl, dass ich für alle um mich alles tun musste. Ich vermied Konfrontationen, weil ich vielleicht jemanden hätte verletzen können. Ich spürte die Wut und Eifersucht meines Mannes und meiner Schwester. Ich spürte, dass meine Schwester sich abgelehnt fühlte und kann jetzt verstehen, warum sie sich auf diese Weise mir gegenüber verhielt. Innerlich findet durch dieses Verständnis ein Ausgleich statt. Täter- und Opferrollen lösen sich auf. Ich entschied mich heute auszusteigen und es ist meine Entscheidung, meinen Weg weiterzugehen. Jetzt weiß ich, dass ich nach meinem Empfinden handeln kann, und wenn ich nach meiner Wahrheit lebe, wirkt sich auch das als Befreiung auf alle um mich herum aus.

Nachdem ich verstand, dass ich nicht mehr in der Schuld meiner Schwester stehe, konnte ich nun innerlich die Ablösung von ihr ganz vollziehen. Ich fühle mich nicht mehr verantwortlich für sie, wie zu der Zeit, als ich ihr früher noch unbewusst helfen wollte. Durch diese Erkenntnisse fühle ich, wie sich meine Verletzung und mein Schmerz lösen. Es ist so befreiend und gibt mir ein tieferes Verständnis für alles Geschehene. Auch sehe ich Zusammenhänge dieser karmischen Verstrickungen mit meinen körperlichen Beschwerden von Unterleibs- und Rückenproblemen, die ich einige Jahre zuvor, als wir noch zusammenlebten, durchmachte. Alle diese Beschwerden sind abgeklungen und geheilt. So geschieht Befreiung und Versöhnung, weil ich inneren Schmerz zulassen, ihn heilen und transformieren kann und der Kreislauf des Leidens in Täter- und Opferrollen ist beendet.

Ich verstehe immer klarer, was es heißt, dass wir Energie und Schwingung sind und in unterschiedlichen Frequenzen schwingen. Wir kommen in eine Familie, wir lernen Menschen und unsere Partner/innen kennen, verstehen uns anfänglich gut, gehen in Resonanz und haben ähnliche oder harmonische Schwingungsmuster, darunterliegend die karmischen Verstrickungen. Durch geistige und seelische Weiterentwicklung, wodurch auch karmische Themen aktiviert werden, verändern sich diese Frequenzen, um transformiert zu werden. Die Heilung und der Ausstieg aus den Lebensdramen, die wir selbst kreiert haben, bringen uns Befreiung und zurück zur wahren Kraft der Selbstliebe und universalen Liebe.

Befreiung heißt für mich auch Selbstermächtigung, mir selber treu sein und weitergehen können. Dann kann ich das Leben neu betrachten und die ausgedienten Haltungen und Muster mit innerem Frieden, in Liebe, Wahrhaftigkeit und durch Selbsterkenntnis abstreifen. So lösen sich viele Illusionen und falsche Erwartungen auf. Obwohl das Verhalten meines Ex-Mannes mir gegenüber und seine starke Ausrichtung und sein Drang nach einer Liebesbeziehung mit meiner Schwester für mich verletzend waren, sehe ich uns alle heute als freie Wesen in Selbstverantwortung. Ich kann ihm und meiner Schwester verzeihen. Jeder geht seinen Weg weiter. Mit diesem Verständnis fühle ich mich in Frieden mit dem Vergangenen. Ich empfinde die Konflikte, Rollen, Muster und Abhängigkeiten, in die ich verstrickt war, als vollständig gelöst.

Ich bin Maitra für das Aufdecken dieser karmischen Verflechtungen und das Verstehen und Lösen des Seelenvertrages sehr dankbar. Die karmischen Speicherungen erfuhr ich real. Sie zeigten mir auf, wie tief in mir seelische Themen und Strukturen imprägniert waren. Offensichtlich lassen uns solche unbequemen Rollen am meisten wachsen und reifen, um zu vergeben, loszulassen und authentisch zu leben. Meine Lebensstrukturen und mein Beziehungsgefüge wurden herausgefordert, verändert und gelöst. Es gibt kein Müssen mehr, kein Ausharren oder Steckenbleiben. Ich darf mit Zuversicht und Freude den Lebensweg mit allen weiteren Herausforderungen und mit einem erweiterten, freieren Bewusstsein weitergehen.

Identifiziere ich mich stärker mit meiner Seele,
kann ich mich leichter vom Drama
meiner Inkarnation distanzieren.
Werde ich mir als Seele bewusster,
bin ich seltener der Schauspieler in meinem Drama.
Die Seele ist Bewusstheit.
Die Verlagerung vom Ego zur Seele
geschieht durch die Liebe.

Ram Dass

In Frieden kommen in der Familie

Carolina, *1963

C: Ich fühle zurzeit viel seelischen Schmerz in mir. Ich fühle mich so verhaftet in meiner Familiengeschichte. Ich weiß nicht einmal, warum ich jetzt hier in Tränen ausbreche. Ich weiß gar nicht, ob ich wirklich traurig bin. Ich möchte so gerne frei sein von dieser Familiengeschichte. Ich bin das klassische hässliche Entlein und fühle mich nicht erwünscht.

M: Vergiss nicht, wer das hässliche Entlein war! Das hässliche Entlein ist zum wunderschönen Schwan geworden.

C: Da ist einfach dieser Schmerz und ich weiß nicht, woher er kommt. Da ist etwas, das ich so gerne in mir heilen und loslassen möchte. Ich kann nicht mehr machen, als ich schon mache.Da gibt es etwas, womit ich so hadere: Mein Vater ist gestorben, meine Mutter war krank und wir erbten dieses wunderschöne Ferienhaus mit mehreren Appartements in einer idyllischen Umgebung. Ich bin die Einzige, die ein wirkliches Bedürfnis hat, in der Freizeit dort zu sein oder auch einmal dort zu leben. Deshalb möchte ich eine Wohnung als mein Eigentum erwerben. Aber meine 2 Schwestern wollen das nicht. Das schmerzt mich sehr und ich kann nichts ändern daran, ich kann nichts machen und ich bitte einfach darum, dass ich frei werde von diesem Schmerz. Auch die Angst plagt mich, dass dies nie möglich sein wird. Und ich möchte einfach Frieden finden in mir.

M: Was wollen deine Schwestern? Wollen sie die Liegenschaft verkaufen?

C: Sie wollen es so behalten, wie es jetzt ist. Sie wollen mir keine Wohnung verkaufen. Es ist schon immer so: Ich und sie 2 gegen mich.

M: Denkst du wirklich, dass du die Hässliche in der Familie bist? Oder ist es eher, dass du selber denkst, dass deine Schwestern es so sehen?

C: Es war so, als wir Kinder waren.

M: Dachten sie, dass du nicht hübsch bist?

316

C: Einfach so wie sie sich verhielten, ich hatte nicht eine Mutter, sondern ich hatte 3 Mütter. Ich bin einfach anders als alle in der Familie. Was kannst du dazu sehen?

M: Ich sehe jemanden, die sehr gelitten hat. Du konntest deinen Platz in dieser Familie nicht finden. Haben sich deine Schwestern untereinander oft gestritten?

C: Nein. Sie stritten nicht miteinander, sie stritten mit mir. Ich möchte diesen Schmerz nicht mehr fühlen.

M: Jetzt kommt etwas zu dir zurück und das spielt sich nun ab über das Liegenschaftsthema. Gib mir ein Beispiel, worüber sie mit dir gestritten haben. Welche Auseinandersetzungen gab es?

C: Ich würde so gerne in diesem Haus eine Wohnung bekommen. Sie sagten einfach Nein. Ich sei die Rosinenpickerin gewesen im Leben … sie haben nicht ganz unrecht.

M: Sie waren eifersüchtig auf dich, weil du die Jüngste warst und viel Aufmerksamkeit bekommen hast. So haben es deine Schwestern gesehen. Das ist sehr interessant. Ich zeige dir auf, wie es war: Es ist genau das Gegenteil von dem, was du denkst. Sie dachten, du wärst die Hübscheste, du wärst die Süßeste, du wärst diejenige, die immer bekam, was sie wollte. Du warst verwöhnt. Sie waren die älteren Schwestern, die immer nehmen mussten, was übrig blieb. Um sich besser zu fühlen, machten sie dich immer klein. Ich weiß nicht, wo deine Mutter war. Sie hätte dich beschützen sollen, damit das aufgehört hätte.

C: Meine Mutter hat immer gelitten. Sie hat immer geweint, wenn ich von der Schule kam, sie weinte immerzu. Ich war viel lieber als meine großen Schwestern und war viel allein oder zusammen mit meiner Mutter.

M: Du hattest also eine Mutter, die depressiv war. Eine deprimierte Mutter, die sich nicht gut fühlte ist schlimmer als gar keine Mutter zu haben. Das ist so verwirrend, denn dann mussten die älteren Schwestern in dieser Rolle sein und dir sagen, was zu tun ist. Doch deine Schwestern waren eifersüchtig. Du warst allein und hattest die Kraft nicht, mit ihnen zu kämpfen.

Ist das Ferienhaus auf den Namen deiner Mutter?

C: Es gehört uns allen. Ich habe eine Lösung für diese Situation, ich könnte in Frieden kommen mit der ganzen Erbgeschichte.

M: Du erinnerst dich nun daran, was du erlebt hast als Kind, und dass du auf eine Weise missbraucht wurdest und dieses Gefühl hast du heute immer noch und denkst, du seist etwas wie das hässliche Entlein. Das hast du ja zu Beginn erwähnt. Dieser Schmerz ist aus einem Grund entstanden und es ist Zeit, ihn zu heilen. Es stört deine Fähigkeit die Kraft zu haben, die du brauchst, um das Leben so zu gestalten, wie du es willst. Ich möchte dir eine Frage stellen, also mach dich bereit: Hast du deine Schwestern gern?

C: Ich möchte sie gerne lieb haben.

M: Hattest du sie gern, als du ein Kind warst?

C: Nein. Aber die Älteste, die mochte ich am meisten. Sie war 12 Jahre älter und sie war wie eine Mutter. Die Mittlere hasste ich. Es schnürt mir noch heute die Kehle zu.

M: Wie auch immer, ich hörte dich gerade sagen, dass du eine Verbindung und etwas Liebe für deine älteste Schwester fühlst. Bis heute?

C: Im Moment ist es sehr schwierig. Die zwei zusammen sind so stark und es gibt momentan keinen Kontakt mit ihnen. Da ich sie darum bat, eine Wohnung in diesem Haus kaufen zu können, rief ich sie an und sprach mit ihnen sehr höflich. Auch schrieb ich einen sehr freundlichen Brief und sie antworteten mir mit einem bösen Brief.

M: Das Problem mit dem Haus bringt nun den Schmerz deiner Kindheit zurück. Es wirft dich an einen Ort, an dem du dich wie ein Opfer fühlst. Du warst ein Opfer deiner beiden Schwestern. Ich zögere zu sagen, was ich sehe, weil es einen anderen Ort aufzeigt, um dir zu begegnen. Es ist wichtig, dies zu sagen und ich denke, du weißt es bereits: Deine Mutter wollte kein Kind mehr haben, sie wollte dich nicht.

C: Ja, ich weiß es.

M: Sie sagte es den anderen Mädchen. Beim Erzählen hast du dich von Anfang an gegen dich gerichtet. Ich werde dich jetzt bitten, einen großen Sprung zu machen: Wenn dieses Baby jemand anderes gewesen wäre, zum Beispiel deine älteste Schwester, würde deine Mutter immer noch genauso empfinden, dass sie dieses Baby nicht haben wollte?

C: Ja, ja.

M: All das hat deine Kehle zugeschnürt. Keine von ihnen war glücklich. Alle fühlten sich ungeliebt von der Mutter. Du wurdest zum Sündenbock, diejenige, die die Negativität in sich hineinnahm. Jetzt stell dir für eine Minute vor, dass du die Situation gekannt hast, in die du hineingeboren wurdest. Was brachte dich hierher? Warum bist du in diese schwierige Situation gekommen?

C: Entweder wegen einem vorherigen Leben oder um ganz viel zu lernen, daran zu wachsen, vielleicht einmal jemandem zu helfen in einer ähnlichen Situation.

M: Findest du in dieser Antwort etwas Frieden?

C: Ja, aber dieser Schmerz ist noch hier. Es macht mich so traurig, dass ich das Gefühl habe, es gibt keinen Fortschritt.

M: Ich denke, du hast Fortschritte gemacht. Obwohl du Emotionen hast, hast du immer noch eine objektive Sicht, wenn ich mit dir darüber rede. Du kannst etwas Abstand nehmen. Nimm diese zwei Worte, die dir eingefallen sind, als ich dich fragte, warum du diese Situation gewählt hast.

Deine Entfaltung und Entwicklung von Mitgefühl: Du kamst in diese sehr schmerzhafte Situation, in der du ein Opfer deiner älteren Schwestern und in vielerlei Hinsicht auch deiner Mutter warst, um für andere und für dich Mitgefühl zu entfalten. Auch das Mitgefühl für dich ist sehr wichtig.

C: Ich kann es nicht machen, ich muss es trainieren.

M: Es entwickelt sich im Laufe der Zeit, du entdeckst diese Dinge und heilst sie und bekommst Mitgefühl dafür. Ich möchte das Karma anschauen. Deine Schwestern sind eifersüchtig auf dich, was sehr interessant ist, denn zuerst hörten sie deine Mutter sagen, dass sie dieses Baby nicht wollte und sie sagte Dinge wie „Ich werde dieses Baby weggeben!" und andere Dinge. Gleichzeitig fühlte sich deine Mutter schuldig, weil sie solche Gefühle hatte, deshalb gab sie dir eine gewisse Aufmerksamkeit, was deinen Schwestern nicht gefiel. Und all das aus ihrem depressiven Zustand. Sei nicht so hart zu dir selbst. Wenn du weinen kannst, kommt dies alles in Bewegung.

C: Ich habe so lange geweint.

M: Das ist gut, so kannst du dich entspannen und erleichtern.

Ein vergangenes Leben von Carolina:

*M: Ich schaue auf ein Waisenhaus. Es ist die Zeit des Ersten Welt-
kriegs und da sind Kinder, die von ihren Eltern entweder verlassen
wurden oder es sind Kinder von Eltern, die getötet wurden oder in
irgendeiner Weise gestorben sind. Das waren Kinder, die nach Kriegs-
ende auf der Straße der Städte in Europa lebten, bedürftige, hungernde
Kinder. Dieses Waisenhaus ist in einem Dorf in Belgien, aber es
könnte auch Frankreich oder irgendwo in dieser Gegend sein. Es steht
am Fuße eines Berges und es ist eine sehr große Villa, wie eine große
Burg. Es gibt wahrscheinlich 300 oder 400 Kinder vom Kleinkind-
alter bis zum Teenageralter.*

*Als man dich fand, versuchtest du auf drei oder vier andere Kinder
aufzupassen. Es waren nicht Geschwister oder Verwandte von dir. Du
lebtest auf der Straße und hattest einen kleinen Unterschlupf gefunden.
Diese Kinder waren jünger als du und noch so klein, das erweichte dein
Herz, und so hast du versucht, ihnen zu helfen.*

*Durch dein Verhalten brachtest du ihnen bei, wie man Dinge mit-
einander teilt. Wenn eines von ihnen einen Laib Brot stahl oder etwas
von jemandem bekam, sagtest du ihnen, dass sie es zurückbringen sollten.
So brachten sie es zurück und jedes von ihnen bekam dann etwas von
diesem Brot. Das war von großer Wichtigkeit, denn diese Kinder waren
am Überleben. Wenn sie einen Laib Brot bekamen, stopften sie einfach
alles in den Mund.*

*Ich denke, du hast in gewisser Weise diese Kinder etwas zivilisiert
und du gabst ihnen ein Gefühl der Zugehörigkeit, eine Art Familiengefühl. Dies war auch für dich wichtig, denn du hattest auch alles verloren. Es gab vielleicht diesen einen Unterschied, weil du etwas älter warst
und mehr Zeit in einer Familie verbracht hattest. Man kümmerte sich
um dich und du hattest genug zu essen.*

*Als der Krieg kam, war das alles weg. Ich sehe jetzt, wie du von der
Schule nach Hause kamst und dein Elternhaus und deine Eltern waren
nicht mehr da. Alles war weg. Das Haus wurde von einer Bombe getroffen und vernichtet. Du fandst Unterschlupf bei den Nachbarn. Es
waren Leute, die dich ein bisschen kannten. Sie halfen dir eine Weile
lang, aber dann warst du auf dich selbst gestellt.*

Lastwagen mit fremden Menschen durchquerten ganz langsam die Stadt und riefen nach den Kindern und sagten ihnen, dass sie für sie Plätze bereit hätten, wo sie besser leben könnten.

Du warst ihnen gegenüber sehr misstrauisch. Du folgtest dann einem Lastwagen und konntest beobachten, wie sie die Kinder einsammelten, doch du hast ihnen immer noch nicht vertraut. An einem der folgenden Tage hast du diesen Lastwagen wiedergesehen und eines der Kinder war vorne auf dem Lastwagen und half den Kindern, die mitgenommen wurden. Dann fragtest du dieses Kind: „Wohin geht ihr mit diesen Kindern?" Und sie beschrieb diesen Ort auf dem Land und sagte: „Sie haben genug zu essen, sie bekommen alle Kleider, alle haben ein Bett, ein richtiges Bett mit einem Kissen."

Nun hattest du dich entschieden, ihnen zu trauen und gingst mit all den Kindern im Lastwagen mit. Du kamst in dieses Waisenhaus, als du etwa 13 oder 14 Jahre alt warst. Alle anderen Kinder waren jünger. Der Jüngste war ungefähr drei Jahre alt. Die vier Kinder, die du „adoptiert" hattest, waren viel jünger als du. Die Betreuer im Waisenhaus waren eigentlich sehr aufmerksam und stellten viele Fragen und als sie herausfanden, dass fünf von euch irgendwie zusammengehörten, haben sie einen Platz für euch alle bereitet. Sie haben dir gesagt, dass es vorübergehend sei. In der Regel waren immer die Kinder zusammen, die etwa gleich alt waren.

Weil du für diese Kinder wie eine Mutter warst, ließen sie euch für eine Weile zusammenbleiben.

Du warst ungefähr ein Jahr lang in diesem Waisenhaus und du schautest immer nach diesen Kindern, mit denen du so verbunden warst. Sie waren alle ziemlich abhängig von dir. Die Leute, die im Waisenhaus arbeiteten, machten sich Sorgen darüber und so trennten sie dich von den Kleinen. Jedes der Kinder wurde mit anderen Kindern im gleichen Alter platziert und du kamst mit älteren Teenagern zusammen. Das ging eine Weile so weiter, aber jeden Tag kamen die Kinder und fanden dich, und sie hängten sich an dich und wollten bei dir bleiben.

Es kamen Leute ins Waisenhaus, die nicht wirklich Kinder adoptierten, aber es gab doch einige, die deshalb kamen. Auch gab es Leute, die sich nun für dich zu interessieren begannen. Sie boten den älteren Kindern einen Job, einen Platz in der Welt an. Die Leitung des Waisenhauses war nicht sehr glücklich darüber und sie wollten es nicht wirklich unterstützen. Aber die

Regierung, die dieses Waisenhaus gegründet hatte, war der Meinung, dass es sehr wichtig sei, diese Kinder aus dem Waisenhaus in die Familien ziehen zu lassen oder ins Erwerbsleben, wo sie ihr eigenes Geld verdienen und auf sich selbst aufpassen können. Ein Teil dieser Überlegung war auch, dass es Platz für ein anderes Kind gab, wenn ein Kind für einen Job wegging.

So trafst du eine Entscheidung. Du dachtest an diese Kinder, um die du dich gekümmert hattest und sagtest zu dir: „Es wird ihnen allen gut gehen, ja, sie werden ohne mich gut auskommen und ich weiß, dass sie es können. Es gibt viele Leute, die sich um sie kümmern, und ich werde nun einen Job haben." Für dich war das Freiheit, denn seit du in dieses Waisenhaus kamst, dachtest du immerzu: „Was mache ich hier eigentlich, was gibt es hier für mich zu tun?" Zum einen hatten sie dir keine Schulbildung gegeben. Du konntest schon lesen und schreiben. Das war sehr beschämend/peinlich für dich zu sehen, dass all diese Kinder ohne Schulbildung aufwuchsen. Du konntest hier nichts zum Besseren wenden. Du konntest hier nichts gutmachen.

So hast du einen Job angenommen, der nicht wirklich gut war. Es war ein Fabrik-Job. Wie er dir präsentiert wurde, war ganz anders, als er sich in Wirklichkeit zeigte. Du wohntest über der Fabrik in einem Raum mit 50 anderen Mädchen. Die kleinen Betten standen alle nebeneinander. Du musstest jeden Tag von Sonnenaufgang bis Sonnenuntergang arbeiten. Es war wirklich schwer. Du warst ein oder zwei Monate dort und dann sagest du: „Nein, ich kann das nicht länger machen. Das hat keine Zukunft." Es gab keine andere Möglichkeit, und so bist du weggerannt. Du fandst einen besseren Job in einer Familie und konntest dich um ihre Kinder kümmern. Diese Kinder gingen zur Schule und sie haben dich dabei integriert. Du fandst eine viel bessere Lebenssituation.

Zwei der vier Kinder, die du im Waisenhaus verlassen hattest, waren deine Schwestern, die du heute hast. Sie waren immer noch wütend auf dich, weil du sie verlassen hast. Du hast sie nicht danach gefragt. Du hattest Angst, sie zu fragen und es ihnen zu sagen, dass du weggehen wirst. Du gingst einfach mitten in der Nacht weg.

Du hast mit einem der dortigen Arbeiter gesprochen und gesagt: „Bitte sag diesen vier Kindern, dass ich gehen musste." Du wolltest es nicht tun, weil du dich schuldig fühltest, sie zu verlassen. Mit diesen Kindern entwickelte sich während der Zeit, in der du noch auf der Straße warst, eine *sehr starke Bindung und Abhängigkeit. Das änderte sich nicht, während ihr im Waisenhaus lebtet. Karmisch betrachtet blieb diese Wut und Enttäuschung deiner beiden Schwestern, weil du einfach weggingst und nichts gesagt hast. So seid ihr wieder zusammengekommen. Aber es war in dir noch nicht geklärt und aufgelöst.*

Du konntest dich einfach nicht dazu aufraffen, zurückzugehen, sie wiederzusehen und mit ihnen zu sprechen. Du hast dich schuldig gemacht, als du dich für dich entschieden hast. Du hast sie verlassen, um alles andere für dein Leben zu erfahren. Das waren Kinder, die auch auf die eine oder andere Weise ihre leiblichen Eltern verloren hatten und die viel jünger waren als du. Also war es schwieriger für sie. Sie haben durch dich dieses Familiengefühl geformt, weil du dich um sie gekümmert hast und für sie verantwortlich warst und dann gingst du einfach weg. Du ließest sie auf der Straße nicht im Stich und du wusstest, dass man sich um sie kümmern würde, wenn du gegangen bist. Du wusstest, dass sie nicht hungern mussten oder misshandelt würden. Du wusstest, dass es ihnen gut gehen würde.

Aber du konntest dich immer noch nicht dazu bewegen, ihnen zu begegnen. Jetzt kannst du erkennen, wie ein Teil dieser Dynamik in den Beziehungen mit deinen Schwestern noch wirkt. Du hast gespürt, dass du alles getan hast, was du für sie tun konntest. Als du sie verlassen hast, waren sie in sehr guten Umständen. Du hast dich aber innerlich schuldig gefühlt, dass du ihnen nichts gesagt hast. Hier sind wir mitten in dieser schmerzhaften Situation. Es gibt immer noch diesen Schmerz. Ein Teil deines Schmerzes ist auch die Schuld.

Es passt zu dem, was ich gesehen habe. Du hattest so ein Schuldgefühl, dass du nicht mit ihnen geredet hast und du hast nicht den Mut gehabt, ihnen gegenüberzutreten und zu sagen: „Ich muss das jetzt für mich tun. Ich muss euch verlassen." Du konntest das nicht auf diese Weise machen. Ich glaube, du hast sie geliebt, deshalb habe ich dich gefragt, ob du Liebe für sie fühlst und irgendwo in dir ist diese gemischte Liebe zu ihnen und deshalb tut es so weh.

Jetzt geht es darum, einfach all diese Gefühle zuzulassen und damit zu arbeiten. Das bringt mehr Licht in die Situation und macht es weniger schwarz-weiß, wo du dich als Opfer fühlst, weil du jetzt sehen kannst, dass sich andere auch als Opfer fühlten.

Auf eine seltsame Art und Weise warst du die Älteste in diesem Leben und hattest dadurch mehr Wahlmöglichkeiten. Du hast für dich selbst gehandelt, um durch diese Entscheidungen weiterzukommen.

Jetzt in diesem Leben bist du als Jüngste gekommen, doch deine Schwestern sahen dich auf diese Weise, obwohl du es nicht so wahrgenommen und gespürt hast. So haben sie dich gesehen. Auch heute sehen sie dich noch so an. Es scheint, als ob du alles hast, was du willst. Sie müssen mehr um alles kämpfen. Jetzt wollen sie allen anderen zeigen, was mit diesem Haus passieren soll.

Wie fühlst du dich jetzt?

C: Im Moment fühle ich mich viel leichter. Werde ich in Zukunft im Haus meiner Eltern eine Wohnung haben können?

M: Es wird sich ergeben. Irgendwann bist du in diesem Haus, in dem du sein willst. Aber sei geduldig. Lass es jetzt los und vertraue darauf, dass dieser Tag kommen wird. Je weniger Druck du jetzt machst, desto früher wird es so sein.

Interview mit Carolina:

C: Ich kam für ein Reading zu Maitra, weil ich an vergangene Leben glaube.

Ich sehe es wie eine Medaille: Die eine Seite ist die sichtbare. Die andere Seite ist die Welt, die wir nicht sehen. Ich glaube daran, dass wir uns spirituell entwickeln. Wenn man weiß, wie man meditieren und sich dieser unsichtbaren Welt nähern kann, dann kann sie für uns sichtbar und erfahrbar werden. Bis wir mehr sehen und verstehen, lernen wir gewisse Blockaden aufzulösen. Man kann das Karma nennen, wie auch immer.

In dieser Zeit, als ich Rat suchte bei Maitra, hatte ich einen großen Leidensdruck. Es ging mir wirklich nicht gut, denn ich war in einen Erbstreit verwickelt mit meinen zwei älteren Schwestern. Es ging um verschiedene Angelegenheiten, aber vor allem ging es um unser Ferienhaus. In dieser Liegenschaft wäre ich gern eingezogen. Doch meine Schwestern wollten das nicht.

Ich war neugierig wie es nun weitergehen würde. Ich wollte dafür eine Erklärung. In mir war ein Gefühl, dass ich diesen Konflikt mit meinen Schwestern von irgendwoher mitgenommen hatte. Dieses Gefühl hatte ich schon durch meine ganze Kindheit hindurch.

Ich war wahnsinnig nervös, als ich zu Maitra kam. Durch die Umstände in der Familie ging es mir wirklich nicht gut. Ich weinte oft. Meine Nervosität kam daher, da ich noch nie in einem solchen Zustand zu einer Seherin ging. Ich fragte mich, was sie mir wohl sagen würde. Vielleicht würde sie sagen: „Vergiss es, was du willst." Vielleicht geht es mir ja nachher noch schlechter. Ich würde nie eine Rückführung machen, weil ich darüber abschreckende Geschichten gelesen habe, mit furchtbaren Szenarien wie Folter und traumatische Todeserfahrungen. Dieses Thema war für mich schon etwas mit Angst behaftet.

Das vergangene Leben, das ich im Reading erfahren habe, empfand ich im Vergleich zu den Geschichten und Bildern, die in meinem Kopf über vergangene Leben waren, geradezu angenehm. Die Begebenheiten darin ergeben für mich trotz allem eine schöne Geschichte. Dass ich meine Schwestern damals im Stich gelassen hatte, löste in mir für meine jetzige Beziehung zu meinen Schwestern eine Versöhnung mit mir selber aus. Es hat für mich sehr viel Sinn ergeben, wie ich heute bin.

Meine Schwestern haben mir nie verziehen, dass ich sie im Stich ließ. Die Geschichte des vergangenen Lebens hat mein Leben nicht einfach vollständig verändert, aber es hat mir in diesem Moment mit diesen Erklärungen geholfen, zu verstehen, wieso sich meine zwei Schwestern so vehement gegen mich verhalten. Wenn man nicht genau weiß, warum sich Menschen so verhalten, dann erhöht es den Leidensdruck. Ich habe bemerkt wie mir diese Informationen aus dem Gespräch mit Maitra sehr guttaten und ich konnte sie einordnen. Ich konnte mich mit ihnen versöhnen. Der Konflikt hat sich dann gelöst.

Ich fühle mich reich und gesegnet in meinem jetzigen Leben mit meiner Familie, mit meiner Arbeit, mit meinen Freunden. Doch das Leben an und für sich ist immer wieder anspruchsvoll und eine große Herausforderung. Ich finde es wertvoll, diese

Möglichkeit zu haben, eine Person wie Maitra um Rat zu bitten, um Schwierigkeiten im Leben zu bewältigen. Für mich hat es auch eine Bedeutung, wie ich zu jemand finde und welches Umfeld von Menschen mir den Hinweis gegeben hat. Es ist für mich eher verwirrend, die Zeitung aufzuschlagen und ähnliche Angebote von 100 verschiedenen Medien zu finden. Deshalb bin ich sehr dankbar, dass ich Maitra begegnet bin, und dass ich in diesem Moment offen war mit meinem Leidensdruck zu ihr zu gehen. Es war ein perfektes Timing.

Grundsätzlich bin ich neugierig und ich möchte wissen, woher wir kommen und was wir hier alle zu tun haben. Ich bin seit einiger Zeit in Ausbildung in buddhistischer Philosophie. Durch die Auseinandersetzung mit dem Buddhismus bekomme ich Anstöße und ich komme in Berührung mit bestimmten Personen und habe in mir ein tiefes Wissen, dass ich da am richtigen Ort bin. Ich habe eine Meditationsausbildung gemacht. Ich bin sehr offen und ich glaube an eine Welt, die wir nicht sehen.

Natürlich braucht es immer eine gewisse Offenheit, eine Empfänglichkeit, wenn man in eine mediale Beratung geht und es braucht auch Vertrauen. Ich werde nie mehr vergessen, was mir Maitra im Reading gesagt hat, nämlich, dass das mit dem Haus in Ordnung kommt und ich die Wohnung bekommen werde. Zu diesem Zeitpunkt war diese große Wunscherfüllung noch weit entfernt. Natürlich hoffte ich damals, als sie mir sagte, dass es mit der Wohnung im Ferienhaus klappen wird. Ich habe es Maitra damals geglaubt, dass ich dann in Zukunft eine Wohnung in diesem Haus bekomme. Ich war in diesem Moment einfach sehr offen und empfänglich. Und heute gehört die Wohnung tatsächlich mir. Wenn ich heute an Maitra denke, dann ist sie aus diesem Grund eine wichtige Person in meinem Leben. Ich habe ein großes Vertrauen in sie und ich würde jederzeit wieder bei ihr in ein Reading gehen. Maitra hat für mich eine herzensgute Empathie. Ich fühlte mich bei ihr sehr aufgehoben und auch sehr ernst genommen, denn sie hat eine sehr liebevolle Art. Ich fühlte mich auch wohl im Beisein von Karin als Übersetzerin.

Es gibt nur zwei Arten zu leben.
Entweder so, als wäre nichts ein Wunder
oder so, als wäre alles ein Wunder.

Albert Einstein

Ich verliere mein Gesicht – Napalmtod in Vietnam

Alain *1992

Alains Mutter Regina *1964 erinnert sich:
R: Mein Sohn Alain war in dieser Zeit seelisch in großer Not.
Er wohnte mit Freunden in einer Wohngemeinschaft und kam
wieder regelmäßig zu mir oder rief mich an, da er es nicht mehr
aushalte, am Morgen nicht mehr aufstehen könne, da er sich so
schlecht in seinem Körper fühle. Er sei ganz zerknittert und habe
einfach keinen Lebensmut mehr. Nichts mache mehr Sinn für ihn
und überhaupt fühle er, dass sein Leben vorbei sei, da er zu allem
noch Haarausfall habe und damit könne er nicht mehr leben.

Sein Haarausfall begann ca. mit 17 Jahren, als er in die Schule
für Gestaltung kam, wo er einen wundervollen Krauskopf hatte
und einige ihn in dieser Zeit fragten, ob er ein halber Afrikaner
sei. Er begann neben der Ausbildung als Grafiker seine Leidenschaft
fürs Gitarrenspiel noch mehr zu entfalten und ebenso die Liebe
für den Blues. Obwohl er nie Gitarrenstunden nahm und Angebote für bezahlte Privatstunden ablehnte, lernte er immer Neues
dazu, zum Teil durch Freunde, und wohl auch durch intensives
Musikhören. Trotzdem wirkte sein Wesen oft sehr desorientiert
und chaotisch, er war etwas rebellisch und ließ sich nicht einschränken durch Vorschriften oder Regeln. Es war dazu schwer,
seit er diese Probleme mit seinen schwindenden Haaren hatte.

Wir probierten dies und jenes mit Aufbaupräparaten, doch es
schien nicht wirklich zu fassen. Langsam verlor er wirklich einen
Teil seiner Haare auf dem Kopf, was ihn zusehends deprimierte.
Als er mit der Ernährung und seiner Lebensweise versuchte, darauf einzuwirken, und auch dies nicht fasste und die Haare nicht
wieder zu wachsen begannen, fühlte er sich zusehends schlechter
und die vergangenen Wochen holte er regelmäßig Hilfe bei mir.
Ich versuchte ihn innerlich aufzubauen, die Gedanken und die
Fixiertheit auf sein Äußeres etwas zu lösen, damit er seinen All-

tag bewältigen konnte. Doch ich wusste, dass er in dieser Zeit nicht so viel Arbeit hatte. Oft war er wahrscheinlich in seiner Wohnung und schlief, das waren wahrlich Anzeichen einer sich ausbreitenden Depression und Verzweiflung.

Er sagte mir oft, er möchte einen neuen Körper, dieser tauge zu nichts mehr. Dabei war er so stark und gesund, groß gewachsen und hübsch dazu. Er sagte oft, er habe sein Gesicht verloren, es sei einfach scheiße, wie er aussehe, und mit den Frauen klappe es auch nicht. Er wisse gar nicht, wie er überhaupt auf eine Frau zugehen sollte. So würde ihn doch keine wollen, dachte er. Er habe kein Gesicht mehr. Er würde sowieso nicht alt in diesem Leben, vielleicht 30, höchstens 40. Die Vorstellung, haarlos zu leben, sei so schrecklich für ihn. Seine ganze Jugend sei verpfuscht, er hätte ja gar keine gehabt, es habe sowieso alles keinen Sinn mehr.

Ich begann mir wirklich Sorgen zu machen, denn ich spürte seine Verzweiflung und seine Traurigkeit, die ihm alle Kraft nahmen, vorwärtszugehen. Eine enorme Kraft drückte ihn nieder und schien immer mehr Besitz von ihm zu nehmen. Die Stunden, die ich ihn begleitete, bauten ihn für 2–3 Tage auf und dann kam er wieder in der gleichen Niedergeschlagenheit. Er äußerte, dass seine Kopfhaut sehr schmerze, es fühle sich wie spitze Stiche an und wie böse unsichtbare Kräfte, die von außen auf ihn einwirkten. Was konnten wir noch tun? Ich spürte, dass ich für ihn weitere Hilfe beiziehen musste. Ich fragte ihn, ob er bereit sei zu einem Geistheiler oder einer Heilerin zu gehen. Er sagte, er nähme alle Hilfe an, wenn es nur etwas Linderung gäbe. In diesen Tagen bekam ich den Hinweis für die Lebenshilfe von Maitra und Alain war auch bereit, dieses Treffen einzugehen. Das Reading fand über ein Telefongespräch statt. Dies erzählte mir Alain am Küchentisch, nachdem er mit Maitra gesprochen hatte:

Ein vergangenes Leben von Alain:

Maitra fragte Alain, ob er an frühere Leben oder Reinkarnation glaube, wozu er keinen Widerstand gab. Danach erzählte sie ihm, was sie während des Readings empfing:

M: *Du warst ein Teenager, geboren in einer bürgerlichen Familie in der Nähe von Ohio oder Des Moines in den USA, mit dem Namen Aron Henderson, ursprünglich nordeuropäischer Abstammung. Du besuchtest das College und dein Vater sah für dich einen Weg an einer Universität vor, was dir aber damals widersprach. Du hattest große Freiheitsgedanken, einen rebellischen Charakter und wolltest die Welt auf deine Weise entdecken. Du brachst das College ab, wolltest nicht mehr zur Schule und wurdest kurz darauf als Soldat für den Vietnamkrieg rekrutiert. Dein Leben endete dort unter entsetzlichen traumatischen Erfahrungen, da du die schlimmsten Verletzungen durch Napalmbomben erlittest und mit einem komplett verbrannten und entstellten Körper in einem Lazarett unter Qualen deine letzte Lebenszeit gepflegt wurdest.*

R: Maitra beschrieb ihm, dass seine Gesichts- und Kopfhaut sozusagen weggeschmolzen und derart verbrannt war, dass sie in Fetzen hinunter hingen. Er war schwer verbrannt und verletzt und vor allem auch entstellt. Er bekam starke Drogen und Schmerzmittel, die seinen Zustand erträglich machen sollten. Doch für ihn gab es keine Hoffnung, zu qualvoll und zu zerstört war sein Körper und zu traumatisiert sein ganzes Wesen, als dass er noch weiterleben wollte. Er bat einen Pfleger, ihm beim Sterben zu helfen. Dieser forderte von ihm, dass er für seine Eltern noch einen Brief diktieren soll, den er ihnen zukommen lassen wolle, bevor er ihm diese letzte Hilfe ermöglichte. Dieser Pfleger erlöste ihn mit einer Überdosis an Medikamenten oder Drogen, um ihn von seinen inneren und äußeren Qualen zu befreien.

Maitra prophezeite ihm im Reading auch, dass er Kunst studieren werde, Richtung Szenografie und Theater. Seine Gefühle zu seinem Haarverlust konnten durch das Reading etwas relativiert werden, indem Alain lernte zu verstehen, was es heißt, sein Leben ganz zu verlieren im Gegensatz zur jetzigen Erfahrung, den Haarverlust annehmen zu können.

Alain litt neben seinem Trauma, das seit seiner Jugend durch den Haarausfall aktiviert wurde, unter vielen Ängsten, er nässte oft in das Bett, bei Fieber glitt er schnell in Zustände von traumatischen Träumen und angsterfüllten Visionen. Er fand als Kleinkind oft den Schlaf nicht gut. Als Baby und im Kindesalter hatte er eine Art Krupp und oft verschleimte Bronchien, sodass er nicht gut atmen konnte und ich nachts viel neben ihm wach lag und seine Atmung beobachtete, in der Angst, er könnte ersticken. Später hatte er eine schlechte Wundheilung. Bei kleinen Schürfungen oder Kratzern auf der Haut gab es eine wachsende Eiterwunde mit viel Wundwasser und die Wunde seiferte tagelang, bis sie sich schlussendlich begann, sich zu schließen und eine feste Kruste bildete. Die Wunden glichen dann oft einfach Verbrennungen, die nicht wirklich heilen wollten.

In dieser Phase, angeregt durch eine Familienreise in tropische Länder mit dem Flugzeug, begann Alain Flugzeuge zu zeichnen, was die folgenden Jahre kaum ein Ende nahm. Nachdem er in den Bergen eine Rettungsaktion einer abgestürzten Gleitschirm-fliegerin gerade unter der Startrampe miterlebte und der Rettungs-helikopter die Verletzte mitnahm, begann eine Zeit, als er nur noch Helikopter zeichnete. Dies in einem Umfang, der den Zu-stand eines knapp 3-Jährigen, der etwas verarbeitet, weit über-traf. Ich weiß heute, dass diese frühkindlichen Eindrücke seine traumatischen Erinnerungen hervorholten, denn sein älterer Bruder reagierte wenig auf dieses Ereignis der verunfallten Gleitschirm-fliegerin, obwohl er auch danebenstand. Alain zeichnete fast ex-zessiv stundenlang auf dem Bauch liegend unzählige Helikopter, und er klebte Blätter zusammen, bis sie über 2–3 Meter hinaus-ragten, darauf immer größere Helikopter, Horizonte, Fallschirm-flieger, Flugzeuge. Ich hatte alle diese vielen Zeichnungen auf-bewahrt und nach dem Reading breitete ich vor ihm im ganzen Wohnraum alle aus und wir schauten sie zusammen an. Es war einfach überwältigend, es gibt keine Beschreibung dafür, nur ein Gefühl, das bleibt.

So wie ich es als Mutter erlebte, waren die Erinnerung und alle diese traumatischen Erlebnisse seit er zu uns als Baby kam, beständig aktiviert. Er begann schon so jung, Erinnerungen zu verarbeiten, die ich jedoch in dieser Zeit nicht wirklich deuten konnte, da ich über Karma und wirkende Traumata noch zu wenig wahrnehmen konnte. Er zeichnete und malte so intensiv, oft wollte er nicht einmal nach draußen gehen, wo die anderen Kinder spielten, so vertieft war er in seine Zeichnungen. Überhaupt mied er Gruppen und Spiele, und mit Autoritäten, vor allem in der Schule, als er in die Pubertät kam, hatte er seine Mühe und widersetzte sich vielem, was er als Einschränkung empfand.

Mit ca. 14 entdeckte Alain die Gitarre und seine Liebe zum Blues. Dies begleitete ihn die ganze Zeit seiner Jugend hindurch und er baute eine Band auf, mit der er jetzt regelmäßig Konzerte gibt. Eindrücklich ist der Stil, den sie selber entwickelten: Er erinnert an die Musik von The Doors und Pink Floyd, u.a. mit sehr intensiven und ausdrucksstarken Stimmungen. Seine Band spielte ähnliche Stücke, die an diese psychedelischen Zustände erinnern, die in Szenen von Vietnamkriegsfilmen vorkamen. Es war der Ausdruck einer Generation, die in diesen schrecklichen Krieg eingezogen wurde. Viele junge Menschen kehrten traumatisiert zurück oder verloren ihre hoffnungsvollen, blühenden Leben. Alain trug während seiner Ausbildung jeweils eine grüne Armeejacke und Stiefel.

2004 reiste ich mit Alain nach Wisconsin USA, um unsere Verwandten zu besuchen. Wir verbrachten auch noch einige Tage in Chicago, Ohio. Er wollte diese Großstadt unbedingt sehen. Nach dem Besuch bei unseren Verwandten lotste er mich perfekt vom Dorf unserer Verwandten nach Chicago O`Hare Airport, um das Mietauto zurückzugeben. Ich war so froh um seine Hilfe und seine Ruhe, da mich die weite Fahrt und die immer größeren Highways, je näher Chicago kam, etwas stressten. Wenn ich mich jetzt darauf zurückbesinne, wie ich diese Fahrt nach Chicago mit dem rebellischen Alain geschafft habe, und seine Klarheit und Ruhe mir in Erinnerung rufe, dann kommt es mir jetzt so vor, als ob er sich da irgendwie auskannte und diese Gegend ihm nicht fremd war. Er war bis anhin sonst auf den Straßen in der Schweiz nie so aufmerksam, ruhig und klar, aber in dieser Situation war es ein Segen, ihn neben mir im Auto zu haben und mich sozusagen von ihm führen zu lassen, denn für mich war es doch eine große Herausforderung, auf diesen gigantischen Highways den Rückweg zum Chicago O`Hare Airport zu finden.

Die Depression ließ nach dem Reading bei Maitra bei Alain nach. Es war eine energetische Veränderung bei ihm spürbar und seine vorherige Verzweiflung war nicht mehr da. Die Traurigkeit über seinen Haarverlust war und ist schon noch da, doch er war seither nicht mehr so fixiert auf diese Tatsache und wurde innerlich wieder ruhiger und sein Selbstwert wurde stärker. Er kam auch nicht mehr vorbei in diesem Zustand und ich spürte, wie enorm die ganze Geschichte, die ans Licht kam, mich ebenso entlastete. Als Mutter ist das Leben leichter, wenn es den Kindern gut geht und sie die Schritte ins Erwachsenenleben ohne große Tiefgänge und schwere Krisen vollziehen. Dem Kind in einer solchen Depression und Verzweiflung zu begegnen ist beängstigend und wirft selbst als Bezugsperson so viele Fragen und Gefühle auf, die auch Traurigkeit und Ratlosigkeit bringen. Die Schuldfrage schiebt sich immer dazwischen und die quälende Frage, was ich damit zu tun, oder was ich falsch gemacht habe, kommt bestimmt bei jeder Mutter in dieser Situation. Alain sagte mir jedoch, als er in dieser Krise war, dass es nichts mit uns als Eltern zu tun habe, er habe alles von uns bekommen, was er brauchte.

Für mich ist es wirklich ein großes Geschenk, dass Alain bei mir Hilfe holte und sich in seiner Verzweiflung zeigte. Das ist und bleibt für mich ein Zeichen von großem Vertrauen. Das berührt mich und gibt mir Zuversicht. Dazu kam die Verfügbarkeit von Maitra, die die Not spürte und sofort einen Termin anbot. Auch Alains Bereitschaft, mit ihr zu sprechen, zählte hier viel. Alles fügte sich wundersam zusammen.

Nach ein paar Wochen kam Alain zu Besuch nach Hause. Dann sagte er: „Ich bin ja gespannt, was in meinem Leben noch alles passieren wird." Diese Aussage berührte mich so tief und war für mich so vielsagend, denn ich fühlte, dass Alain jetzt eine Zukunft für sich wahrnehmen konnte und sein Blick wieder nach vorne ging. Ich fand es so wunderbar. Er begann sein jetziges Leben als junger Mensch vor sich wahrzunehmen. Er ist definitiv angekommen. Ich atmete auf. Was für transformative Kräfte hier wirkten, es war wie ein Wunder. Diese ganze Geschichte und Alains Kindheit, sein Wesen und was er alles zum Ausdruck brachte, beschäftigte mich als seine Mutter noch lange Zeit danach und gab mir selbst einen viel tieferen Einblick in seelische und karmische Verstrickungen und Strukturen des Wesens.

Die traumatischen Erfahrungen, die in der Seele wie im Zellgedächtnis eingeflochten sind, dringen durch unsere Befindlichkeiten, Gefühle, Träume und auch Krankheiten und körperliche Symptome an die Oberfläche, wenn es wohl an der Zeit ist oder der seelische Plan nach Entfaltung ruft. Wenn ich diese Erlösung und eine Art Befreiung bei Alain jetzt sehe, dann ist das, was wir hier gesellschaftlich heute als Depression sehen, ein so weites Feld und birgt so viel Hoffnung und Heilungsmöglichkeiten für uns alle, wenn wir ganzheitliche, seelische Lebenshilfe annehmen.

Alain hat sich inzwischen an einer Kunstakademie für eine Ausbildung in Szenografie eingeschrieben. Zuvor war er fest der Meinung, dass er sicher nie ein Studium machen werde, Akademien seien nichts für ihn. Später absolvierte er den Bachelor of Arts und ist ein großartiger Maler und Musiker und macht bei vielen Kunstprojekten mit. Auch dies hatte Maitra ihm vorausgesagt.

Interview mit Alain:

A: Ich nahm diese Geschichte des vergangenen Lebens, die mir Maitra erzählte, gar nie so persönlich. Ich konnte mich mit der Geschichte im Reading nicht identifizieren. Ich hörte sie mir als Geschichte, die jemandem passieren kann, an. Es war ein Kriegstrauma das heute ja immer wieder irgendwo passiert an verschiedenen Orten in der Welt. Ich sah danach nicht überall Zeichen, die darauf hinweisen würden oder mich in Verbindung mit Vietnam brachten. Doch ich kann sie als menschliche Situation und Erfahrung nehmen, die einem geschehen kann. Nun, es stoppte meinen Haarausfall nicht, aber ich empfand eine Art Dankbarkeit, dass ich jetzt nicht in einer solchen Situation bin. Grundsätzlich habe ich nicht so viel darüber nachgedacht, sondern gesehen, dass das Leben einfach weiterging, und dass ich mein Leben weiterlebe und damit weitermache. Was es bewirkte, war, dass ich mich hier in der Situation glücklich schätzen kann, in der ich jetzt lebe. Ich muss nicht in einen Krieg ziehen.

Ich erinnere mich noch vage an die Zeit, als ich so als 3-Jähriger die vielen Flugzeuge und Helikopter zeichnete und malte. Ich war damals ganz tief versunken und es fiel mir leicht, dies alles auf diese Weise auszudrücken. Ich wollte einfach zeichnen und es musste alles genau stimmen und passen, ich ging sehr in die Details. Meine Zeichnungen konnten nicht groß genug sein, ich musste immer größere malen. Ich klebte dann die Papierseiten zusammen, um immer größere Bilder zu malen, noch ein Blatt mehr dazu, und noch eines mehr. Wir gingen auch schon früh auf große Reisen. Vielleicht haben diese Erlebnisse auf den Flughäfen und in den Flugzeugen solche karmischen Erinnerungen wachgerufen, das kann schon möglich sein.

Wenn ich heute male, dann bin ich viel mehr am Schauen und male Bilder auch ab, zum Teil arbeite ich mit Fotos. Damals malte ich aber nichts ab, als ich klein war, ich malte aus Erinnerungen, ich zeichnete wirklich aus mir heraus. Das ist jetzt anders. Wenn ich male, brauche ich etwas, das ich anschauen kann zum Malen. Es gibt jedoch diese Parallele, dass ich solange an etwas bleibe, bis ich zufrieden bin damit, wie ich es auch machte, als ich so klein war, da ging ich manchmal ganz ins Detail. Es muss einfach für mich stimmen, dass ich es dann so stehen lassen kann.

Es ist möglich, dass ich durch die Informationen aus dem Reading den Entschluss fassen konnte, ein Studium anzutreten. Zwar begannen dann alle in meinem Umfeld mit ihrem Studium und so kam ich auch etwas unter Druck, mein Leben darauf zu fokussieren. Ich kann es nicht genau sagen, ob ich mich dann klarer ausrichten konnte und ich das Gefühlt hatte, beruflich vorwärtszugehen. Grundsätzlich bin ich jetzt wieder in einer Situation, ob ich noch ein weiteres Studium angehen soll, doch innerlich bin ich an einem ganz anderen Punkt.

Heilung von Verzweiflung, Schuld und Selbstvorwürfen

Luana 1987-2016, Alains Jugendfreundin

A: Einige Jahre nach dem 1. Reading mit Maitra wurde ich mit einem schweren Abschied konfrontiert. Ich stand unter Schock. Diese traumatische Nachricht kam wie ein Schlag in mein Leben. Eine Jugendfreundin von mir wurde ermordet. Ich nahm 2 Wochen später Kontakt zu Maitra auf.

Sie wurde an einem Dienstag ermordet und ich erfuhr es am Freitag darauf. Ich habe die Nachricht von Facebook erhalten. Ihr bester Freund aus Paris schrieb mir eine Nachricht.

M: Hast du sie gefühlt, bevor du gewusst hast, dass sie tot ist?

A: Direkt danach war ich in diesen Tagen sehr beschäftigt.

M: Luana ist dabei zu akzeptieren, dass sie ihren Körper verlassen hat und nicht zurückkehren kann. Sie ist sehr bekümmert darüber, dass sie sich von niemandem verabschieden konnte. Sie zeigt mir das Trauma nicht. Wahrscheinlich hat sie das noch nicht wirklich gespürt.

Ihr Tod war nahe an ihrem Geburtstag. Ich fühle, dass sie sehr traurig ist. Vielleicht auch deshalb, weil du mit ihr in Verbindung sein möchtest, um sie zu fühlen. Sie beginnt zu verstehen, wie sehr sie getrennt wurde. Sie fühlt sich so getrennt von der Möglichkeit, mit den Menschen, die ihr wichtig waren, in Kontakt zu treten. Sie möchte kommunizieren.

Sie bekommt jetzt in der geistigen Welt Hilfe von zwei Wesen. Da ist ein Wesen, von dem sie wusste, dass sie vor einiger Zeit gestorben ist. Es ist eine Verwandte von ihr und sie bestätigt mir das. Der andere ist wahrscheinlich einer ihrer Geistführer. Es ist nicht jemand, den sie in einem physischen Körper kannte, aber jemand, dessen Energie sie erkennt. Sie hat das Gefühl, dass sie Freunde bei sich hat, und sie helfen ihr, das durchzustehen. Sie geht jetzt zu verschiedenen Leuten, um zu sehen, ob sie in Kontakt kommen kann, ob sie sie fühlen können. Du hast sie gefühlt, oder?

A: Ja.

M: Du kannst sie fühlen und so weiß sie, dass ihre Verbindung zu dir eine der stärkeren ist, weil sich so viele Menschen nicht dazu öffnen können. Du vermisst sie und trauerst um sie, aber du kannst sie nicht sehen, wenn sie sich dir nähert. Sie ist jetzt wirklich in den Lüften (up in the air), und kann an überhaupt nichts in der Zukunft denken. Sie versucht einfach nur jeden Moment durchzustehen und alle möglichen Kontakte zu machen. Diese zwei Wesen gehen mit ihr. Sie reist wirklich herum. Es gibt sogar einige Menschen in Afrika und Menschen in vielen verschiedenen Ländern, mit denen sie Kontakt aufnehmen möchte. Einige von ihnen wissen noch nicht einmal, dass sie gestorben ist. Das ist wirklich eine merkwürdige Situation, denn wenn sie versucht, Kontakt aufzunehmen, haben sie keinen Grund anzunehmen, dass sie vielleicht da ist. Aber sie macht die Runde, um Leute zu kontaktieren, mit denen sie sich am meisten verbunden fühlte. Das fühlt sich gut an, dass sie das kann und dass sie Unterstützung dafür hat. Sie hat offenbar Freunde in vielen verschiedenen Ländern. Sie muss viel gereist sein. Aber einige ihrer Freunde wissen nicht einmal, dass sie nicht mehr in ihrem Körper ist. Da ist einfach diese gemischte Erfahrung, dass sie da ist, um sich zu verabschieden. Aber es ist ihr Weg, den Menschen näherzukommen. Auf diese Weise geht sie nun herum, um sich von den Menschen zu verabschieden.

Luana wird jetzt ruhiger. Sie ist wirklich traurig, weil sie viele Pläne hatte und noch vieles im Leben vorhatte. Sie hat sich noch nicht erinnert oder sich damit beschäftigt, was mit diesem Mann und mit ihr passierte. Ich bin nicht sicher, ob sie bei Bewusstsein war. Ich glaube, sie war bewusstlos, bevor sie ihren Körper verlassen hat. Sie ist dadurch nicht ganz klar, was ihr geschah. Sie weiß, dass etwas passiert ist, und sie das nicht wollte, aber ich glaube nicht, dass sie sich gerade mitten im Trauma befindet. Sie kehrte noch nicht zum Moment zurück, in dem sie ihren Körper verlassen hat. Ich kann sehen, dass er an ihrem Hals festhielt und sie am Atmen hinderte. Sie war für eine Weile ohnmächtig, bevor sie ihren Körper verlassen hat. Wahrscheinlich wird sie als Teil der Verarbeitung dahin zurückkehren und sich daran erinnern müssen. Im Moment erinnert sie sich nicht. Sie ist sich nicht ganz bewusst, dass sie ermordet wurde. Das ist jetzt ein Teil ihres Prozesses. Sie beginnt zu verstehen, was man als tot bezeichnet. Aber es fühlt sich nicht tot an.

Ich kann dir sagen, dass es ihr besser geht und sie Hilfe hat. Sie ist unglücklich darüber und traurig, da für sie das Leben nicht abgeschlossen war. Aber es geht ihr gut. Die Wesen, die bei ihr sind, kümmern sich um sie und sie konnte Kontakt mit einigen Leuten aufnehmen. So weißt du, dass sie in Ordnung ist. Du musst dir keine Sorgen um sie machen. Sie fühlt sich nicht verloren oder allein.

Immer, wenn sie in deinen Sinn kommt, ist sie gerade jetzt bei dir. Du kannst ihr einfach sagen, was immer du sagen möchtest, was auch immer du fühlst und noch zu sagen hast, um etwas zu vollenden, um von ihr Abschied zu nehmen. Das wäre hilfreich für sie, weil sie jetzt alleine ist und sich verabschiedet und die Leute nicht wissen, dass sie da ist. Aber es geht ihr gut.

A: Das Schwierigste für mich ist, dass ich über die Probleme mit ihrem WG-Partner Bescheid wusste. Er griff sie an und verfolgte sie in der Wohnung. Sie erzählte mir davon, aber ich habe nichts dagegen unternommen.

M: Tatsache ist, sie dachte wirklich nicht, dass er das tun würde. Sie dachte nur, dass das, was sie bereits erlebt hatte, alles war. Selbst jetzt fällt es ihr schwer zu erkennen, dass dies passiert ist. Wenn sie wirklich Angst gehabt hätte und sie zu dir gesagt hätte, dass sie deine Hilfe braucht, hättest du ihr geholfen.

A: Sicher. Sie bat nicht wirklich um Hilfe, aber sie erzählte mir einige Dinge.

M: Wie konntest du etwas wissen, wenn sie es nicht wusste?

A: Ja.

M: Ich glaube, dieser Mann war in sie verliebt.

A: Sie sagte mir, dass er versuchte, Sex mit ihr zu haben, und sie musste ihn vom Leib halten.

M: Sie wollte ihn nicht. Möglicherweise hat sie dir nicht die ganze Geschichte erzählt. Er wollte sie, weil er in sie verliebt war. Sie wollte ihn nicht und er konnte es nicht akzeptieren. Sie fühlte nichts für ihn. Sie wollte nichts mit ihm zu tun haben. Sie wusste nicht, wie instabil er war. Dieser Angriff fand mehrmals statt. Sie hatte das Gefühl, dass sie das schaffen würde, dass sie damit umgehen könnte. Sie dachte einfach nicht, dass er so weit gehen würde.

A: Ja, sie war eine starke Frau.

M: Du kannst dich dafür nicht schuldig machen. Wenn sie es gespürt hätte und es dir gesagt hätte, wärst du gegangen, um ihr zu helfen, und du hättest sie zu dir nach Hause genommen.

A: Ich sagte ihr, sie solle in ihrem Zimmer ein Messer haben oder die Polizei rufen und die Nachbarn im Haus informieren.

M: Du hast also versucht, ihr so viel wie möglich zu helfen. Tatsache ist: Es gibt wahrscheinlich niemanden, der es hätte vorhersagen können.

A: Es ist so schrecklich.

M: Das ist es. Er wird den Rest seines Lebens im Gefängnis verbringen. Er hat sein Leben und ihr Leben ruiniert.

Luana befindet sich jetzt nicht im Trauma. Sie lässt diese Gefühle noch nicht zu. Sie ist in Ordnung. Sende ihr ein paar Liebesbotschaften, um sie zu unterstützen. Wenn die Leute erfahren, was passierte, bekommt sie mehr Liebesbotschaften. Möglicherweise wird sie dich in deinen Träumen besuchen und auf diese Weise Kontakt aufnehmen. In ihrer Hilflosigkeit, die sie auch fühlt, möchte sie die Menschen trösten. Für dein gesamtes System ist es sehr schockierend zu wissen, dass ihr das Leben auf diese Weise genommen wurde. Es ist wirklich traumatisch. Ich hoffe, du kannst an den Punkt gelangen, an dem du dich nicht schuldig fühlst dafür. Ich sehe wirklich nichts, was du hättest tun können.

A: Aber ich kann eine Menge Dinge sehen, die ich hätte tun können.

M: Wenn du es gewusst hättest. Selbst wenn du die Leute um den Mörder herum gekannt hättest, z. B. seine Familie, keiner von ihnen ahnte das. Sie wussten, dass er manchmal verrückt war, aber sie hätten nicht gedacht, dass er das tun würde.

A: Ich bin immer noch so geschockt und traurig über den Tod meiner Freundin Luana. Ich beschuldige mich, weil ich ihr letzter Kontakt als Freund war und sie mir die Probleme mit ihrem Mörder erzählte und ich nichts unternahm. Ich bot ihr nicht einmal meine Hilfe an, um bei mir bleiben zu können. Ich habe sie einfach zurück an diesen Ort gehen lassen und zwei Tage später wurde sie getötet. Ich war der Einzige, der etwas hätte tun können. Aber ich habe nichts gemacht.

M: Zu der Zeit wie du sagst, was sie dir über die Probleme mit ihrem Mörder erzählt hat, zu diesem Zeitpunkt war er nicht ihr Mörder. Zu dieser Zeit war er ihr Mitbewohner, der ihr Probleme machte.

A: Ja, aber damals hatten sie schon Konflikte und einmal kam die Polizei ins Haus. Ich wusste davon und sie war eine sehr enge Freundin von mir und ich tat nichts. Ich fühle mich so schlecht dabei. Ich fühle mich unmenschlich. Ich kann nicht glauben, dass ich das bin.

M: Stimmt es, dass du nichts unternommen hast?

A: Ich habe ihr gesagt, sie soll ausziehen. Ich sagte ihr, sie soll Pfefferspray bei sich haben, aber ich habe sie nicht an einen anderen Ort gebracht und sie gefragt, ob es für sie in Ordnung ist, zurück in ihre WG zu gehen.

M: Lass uns sehen: Hattest du damals das Gefühl, dass sie in großer Gefahr war?

A: Nein.

M: Wenn du aber das Gefühl gehabt hättest, sie wäre in großer Gefahr, was hättest du getan?

A: Ich hätte ihr natürlich geholfen.

M: Natürlich. Du kannst immer nur dort sein, wo du gerade bist. Wir können immer ein vergangenes Problem lösen, aber im Moment, in dem du Vertrauen in dich selbst hast, hättest du dich anders verhalten, wenn du gefühlt hättest, dass sie in Gefahr war. Es ist jetzt wahrscheinlicher, wenn ein nächstes Mal etwas passiert, wirst du jemanden mehr schützen.

A: Ich weiß, aber es ist zu spät. Vielleicht hatte sie wirklich Angst und wollte, dass ich ihr helfe, aber ich habe es nicht gemerkt.

M: Richtig, das ist der Ort zum Verweilen. Sie gab dir nicht das Signal, dass sie Angst um ihr Leben hatte, weil sie zu dieser

Zeit nicht glaubte, dass er sie töten würde. Sie dachte nur, er würde Ärger verursachen. Ich sage dir, wenn ich mich in den Mörder hineinfühle, bekomme ich das Gefühl, er ist wie wir alle schockiert. Er hat der Polizei wahrscheinlich etwas anderes erzählt.

Interview mit Alain:

A: Diese Tatsache, die ich durch den schrecklichen Verlust eines lieben Menschen erfuhr, ließ so kleine Dinge wie meinen Haarausfall, die mich früher beschäftigt haben, zusammenschrumpfen. Meine eigenen Probleme, die ich zuvor hatte, wurden winzig klein. Ob ich jetzt volles Haar habe oder halbes Haar, ob ich jetzt ein Studium gemacht habe oder keines, was ich jetzt mache, wie ich meinen Alltag ausfülle, ist ja völlig egal. Jemand, der mir wichtig war im Leben, ist unter tragischen Umständen umgekommen. Diese Erfahrung war so viel größer und so viel heftiger als alles andere. Es gab von diesem Moment an so viel mehr zu reflektieren und zu bearbeiten, als mich mit meinen kleinen Tiefs und Äußerlichkeiten herumzuschlagen. Die Erschütterung war zutiefst und stellte alle meine anderen Probleme in den Schatten. Vielleicht gibt es eine Art Parallele zu den traumatischen Erfahrungen des verbrannten Soldaten im Vietnamkrieg und diese Erschütterung in meinem Leben durch den Verlust einer Freundin. Beides sind so abrupte, traumatische, katastrophale Ereignisse.

Ich denke dann, hoffentlich passiert so etwas nie mehr und manchmal flackert noch eine Angst auf, wenn nochmals etwas passieren würde. Durch den Schock hatte ich das Gefühl, dass der Tod überall lauert und ich fragte mich, wer wohl der Nächste sein würde, der sterben könnte, denn in der gleichen Zeit starb auch ein guter Freund von mir, der Krebs hatte. Ich war sozusagen auf der Hut und gefasst, dass wieder jemand sterben könnte.

Das Leben kann eine Hölle sein. Es kann beides sein, Himmel und Hölle. Ich musste durch eine schmerzhafte Erfahrung lernen, dass es beides gibt. Selbst hier in der paradiesischen Schweiz, wo wir uns so sicher fühlen, passiert so Schlimmes. Wir haben alles und wir führen ein friedliches Leben, wir müssen nicht in einen Krieg ziehen und selbst dann treten so traurige Erfahrungen an uns heran.

In diesem Mordfall war ich als Bezugsperson des Opfers stark verwickelt. Ich wurde untersucht und als Mörder verdächtigt, da ich 2 Tage vor ihrer Ermordung mit ihr Kontakt hatte. Ich wurde verhört und danach hatte ich das Gefühl, ich hätte Einfluss nehmen können auf ein Leben, das jetzt nicht mehr ist, und dass ich vielleicht die schicksalhafte Person war in Bezug zum Opfer. Das alles beschäftigte mich unglaublich stark.

Luana geht es gut

A: Ich habe Maitra nach 2 Wochen nochmals kontaktiert.

M: Ich sehe Luana schwebend. Sie ist in sich gekehrt und sehr ruhig. Um sie herum sind Wesen, die sie nicht kennt. Es sind Engelwesen, die sie beschützen. Sie überwindet den Schock. Sie ist immer noch dabei zu akzeptieren, dass sie nicht mehr in ihren Körper zurückkehren kann. Sie war bei ihrem Begräbnis, beim Gottesdienst dabei und hörte wie die Menschen über sie sprachen. Du hast sie wahrscheinlich gespürt. Sie hat zugehört und es fühlte sich an, als würden sie über jemand anderen reden. Es fiel ihr schwer sich zu verbinden. Es machte sie glücklich, dass die Leute kamen und sagten, was sie sagten, doch sie konnte es immer noch nicht ganz glauben. Jetzt befindet sie sich in einer Art Heilmodus. Sie heilt den Schock und arbeitet an der Wiederverbindung für sich selbst.

Es beunruhigt sie sehr, dass du dir die Schuld gibst, weil sie weiß, und sie wusste es auch damals, wenn sie dich gebeten hätte ihr zu helfen, dass du es getan hättest. Sie hat dir immer sehr vertraut. Sie fragte deshalb nicht, weil sie nicht glaubte, dass so etwas passieren würde. Sie dachte, es sei nur eine Frage, sich aus der Situation zu lösen, um von ihm wegzukommen. Sie weiß, dass du sofort reagiert hättest. Du solltest jetzt auch zur Ruhe kommen in dir. Daran arbeitet sie bei sich selbst. Sie findet einfach einen Ort in ihrem Inneren, um zu akzeptieren, was geschehen ist. Sie will damit in Frieden sein, weil sie erkennt, dass sie nicht tot ist. Sie ist nicht tot und das ist immer noch eine Überraschung für sie. Sie glaubte nicht an ein Leben nach dem Tod. Sie hielt es für möglich, aber sie glaubte nicht fest daran. Jetzt erkennt sie, dass ihr Körper verschwunden ist, aber ihr Geist ist so stark wie eh und je, und es gibt noch so viel zu verstehen und zu lernen und auf andere Weise Fortschritte zu machen.

Sie hat bereits mit diesen Wesen und ihren Geistführern über ihre eigenen Einstellungen gesprochen, und über das Gefühl, nicht das getan zu haben, was sie wollte. Sie kam an diesen Orten in sich nicht vorbei, wo sie sich blockiert fühlte. Sie hat bereits darüber gesprochen, wie sie das jetzt ändern kann. Wie kann sie ihre eigene Kreativität zum Ausdruck bringen? Das hat sie im Leben die ganze Zeit begleitet. Sie konnte einfach nicht den Weg finden, sich davon ganz bewegen zu lassen und das zu tun, was sie wirklich wollte.

A: Ja genau!! Sie hat mir davon erzählt. Sie wollte kreativ sein, aber sie musste immer andere Dinge tun, z. B. für ihre Karriere Ausbildungen zu machen und zu arbeiten.

M: Sie spürte, dass es Umstände gab, die das störten, aber sie blockierte sich auch selbst. Jetzt freut sie sich über ihre Fähigkeit, in Kontakt zu kommen mit dieser Energie in ihr in diesem Zustand, ohne gleich wieder einen anderen Körper anzunehmen. Das ist der Anfang, um inneren Frieden zu finden. Das Leben ist für sie nicht vorbei, das Leben geht immer noch auf eine andere Art weiter und es gibt Möglichkeiten für sie, die sie vorher nie wahrgenommen hatte, als sie hier im Körper war.

Du wirst sie von Zeit zu Zeit weiter spüren. Sie fühlt sich immer noch sehr verbunden mit dir und anderen Menschen hier in der physischen Welt. Sie fragte bereits um Erlaubnis: „Kann ich bei meinen Freunden reinschauen? Darf ich wissen, was mit meinen Freunden und meiner Familie los ist?" Ihr wurde bereits gesagt: „Ja, du kannst dich mit ihnen in Verbindung setzen, um zu erfahren, was los ist. Aber deine eigentliche Herausforderung ist nun, dort zu sein, wo du jetzt bist und dich ganz diesem Zustand zu stellen."

Sie zeigt mir wie sie erkennt, dass sie ihre Blockaden selbst kreiert hat. Sie sah das vorher nicht. Sie dachte diese Dinge kämen von außen, von den Leuten, die etwas von ihr wollten, was sie zu tun hätte, dass sie ihr Leben nach Vorstellungen leben musste. So bekam sie ein Gefühl diese Dinge hätten andere entschieden. Sie beginnt nun zu sehen, dass sie selbst diese Entscheidungen getroffen hatte. Sie hat auch entschieden, diesen Mann in ihr Leben kommen zu lassen. Sie nahm wahr, dass etwas bei ihm, sein Verstand, nicht richtig funktionierte. Er war verrückt. Hat sie dir das erzählt?

A: Ja!

M: Ich weiß nicht, welches Wort sie gebrauchte. Auf Englisch sagen wir, dass er ein Irrer war. Sie sah das, aber sie ahnte nicht, wie weit er gehen würde. Sie konnte nicht ahnen, dass er das tun würde.

Wie beeindruckend. Sie will ihm helfen. Sie zeigt mir, dass er sterben will. Was er getan hat, kann er auch nicht akzeptieren. Was auch immer er der Polizei erzählt, ist, was er für das Schlimmste hält. Sie versucht ihn etwas zu unterstützen, damit er erkennt, dass es besser ist, im Körper zu bleiben und das Leben zu nutzen, um zu lernen und nicht so verloren zu sein. Diese Frau, Luana, ist ein wirklich großzügiger Geist. Ihr Trauma beginnt bereits zu heilen.

A: Ja, hoffentlich.

M: Ich kann nicht glauben, dass sie sich ihm zuwendet. Sie hat ihm schon vergeben. Also, Alain, vergib dir selbst, auf welche Art und Weise du denkst, du hättest versagt. Es geht ihr wirklich gut.

A: Ist sie wegen mir in die Schweiz gekommen? Wollte sie wieder näher bei mir sein?

M: Zum Teil ja. Aber sie hatte auch andere Gründe zu kommen. Aber ja, es gibt eine starke Verbindung zwischen euch. Das ist nicht bei allen Menschen üblich. Keiner von uns hat sehr viele dieser starken Verbindungen. Dass sie in die Schweiz kam, war nicht ganz ein bewusster Entscheid. Nimm nicht alles auf dich alleine, es war ein Prozess, der zwischen euch ablief.

A: Ich habe nicht so viel darüber nachgedacht. Aber jetzt erkenne ich alles.

M: Sie sagt zu dir: „Finde deine Freude!" Es ist immer noch leicht für dich, deine Trauer zu finden. Aber: Finde deine Freude!

Dein Hals-Chakra ist etwa halb geöffnet. Die Traumata, die du selber durchmachst, welcher Art sie auch sind, bringen dich dazu, dich mehr zu öffnen. Jedes Mal, wenn etwas passiert, was sich für dich so schwer anfühlt, wirst du geradezu gedrängt, dich mehr zu öffnen. Dazu gehört diese Öffnung deines Hals-Chakras. Das ist dein Selbstausdruck, deine Malerei, deine Musik, alle Mittel, die du findest, um dich auszudrücken. Das ist dein Geschenk an die Welt. Ebenso ist es ein echtes Geschenk an dich selbst. Du fühlst dich dadurch lebendiger und zufriedener. Ich kann das bei dir jetzt ganz stark fühlen. Sogar die Traurigkeit und die Schuldgefühle, die jetzt in dir arbeiten, helfen dir, dich mehr zu öffnen.

A: Ja das ist möglich. Aber ich fühle mich immer noch schuldig. Schuld ist immer da und kehrt in meinen Gedanken zurück, was ich hätte tun können.

M: Ja. Es ist in Ordnung andere Möglichkeiten zu sehen. Aber dich zu beschuldigen und zu bestrafen, das drückt dich nieder und ist gegen das Leben gerichtet. Lerne einfach von all dem, von dem du glaubst, dass du es hättest besser machen können. Lerne einfach, was es dich gelehrt hat. Luana beschuldigt dich nicht und bereut nichts. Bereits nach einem Monat kommt sie aus dem Bedauern heraus.

Es ist also gut für dich, das auch zu tun. Du bist nicht hier, um für andere Menschen zu leben. Du bist hier für deine eigene Wahrheit.

A: In gewisser Weise sind wir gegenüber unseren engen Freunden verantwortlich und wenn sie Probleme haben, versuchen wir zu helfen. Aber ich habe ihr nicht geholfen. Es fühlt sich an wie ein großer Fehler in meinem Leben.

M: Mach nicht den Fehler zu denken, für andere Menschen leben zu müssen. Du hast es auf der gleichen Ebene versucht, wie sie es mit dir teilte.

Wenn sie es auf eine andere Ebene gebracht hätte, hättest du dich anders verhalten. Du bist wütend auf dich selber, weil du die Zukunft nicht sehen konntest. Keiner von uns kann das wirklich für uns sehen. Ich meine, ich kann die Zukunft für andere Menschen sehen, aber ich kann sie nicht für mich sehen.

A: Aber ich habe in meinem Leben eine Chance verpasst, jemanden vor dem Tod oder vor einem Irren zu schützen und zu retten.

M: Alain, du hattest keine Ahnung, dass der Tod in der Nähe war.

A: Aber ich hätte sie von dieser Gefahr und diesem verrückten Mann wegbringen können. Ich fühle mich so schlecht, ein schlechter Freund.

M: Wenn jemand mit einer solchen Geschichte zu dir kommt, wirst du jetzt wahrscheinlich etwas mehr tun, weil du auf eine harte Weise gelernt hast, dass Umstände sehr leicht außer Kontrolle geraten können. Aber werde nicht paranoid, indem du dir etwas vorstellst, das nicht da ist. Ich kann dir nur sagen, dass Luana es nicht so sieht. Das ist deine eigene Enttäuschung über dich selbst. Niemand sonst urteilt so über dich.

A: Ja ich weiß. Es ist mein Problem.

M: Es ist deine Herausforderung, es loszulassen. Niemand hätte es vorhersehen können. Als du sie zuletzt gesehen hast, hatte sie keine Angst um ihr Leben. Sie fürchtete sich ein bisschen vor dem Ärger mit ihm, aber sie hatte keine Angst um ihr Leben.

Interview mit Alain:

A: In der Zwischenzeit fühle ich jedoch eine Erleichterung, denn es kann irgendwie nicht noch schlimmer werden. Ich durchlebte das für mich Schlimmste. Jemand, den man liebte, durch Mord zu verlieren, ist das Schlimmste. Es wird sicher überraschende Todesfälle geben in meinem Leben, dass jemand erkranken oder sterben wird, aber es wird nicht mehr auf diese grausame Art passieren. So etwas passierte noch nie zuvor in meinem Umfeld, somit hoffe ich, dass es nie wieder passieren wird. Wahrscheinlich ist es noch schlimmer, wenn ein eigenes Kind auf diese Weise stirbt. Für die Familie ist es noch schlimmer als für Außenstehende.

Ich würde heute anderes in Kauf nehmen und mit einer Glatze sein können, wenn ich meine Freunde wieder bei mir hätte. Diese Verluste brachten mich ganz auf den Nullpunkt, ich war ganz unten. Das einzige kleine Positive ist, zu wissen, dass es nicht mehr schlimmer werden kann. Das, wovor sich alle im Leben fürchten, ist mir passiert: Mit der Nachricht und der Tatsache zu leben, dass ein geliebter Mensch ermordet wurde. Zuvor lief mein Leben in gewohnten Normen ab, ich lebte mein ziemlich unbeschwertes Leben, außer die Krise mit meinem Haarausfall, bis zu diesem Moment, als diese Schicksalsnachricht mich erreichte. Die Heftigkeit dieser Erfahrung war viel stärker als die Angst und meine Niedergeschlagenheit, meine Haare zu verlieren. Ich kann damit leben und es mindert meinen Wert nicht mehr und ich akzeptiere es so, wie es ist. Im Reading hat mir Maitra diese Haltung auch nähergebracht, zu sehen und anzunehmen, was noch da ist.

Es tönt sonderbar, wenn ich sage, dass es sich jetzt leichter anfühlt. Jetzt kann kommen, was will, es kann mich nicht mehr so erschüttern, es wird mich nicht mehr so wundern. Ich habe auf eine Weise mehr Boden unter den Füßen und heute staune ich, wie ich trotz allem wieder auf die Beine fand nach dieser schweren Zeit. Ich bin auf eine Weise reifer geworden dadurch und wenn ich um mich schaue, dann haben andere auch dies und jenes zu bewältigen und das lehrt mich auch, mehr zu mir selber zu stehen, mit oder ohne Haarpracht. Ich beobachte immer mehr, welche Probleme andere mit sich und ihrem Körper haben, das gehört irgendwie dazu. Einige kämpfen mit Krankheit oder noch größeren Problemen.

Ein vergangenes Leben von Luana mit dem Mörder

M: Ich gebe dir ein vergangenes Leben von Luana und ihrem Mörder. Es kann hilfreich sein, darüber Bescheid zu wissen, um mehr zu verstehen. So kannst du sehen, was offensichtlich wird, was wir in dieser Situation hier bearbeiten. Es weist darauf hin, was dazu geführt hat, und dass es nichts mit dir zu tun hat. Sie ist wieder mit ihm zusammengekommen für die Auflösung dieser negativen Energien, die sich im Geschehenen zeigten.

Sie drehte ihm den Rücken zu. Dies ist im Westen von Amerika um das 18. Jahrhundert. Es war ein früheres Leben und ich sehe noch nicht genau, was für Umstände sie heute in diesen tragischen Moment gebracht haben, aber ich sehe ihn in einer Art Hexer-Energie. Ihm wird vorgeworfen Vieh gestohlen zu haben.

Jetzt kann ich Luana sehen. Da waren eine Menge Leute, die ihn hängen wollten. Sie führten ihn auf einem Pferd und legten ein Seil um seinen Hals. Luana kam zusammen mit ein paar anderen Leuten. Sie waren auch auf Pferden und als er sie sah, dachte er, dass sie ihn retten würde, weil sie wusste, was passiert war.

Sie wusste, dass er kein Vieh gestohlen hatte, weil sie bei ihm war. Aber sie hatte vor all diesen Menschen Angst. Sie war hier auch eine Fremde. Sie waren beide Fremde an diesem Ort. Sie kamen dort beide zusammen an. Sie hatten eine Liebschaft, aber waren nicht wirklich ein Paar. Sie hatten ihn bei einer Aktion erwischt, und sie dachten dann, er wäre derjenige, der das Vieh gestohlen hatte.

Als Luana nun auftauchte und er sie sah, dachte er: „O ich bin gerettet, weil sie es ihnen sagen wird, dass ich es nicht war." Aber sie tat es nicht. Sie drehte ihm den Rücken zu und ritt davon. Sie hätte ihn vielleicht retten können, und sie tat es nicht. Ich glaube, sie mochte ihn nicht. Sie hatte ein Gefühl für ihn, wie sie es auch in diesem Leben hatte, als es eine Beziehung gab. Möglicherweise hatte sie in diesem Leben vielleicht sogar einmal mit ihm geschlafen.

Sie rettete ihn nicht, weil sie Angst vor all den anderen Leuten hatte. Sie hatte Angst, dass die Leute dachten, sie wäre auch involviert. Aber sie mochte ihn auch nicht sehr und hatte gemischte Gefühle. Sie kamen nicht miteinander aus, und sie wollte einfach nicht ihr eigenes Leben für ihn riskieren, also drehte sie sich um und ritt davon.

Als sie sich in diesem Leben wieder trafen, herrschte eine große Spannung zwischen ihnen, ein Kräftemessen (Push-Pull). Er wollte etwas von ihr. In seinem Gefühl war, dass sie ihm etwas schuldete. Ihr Gefühl war jedoch, dass sie nichts damit zu tun haben wollte. Da war wahrscheinlich ein wenig Schuld. Es war nicht klar, dass sie ihn im vergangenen Leben hätte retten können, aber sie hatte es nicht versucht. Ich denke, das ist der springende Punkt. Sie hatte es nicht versucht. Sie ging weg und überließ ihn seinem Schicksal und sie hängten ihn. Wahrscheinlich fühlte sie sich schuldig und deswegen hat sie ihn so weit in ihr Leben gelassen. Ich glaube nicht, dass sie ihn jemals wirklich gemocht hat. Aber es gab gemischte Gefühle mit der Schuld, als sie ihn im vergangenen Leben nicht versucht hatte zu retten.

Dieser Mann hatte eine seltsame Energie. Zu Beginn des Einblicks in das vergangene Leben sah ich ihn als einen Hexer/Magier. Vielleicht dachten deshalb die Leute, er wäre wirklich sonderbar. Auch in diesem Leben war das so, er hatte etwas Irres an sich. Er war ein wirklich verwirrter, durcheinandergeratener, verlorener Mensch.

Um das 19. Jahrhundert gab es im Wilden Westen bereits mehr Gesetze und Richter und Gefängnisse. Menschen wurden festgenommen und verhört. Aber vorher gab es im Westen kein Gesetz. Wenn jemand etwas falsch machte, kamen alle zusammen und bestraften ihn. Ich sehe, wie die beiden sich anschauten, beide auf einem Pferderücken. Sein Gesicht so glücklich, sie zu sehen, weil er glaubte sie würde ihnen jetzt sagen, er sei bei ihr gewesen. Ich sehe wie sie ihre Augen schloss, das Pferd drehte und davonritt.

Er war nicht schuldig, er war nur ein Fremder. Vom Standpunkt des Karmas aus gesehen hat er jetzt mehr Karma für sich geschaffen. Sie hat ihm heute ein weiteres Mal den Rücken gekehrt, indem sie ihn ablehnte, aber das entschuldigt nicht, das zu tun, was er getan hat. Der Mord heute war kein Ausgleich für Karma. Er hat es falsch gemacht. Vom Karma aus gesehen waren es ihre Schuldgefühle, die die Tür dazu öffneten.

Wenn sie sich darüber klar gewesen wäre, was sie getan hatte, und sich nicht schuldig fühlte, wäre sie wahrscheinlich nicht mit diesen gemischten Gefühlen zu ihm gezogen worden. Sie hat es nicht verdient, egal, was war, denn sie brachte ihn im vergangenen Leben nicht um. Sie weigerte sich einfach ihm zu helfen. Sie hätte sich wahrscheinlich für ihn eingesetzt, wenn sie keine Angst gehabt hätte. Alle diese Leute im vergangenen Leben waren verrückt danach, jemanden aufzuhängen. Sie wollten, dass jemand dafür bezahlte, was passiert ist. Deshalb ist es so wichtig, Gesetze zu haben. Vielen Unschuldigen ist so etwas passiert. Fehlende Gesetze verhindern, dass sich die Menschen gegenseitig verletzen.

Interview mit Alain:

A: Zum Thema Inkarnation kenne ich mich nicht aus. Ich bin sehr einfach gestrickt. Ich habe zwar auch schon in andere Dimensionen gesehen durch Erfahrungen mit Drogen. Aber dem messe ich nicht so viel Bedeutung zu. Manchmal sehe ich auch in Träumen in andere Realitäten.

Wenn ich male oder musiziere ist für mich das Handwerk wichtig. Ich führe beim Malen ein Handwerk aus und muss mich konzentrieren, damit etwas Gutes entsteht. Ich bin dann nicht so sehr in anderen Sphären oder Realitäten, sondern ganz hier und mit dem Material beschäftigt. Wenn ich das Getane betrachte oder mir meine Musik anhöre, dann freut es mich, wenn es gut geworden ist. Es soll dann schon etwas verzaubernd wirken für mich. Bei einem Bild möchte ich, dass man den Blick nicht so schnell wegnehmen möchte, sodass man das Bild einfach anschauen und betrachten muss. Das Auge soll bleiben wollen, da es guttut zu schauen und der Betrachter es interessant und fesselnd findet. So öffnet es automatisch andere Dimensionen.

Es gibt Begegnungen mit Menschen, die sich sehr vertraut anfühlen und mit denen ich einfach gern zusammen bin. Ich kann mir schon vorstellen, dass ich Menschen treffe, mit denen ich möglicherweise auch schon länger unterwegs bin, wenn ich an Reinkarnation denke. Da ich jedoch kein Konzept habe für Reinkarnation, bringe ich solche Gefühle nicht direkt damit in

Verbindung. Ich ordne es nicht dort ein. Ich habe zwar schon oft darüber gelesen, aber ich frage mich, worauf es denn hinausläuft. Sind wir in diesem ewigen Kreislauf gefangen? Müssen wir das ganze menschliche Dasein durchlaufen in Millionen von Leben? Dann müssen wir alles einmal gemacht und erfahren haben. So stelle ich es mir dann vor, aber da gibt es eine Stimme in mir, die sagt, dass ich das gar nicht will. Ich ziehe es vor an ein Leben zu glauben.

Das vergangene Leben von Luana, das Maitra sah, ist eine Geschichte dazu, die es vielleicht etwas verständlicher machen kann. Aber wenn ich mir das vergangene Leben anhöre, dann geht das über mein Verständnis hinaus. Für mich passierte dieser Mord. Ob ein vergangenes Leben darauf wirkte, ist mir im Moment egal. Es tut für mich nichts zur Sache. Es macht mir die Verarbeitung nicht wirklich einfacher mit dieser Geschichte dahinter.

So müsste man sagen, dass es ja alles wegen vergangenen Leben ist, wie die Umstände kommen, alles oder eben auch nichts. Ich gebe dem einfach nicht so viel Gewicht. Ich muss hinnehmen, was mit Luana passierte und damit muss ich fertigwerden. Ich möchte nicht darüber nachdenken, ob es um Karma geht, das sprengt für mich den Rahmen. Es ist so schon genug. Ich muss nicht dahinter sehen. Ich muss nicht in andere Dimensionen hineinsehen, um diese auch noch zu verarbeiten. Das, was ich hier in meinen Leben erlebe, ist schon viel.

Ich glaube, jeder Mensch konstruiert sich seine eigene Wahrheit und gelangt dorthin, woran er glaubt. Wenn du an Himmel und Hölle glaubst, dann gelangst du vielleicht in diese Hölle. Wenn du an Reinkarnation glaubst, dann wirst du in Millionen von Jahren immer wieder als Mensch geboren und machst diese menschlichen Erfahrungen durch. Wenn jemand glaubt, dass es einmal schwarz ist und er tot ist, dann ist es für ihn möglicherweise so. Ich weiß im Moment nicht, welcher Variante ich zustimmen soll. Wenn man an die Form eines Astralwesens glaubt und nach dem Tod alles von oben oder außen betrachtet, dann wird es auch so sein. Das, was du glaubst, so wird es sein. Ob es so ist? Wahrscheinlich. Hier im Leben und auch im Jenseits.

Das, was du dir im Leben kreierst auf deinen Tod hin, dort gehst du hin. Vielleicht sind früher viele Menschen in eine Hölle oder in einen Himmel gelangt, je nachdem, was sie glaubten und was ihnen gesagt wurde und was sie sich selbst vorstellten, dann passiert das wahrscheinlich so.

Der Mensch ist dual, er hat beide Aspekte in sich, das Helle und das Dunkle. Wenn du das Gefühl hast, alles richtig und gut zu machen, selbst dann kann es manchmal schiefgehen. Wir machen Gutes und Schlechtes und merken nicht immer genau, was wir tun. Ich probiere mich so gut zu verhalten wie es geht und verhalte mich sozial in meinem Umfeld und bemühe mich, damit ich meine Arbeit gut mache, trotzdem kann es Fehler geben.

Mit der Zeit, die vergangen ist, habe ich etwas Distanz zu diesem schweren Ereignis gewonnen. Wenn ich über das Geschehene nachdenke, führt es mich oft wieder an diese Ohnmacht und Trauer heran. Doch was sich verändert hat: Ich denke nicht mehr so viel darüber nach. Es kommt mir oft noch einmal am Tag in den Sinn, nicht mehr wie am Anfang, als es mich von morgens bis abends beschäftigte. Doch es gibt eine Distanz zum Geschehenen und ohne eine innere Versöhnung mit mir könnte ich ja gar nicht weiterleben. Es hat mich schon nachdenklicher und auch tiefsinniger gemacht, doch ich bin seitdem nicht mehr so unbeschwert und glücklich. Ich möchte wieder etwas leichter und glücklicher sein.

Ich möchte nicht immer wieder als Mensch hierherkommen. Ich glaube, mir genügt dieses Leben. Seelische Schmerzen zu ertragen ist schwer. Das Wichtigste für mich ist Gesundheit. Ich möchte so lange wie möglich gesund sein, mit Gesundheit kommt auch Zufriedenheit und Glück, das gehört alles zusammen. Unter Gesundheit verstehe ich auch das mentale Gesund-Sein, das wirkt sich auch auf den Körper aus.

M: Sende Luana einen Segen, dass sie ihren Weg findet und dass sie alle Hilfe bekommt, die sie braucht, und wieder beginnen kann, wenn sie bereit ist. Sie hatte ein ziemlich gutes Leben, nicht ohne Sorgen und Probleme, aber bei allem hatte sie ein gutes Leben. Das solltest du wissen, wenn du an sie denkst, denn jetzt sind die Türen sehr offen, sodass sie es hören kann und sie weiß, was du denkst. Also besser du hörst auf, dich selbst zu beschuldigen. Sende ihr einfach deine Liebe und Wünsche für eine gute Zukunft und all die Dinge, die du ihr sagen möchtest, kannst du ihr sagen. Es ist schön, ein Bild von der Person, von Luana, aufzustellen, die gestorben ist, und eine Kerze vor sie hinzustellen, so zeigst du ihr, dass du immer noch mit ihr verbunden bist und um ihr zu sagen: „Ich wünsche dir alle Segnungen des Lichts.“

Öffne deine Augen der Liebe und erblicke ES,
das diese Welt durchdringt!
Beachte das wohl und wisse,
dass dies dein ureigenes Land ist.

Kabir

Das zarte Band der Liebe

Gloria, *1964

G: Ich kam mit der Frage zu Maitra, ob es eine karmische Verbindung mit einem Mann gibt, von dem ich mich angezogen fühle und zu dem ich liebevolle Gefühle habe. Ich hatte eine Affäre mit ihm, dann verflogen einige Jahre bis er wieder Kontakt mit mir aufnahm und wir fanden wieder Freude aneinander. Ich lebe seit einigen Jahren alleine und möchte klären, warum ich diesem Mann begegnet bin und diese Art von unverbindlicher, sinnlicher Anziehung da ist. Ich zögere jedoch etwas, ihm alle meine Gefühle zu zeigen, die ich für ihn habe und ich bin mir nicht sicher, ob eine verbindliche Beziehung zu ihm überhaupt möglich wäre. Das möchte ich für mich klären und verstehen können.

M: Bist du in ihn verliebt?

G: Nicht wirklich. Wenn wir zusammen sind, dann fühle ich eine Liebe, eine innere Verbindung ist immer da.

M: Ich verstehe. Du lässt es nicht zu, dich zu verlieben. Du fühlst die Liebe zu ihm, aber du willst dich nicht verlieben, weil er sich dir nicht wirklich zur Verfügung stellt. Er ist einmal kurz hier und dann ist er wieder weg. Und dann taucht er wieder auf und dann verschwindet er wieder, und wieder und immer wieder. Doch es gibt keine wirkliche Verbindlichkeit. Aber da ist eine große Wertschätzung, die ihr beide füreinander habt. Er fühlt diese tiefe Wertschätzung auch für dich. Da ist etwas, das ihn immer wieder zurückkommen lässt. Wenn er dich für eine lange Zeit nicht mehr sieht, dann kommst du ihm immer wieder in den Sinn.

G: Warum ist das so, ich bin ja einiges älter als er?

M: Nein, du bist noch nicht so alt und er ist nicht so jung. Er ist nicht mehr so jung und eigentlich im mittleren Alter. Du gehst auf das andere Ende des mittleren Alters zu, also ist niemand von euch entweder jung oder alt, beide sind in der Mitte.

Wie ich ihn jetzt gerade sehe, wäre es schön für ihn, wenn du mehr von ihm wolltest und es ihm zeigen würdest. Er ist so vorsichtig, damit er deine Grenzen nicht überschreitet. Kannst du das wahrnehmen, wenn er bei dir zu Hause ist? Er schaut dann zu dir, um sicher zu sein, dass es für dich in Ordnung ist. Er kann das spüren, obwohl er nicht darüber spricht. Er gehört nicht dahin. Und das ist auch die Beschreibung für ihn, wie er sich in der Welt fühlt. Er ist vorsichtig, sich nicht falsch zu benehmen. Er nimmt manchmal wahr, dass es Menschen gibt, die ihn nicht mögen wegen seiner Hautfarbe, da er dunkel ist. Er ist ja nicht wirklich schwarz, aber er sieht aus wie ein Schwarzer. Er hat etwas darin akzeptiert, was aber nicht wahr ist. Er akzeptiert eine Art Minderwertigkeit, so etwas, als ob er nicht so gut ist wie andere Leute, die weiß sind. Intellektuell kann er diese Vorurteile verstehen, aber er kann sich davon nicht ganz befreien.

Und hier noch etwas: Auch in seiner Heimat, in der Karibik, schaute er sich immer um nach seinem wirklichen Platz, weil er ein Mischling ist. Er macht sich aber darüber nicht viele Gedanken. Er hat das in sich akzeptiert. Das Problem ist, dass er dadurch denkt, dass er nie so gut sein wird wie andere. Es bleibt das Gefühl, nirgends wirklich hineinzupassen und daraus fühlt er sich frei, einfach immer wieder weiterzugehen. Bevor jemand ihn verletzen könnte, ist er bereits auf dem Sprung zu gehen. So kann er nicht abgewiesen oder rausgeworfen werden. Weil er das schon einige Male erlebt hat.

Ich versuche zu sehen, was wirklich dahintersteckt. Er versucht zu verstehen wie er geliebt sein kann oder ob er nicht geliebt werden kann. Wenn du das mit deiner Sensibilität fühlen kannst, dann übst du keinen Druck auf ihn aus. Hast du ihm je gesagt, dass du ihn liebst?

G: Ich zeige ihm, dass ich ihn liebe, aber nicht mit Worten. Ich wage es nicht zu sagen. Ich zögere, weil ich nicht weiß, was er damit macht. Vielleicht hört es sich wie ein Versprechen an und er kommt dann zurück zu mir und stellt seine Forderungen an mich.

M: Also da haben wir es: Du spiegelst ihm, was er tut. Deshalb tut er es nicht. Er sagt dir nicht, was er möchte, und dass er dich liebt. Wenn er dir sagen würde, dass er dich liebt, dann hättest du einen Vorteil gegenüber ihm. Wenn du ihm sagst, dass du ihn liebst, dann hat er einen Vorteil dir gegenüber. Da geht es wirklich um das Fundament des Vertrauens. Jemanden genug zu vertrauen, um sagen zu können, was man gerade fühlt in diesem Moment, und dass es so in Ordnung ist und nicht gegen dich verwendet wird. Also kannst du sehen, dass da eine Angst herumflattert in dir und du fürchtest dich etwas davor, das Falsche zu sagen. Du kannst irgendwie nicht ganz auf ihn zählen und das hält ihn auch davon ab, sich dir zu öffnen.

Er wartet auf etwas, wie und wo er seine Liebe zum Ausdruck bringen kann. Es geht ihm nicht nur um dich oder einfach um eine Person, sondern mehr im Allgemeinen. Er schützt und hütet sich immer ein bisschen und du kannst das sehr gut spüren. Du schützt dich selber auch.

Das wirkliche Thema hier ist, dass du sehen kannst, wo du dich selber schützt. Du schützt dich, indem du zu ihm hinschaust und darauf achtest, was er damit macht. Was wirklich dahintersteckt und warum du dich selber schützt, ist, wenn er wirklich Erwartungen an dich hat und was du dann damit machst. Vielleicht schützt du dich vor Missverständnissen aus früheren Erfahrungen. Es geht jetzt darum zu vertrauen und damit umgehen zu können, was sich auch immer zeigen wird.

G: Ich fühle einfach, dass er nicht wirklich zur Verfügung steht. Ist es nicht sinnvoller diesen Kontakt jetzt zu beenden und ganz loszulassen?

M: Da ist nichts in ihm, was anderen Menschen Schaden zufügen möchte. Er ist einfach so vorsichtig und schützt sich selber. Er ist wirklich hübsch und nicht wirklich kompliziert. Er ist vorsichtig mit dir, vorsichtig, was er annehmen kann. Er versucht nichts wirklich anzunehmen oder zu vermuten.

Hier ist ein kleines Puzzlesteinchen: Sein letztes Leben in einem schwarzen Körper, und er war wirklich schwarz, da war er ein Prinz. Das kannst du in ihm auch sehen, dieser Adel in ihm ist immer noch da. Aber er weiß nicht, was er damit anfangen soll. Das verwirrt ihn oft sehr. Manchmal fühlt er sich so gut wie alle anderen und sogar besser, aber er wagt das nicht an die Oberfläche kommen zu lassen, weil niemand das verstehen würde.

Schau was ihr für Ähnlichkeiten habt in diesem Punkt. Er schaut und beobachtet andere Menschen, um zu sehen, wie sie sich verhalten. Das machst du auch. Du beobachtest, um zu sehen, was es mit ihm macht, bevor du entscheidest, einfach du selbst zu sein. Du hast noch nicht entschieden, du selbst zu sein. Lass es einfach mal so sein, wie es ist, und was auch immer verarbeitet und gelöst sein will zwischen euch, kann in diesem Moment passieren. In diesem Moment bist du einfach du selbst, ohne dich zu sorgen, was er damit machen wird. Vielleicht beginnst du jetzt zu sehen, wann und wo du dich so verhältst und wo du immer noch sorgfältig mit Menschen bist, damit du nicht missverstanden wirst. Also lass los (Maitra zitiert hier Rumi: Zerstöre deinen Ruf!) und mach dir keine Sorgen, wenn du ihn einfach mal sagst: „Wow, ich liebe dich!" So lässt du dich einfach mal sein, wie du bist, was auch immer passiert. Es muss überhaupt nichts bedeuten, außer dass du etwas sagtest. Es ist zwar wahr und vielleicht siehst du dann, dass es ihn ängstigt, oder vielleicht baut er sich daraus einen kleinen Traum auf, aber was soll's? Es ist nur eine Beobachtung deiner Gefühle.

Als ich manchmal vor einer Gruppe von Menschen saß und ich zu den Anwesenden sagte: „Ich liebe euch!", da dachte ich: „Ich bin verrückt, die glauben mir nicht, oder sie denken von mir, dass ich daneben bin." Aber ich habe es immer gemacht und es war in Ordnung. Ich glaube, die Leute dachten nicht, dass ich verrückt bin oder dass sie es nicht glauben konnten. Sie nahmen es einfach an und so bin ich einfach.

Dass du ihn liebst und mit ihm ins Bett gehst ist schön und ist doch ein guter Austausch. Weißt du, es ist ziemlich rar, dass man mit einem anderen Menschen sexuell zusammenpasst. Es passt oft gar nicht, auch wenn du ein starkes Gefühl für jemanden hast oder dich sexuell sehr angezogen fühlst. Meistens passt es gar nicht wirklich und man findet schnell heraus, dass darin gar kein großer Genuss ist.

G: Ja, das stimmt wirklich. Warum haben wir uns wieder getroffen in diesem Leben?

Ein vergangenes Leben von Gloria und Pierre

M: Es ist im Süden der Vereinigten Staaten, damals war die Konföderation, es war im 17. oder 18. Jahrhundert, es gab keinen Krieg zu dieser Zeit. Dein heutiger Freund war ein Sklavenbesitzer. Er war ein reicher weißer Mann. Das ist sehr interessant. Er hieß Pierre. Er war der Sohn eines reichen weißen Franzosen in den Südstaaten, der riesige Tabak-, Baumwoll- und Früchteplantagen besaß. Dieser weiße Mann hatte Töchter, aber keinen Sohn mit seiner weißen Frau. Doch es gab eine schwarze Frau als Angestellte im Haushalt. Sie wurde seine Liebhaberin. Seine weiße Frau war sehr kränklich und sie wollte nicht mehr Sex mit ihm haben. Also hatte er diese Liebhaberin und sie bekam einen kleinen Jungen und er war weiß. Er wollte unbedingt einen Sohn haben. So bekam er diesen Sohn, der weiß war, aber schwarzes Blut hatte. Man weiß wirklich nie, wie ein Kind wird aus einer Beziehung, wo die Eltern verschiedene Hautfarben haben.

Mit seiner weißen Frau machte er ab, dass sie vorgab, dass es ihr Sohn sei. Sie nahm es so an, ohne sich dagegen aufzulehnen. Sie hatte nicht viele Menschen um sich, denen sie sich anvertraute. So nahm das Leben seinen Verlauf und seine wirkliche Mutter, die schwarze Angestellte, kümmerte sich um das Baby und zog es auf, weil die weiße Ehefrau, die eigentlich die Mutter sein sollte, krank war.

So wuchs der Junge auf im Glauben, dass seine Mutter krank im Bett lag und die schwarze Angestellte diejenige war, die sich um ihn kümmerte. Doch es war nicht so. Er wusste nichts davon, erst als er endlich erwachsen war und sein Vater zu ihm sagte: „Du musst das jetzt wissen, denn wenn du später Kinder hast, kannst du nicht wissen, welche Hautfarbe sie haben werden. Deine wirkliche Mutter ist schwarz. Du bist erwachsen geworden und du wirst bald heiraten und selber Kinder haben." Das ist die Vorgeschichte deines jetzigen Freundes in diesem vergangenen Leben.

Du bist in den Haushalt dieser Familie gekommen, als eine andere Angestellte starb. Du warst schwarz in diesem vergangenen Leben. Ganz genau gesagt warst du eine Mulattin. Du warst kaffeebraun, aber du sahst ziemlich schwarz aus. Als du in diesen Haushalt kamst, wusste der junge weiße Sohn Pierre noch nicht, dass er schwarzes Blut hat. Zu dieser Zeit verliebte er sich in dich und es entstand eine Liebesbeziehung. Sein Vater sah sofort, dass sein Sohn sehr interessiert war an der jungen Mulattin, deshalb sprach er dann mit ihm, damit er wusste, dass er schwarzes Blut hat und um ihn zu warnen. Denn wenn die junge Geliebte schwanger würde, könnte das viele Probleme geben, da man ja nicht weiß, welche Farbe dann die Kinder haben, und er sagte zu seinem Sohn: „Es ist besser für dich eine weiße Frau zu heiraten. Gut, du könntest das Gleiche machen wie ich. Du kannst deine Angestellte als deine Liebhaberin behalten, aber wir müssen darauf vorbereitet sein, wenn es Kinder gibt. Das wird nicht so einfach sein."

Pierre kam zu dir und schlug dir Folgendes vor: „Da ich weiß bin, muss ich eine weiße Frau finden, aber ich könnte dich als meine Liebhaberin behalten und du müsstest keine Dienerin im Haus sein. Du brauchst keine Sklavin mehr zu sein, wenn du das nicht mehr willst. Ich könnte dir ein kleines Haus bauen."

Und du sagtest: „Lass mich frei. Ich will keine Sklavin sein."

Er sagte: „Wenn ich dich befreie, dann brauchst du nicht mehr hier zu sein."

Du sagtest: „Genau. Vielleicht will ich gar nicht mehr hier sein. Ich weiß es nicht."

Dies spielte sich im heutigen Georgia ab. Das ist in der Nähe von Florida. Einer der größeren Staaten mit Meereshäfen und du sagtest dann zu ihm: „Gut. Aber bevor du heiratest, möchte ich, dass du mich nach Frankreich bringst. Ich möchte Paris sehen. Ich möchte, dass wir zusammengehen."

Er willigte ein. In dieser Zeit konntet ihr nicht zusammen reisen, denn ihr konntet nicht als Paar erscheinen. Es war illegal ein Paar zu sein, weil er weiß war. So brachte er dich nach Paris und du hast dich in diese Stadt verliebt und zu ihm gesagt: „Lässt du mich wirklich frei?"

Pierre sagte: „Ja, das werde ich."

Und du sagtest: „Wenn ich jetzt frei bin, dann ist dies der Ort, wo ich leben möchte. Du kannst mir eine kleine Wohnung kaufen und du kannst hierherkommen und mich besuchen, und hier können wir ein Paar sein, auch wenn du zu Hause mit einer Frau verheiratet bist. Du kannst jederzeit kommen und mit mir zusammen sein."

Das Reisen in dieser Zeit war nicht das Gleiche wie heute. Es war eine lange Reise über den Atlantik in großen Schiffen. Es dauerte einen

Monat, nach Europa zu gelangen und einen weiteren Monat zurück. Ihr beide wusstet, dass es das war, was du wolltest. Er liebte dich und sagte: „Könntest du nicht zurückkommen und manchmal mit mir zusammen sein?"

Du sagtest: „Wir wollen mal sehen, ob es Kinder gibt." In dieser Zeit gab es keine Verhütungsmittel. Man konnte es mit Kräutern versuchen oder anderweitig probieren, eine Schwangerschaft zu verhindern oder abzubrechen, aber es gab keinen sicheren Weg dazu wie heute.

Du sagtest auch: „Die Kinder werden von Anfang an frei sein und du wirst für ihre Schulen und Ausbildungen und Universitäten bezahlen, wenn sie das möchten."

Du warst halb schwarz und sehr hübsch. Du warst nicht weiß wie er. Er war mit allem einverstanden. Du bekamst einen Sohn und danach eine Tochter, beide hatten helle Haut. Sie waren sehr schöne Kinder.

Du sagtest zu ihm: „Hier zu sein ist viel besser für unsere Kinder."

Zu dieser Zeit war Paris sehr offen, du fühltest dich besser dort. Du musstest dich nicht immer umsehen, was du tun darfst und was nicht und Angst haben, dass dich die Menschen verhaften. Als es diese Sklaverei gab, war es einfach schrecklich. Sogar ein sehr guter Sklavenbesitzer konnte dich nicht vor all dem Schrecklichen beschützen. Also kam es so, dass ihr getrennt gelebt habt. Er übernahm die Verantwortung der großen Plantagen seines Vaters, als der Vater älter wurde. Er musste dort sein und sich um alles kümmern und er hatte eine Frau und Kinder. Wenn er wegkonnte, kam er nach Paris und verbrachte 1–2 Monate mit euch. Du hattest eine sehr schöne Wohnung in Paris.

Schau wie sich das abspielte: Er sorgte gut für dich. Aber er bat immer danach, dass du zurückkehren solltest, um mit ihm zu leben. Er würde dir ein Haus bauen und sich um die Kinder kümmern.

Aber du sagtest zu ihm: „Ich will nicht, dass meine Kinder dort aufwachsen."

Zu dieser Zeit musstest du beweisen können, dass du frei bist. Jeder ging davon aus, wenn du schwarz warst, dass du eine Sklavin bist und dann müsstest du immer mit diesen Papieren unterwegs sein, um deine Freiheit zu beweisen. Es gab Menschen, die nahmen Schwarze einfach gefangen und verkauften sie weiter als Sklaven. Ihr habt euch durch dieses ganze Leben hindurch geliebt.

Dein heutiger Freund wurde sehr gut darin, wie man etwas vorspielt. Er lernte zu spüren, was die anderen von ihm dachten. Damit er sich heute wirklich entspannen und einfach er selbst sein kann, braucht es noch einen langen Weg. Mit dir zusammen kann er vielleicht am besten er selbst sein, weil da diese gemeinsame Geschichte mitspielt. Er konnte bis jetzt noch nie seine Schutz-mauern fallen lassen.

Er dachte damals immer und war besorgt darüber, dass du in Paris einen anderen Mann finden wirst. Doch du sagtest zu ihm: „Ich bin nicht interessiert, mir solche Probleme zu erschaffen. Ich liebe dich und ich bin hier und wann immer du kommst, findest du mich hier. Ich schaue mich nicht um nach jemand anders." Er versuchte mindestens einmal im Jahr zu kommen. Er war ein wohlhabender Mann mit großen Besitztümern. Das war alles vor dem Amerikanischen Bürgerkrieg.

Ihr habt damals gelernt, getrennt voneinander zu leben und trotzdem die Gefühle füreinander zu behalten. Du wolltest nicht zurückgehen nach Georgia, wo es schwierig war zu leben. Eure Kinder wären gefährdet gewesen. In Frankreich war es zu dieser Zeit anders. Es war kreativer. Du machtest Freiwilligenarbeit mit Waisenkindern, die in einer Organisation waren. Auch in Spitälern machtest du Freiwilligenarbeit. Du brauchtest nicht zu arbeiten, da du genug hattest. Er hat dich unterstützt und du musstest dich nie sorgen, selbst wenn ihm etwas zustoßen würde. Du konntest Menschen helfen, ohne dass du dir über Geld Sorgen machen musstest.

Heute erlebst du ihn, dass er ab und zu kommt, um sich um etwas zu kümmern. So ist er. Stell dir vor, dass er sich irgendwie immer verstecken musste. Was wäre, wenn jemand herausfindet, dass er schwarzer Abstammung war? Die Einzige, die es wusste, war seine leibliche Mutter, sein Vater und seine Ehefrau. Aber es war möglich, dass es jemand herausfinden könnte. Ich glaube, der Arzt der Ehefrau des Vaters wusste es. Aber er war einer dieser alten, verkrusteten Männer, die auch nicht die Regeln befolgten. So konnten sie ihm vertrauen, dass er nichts ausplauderte.

Aber seit er erfuhr, dass er schwarzes Blut hatte, wurde er etwas verschlossen. Also konnte er sich in der Zeit, als er mit dir in Paris war, sehr frei fühlen. Dann musste er sich keine Sorgen machen, dass jemand das herausfinden könnte, weil die Menschen in Frankreich sich nicht darum kümmerten. Es gab zwar Sklaverei in Europa in dieser Zeit, aber ihr wurdet davon nicht berührt.

Schwarze Menschen haben oft noch die Überzeugung, dass sie minderwertig sind, auch heute noch. Das ist es, was sich heute im Weißen Haus in USA abspielt (2017). Trump ist überzeugt, dass er überlegen ist. Es ist ziemlich verwirrend zu sehen, wie viele Schwarze für Trump sind.

Was für ein überraschendes vergangenes Leben sich dir heute zeigte. Es ist erstaunlich, was der Verstand erfinden kann, wenn du etwas Angst hast. Der Verstand erfindet alle diese Gründe, sich zu fürchten. Aber sie sind nicht real. Was auch immer zwischen euch passiert, ob du ihm sagst, dass du ihn liebst oder nicht, ist einfach, was passiert zwischen euch. Es war eine Unmöglichkeit für dich mit ihm zusammenzuleben. Er hätte dich heiraten können, aber dann hätte er Amerika verlassen müssen. Jetzt versteckt er seine Gefühle, weil er sich schützt. Er fühlt sich heute nicht wirklich dazugehörig.

Interview mit Gloria:

G: Diese Geschichte des vergangenen Lebens mit Pierre finde ich außerordentlich und es berührt mich sehr. Bevor ich diese Informationen durch die Einzelsitzung erhalten habe, war ich gerade dabei, eine Reise zu Bekannten nach Paris zu planen. Ich wollte ihn fragen, ob er mitkommen möchte und mit mir Zeit in Paris verbringen will. Es kam dann jedoch nicht dazu. Andere Begebenheiten kamen dazwischen.

Maitra hat meine innere Gefühlswelt und mein Verhalten ihm gegenüber sehr tief und wahr beschrieben. Meine Zurückhaltung der Gefühle und gleichzeitig auch seine Art, wie er sich schützt vor Gefühlen, sind da, auch wenn wir uns im Moment körperlich nahe sein können.

Durch seinen kulturellen Hintergrund und seine Heimatlosigkeit im jetzigen Leben – er hat heute eine schwarze Mutter aus der Karibik und einen weißen französischen Vater und ein afrikanisches Aussehen – grenzt er sich oft etwas ab, und ich spüre, dass es ihm nicht leichtfällt, sich verbindlich einzulassen. Ich kann das Gefühl, dass er im Kontext seiner jetzigen Biografie nicht ganz zur Verfügung steht, viel besser einordnen und akzeptieren und ihn weiterhin wertschätzen und so gern haben, wenn ich ihm begegne.

Wie ich damals meine Freiheit für mich und die gemeinsamen Kinder einforderte, war bereits schon ein Teil meines Freiheitsdranges und ein Bedürfnis nach Unabhängigkeit und Befreiung als Frau, was auch heute mein Leben ausmacht. Heute lebe ich es auf einer anderen Ebene weiter, ich fühle die Sehnsucht spiritueller Befreiung, also dass ich innerlich weiter wachsen kann und karmische Verstrickungen sich lösen und transformieren können, indem ich darin Einblicke bekomme, um mich innerhalb meiner Beziehungen und Lebensumstände besser zu verstehen. Das Gefühl, dass er mich damals verstanden hatte und als freier Weißer mir als schwarze Frau ein freies Leben in Paris ermöglichte, ist heute immer noch spürbar mit der Art und Weise, wie er mir begegnet und sehr offen und unterstützend mit mir umgeht.

Das Reading hilft mir zu verstehen, dass es heute nicht wirklich möglich ist, mit ihm zusammenzuleben, deshalb fanden unsere Begegnungen nur ab und zu statt. Das Reading hat somit für mich viel geklärt, und ich kann besser spüren und reflektieren, wie ich mich heute in Beziehungen verhalte, und dass sie sich so gestalten, wie ich mich verhalte. Es geht darum, die wahren, echten Gefühle auszudrücken und authentisch und ehrlich mit mir und der anderen Person zu sein.

Durch diese wenigen Begegnungen mit ihm entstand weder eine Abhängigkeit noch eine gefühlsmäßige fordernde, erwartungsvolle Bindung. Das ist für mich eine sehr befreiende Erfahrung. Ich sehe es als ein ganz besonderes Lernfeld und auch als ein Geschenk, diese alte Verbindung und positiven Verstrickungen aus einem völlig neuen Blickwinkel zu sehen und zu erfahren, dass wir auf unserem Lebenspfad immer wieder bekannten und vertrauten Seelenfreunden begegnen und mit denen uns das zarte

Band der Liebe, gewoben in die Erinnerungen unserer Seele, verbindet und vom ersten Moment an, wann wir uns begegnen, wieder aufflackert. Es hilft mir, dass ich unser Karma, das uns als Liebende nochmals zusammenführte, noch tiefer fühlen kann und meine Gefühle zum Ausdruck bringen kann, ohne allzu große Erwartungen zu haben. Maitra half mir durch dieses Reading einen Knoten und alte Konditionierungen zu lösen und ich habe Mut für spontane Begegnungen und Gefühle und aus dem Moment heraus zu schöpfen und geschehen zu lassen. Ich bin Maitra sehr dankbar für ihre äußerst präzise Wahrnehmung und den Spiegel, den sie mir hingehalten hat, um mich selbst klarer zu reflektieren und zu spüren.

Als ich in die Pubertät kam, träumte ich oft von einem dunkelhäutigen Jungen, der an meiner Seite lag, manchmal spürte ich ihn auch im Wachsein, in meiner lebendigen Vorstellung neben mir. Ich war erfüllt von einer Sehnsucht und es war etwas Vertrautes dabei. Ich glaube, ich habe mich damals an ihn erinnert, an diese Verbindung zu ihm, zu seiner Seele, und obwohl wir heute unabhängige Leben führen und ich jetzt sehen kann, dass ich mit ihm keine verbindliche Partnerschaft leben kann, riefen die Begegnungen mit ihm diese Anziehung, Sehnsucht und eine Art Vertrautheit in mir wach.

Vergiss Sicherheit.
Lebe, wo du fürchtest zu leben.
Zerstöre deinen Ruf. Sei berüchtigt.

Rumi

Den Seelenplan erkennen und leben

Alice, *1966

A: Ich bin dabei, mir selbst mehr und mehr zu vertrauen und Antworten in mir zu finden. Ich möchte meinen inneren Weg, meinen Seelenweg besser fühlen können. Ich kann das noch nicht so gut spüren. Ich bin Shiatsu-Therapeutin, vor 15 Jahren hatte ich den Impuls, auf diesen Weg zu gehen. Ich startete meine Massage-Ausbildungen und arbeitete immer in diesem Bereich und ging so Schritt für Schritt vorwärts.

M: Wo hast du noch deine Zweifel?

A: Ich spüre nicht mehr diese Kraft darin, wie es zu Beginn war. Ich fühle nicht mehr das gleiche Feuer wie früher. Es geht mir vor allem um eine Art Transformation, die ich jetzt spüre. Ich fühle diese Veränderungen in meinem Leben. Ich denke, es geht Richtung spirituelle Heilung, Richtung Medialität. Auf der einen Seite mag ich das sehr und es gibt mir ein gutes Gefühl und auf der anderen Seite habe ich große Fragen dazu. Ist es wirklich etwas für mich? Geht es in dieser Richtung weiter? Ich spüre diese Veränderung und es ist dieses Mal kein Müssen.

M: Bist du einmal in Japan gewesen? Fühlst du dich da hingezogen?

A: Ich war noch nie da, aber ich fühle diese Anziehung.

M: Warum bist du noch nie gegangen?

A: Ich hatte vor 2 Jahren bereits eine Reise gebucht, doch dann kam der Tsunami, so konnte ich nicht gehen und ich habe dann keine neue Reise gebucht. Es ergab sich keine neue Möglichkeit. Es war nicht mehr das gleiche starke Bedürfnis zu gehen.

M: Wenn du daran denkst zu gehen, wie stellst du dir vor, was auf dich zukommt?

A: Es ist nichts wirklich da, das aufregend sein könnte. Es gibt bestimmt schöne Orte und Städte zu sehen. Ich beobachte jetzt in meinem Alter, dass viele meiner Freunde mit viel Begeisterung dies und jenes machen, doch für mich fühlt es sich anders an und dann denke ich, ich bin nicht wie die anderen.

M: Warum solltest du sein wie die anderen?

A: Ja, ich weiß.

M: Als du mir erzählt hast, dass du Shiatsu-Therapeutin bist, sah ich als Erstes, dass du in einem vergangenen Leben ein Japaner warst. Du warst einer der 2 Personen, die Shiatsu entwickelt haben. Du warst seit dem Anfang dabei. Im jetzigen Leben wolltest du dich wieder damit verbinden und dich umsehen, was heute damit gemacht wird: Was hat man daraus gemacht? Wie hat es sich weiterentwickelt, was ist neu daraus geworden, wie sind die alten Strukturen geblieben?

A: Deshalb habe ich es wieder gewählt in diesem Leben?

M: Ja, weil es dein „Kind" ist. Doch auch dein „Kind" kann weiterwachsen und sich entwickeln.

A: Wenn ich in Weiterbildungen gehe, dann langweile ich mich etwas.

M: Schau, was du gemacht hast: Du hast das „Heilen" revolutioniert. Es war eine Offenbarung und es war eine Revolution. Etwas in dir sagt: Wenn ich das schon einmal gemacht habe, dann kann ich das wieder machen. Warum kann ich das nicht wieder machen, das ist es, was mich antreibt. Etwas Neues zu entdecken, das wirklich die Dinge zum Besseren wendet.

Ich denke es ist nicht übertrieben zu sagen, dass Shiatsu das Leben von vielen Menschen retten konnte, mit Sicherheit hat es für viele Menschen das Leben verbessert. Es hat viel verändert und ist jetzt über die ganze Erde verstreut.

A: Das Shiatsu, das ich heute anwende, ist auch nicht mehr das Shiatsu, wie es einmal war. Ich habe etwas Eigenes entwickelt.

M: Man könnte sogar den Namen des Gründers herausfinden, es waren zwei, die zusammenarbeiteten. Vielleicht ist von einem der Name, den man dafür brauchte, doch ich sehe, dass da 2 Personen beteiligt waren. Ihr habt zusammengearbeitet und habt einander inspiriert und es war so lohnend und aufregend, was sie zusammen kreierten und erlebten.

A: Heute, wenn ich zu Weiterbildungen und Kursen für Shiatsu gehe, komme ich oft danach zurück und sage zu mir selbst: Ja, es war schön und gut, ich halte mich jedoch dann etwas klein und will nicht auftrumpfen und sagen: „Hört zu, dass kann ich euch alles auch lehren, das kenn ich alles bestens."

M: Aber du hättest Gefallen daran, wenn sie dir etwas vermitteln könnten. Da du immer nach etwas Neuem, Aufregendem suchst, nach dem Bekannten, und auch nach dem Unbekannten.

Dein jetziges Dilemma ist, du schaust immer auf dieses Äußere. Wenn du es nicht findest, beginnst du dich zu langweilen. Du möchtest auch nicht zu weit weg gehen von anderen Menschen. Was dir im vergangenen Leben passierte, war, dass du ein klassischer Workaholic wurdest. Du fandst keine Zeit mehr für irgendetwas anderes, du hast deine Frau verloren und deine Familie. Du hast viele andere Dinge verloren, die dir etwas bedeuteten. Du hast deiner Berufung alles geopfert, um diese Heilmethode zu entwickeln. Heute willst du diesen Fehler nicht wieder machen. Das macht dich etwas unsicher über dich selbst. Du denkst: „Warum sind meine Werte nicht die gleichen Werte, wie sie die anderen haben? Warum versuche ich immer etwas mehr zu wollen?" Aber so bist du eben, das bist du, der du bist. Du hast diese Pionierenergie, du liebst diese Kante, dieses Weitergehen. Wenn ich du wäre, würde ich nach Japan gehen und schauen, was sie daraus gemacht haben. Auch dort entwickeln sie die ganze Zeit neue Methoden. Diese Leute dort sind wirklich Erfinder und erhöhen und entwickeln alles Bekannte weiter. Die wissen wie man aus einer Methode oder einem System etwas weiter entfaltet. Und du warst ja der Schöpfer dieser Methode.

A: Ich fühle mich zurzeit etwas ausgebrannt und ermüdet in der Anwendung meiner Arbeit. Auch bin ich nicht so auf neue Erfahrungen aus. So kann ich das Leben auch einfach etwas genießen. Nun habe ich Zeit für dies und jenes, und das gefällt mir. Aber trotzdem weiß ich, dass dies nicht alles ist.

M: Du bist dabei zu lernen, dass du heute auch anderen Dingen mehr Aufmerksamkeit schenken willst wie deiner Familie, deinen Freuden. Du schaffst dabei eine Ausgeglichenheit. Du versuchst nun wirklich in eine neue Harmonie zu kommen, und dein Leben so zu leben, dass es nicht so endet, wie du es in diesem vergangenen Leben erfahren hast, da du gesehen hast, dass du die besten Dinge des Lebens auf eine Weise verpasst hattest.

Ich höre dich sagen: „Ich habe etwas Wundervolles geschaffen, ja, ich konnte etwas für die ganze Welt dalassen, und die Menschen können immer noch weiter davon profitieren, aber ich habe mein wirkliches Glücklich-Sein dabei vergessen. Ich will das nicht nochmals so machen." Das ist immer noch das Dilemma in dir, dieser innere Konflikt. Du suchst noch diese Kante.

Es ist für uns alle eine solche Zeit mit dem großen Umbruch und dem Chaos in der ganzen Welt. Unser kreatives Denken brennt einfach in uns allen. Wir wollen Wege finden, einander zu heilen, einander zu verstehen, Methoden dafür zu kreieren, verstehen wie Körper, Geist und Seele wirklich funktionieren. Wir entdecken ja täglich neue Dinge. So ist es für uns alle eine unglaubliche Zeit jetzt hier zu leben.

A: Macht es denn nun Sinn für mich, mehr in die Medialität zu gehen und Ausbildungen zu machen? Oder kannst du eine Angst in mir sehen, die mich davon abhält?

M: Ich kann nicht wirklich eine Angst bei dir sehen. Wenn es eine Angst gibt, die du hast, dann ist es diese, dich in nur einem Projekt zu verlieren. Bis jetzt hast du dies sehr gut gemeistert. Du hast dich daran erinnert, dass es schwer ist, wenn man keine Familie und keine Freunde mehr hat. Du brauchst auch Menschen um dich, um die du dich kümmern möchtest. Doch wenn dich diese Ausrichtung auf Medialität anzieht, dann gehe diesen Weg, bis du dir klar darüber wirst. Vielleicht machst du ein paar Seminare und danach weißt du, ob es etwas für dich ist.

Du möchtest heute in deinem Leben keine Freunde mehr verlieren und wissen, was mit ihnen läuft. Du willst den Kontakt nicht mehr verlieren. Das ist jetzt auch deine Ausrichtung. Der Weg der Medialität sieht gut aus für dich. Es ist wichtig, dass du dir klar darüber wirst, was du willst und wo du selber stehst. Ich denke, du brauchst dein 3. Auge bereits in deiner Arbeit mit Shiatsu, die du jetzt machst. Du bist kein Medium, doch es ist vielleicht wichtig zu wissen, dass du deine Intuition und das 3. Auge bereits nutzt. Es kann noch mehr entfaltet werden, wenn du tiefer in die Umstände hineinsehen möchtest. Ich sehe dich nicht als ein Medium. Doch wenn du dein inneres Sehen mehr entwickelst, kann das sehr hilfreich sein. Ich bin auch kein Medium, ich bin eine Seherin.

A: Was ist der Unterschied?

M: Ich kontaktiere nicht Verstorbene wie deine Großmutter oder deinen Urgroßonkel. Ich schaue einfach auf dich, auf eine Person, und folge der Energie und lese daraus. Was denkst du über das Wort „Wegbereiter"? Ich sehe dich als Wegbereiterin. Wenn du dich hinter Menschen stellst, fühlt es sich für dich nicht gut an. Etwas zu folgen, was andere gemacht haben, ist nicht dein Ding. Du kannst es zwar machen, um mit deinen Freunden zusammen zu sein, aber es befriedigt dich nicht ganz. Du gehst bis zur äußersten Grenze und du willst auch diese Grenze überschreiten. Das führt dich ein bisschen ins Unbekannte.

A: Dort vertraue ich mir noch nicht ganz.

M: Ja, weil im vergangenen Leben, als du dieser Initiant des Shiatsu warst, bezahltest du einen hohen Preis mit deinem persönlichen Glück. Das war ein zu hoher Preis, du hast deine Familie verloren, und als du alt wurdest, warst du sehr allein. Das ist, was du nicht wiederholen willst. Jetzt suchst du den Weg, wo du beides hast: Die Begeisterung in dir, die dein inneres Wesen ausmacht und dich immer noch mitreißt, wo andere Leute noch nicht hingelangten, und auch der Kontakt mit den Menschen, die du liebst und denen du nahestehst. Du hältst diese Beziehungen aufrecht, glücklich und gesund. So schaffst du heute diese Ausgeglichenheit zwischen deinem Beziehungsleben und deinem Drang, die Grenzen etwas zu überschreiten. Das ist nicht immer so einfach.

A: Manchmal ist mein Selbstwert etwas unstabil. Ich schaue dann, was all die anderen um mich herum machen.

M: Du musst etwas dafür aufgeben. Du wirst ab jetzt aufhören, dich mit anderen zu vergleichen. So beginnst du dem zu folgen, was du von innen her fühlst. Dann kommt alles auf dich zu. Du hast ganz viel guten Verdienst, gutes Karma angesammelt, als du Shiatsu erfunden hast. Das ist eine buddhistische Anschauung. Wenn du Gutes tust, sammelst du Punkte dafür. Dieser Verdienst kommt dir später zugute und du kannst etwas haben, was du wirklich willst. Du hast nicht negatives Karma. Die ganze Sache, dass du dich manchmal noch etwas verunsichert fühlst, ist wahrscheinlich das Schlimmste für dich, das tut dir noch weh. Auch wenn du dich oft sicher fühlst, gibt es diese Momente wirklicher Begeisterung und du kannst es noch nicht ganz fassen kannst. Also lass alle Zweifel in dir fallen, denn sie stehen dir im Weg.

Für dich wäre es wegweisend einen Lehrer/Meister zu finden. Es ist kein Problem, wenn man noch Selbstzweifel hat, und du bist dir ja selbst ziemlich sicher, wer du bist. Im Shiatsu findest du wahrscheinlich keine Lehrer, die mehr wissen als du. So kannst du damit spielen, aber es gibt da für dich nichts Neues. Doch ein spiritueller Lehrer weist dich mehr auf dein inneres Selbst hin und hilft dir, dich dieser Führung hinzugeben.

Hast du Heilige und Avatare besucht wie Mother Meera oder Amma?

A: Nein.

M: Gehe zu Mother Meera, sie wirkt ohne Autorität. Sie tut nicht so, also ob sie mehr weiß als alle anderen. Sie ist einfach das Universum. So habe ich sie erlebt. Sie tut nichts mit niemandem, außer die Aufforderung, dich selbst größer zu erfahren. Ich kann mir vorstellen, dass es wohltut, ihr zu begegnen. Sie fordert keine Anhänger/innen. Sie bietet sich einfach an, wenn man sich angesprochen oder gerufen fühlt, zu ihr zu gehen, um diese Erfahrung zu machen.

A: Manchmal möchte ich, dass mich jemand für so was an die Hand nimmt.

M: Es ist auch möglich sie anzurufen und die Fragen zu stellen, die man hat, und ihre Helfer vermitteln dir dann die Antworten von ihr. Sie bietet diese Art von Hilfe an für alle Menschen, die dies möchten. Bei einer direkten Begegnung mit ihr hast du diese Zufriedenheit, da du Teilen in dir selbst begegnest, die du möglicherweise selbst in dir nicht finden konntest. Ich denke, diese nicht autoritäre Lehrer/innen wären für dich wegweisend, weil sie nicht Anhängerschaft fordern und du frei kommen und gehen kannst.

Amma ist die umarmende Lehrerin und auch sie gibt das Gefühl, das dich mit dem Universum verbindet. Diese Berührungen könnten dich an den Punkt bringen, wo du dich selbst annehmen kannst, wo du bist und in Frieden mit der selbst kommst. Auch wenn dich etwas treibt, über die Grenzen zu gehen, dann ist das auch in Ordnung. Das bist auch du. Es geht einfach darum, dass du dir selbst vertrauen kannst von Augenblick zu Augenblick. Es ist einfach und es ist schwierig. Um zur menschlichen Rasse zu gehören, schauen wir ganz automatisch um uns, was andere tun, indem wir uns vergleichen. Es ist revolutionär, wenn wir das nicht mehr tun. Aber ich kann dir versichern, dass es möglich ist. Wenn du dort hinkommst, findest du heraus, dass du bereits ganz tief verbunden bist mit allen anderen, du bist eins mit allem. Das ist wahrscheinlich die letzte Kante.

Ich sehe noch ein weiteres Leben und möchte dir sagen, dass du auch ein Leben hattest als Schamane. Du wurdest durch einen Mann im brasilianischen Dschungel unterrichtet. Es war etwa 3 oder 4 Leben zurück. Du hast dich mit Heilpflanzen beschäftigt und hast den Menschen geholfen, sich zu befreien. Du hast also als Heiler gewirkt und brauchtest natürliche Substanzen, vielleicht jene, die wir heute Ayahuasca nennen. Als du dort im Dschungel mit allen Leuten warst, wirktest du in einem sehr erweiternden Bewusstseinszustand und hieltest die Menschen in einem sehr beschützenden Raum. Sie waren unter deinem Schutz, als ein Waldbrand ausbrach. Die Gruppe umfasste etwa 50 Personen und die Hälfte von ihnen kam bei diesem Feuer um, ein Teil durch die Flammen und ein Teil starb durch den Rauch. Du warst so fokussiert auf deine Arbeit und so konzentriert auf die Leute und was mit ihnen geschah dort im Dschungel, dass du das Feuer nicht früh genug erkennen konntest.

Bist du interessiert an Schamanismus?

A: Ja. Wenn ich jedoch nicht ein klares starkes Ja zu etwas habe, warte ich lieber.

M: Du machtest dich für den Tod dieser Menschen verantwortlich und somit blieb diese Angst in dir. Von dieser Erfahrung her kommt diese Ambivalenz in dir, wenn es um Verantwortung für andere Menschen geht.

Interview mit Alice

Aus meinem ganzen Herzen darf ich sagen, dass die Begegnung und das Reading bei Maitra sehr nachhaltig wirkt und ich mich in meiner Seele berührt, angenommen und verstanden gefühlt habe.

Mein Drang, noch mehr zu leisten, hat sich beruhigt und es ist in mir drinnen viel stiller und ruhiger geworden in den Wochen danach. Wenn ich mit Menschen zusammen bin, darf ich Heilung fließen lassen, ohne große Aktivität. Das Geschenk, welches ich in meinem Erdendasein mitbekommen habe, Menschen ebenfalls auf ihrer Bewusstseinserweiterung zu begleiten, darf somit immer mehr ins Fließen kommen.

Durch Maitras Worte habe ich erfahren, dass es mein Lebensrecht ist, die Balance zu finden, um für mich selber zu sorgen und Freude zu erleben. Es fallen mir tatsächlich immer mehr solche Augenblicke zu und ich darf genießen. Ich habe Mut bekommen, Nein zu sagen, wo mein Herz nicht Begeisterung spürt.

Ihre Worte und die Stimme höre ich immer noch leise bei mir, dass ich nicht mehr bis zur Erschöpfung allen Anforderungen und Bedürfnissen im Außen gerecht werden muss.

Den Impuls bei Mother Meera ein Treffen zu vereinbaren, habe ich wahrgenommen und ich freue mich auf die heilende Begegnung.

Verletze nie jemandes Herz.
Selbst wenn dir jemand wehtut, liebe ihn.
Ich kann dir nicht böse sein, nicht einmal im Traum.
Wenn ihr euch nicht gegenseitig lieben könnt,
erreicht ihr euer Ziel nie.

Neem Karoli Baba (Maharaj-ji)

Verständnis und Vergebung
für den übergriffigen Bruder

Isabel, *1995

I: Ich habe einen drei Jahre älteren Bruder und er verhielt sich in meiner Kindheit übergriffig. Es fing an, als ich etwa 9 Jahre alt war. Ich kann mich nicht genau an alle Begebenheiten erinnern. Doch er kam immer wieder in mein Zimmer, wenn alle schlafen gingen. Ich hatte noch 2 Schwestern, und da war meine Mutter. Mein Vater war gestorben, als ich 6-jährig war.

Als jeweils alle im Bett waren, wusste ich, dass mein Bruder dann ins Zimmer hereinkommen würde und was er vorhatte. Das war für mich die schlimmste Zeit. Ich fühlte mich völlig ausgeliefert. Es gab zwar nie Geschlechtsverkehr, aber er suchte diese körperliche Nähe und berührte mich immer überall am Körper. Anfänglich hatte ich große Widerstände, doch mit der Zeit gab ich diese auf. Doch ich erstarrte auf eine Weise, da er immer wiederkam.

Irgendwann wurde ich wie wieder lebendig in mir und ich fing an, mich zu wehren. Wir waren einmal in den Ferien, und meine Mutter teilte uns so auf, dass meine 2 Schwestern zusammen in einem Zimmer waren und ich musste immer mit meinem Bruder in einem Zimmer sein. In dieser Situation, als er sich mir wieder nähern wollte, sagte ich zu ihm: „Wenn du nicht aufhörst, dann springe ich aus dem Fenster!" Es war mir total ernst und ich hätte mir so das Leben genommen. Es ging noch eine Weile weiter so und er kam immer wieder und fragte mich, ob er zu mir kommen kann, und ich sagte dann Nein. So wurde es allmählich klar, ich konnte dieses Nein durchsetzen und ließ ihn nicht mehr an mich heran. Dann war es vorbei. Es gab diese Momente, da er mir fast leidtat, ihn abzulehnen und ich konnte mich dann nicht genug wehren und dieses klare Nein sagen.

Ich konnte keine Hilfe bei meiner Mutter holen, auf eine Weise habe ich meinen Bruder schützen wollen. Auch schützte ich meine Mutter und mich selbst. Ich dachte bei mir, wenn ich jetzt hier diesen Stein ins Rollen bringe, würde alles in unserer Familie außer Kontrolle geraten und ich glaubte, dass ich das dann auch zu tragen hätte. Ich wusste nicht, was passieren würde, wenn meine Mutter dies erfahren würde. Ich glaubte, dass meine Mutter dann völlig überfordert gewesen wäre und das nicht hätte bewältigen können. Ich wollte ihr einfach nicht mehr zumuten. Ich dachte mir dann, dass das auf mich zurückfallen könnte. Ich versuchte einfach, alles zusammenzuhalten, meinen Schwestern habe ich auch nichts erzählen können.

Meine Schwestern waren ebenfalls immer wieder wütend auf meinen Bruder und sie bemängelten sein Verhalten sehr. In solchen Situationen war ich oft versucht, die ganze Geschichte und was er mir antat noch obendrauf zu geben und ihn dann wirklich anzuprangern. Doch ich hielt mich zurück, da es die ganze Familienkonstellation auf den Kopf gestellt hätte.

Ein vergangenes Leben von Isabel:

M: Du bist eine junge Frau auf einer Insel. Du verdienst deinen Lebensunterhalt als Kellnerin in einem Restaurant. Es gibt einen Koch, der immer versucht, deine Aufmerksamkeit zu erregen, weil er dich nicht nur bewundert, sondern er hat sich so verliebt in dich und alles, was er will, ist, dass du seine Frau wirst.

Und natürlich will er, dass du seine Liebe erwiderst, aber es dauerte eine Weile, bis du so weit warst.

Als ihr dann schlussendlich ein Paar geworden seid und daraus eine glückliche Beziehung wurde, bist du kurz darauf schwanger geworden.

Eines Tages musste er dich für eine Weile verlassen, um auf einem Schiff zu arbeiten, aber er kam nicht zurück, weil das Schiff unglücklicherweise kenterte.

Für den Rest deines Lebens hast du nun gearbeitet und du hast dein Bestes gegeben, dich um dein Kind zu kümmern, ohne die Hilfe deines verstorbenen Mannes.

Und jetzt in diesem Leben seid ihr beide als Bruder und Schwester in die gleiche Familie geboren worden, und er ist sehr verwirrt über all seine Gefühle für dich. Das könnte der Grund für den Übergriff an dir sein. Aber es war sicher nie seine Absicht, dich überhaupt zu verletzen.

Er fühlt sich heute schuldig, was zwischen euch beiden passiert ist. Und natürlich liebt er dich. Er tut es wirklich.

Interview mit Isabel:

I: Nachdem mir Maitra diese Informationen durch den Einblick in ein vergangenes Leben ermöglichte, gab es in mir einen Wendepunkt. Ich begann die ganze Beziehung zu meinem Bruder aus einem anderen Blickpunkt zu betrachten. Ich fühlte mich nicht mehr als Opfer mit all den Gedanken, was mir da alles zugestoßen war. Meine ganze Wahrnehmung dazu veränderte sich. Ich bekam ein neues Verständnis und konnte sehen, dass das Ganze vielschichtiger ist, als ich es vorher sehen konnte.

Ich wusste anfänglich zwar nicht, wie ich mit diesen Informationen umzugehen hatte. Ich kannte nun mehr Zusammenhänge, warum das alles passiert ist, und dass es einen Bezug hat zu diesem vergangenen Leben. Trotzdem wusste ich nicht, wie ich jetzt meinem Bruder wieder begegnen soll. Ich war ja immer noch oft wütend auf ihn und ich ärgerte mich auch immer wieder über sein Verhalten. Maitra sagte mir, dass ich anfangen soll, Samen der Liebe zu säen, sozusagen auf diesen Misthaufen, der durch all die Wirrnisse entstanden war.

Es wäre wichtig, dass ich ihm verzeihen und vergeben kann, und dass ich die Wut in Mitgefühl und Liebe verwandeln könnte. Jetzt, wo ich diese Geschichte kenne, kann ich auch zulassen, dass da mehr Gefühle waren. Durch die Verbindung aus dem vergangenen Leben fühlte er sich hingezogen zu mir und konnte sich vielleicht gar nicht anders verhalten. Ich dachte immer wieder an den Satz: „Pflanze Samen der Liebe." Wenn es nur ein nettes Wort ist oder ein guter Gedanke und Verständnis zu haben. Das ist etwas, das wachsen kann.

Anfänglich fiel das mir recht schwer, doch dieser Satz leitete mich, er hatte Kraft für mich. Ich versuchte nicht mehr alles über den Kopf zu verstehen, denn meine ethisch-moralische Instanz sagte: So etwas macht man nicht, das gibt es nicht. Der Bruder vergeht sich nicht an seiner kleinen Schwester! Doch ich kann jetzt verstehen, dass es karmische, seelische Zusammenhänge gibt und das ganz anders annehmen. Von diesem Zeitpunkt an lösten sich wirklich diese Opfergefühle auf. Es gab mir ein Verständnis für das Geschehene.

Im vergangenen Leben wurde ich als Witwe allein zurückgelassen. Vielleicht ist ja diese Wut, die ich oft noch empfand, auch mit dieser Erfahrung verbunden, da ich damals einfach verlassen wurde und alleine zurückblieb mit dem Kind. Er hatte mich alleingelassen.

Ich weiß heute auch, dass ich als Kind in dieser schwierigen Situation diese Empathie für ihn empfunden habe, und ihn nicht abweisen konnte. Das kann ich nicht über den Verstand erklären, das spielte sich auf einer ganz anderen Ebene ab.

Durch das Reading lerne ich nun diese Erfahrungen nicht mehr zu werten. Es ist so möglich, ein tieferes Verständnis zu haben und anzunehmen, dass das alles seine Richtigkeit hatte, auch wenn es schmerzhafte Erfahrungen sind, doch auf der seelischen Ebene bin ich heute weniger verletzlich.

Jetzt habe ich Distanz gewonnen durch die Klärung im Reading und es verändert meine Rolle im System. Wir leben zurzeit noch alle zusammen und ich begegne meinem Bruder mehr auf einer seelischen Ebene und kann seine Qualitäten erkennen. Er ist ein junger Mann mit einem guten Herzen und ich sehe seine große Liebesbedürftigkeit. Ich kann sehen, dass er auch ein liebender Mensch ist. Er liebt uns alle und ich kann es spüren.

Obwohl er manchmal noch eine ausfällige Sprache verwendet und sich als Macho und Pascha aufführt, sehe ich trotzdem sein wirkliches Wesen. Ich kann anstrengende Situationen mit ihm relativ schnell wieder loslassen und mich abgrenzen. Ich bin mir heute bewusst, dass ich durch mein Verhalten einen starken Einfluss habe auf ihn. Ich kann wählen, ob ich mit Hass, Wut und

Ablehnung auf ihn reagiere, oder ob ich eben diese Samen der Liebe säe. Dadurch hat sich meine Beziehung zu ihm sehr verändert, da ich das vorher nicht konnte. Ich war einfach sehr wegen ihm genervt und fand dies und jenes immer wieder daneben, da hatte ich diese alte Wut in mir. Diese Wut hat sich transformiert und unser Verhältnis wurde liebevoller und ehrlicher. Ich sehe, dass er auch sanftmütiger und feinfühliger wird.

Maitra meinte ihm zu sagen, dass ich ihm vergebe, da er sich innerlich schuldig fühlt und seine Handlungen mit sich herumträgt. Ich wollte es jedoch nicht auf diese Weise ansprechen, aber ich kommuniziere es mit ihm auf seelischer Ebene. Das hat mir selbst sehr geholfen und ich habe das Gefühl, dass er sich besser fühlt.

Als Maitra mit mir darüber sprach war ich in diesem Moment auf eine Weise überwältigt. Ich erhielt all diese Informationen und dann kam die Frage: Und jetzt? Doch mit der Zeit spürte ich wie nur schon dieses Wissen etwas mit meinen Gefühlen machte. Das ist so hilfreich. Es begann sich vieles neu zu ordnen und innerlich verstehe ich die karmischen Muster, die sich jetzt wandeln. Das brauchte etwas Zeit und war ein Prozess. Maitra half mir auch, in die Selbstverantwortung zu kommen. Durch ihre Beratung bekam ich wertvolle Hinweise, wie ich damit umgehen kann. Doch es ist auch ein Lernen, selber durch den Prozess zu gehen und schlussendlich mich selber zu heilen. Das ist für mich ein wichtiger Teil, denn wenn ich eine Information bekomme, heißt das noch nicht, dass ich es in meinem Inneren und in jeder Zelle von mir verstanden habe. In mir ist die Instanz, die beginnt, all dies selber zu transformieren. Maitra macht uns kein Versprechen, zu uns zu schauen und uns zu heilen. Sie übergibt diese Verantwortung auf eine sehr schöne, verständliche Weise.

Ich hatte eine – für mich und in meinem Alter - längere Beziehung, bevor ich meine Ausbildung als Heilpraktikerin begonnen habe. Diese Beziehung habe ich deshalb beendet, da mein Freund ziemlich oft Sex wollte und ich diesen Druck irgendwann nicht mehr aushielt. Es tat mir weh, ihn „zurückzuweisen" (sowie auch mein Bruder mir leidtat, als ich begann NEIN zu sagen) und ich habe mich von diesem Freund getrennt, obwohl ich ihn liebte.

Er wusste zwar nichts von meiner Familiengeschichte und wieso es mir teilweise schwerfiel, für seine Bedürfnisse immer ganz offen zu sein. Ich habe ihn wirklich sehr geliebt und es fiel mir schwer, ihn loszulassen. Aber ich fühlte mich sehr unter Druck, was mich zu sehr belastete.

Mich verlieben kann ich eigentlich immer gut, aber Sex mit jemandem zu haben, zu dem ich auch einen tieferen emotionalen Bezug hatte, fiel mir schwer. Es war immer so ein Kampf zwischen „Ich möchte es eigentlich,", aber irgendwie weckte es gleichzeitig eine tiefe Wut in mir.

Seitdem ich durch Maitra einen Einblick in diese Verstrickungen bekam, hat sich diese allgemeine Wut gegenüber Männern gelöst. Ich weiß jetzt auch, dass ich immer und jederzeit entscheide, was und wie viel passiert. Ich fühle mich nicht mehr so machtlos und ausgeliefert (was ich in Wirklichkeit nie war – es fühlte sich für mich nur so an) und kann Männern definitiv besser und entspannter näherkommen und es auch genießen.

Trotzdem hatte ich seit meinem letzten Freund keine feste Beziehung. Das könnte einerseits daran liegen, dass einfach noch nicht der Richtige dabei war und ich aber auch viel Zeit gebraucht habe, um meine Kindheit zu verarbeiten und in gewisser Art und Weise Abstand davon zu gewinnen.

Ich denke, es werden erneut Hürden auf mich zukommen, sobald ich mich wieder in eine feste Beziehung begebe. Alles, was ich mir jetzt vornehme, darf in die Tat umgesetzt werden. Mich neu öffnen, klar sein in der Kommunikation und mir bewusst sein, dass ich auch entscheiden darf, wann was passiert, sind nur einige Aufgaben, welchen ich mich erneut stelle. Ich glaube, dass ich jetzt auch so weit wäre, das meinem nächsten Partner ehrlich zu erzählen, wenn ich das Gefühl habe, dass es mir hilft. Ich bin sehr zuversichtlich und auch voller Freude und meine Perspektiven zu diesen Erfahrungen in meiner Kindheit haben sich wirklich verändert.

Jenseits von richtig und falsch gibt es einen Ort.
Hier können wir einander begegnen.

Rumi

Angst, meine Tochter zu verlieren

Laura, *1958, Tochter Rosa, *1987

L: Die geistige Welt interessiert mich schon seit langer Zeit. Eine Seite von mir war schon immer dafür offen, eine andere warnt mich noch heute davor und ist skeptisch. Ich glaube, das ist grundsätzlich gut so. Ich hatte schon früh Menschen kennengelernt, die Hilfe für ihr Weiterkommen bei einem Medium geholt haben. Es hat mich immer sehr interessiert und berührt, was ich von ihnen darüber erfahren habe. Ich kann mir gut vorstellen, dass ich einige Leben vor dem jetzigen hinter mir habe und im Heute mit Menschen zusammen bin, mit denen ich schon einmal früher in einer anderen Rolle zu tun hatte.

Als ich mit 28 Jahren mein erstes Kind erwartete, begann ich mich zu fragen, woher dieses Kind wohl kommen mag und wo *ich* denn eigentlich herkomme. Es beschäftigte mich immer mehr. So entschied ich mich, eine Person zu finden, die vergangene Leben der Menschen spüren, sehen und erzählen kann. Es war eine eher seltsame Erfahrung und ich konnte damals nicht viel damit anfangen. Diese Erfahrung hat jedoch mein Interesse nicht geschmälert. Ich beschäftige und interessiere mich weiter für den Kreislauf von Leben und Tod, auch für den Sterbeprozess und was vorher und nachher geschieht.

Ein scheinbar unlösbares Thema:

2010 wurde meine Tochter Rosa 23-jährig. Wieder einmal widerfuhr mir auf unerklärliche Weise etwas, das ich je länger, desto weniger einordnen konnte. Ich hatte meine Tochter mit ihrem Freund zu einem Konzert eingeladen. Andere Freunde von uns waren auch dabei. Wir waren eine Gruppe von etwa zehn Personen.

Alle saßen bereits auf ihren Plätzen, nur die beiden Plätze meiner Tochter und ihres Freundes blieben leer. Ich begann mir Sorgen zu machen. Wir hatten uns zwar bereits bei der Garderobe begrüßt und alle freuten sich auf das bevorstehende Konzert. Langsam wurde es dunkel im Saal und die Künstlerin kam auf die Bühne. Nur – wo blieben meine Tochter und ihr Freund?

Ich wurde innerlich sehr nervös und machte mir große Sorgen. Eine panische Angst machte sich in mir breit. Es tauchten Bilder auf, wie meine Tochter zusammenbricht, wie der Rettungsdienst bestellt wird und wie sie bereits unterwegs ins Spital ist. Nur mittels tiefer Atmung konnte ich diesen Zustand überhaupt aushalten. Zwischendurch schaltete sich mein Kopf ein, der mich einerseits beruhigen wollte und mich andererseits verurteilte, im Stil von „Jetzt drehst du aber völlig durch!“. Ich wusste, dass ich die Zeit bis zur Pause irgendwie zu überstehen hatte, was mir gelang. In der Pause begab ich mich sofort aus dem Saal und bald darauf sah ich, wie meine Tochter und ihr Freund vergnügt und erfüllt von dem, was sie auf der Bühne dargeboten bekamen, auf mich zukommen. Eine riesige Bürde fiel von meinem Herzen, als ich sie wiedersah. Sie erzählten mir, dass sie weiter vorne zwei bessere Plätze gefunden hätten und näher an der Bühne saßen.

Das ist *ein* Beispiel von vielen. Immer wieder gerate ich in Situationen, in denen ich mir in einem so hohen Ausmaß Sorgen mache, dass es für mich unerträglich wird. Ich realisiere, dass diese Reaktionen nicht normal sind. Gegenüber meiner zweiten Tochter habe ich nie das Gefühl einer solchen unkontrollierten Angst. Ich spüre, dass diese großen Ängste nichts mit dem üblichen Prozess des Loslassens der eigenen Kinder zu tun hat. Aber ich weiß nicht, wie ich mir helfen kann. Ich will unbedingt etwas dagegen tun, denn ich fühle, dass diese Ängste die Beziehung zwischen meiner Tochter und mir belastet, auch wenn ich ihr nie davon erzählt habe.

In der Zwischenzeit lernte ich Maitra kennen. Ich besuchte jeweils ihre Vorträge und hörte zu, wenn sie anschließend Kurzreadings gab. Mir gefiel, wie diese Frau bodenständig und humorvoll auf die Menschen einging. So entschied ich mich einen Termin bei ihr für ein Reading bekommen. An ihren Vorträgen wurde mir plötzlich klar, dass ich doch versuchen könnte, mein Problem auf einer anderen Ebene anzugehen. Dies in der Hoffnung, dass sie mir in meinem unlösbaren Thema weiterhelfen könnte. Ich zeigte Maitra ein Foto meiner Tochter Rosa. Daraufhin schlug sie mir vor, in ein früheres Leben einzutauchen. Ich war gerne bereit dazu. Folgendes erzählte sie mir:

Ein vergangenes Leben von Laura und Rosa (Lauras Tochter):

M: Im vergangenen Leben warst du, Laura, die Großmutter deiner heutigen Tochter Rosa. Es war nordöstlich von hier. Vielleicht Belgien. Oh! Ich dachte, es wäre schon lange her, aber das ist es nicht. Dies ist der Zweite Weltkrieg. Das ist der Umzug der Nazis nach Belgien. Ich denke, die müssen dann nach Belgien gezogen sein. Du warst also damals ihre Großmutter. Du lebtest mit deiner Tochter und ihrer kleinen Tochter im Haus. Deine Tochter verhielt sich oft so, dass sie bei Geschehnissen nicht so recht hinschauen wollte. Sie sagte dann zu ihrer Tochter, deiner Enkelin: „Es ist besser, wenn wir nichts wissen und sehen. Es ist besser, wenn wir nicht daran denken. Es ist besser, wenn wir nicht darauf achten. Kümmere dich um deine Sachen und gehe zur Schule. Mach deine Schulaufgaben und mach es gut und so wird alles gut."

In der Zwischenzeit wurden Listen von allen jüdischen Familien erstellt. Neben euch lebte eine Frau und ihre Familie, mit der du schon seit Langem befreundet warst, schon fast dein ganzes Leben lang. Deine Enkelin, die damals Anna hieß, liebte die Frau von nebenan sehr, denn sie war für dich so etwas wie eine Tochter. Sie war ungefähr im Alter deiner eigenen Tochter. Aber deine Tochter und die Nachbarin waren nicht Freunde. Du und sie, ihr wart befreundet. Als diese schwierigen Geschehnisse um euch herum anfingen, hattest du große Angst um sie und ihre Familie. Du hast zu ihr vor deiner Enkelin Anna gesagt: „Du solltest deine Familie versammeln und dann weggehen. Du solltest von hier verschwinden. Ihr solltet einen sicheren Ort finden. Geht nach England, geht woandershin."

*Deine Nachbarin sagte jeweils zu dir: „Sie werden mich sein lassen.
Ich war noch nie in Schwierigkeiten mit jemandem." Sie hatte deine
Warnung nicht angenommen und sie hatte nichts kommen sehen. Deine
Enkelin begann durch dich zu spüren, dass etwas ganz Schlimmes kommen
wird. So ging Anna fast täglich zur Nachbarin. Anna war ungefähr neun
Jahre alt. Sie tat diese Dinge: Sie ging zum Beispiel in den Keller, um
die Koffer heraufzuholen, die dieser Familie gehörten. Sie sagte: „Hier
sind die Koffer. Ihr solltet packen und euch vorbereiten." Dann brachte
sie vom Bahnhof den Fahrplan. Aber die Frau und ihre Familie gingen
nicht weg. Sie hatte ihr Zuhause und ihr Leben hier. Sie hörten nicht
zu. Der Mann war Arzt. Er hatte seine Praxis hier.*

*Mitten in einer Nacht um ungefähr 1:00 Uhr gab es draußen viel
Lärm. Da war ein großer Lastwagen, der vor deinem Haus vorfuhr.
Plötzlich war es draußen sehr laut. Leute schrien und rannten hin und
her und schauten aus den Fenstern. Auch du schautest aus dem Fenster
und Anna auch. Da waren Soldaten mit Waffen. Sie standen um den
Lastwagen herum. Die Haustür stand offen und das Licht ging im Haus
nebenan an, wo deine lieben Nachbarn lebten. Plötzlich sah man, wie
die beiden jüngsten Kinder irgendwie aus der Tür flogen. Sie weinten,
weil sie so viel Angst hatten, und riefen nach ihren Eltern. Der Vater
versuchte mit den Soldaten zu argumentieren, er habe doch eine Praxis,
die Leute zählten auf ihn, er könne doch die Arbeit nicht einfach ohne
Vorankündigung fallen lassen. Die Soldaten hörten jedoch nicht zu und
sagten: „Du kannst eine Tasche packen und sie in den Lastwagen mitnehmen."*

*Anna war im Zimmer neben deinem Schlafzimmer. Sie war am
Fenster. Man konnte spüren, wie sie sich aufregte. Du bist aus dem Bett
aufgestanden, aber du warst nicht mehr so jung und somit sehr langsam.
Als du aus dem Bett warst, war Anna schon unten, bevor du sie aufhalten
konntest. Sie sagte zu den Soldaten: „Das könnt ihr nicht machen. Ihr
dürft diesen Leuten nicht wehtun. Sie sind gute Menschen, sie verletzen
nie jemanden. Er ist Arzt. Er hilft den Menschen."*

*Die Uniformierten sagten immer wieder zu ihr: „Geh nach Hause,
kleines Mädchen, geh nach Hause!" Du zogst deine Pantoffeln an und
dein Gewand und gingst die Treppe hinunter. Dann warst du auf der
Vordertreppe an der Tür und hast ihr zugerufen, damit sie verstehen*

würde, dass sie das nicht tun sollte. Aber sie rannte trotzdem zu ihnen. **Das ist Anna, das ist heute deine Tochter Rosa.** *Sie fand heraus, wenn der Lastwagen nicht abfahren konnte, würde er die Leute nicht mitnehmen können. Also rannte sie zum Lastwagen und öffnete die Tür. Die Soldaten standen hinten auf dem Lastwagen. Niemand war am Steuer. Sie nahm die Schlüssel aus dem Lastwagen. Dann rannte sie mit den Schlüsseln zu eurem Haus - und sie haben sie einfach erschossen.*

Für die Soldaten war das einfach logisch. Sie durfte doch die Schlüssel nicht aus dem Lastwagen nehmen. Du standest nur da und hast geschrien. Anna lag auf dem Boden. Sie sagte nur noch zu dir: „Oma, ich wollte nur helfen. Ich wollte nur helfen!" Dann starb sie.

Sie schossen ihr in den Rücken. Sie lief mit den Schlüsseln davon, schnell. Sie realisierte, dass sie nicht groß und stark genug war, um die Soldaten körperlich aufzuhalten. Aber wenn sie die Schlüssel des Lastwagens nahm, dachte sie, konnten sie nirgendwo hingehen mit den Nachbarn.

Ihr beide wart auf der Seite eures Hauses, das war neben dem Nachbarhaus, als es geschah. Ihre Eltern waren auf der anderen Seite des Hauses. Also hatten sie nichts mitbekommen. Aber du standest da, musstest es schlucken und mit ansehen und du konntest nichts tun. Deshalb traf es dich so hart.

L: Ja, das ist es, was ich die ganze Zeit fühle. Aber mein Vertrauen wird größer als die Angst. Es wird immer besser. Viele Jahre lang hat das mich immer wieder völlig auf den Kopf gestellt. Aber ich kann sie jetzt besser gehen lassen. Sie hat alle ihre Dinge in Ordnung gebracht. Ich weiß, dass ich darauf vertrauen kann.

M: Wenn du also diese Kraft heute in Rosa spürst, wenn sie so überzeugt von der Richtigkeit ihrer eigenen Sichtweise ist, scheint es dir, als wäre es gefährlich. In der Erfahrung, was damals geschah, war es gefährlich. Aber sie hat eine Lektion gelernt. Ich denke, sie wird es diesmal anders machen. Und du weißt, dass sie damals etwas versuchte, als sie neun Jahre alt war. Sie hatte schon damals ihre eigene Vision. Aber sie versteht jetzt, dass sie sich an das anpassen musste, was in der Welt realistisch ist, und das meistert sie schon ziemlich gut. Sie ging zur Schule für etwas, das ihr genügend kreativen Spielraum gab, um auf diese Weise einen Anfang für ihre Vision zu machen. Und sie sah deutlich, was der nächste Schritt sein würde, und sie ist jetzt mittendrin. Sie wird nicht wieder wegrennen und sich in diese Art von Gefahr begeben. Ich glaube nicht. Ich bin mir ziemlich sicher, denn es fühlt sich an, als hätte sie eine Lektion gelernt. Ich glaube, sie will leben. Sie will leben und sie will das tun, wofür sie hierhergekommen ist. Dadurch kann sie sich nicht in diese Lage versetzen.

Es ist nicht so, dass sie nochmals so etwas Schreckliches erleben muss. Sie versucht nur wirklich ihr Bestes, um sich auf das vorzubereiten, wozu sie hierhergekommen ist. Und ich weiß nicht, wie viel sie an dieser Stelle darüber weiß, aber ich habe das Gefühl, dass es etwas Großes gibt, das in ihrem Leben heute passieren wird.

Ich denke, deine Tochter Rosa ist auf ihre Art ein Genie. Sie hat Angst davor, was passieren wird, wenn sie sich sehen lässt. Die Leute halten sie auch für brillant, denn was auch immer sie beschließt zu tun, sie macht es gut. Niemand hat eine Ahnung, wie sehr sie sich zurückhält. Und das spürt man in ihr, das ist wie eine Bombe. Eine Bombe, die sie auf die Erde und in dein Leben geworfen hat. Und wenn es jemals losgeht – was passieren wird –, meine ich nicht, dass es in irgendeiner Weise destruktiv ist. Aber ich denke, wenn sie loslässt, dann verändert sie wirklich etwas auf diesem Planeten. Sie wird etwas tun, wenn sie sich endlich sicher fühlt, es zu tun. Etwas Radikales wird sie tun. Es wird die Menschen dazu bringen, die Natur der Realität infrage zu stellen.

Dieses kleine Mädchen von dir kam in diesem Leben in den Körper und sie weiß etwas, das andere jetzt aufgedeckt haben. Es könnte noch jemand anderes auf dem Planeten sein, der das Gleiche hat, aber wir wissen nichts davon. Sie versucht, einen Weg für sich selbst zu schaffen, um eine Plattform zu haben für das, was sie zu geben hat. Sie will es geben, und sie schaut sich um und sagt: „Es ist zu verwirrend. Die Leute wissen nicht, was sie tun sollen." Es wird die Menschen dazu bringen, miteinander zu streiten oder sich zu ärgern. Für sie ist es wie das ABC, es ist so grundlegend für sie. Aber sie versteht auch, was es bewirken wird. Das Bild, das ich immer wieder bekomme von ihr: Ich sehe sie mit einer Granate in der Hand. Eines Tages, wenn sie bereit ist, wird sie etwas entzünden. Es wird unsere Sichtweise revolutionieren.

Du als Mutter kannst dieses Potenzial in ihr spüren. Und die Mutter hat Angst, was passieren wird. Vor 200 Jahren wurden solche Menschen getötet.

Alle 20 bis 50 Jahre oder heute noch schneller wird alles wieder auf den Kopf gestellt, was wir Menschen erfinden. Dieses Potenzial zu Veränderungen steckt in deiner Tochter. Sie ist in der Zukunft. Aber schau, sie ist nicht im Iran, nicht in China oder Afrika. Sie ist nicht an einem Ort, an dem die Menschen diese Angst in diesem Aberglauben haben und wo ihr Potenzial brachliegt. Dort ist sie nicht und dort wird sie es auch nicht tun. Sie wird es irgendwo hier im Westen tun, wo einige Leute sehen und verstehen können, was sie sagt. Ich weiß nicht, was sie tun wird: Vorträge halten, ein Buch schreiben oder ein Musikstück komponieren.

Es wird sie nicht töten und es wird auch niemanden sonst töten. Darum geht es nicht. Es geht um die Veränderung im Bewusstsein, und wie sie ihren Beitrag dazu leisten wird, durch was auch immer es ist. Ich glaube, im Moment sammelt sie Werkzeuge. Sie will ein gutes Verständnis für den gesamten kreativen Prozess auf allen Ebenen haben. Wenn sie also mit dem, was es auch immer ist, vorwärtsgeht, gibt es eine Grundlage dafür. Wir nutzen nur etwa 10 % unseres Gehirns. Wenn es endlich Frieden auf Erden gibt, dann werden wir anfangen, uns auf eine Weise zu entwickeln, die so unvorhersehbar ist, weil wir noch nicht wissen, was unser Potenzial ist.

L: Ich bin immer daran interessiert, was sie tut. Aber ich kann spüren, dass es für sie schwer zu sagen ist, weil ich denke, dass man es nicht in Worte fassen kann. Das tut manchmal weh. Ich würde gerne etwas mehr verbunden sein. Aber wenn ich mehr verbunden sein will, muss ich sie gehen lassen.

M: Nun, ich hoffe, dass diese Erinnerung einen Zugang verschafft, damit du es besser verstehst und sie es besser versteht. Ich denke, das wird helfen.

L: Ja, ich werde ihr das Reading zum Anhören geben.

M: Ja, ich denke, es wäre gut es ihr abzuspielen. Sie wird nicht überrascht sein.

Interview mit Laura:

L: Nachdem ich bei Maitra in diesem Reading war, hat sich sofort eine große Entspannung bezüglich der übermäßigen Sorge um meine Tochter eingestellt. Ich kann sagen, dass ich erstaunlicherweise keine solchen Attacken mehr erlebt habe. Es hat sich ein normales Maß an Freude und Sorge eingestellt, das ich auch meiner anderen Tochter gegenüber empfinde.

Die Geschichte kam direkt bei mir an und war für mich zu hundert Prozent nachvollziehbar. Ich musste in keiner Weise etwas dazutun, um sie mir glaubwürdig erscheinen zu lassen. Ich brauchte keine Fantasie, um mich da hineinversetzen zu können. Es fühlte sich traurig und richtig an. Ich war sehr berührt und hatte das starke Gefühl der Auflösung eines großen Rätsels in mir gespürt. Geholfen hat mir auch der Hinweis von Maitra, dass ich meine Tochter weder verstehen kann noch muss. Das ist zwar eine schmerzhafte Tatsache und doch hilft es mir.

Lass dich von der seltsamen Anziehungskraft dessen,
was du wirklich liebst, still anziehen.
Es wird dich nicht in die Irre führen.

Rumi

Die Mauer zwischen meinem Sohn und mir durchbrechen

Regula, *1963

R: Ich habe das Gefühl, zwischen meinem ältesten Sohn und mir ist wie eine Mauer. Ich fühle mich unsicher mit ihm. Er ist ein sehr liebevoller Mensch, aber ich komme nicht an ihn heran.

M: Wie lange fühlst du das denn schon?

R: Es ist schon viele Jahre, dass ich es so empfinde. Er ist jetzt 33-jährig.

M: In all den Jahren wolltest du von deiner eigenen Mutter ihre Liebe, und auch, dass sie sich verändert, bekommen. Du hast alles dafür gemacht, um wenigstens ein bisschen von ihr zu erhalten. Wenn du sagen könntest, wie sie dir etwas geben könnte oder wie sie sich ausdrücken könnte, wie würde sich das anhören? Was möchtest du, dass sie sagen würde? Etwa so was wie: „Was du machst, Regula, ist supergut, das gefällt mir, ich bin so stolz auf dich. Du bist so eine gute Mutter, wie du das machst mit deinen Kindern. Du kannst wirklich stolz sein, wie du deine Kinder großgezogen hast."

Was denkst du, was dein Sohn von dir möchte?

R: Er möchte Anerkennung und meine Liebe spüren.

M: Genau, doch du lässt ihn die Dinge spüren, die dir Sorgen machen. Dabei vergisst du ihm zu sagen und zu zeigen, wie stolz du auf ihn bist. Er ist ein toller Mann.

Jedes Mal, wenn du jetzt bei ihm bist, sag ihm etwas, das dir gefällt an ihm. Es kommt dir vielleicht etwas sonderbar vor. Und auch er wird es vielleicht komisch finden. Aber es wird ihn sofort berühren. Sag diese Dinge, öffne deinen Mund, bring all das zum Ausdruck, was deine Mutter nicht tat. Es können ganz kleine Dinge sein, wie toll er angezogen ist, dass er sein Studium macht und du stolz bist darauf. Oder sag ihm: „Ich kann mir keinen besseren Sohn vorstellen als dich."

Dein Sohn öffnet sich nicht so schnell, dafür braucht er Zeit. Er wird deine Komplimente vielleicht etwas komisch finden, aber glaube mir, er wird sich verändern und öffnen. Du willst ihm einfach deine Liebe zeigen, indem du ihm sagst, dass du ihn toll findest. Das ist ab jetzt deine Hausaufgabe. Sag ihm einfach, was du an ihm magst.

Also gib deinem Sohn Streicheleinheiten. Männer brauchen eigentlich mehr Streicheleinheiten als Frauen. Zeig ihm, dass du ihn wahrnimmst, dass du ihn siehst. Mach ihm manchmal ein Kompliment, sag ihm, dass du ihn gern hast, dass du ihn liebst.

R: Ja, ich verstehe. Ich möchte meinen Sohn einfach besser spüren, ich möchte mehr Nähe zu ihm erfahren. Wieso kann ich das nicht? Gibt es ein Karma mit meinem Sohn?

Vergangenes Leben von Regula:

M: Im vergangenen Leben, das ich sehe, hattest du drei Jungs. Dein heute ältester Sohn war im vergangenen Leben der Jüngste. Die anderen Jungen waren um die 11 oder 12 Jahre alt, als er geboren wurde. Dies war ein sehr kürzlich vergangenes Leben, vielleicht sogar dein vorletztes. Die ganze Zeit versuchte der Kleine zu tun und zu imitieren, was seine großen Brüder machten. Er versuchte so sehr ein großer Junge zu sein. Es war ihm egal, was jemand sagte, er war darauf aus und machte, was die anderen Jungen taten. Zum Beispiel sah er sie auf einem Zaun laufen und er war wirklich zu klein, dies zu können, aber er versuchte es trotzdem und machte es ihnen nach.

An einem Sonntag gingen alle zusammen an einen Fluss zum Picknicken. Es war ein Familientreffen im größeren Rahmen, nicht nur deine eigene Familie. Die älteren Kinder brachten diese aufgepumpten Autoschläuche mit und schwammen mit ihnen den Fluss hinunter. Dem Kleinen wurde dies jedoch verboten, weil er noch nicht schwimmen konnte. Er war etwa 6 Jahre alt. Diese Regel war für alle Kinder gleich. Wer nicht schwimmen konnte, durfte nicht in den Fluss.

Der Fluss hatte eine ziemlich starke Strömung und es war gefährlich. So verging der größte Teil des Nachmittags und er spielte andere Dinge mit anderen Kindern und die großen Kinder gingen mit ihren Schläuchen in

*den Fluss und schwammen hinunter und kehrten zurück und schwammen
wieder hinunter. Du standest mit dem Rücken zum Fluss und warst mit
den anderen beim Aufräumen, und es gab viel miteinander zu plaudern.
Also warst du sehr beschäftigt. Aber du warfst immer wieder ein Auge auf
ihn, weil du wusstest, dass er bei den großen Jungen sein wollte. Aber es
sah so aus, als ob er ziemlich gut mit den anderen zu spielen beschäftigt
war. So konntest du dich entspannen.*

*Sobald er sah, dass du sehr beschäftigt warst, ging er hinab und wartete
am Ufer des Flusses. Er versuchte, einen Schlauch zu erwischen, und es
gelang ihm, einen zu erwischen. Dann setzte er sich darauf und er ging
genau wie die großen Jungs hinein in die Flussströmung. Aber er war viel
kleiner als die großen Jungs, deswegen rutschte er durch den Schlauch hindurch, weil er sich nicht darin halten konnte.*

*Seine Leiche wurde am nächsten Tag gefunden. Dein Herz war ge-
brochen und du machtest dir Vorwürfe, weil du ihn nicht gut und lang
genug im Auge behalten hattest und dir selbst die Schuld gabst, weil du
ja wusstest, dass er immer das tun wollte, was die großen Jungs taten.*

Diese Geschichte ist sehr komplex: Du versuchtest, den größeren
Jungs nicht zu sagen: „Warum habt ihr auf euren kleinen Bruder
nicht besser aufgepasst?" Dieser Konflikt wurde in dir ausgelöst:
ein Teil in dir wollte auch die anderen Jungs beschuldigen. Doch
du hast dich sehr zusammengenommen, weil du wusstest, dass es
nicht ihre Aufgabe war. Aber dir tat das einfach so weh und sie
konnten es fühlen. Du hast dich dadurch den anderen Söhnen
etwas verschlossen. Diesen Herzschmerz und dieses Leid hast
du in das gegenwärtige Leben mitgenommen. Dein Sohn heute
wartet immer noch darauf, dass du sauer auf ihn wirst, weil er in
diesem Autoschlauch den Fluss hinunterging und ertrank. Dies
ist auf einer unbewussten Ebene. Eines Tages sagst du vielleicht
zu ihm: „Ich vergebe dir alles, und ich hoffe, du tust dasselbe für
mich." Ihr beide fühlt euch auf einer tieferen Ebene schuldig.

R: Das ist genau das Gefühl, das ich habe. Es ist so schwer.

M: Ja, das ist noch das, was zwischen euch liegt. Es hat euch
beide sehr verwirrt. Darin liegt ein weiteres kleines Stück, denn

wenn du ihm deine Akzeptanz zeigst und zu ihm sagst: „Ich mache dir keine Vorwürfe." Wenn du es ihn wissen lässt und es laut aussprichst, dass du ihn liebst und dass du ihn annimmst, dann beginnt sich etwas davon zu lösen und zu klären. Dann, wenn sich die Dinge zwischen dir und deinem Sohn etwas offener anfühlen, hast du vielleicht das Bedürfnis ihm zu sagen: „Wenn du irgendwelche Fragen an mich hast, versuche ich diese zu beantworten."

Interview mit Regula:

Diese unsichtbare Mauer, die ich zwischen meinem Sohn und mir fühlte, hatte mit dieser Überverantwortlichkeit zu tun. Durch das Reading konnte ich verstehen, dass die Mauer das Schuldgefühl und die Trauer war, dass ich damals nicht gut genug nach ihm schaute und darum dieses Unglück passieren konnte.

Ich spürte von der Seite meines Sohnes auch eine Schuld, dass er damals die Regeln nicht befolgte und den Großen so nacheiferte und auch in den Fluss ging. Ich fühlte aber keine Wut darüber. Es blieb eine Art von Ohnmacht, dass mir das passierte.

Durch die Informationen aus dem Reading verstand ich, dass zwischen mir und meinem Sohn eine Energie von Schuld und Trauer stand. Ich fühlte unbewusst in mir meine Schuld des Versagens, und seine Schuld, dass er die abgemachten Regeln nicht befolgt hatte.

Möglicherweise hat er auch ein Gefühl davon mit in seinen frühen Tod genommen. Nun sind wir wieder zusammengekommen und darum war immer unbewusst diese Mauer zwischen uns.

Sehr lange habe ich mich nach dem Reading nicht mit dieser Geschichte beschäftigt. Mein Alltag war sehr ausgefüllt und irgendwie verspürte ich Angst vor der Auseinandersetzung und Auflösung meiner Geschichte mit meinem ältesten Sohn.

Es dauerte fast ein Jahr, bis die Geschichte innerlich zu greifen anfing.

Im vergangenen Sommer machten wir zusammen eine Wanderung und da gab es eine Situation, wo er mir einen Vorwurf machte und sagte: „Also die Eltern meiner Freundin sind finanziell sehr unterstützend und erfüllen ihr viele Wünsche, aber ihr beide Eltern habt mir nicht so viel zu geben, diese Art von Unterstützung kenne ich so nicht von euch."

Darauf antwortete ich ihm auf eine Weise, wie ich es vorher nicht zum Ausdruck gebracht hätte: „Mein lieber Sohn, ich habe dir immer probiert all das zu geben, was möglich war!"

So wie ich mich vorher kannte, hätte ich wortlos und ohnmächtig reagiert und hätte wieder das Gefühl bekommen, eine Versagerin zu sein und meinem Sohn nicht zu genügen. Wahrscheinlich hätte ich mich wieder schuldig gefühlt!

Aber in diesem Moment transformierte sich dieses tief liegende und schwerwiegende Schuldgefühl, und ich fühlte mich plötzlich sehr klar und frei, mit ihm auf diese Weise darüber zu sprechen.

Dann kürzlich, als mein Sohn kränklich und ich bei ihm auf Besuch war, gingen wir zusammen im nahe liegenden botanischen Garten spazieren! Das Zusammensein mit ihm war sehr friedlich!

Ich dachte, dass er bald wieder gesund sein würde. Doch bald danach rief er mich an und sagte, dass er Atemnot hätte und sich immer noch schwach und krank fühle und sich sorge, es könnte eine Lungenentzündung sein. Er fragte mich um Rat. Ich riet ihm zum Arzt für eine Abklärung zu gehen. In diesem Moment konnte ich ihn ganz nahe spüren. Ich gab ihm zusätzliche Gesundheits-Tipps, wie er sich selbst noch behandeln könnte. Es war ein ganz gutes, persönliches und echtes Gespräch zwischen Mutter und Sohn.

Später erhielt ich eine Nachricht von ihm: „Danke Mama, dass ich dich anrufen durfte." Ich antwortete ihm: „Ich danke DIR, dass du dieses Vertrauen hast in mich." Er schrieb zurück: „Weißt du, du bist für mich in solchen Situationen meine medizinische ‚Erstanlaufstelle' bzw. meine ‚Tröst-Station'!"

So haben wir uns ausgetauscht und ich konnte ihn ganz stark spüren. Es ist eine ganz neue Energie aufgekommen zwischen uns. Ein echtes Vertrauen ist am Entstehen. Ich kann meine Überverantwortungs- und Angstgefühle abgeben und meinen Sohn jedoch in Momenten, wo er es braucht, echt unterstützen. Das konnte ich früher nicht gut, denn ich dachte immer, ich müsse immer für ihn da sein, ich übernahm zu viel Verantwortung. Vielleicht kam dies aus dieser alten Verstrickung heraus, die mir nun bewusst gemacht wurde.

Ich glaube, wir sind aufgehoben in einem ganzen Zyklus von Kommen und Gehen, Kommen und Gehen … und die Seele weiß, welch alte Geschichten aufzuarbeiten sind. Wenn ich alles aus dieser Perspektive betrachte, gibt es keine traurigen Gefühle mehr in mir in Bezug zu meinem Sohn. Wahrscheinlich war in dem Moment, als er im vergangenen Leben starb, sein kurzes Leben erfüllt, obwohl es unter tragischen Umständen passierte und es mich so sehr traf.

Der Satz vom Reading: „Ich mache dir keinen Vorwurf mehr." ist ganz wichtig für mich, das ist befreiend.

Durch das Wissen, dass die Gefühle der Schuld und der Trauer aus einem vergangenen Leben mit meinem Sohn kommen und mir dies jetzt bewusst ist, erfahre ich es als eine Erleichterung. Wir haben eine Chance bekommen, wieder zusammen zu sein, um diese Mauer abzubauen. Dadurch entsteht das Gefühl, dass alles gut ist, wie es ist. Es beginnt sich etwas zu wandeln. Dieser Prozess braucht noch etwas Zeit in mir. Ich fühle mich jetzt zwar schon freier, aber ich taste mich immer noch etwas sorgfältig an meinen Sohn heran. Doch es ist viel, viel besser als vor dem Reading. Ich spüre keine Schuld-Mauer mehr zwischen uns.

Ab und zu spüre ich, wie sich mein Sohn wieder etwas zurückzieht! Alte Muster sind dann wieder aktiv. Aber ich kann es einfach so stehen lassen. Es ist eine gute, neue Nähe entstanden und ebenfalls eine natürliche Distanz. Ich fühle mich nicht mehr so schwer wie früher. Wenn wir miteinander kommunizieren, fühlt es sich leicht und liebevoll an!

Das Gefühl, dass da etwas Ungeklärtes stört, dass da eine unsichtbare Mauer zwischen uns ist, ist weg. Ich nehme diese Transformation sehr bewusst wahr. Der Kanal zwischen meinem Sohn und mir hat sich geöffnet. Ich kann ihn auch sehr gut respektieren in seinen Entscheidungen. Ich werte nichts mehr und nehme nichts mehr so persönlich und vor allem spüre ich keine Schuldgefühle mehr!

Durch das Reading bekam ich wertvolle Hinweise und Impulse, wie ich die Nähe zu meinem Sohn finden kann. So kann ich ihn heute loben und stärken und vor allem bedingungslos lieben!

Die Welt, wie wir sie geschaffen haben,
ist ein Prozess unseres Denkens.
Sie kann nicht verändert werden,
ohne unser Denken zu ändern.

Die wichtigste Erkenntnis meines Lebens ist die,
dass wir in einem liebenden Universum leben.

Albert Einstein

Herzrhythmusstörungen und Panik – Verlust eines Bruders durch einen Verkehrsunfall und die Möglichkeit, ihm in seinem neuen Körper wieder zu begegnen.

Claudia, *1960, Claudias Bruder Pirmin, *1964–1981

C: Ich kam mit dem Anliegen in ein Reading zu Maitra, den Verlust meines Bruders nochmals zu beleuchten und Einsicht in eventuelle Hintergründe zu erhalten. Mein Bruder Pirmin verlor 17-jährig zusammen mit einem Freund durch einen Verkehrsunfall sein Leben.

M: Pirmin war so geschockt, als er verunfallte. Er konnte es nicht glauben, dass er nicht mehr in seinen Körper zurückkonnte, und er versuchte es, doch er konnte nicht zurück. Die Tür dorthin zurück war verschlossen. Sein Körper war zu beschädigt und lebte nicht mehr.

Dann suchte er die Familienangehörigen auf, und ging von einem zum anderen in der Familie, und sagte: „Ich bin immer noch da." Doch alle waren so traurig und weinten, waren erschüttert und im eigenen Schmerz. Er war sehr beunruhigt darüber und sagte: „Ich habe doch nichts gemacht, ich kann nichts dafür." Er realisierte nicht, dass er ohne Körper war. Er hatte kein wirkliches Konzept über den Tod oder ein Leben danach, um zu verstehen, was geschehen war.

Die nächsten 24 Stunden wandelte Pirmins Geist/Astralkörper herum und ging zu vertrauten Orten und vertrauten Menschen und versuchte, überall Kontakt aufzunehmen. Dann war er in einem Garten, vielleicht war es der Garten der Eltern. Dort saß ein Mann auf einer Bank und Pirmin ging zu ihm. Er setzte sich zu ihm und fragte: „Was ist denn los, niemand spricht mit mir?" Der Mann antwortete ihm: „Das ist, weil du nicht mehr in deinem Körper bist, das ist, was die Menschen tot nennen." Der Mann war sein geistiger Führer oder Schutzengel. Der Geistführer sah, dass Pirmin ihn nicht sehen oder akzeptieren konnte, bis er ihm vortäuschte, dass er eine andere Person ist, die hier neben ihm sitzt, und Pirmin war so überrascht, dass dieser mit ihm sprach, denn niemand anders der vertrauten Menschen hatte mit ihm gesprochen. Der Geistführer sagte: „Ja, ich bin auch nicht in einem Körper, ich habe auch keinen Körper, ich bin hier, um dir zu helfen, damit du diesen Übergang schaffst." Pirmin sagte ganz überrascht: „Muss das denn sein, ich will das aber nicht, ich bin nicht bereit dazu." Der Geistführer sagte: „Du realisierst es noch nicht, aber nach einer Weile wirst du es verstehen, dass du alles gemacht hast, was du in diesem Leben machen wolltest, und jetzt ist es Zeit, hierher zurückzukehren, um für etwas anderes vorbereitet zu werden."

Dann war es ihm möglich mit seinem Geistführer wegzugehen. Er kam jedoch manchmal von Zeit zu Zeit noch zurück und war um seine Familie herum, so 6 Monate lang nach seinem Tod. Er schaute nach, wie es den Menschen dort ging, und es machte ihn so traurig, dass alle, die er kannte, so traurig waren. Er kam einfach zurück, um zu sagen, dass es ihm gut geht: „Ich bin in Ordnung, ich wollte das auch nicht so, wie es passiert ist, aber es geht mir gut."

Sein Geistführer brachte ihn an einen Ort einer Schule, und sagte ihm: „Wenn du bereit bist oder wenn es dir passt, kannst du bereits heute anfangen. Wir denken, dass du einige Sachen noch kennen solltest, bevor du wieder zurückgehst in einen neuen Körper als Mensch."

Pirmin war nicht begeistert schon wieder in die Schule zu gehen, er hatte ja genug Schule für eine Weile im vergangenen Leben, und der Geistführer sagte: „Das ist in Ordnung, du kannst auch andere Sachen machen." Pirmin hatte im vergangenen menschlichen Leben Zukunftspläne zu reisen. Er interessierte sich dafür, wie Menschen an anderen Orten leben und denken. Aber für ihn war das im Leben noch weit in der Zukunft gewesen, so sagte er zu seinem Geistführer: „Ich möchte dieses und jenes sehen." So ging er in die großen Pyramiden von Ägypten hinein und reiste zu kleineren Pyramiden, und er besuchte einige Festivals in Indien, für alles, was ihn neugierig machte, wurde er unterstützt, es zu erfahren.

So reiste er auf diese Weise für eine Zeit lang und dann schaute er zurück auf sein letztes Leben als Mensch und was mit den anderen Menschen passierte innerhalb der Familie und mit seinen Freunden, und er schaute auch ein wenig weiter in seine vergangenen Leben, um anzuerkennen, dass dies auch ein Teil ist, der dazugehört. Allmählich wurde er neugierig darüber, was sie ihm hier zu lernen angeboten haben.

Ich muss mit ihm lachen, er ist süß, er hat einen bestimmten Witz, eine Frische, wie er die Dinge sieht.

Sie brachten ihn in den Klassenraum und gaben ihm einen Platz hinten im Raum, damit er alles beobachten konnte und er sagte: „Ich kann besser beobachten, wenn ich vorne sitze." Er ging nach vorn und setzte sich neben den Lehrer. Er wollte einfach neben dem Lehrer sitzen. Er interessierte sich für vieles und er realisierte, dass all das, was er in seinem kurzen Leben lernte, viel mehr war, als er je wahrgenommen hatte. Er ging zurück und schaute sich alles nochmals an, schaute genau hin und ging alles nochmals durch, um alles auf einer tieferen Ebene zu verstehen. Der Austausch zwischen den Menschen, die Motivationen seiner Eltern, wenn sie etwas von ihm wollten, was er tun sollte, oder was er nicht tun sollte. So ging er immer wieder durch sein vergangenes Leben, um noch tiefer zu sehen, um es auf eine andere, tiefere Weise zu verstehen.

Interview mit Claudia:

C: Wie Maitra die Erfahrungen schilderte, die mein Bruder Pirmin durchmachte, nachdem er verunfallt war, haben mich tief berührt. Obwohl es eine lange Zeit her ist, und ich sagen kann, dass ich diesen Schock und Verlust so gut wie möglich verarbeitete, warf dieser Einblick in Pirmins Übergang nochmals ein ganz neues Licht auf diesen Abschied von ihm. Ich war damals 21 und ich glaubte daran, dass der physische Tod nicht wirklich das Ende ist, doch die unglaubliche Betroffenheit, der Schock und der Schmerz, den meine Eltern, wir Geschwister und alle um uns herum fühlten, verschloss uns in der ersten Zeit diesen Dimensionen. So war ich traurig zu hören, wie mein Bruder versuchte, uns zu kontaktieren und mit uns zu kommunizieren. Das tat mir wirklich leid und ich hätte ihm gerne beistehen mögen in dieser Zeit, als er uns aufsuchte und noch etwas bei uns sein wollte, auch wenn er nicht mehr im Körper war.

Diese Realität des Todes durch den Verlust meines Bruders erschütterte mich damals zutiefst. Die Sinnfrage überhaupt und auch über meine Zukunft in diesem Alter kam ganz stark, da ich erfahren musste, dass das physische Leben von einer Minute auf die andere zu Ende sein kann und plötzlich so viel Schmerz und Trauer, Schock und Ohnmacht sich in der Familie ausbreitet. Nichts ist mehr wie zuvor, alles hat sich auf einen Schlag verändert.

Psychologische, seelische Betreuung oder Begleitung wäre für uns in dieser Zeit hilfreich gewesen. Meinen Eltern wurden Medikamente verabreicht, damit sie die Zeit mit der Beerdigung und allen anstehenden Aufgaben durchstanden.

Jeder von uns versuchte auf seine Weise mit dem Trauma umzugehen und mit dem Schock und Verlust weiterzuleben. Der Schmerz meiner Eltern war enorm und ließ mich oft trauern. Ich ging auf meine Weise mit dem Verlust um, doch wie ich später lernte, war diese Erfahrung in meinem Körper abgespeichert und noch nicht ganz gelöst.

Durch eine sehr starke körperliche Erfahrung konnte ich einige Jahre später dieses Trauma ganz aus den Zellen erlösen. Im Vorfeld hatte ich Herzrhythmusstörungen, Schwächezustände, Schwindel und Ängste, die mich sehr beunruhigten. Durch ein unbedeutendes Ereignis geriet ich in eine Art Panikzustand. Da ich zu dieser Zeit alleine zu Hause war, rief ich einen Freund an, der mir therapeutisch beistehen konnte. Ich brauchte wirklich Hilfe. Ich war mit mir selbst überfordert. Er begleitete mich durch diesen Prozess. Ich verspürte nun wie sich diese ganze festgehaltene Energie vor allem im Herzbereich auszubreiten begann. Alle Zellen fingen an zu pulsieren und vibrieren, obwohl ich panisch war und voller Todesangst, musste ich es zulassen. Es gab keine Möglichkeit mehr, dies zu unterdrücken.

(Ich erinnerte mich danach, dass ich nach dem Tod meines Bruders oft selbst Angst vor dem Tod hatte. Diese Angst war gemischt mit dem Schmerz und einem Gefühl, dass ich vielleicht auch bald sterben könnte.)

Mein Körper pulsierte weiter bis hinein in die Zehenspitzen und in die Finger, wo es am stärksten pulsierte. Ich spürte nun, dass die Energie überall hinfloss und nicht mehr so festgehalten wurde, und dass ich dabei nicht sterbe, nicht körperlich sterben muss, sondern dass ich weiter atmen konnte und mir nichts dabei passierte, auch wenn Schmerz und Angst, diese machtvollen Gefühle, so stark waren und mich überwältigen wollten. Ich spürte, dass ich zwischendurch nicht in meinem Körper war.

Meine Panik ließ nach, die Angst wurde geringer. Ich war mir bewusst, dass ich immer noch da war, am Leben und es wurde ruhiger in mir. Ich wurde gewahr, dass ich nicht starb, mein Körper atmete tief weiter, während es in allen Körperteilen eine große Entspannung gab. Alle Muskeln vor allem an den Beinen begannen zu zittern, die Traumata begannen sich zu lösen, alles in mir zitterte, vibrierte, entlud sich und wurde langsam ruhiger, die starken Emotionen ebbten ab. Ich spürte Gegenwärtigkeit, stilles Sein, und völlige Entspannung in meinem ganzen Wesen. Nach dieser zutiefst beängstigenden, panischen, aber dann lösenden Erfahrung hatte ich nie mehr diese Ängste, weder Panik noch Herzrhythmusstörungen. Mein Körper und Kreislauf stabilisierten sich vollständig.

So hat mich die Einsicht in den Übergang meines Bruders nach dem Tod zusätzlich und trotz der Zeit, die dazwischenliegt, gefestigt und mir wurde die Dimension der Seele und der geistigen Welt neu offenbart. Ich bin unglaublich dankbar für dieses Reading, denn es hat mich geöffnet und die Angst vor dem Unbekannten geschmälert. Es war für mich eine weitere Aufforderung, den Kontakt zu Geistführern, zum Schutzengel in meinem Leben zu intensivieren und überhaupt das ganze Leben noch viel umfangreicher und multidimensionaler zu sehen. Durch diese Erfahrung mache ich Menschen, die einen Verlust erleben, darauf aufmerksam, sich in Trauer- und Krisenzeiten professionell begleiten zu lassen und Medien oder Geistheiler aufzusuchen, die einen Kontakt zum Verstorbenen herstellen können. Es kann hilfreich sein, mit Verstorbenen zu kommunizieren. Es gibt Trost, klärende Einblicke und kann den Trennungsschmerz lindern. Das erleichtert auch dem Menschen, den sie liebten und jetzt von ihnen durch den Tod getrennt ist, seinen Weg in der geistigen Welt weitergehen zu können. Manchmal können so auch noch letzte Zeichen getauscht oder etwas geklärt und auch Liebe bezeugt werden, was für beide Seiten Klärung gibt und das hilft das Unfassbare eines plötzlichen Abschieds oder des Sterbens zu integrieren und anzunehmen.

Ich stellte Maitra noch eine weitere Frage:

Gibt es ein Karma mit Pirmin innerhalb unserer Familie?

M: Ja, es gibt einige karmische Themen in eurer Familie. Für jedes Familienmitglied ist es ein wenig anders. Es geht jetzt um euren Vater, wir nennen ihn hier Bruno. In einem vergangenen Leben hatte Bruno einen Bruder und Pirmin war der Sohn dieses Bruders. Bruno war also Pirmins Onkel.

Brunos Bruder war in der vergangenen Inkarnation involviert in die Spielsucht. Er wurde in einem Spielkasino umgebracht durch eine Messerstecherei, und Bruno war so beschämt und verurteilend über den Tod des Bruders durch diese Messerstecherei, da jeder ihn kannte. Er verweigerte nach dem Tod seines Bruders, seinen Neffen (Pirmin) zu sich zu nehmen. Das wäre für ihn logisch gewesen, seinen Neffen aufzunehmen, da er einen Sohn im gleichen Alter hatte. Er hatte genug Geld und alle dachten, dass er das auch machen würde. Aber er verweigerte dies, da er so wütend war auf seinen Bruder. Es war eine solche Schande für alle. Die Mutter des Neffen war bereits gestorben, was wahrscheinlich der Grund war, dass der Vater des Neffen der Spielsucht verfiel. Er versuchte seinen Kummer irgendwie zu vergessen.

So musste nun dieser Neffe (Pirmin) in dieser vergangenen Inkarnation zu einem entfernten Verwandten gehen, das war ein 2. oder 3. Cousin, der einen Hof hatte. Er war ungefähr in diesem Alter, in dem er jetzt in diesem Leben gestorben ist, mit etwa 16 Jahren kam er auf diesen Hof. Der Verwandte brauchte Hilfe auf dem Hof, die er nicht bezahlen musste und so nahm er den Jungen auf.

So hatte der Neffe (Pirmin) eine sehr schwere Zeit. Er musste von Sonnenaufgang bis Sonnenuntergang arbeiten. Er bekam keinen Lohn dafür. Man sagte ihm, er solle dankbar sein, denn er habe ja ein Dach über dem Kopf. Als er ungefähr 19 war, flüchtete er. Er rannte davon und bekam eine Arbeit bei der Eisenbahn. (Das ist eigentlich noch nicht so lange her, dass es Eisenbahnen gab.), und ein paar Jahre später kam er um durch ein Zugunglück, nachdem er dort angefangen hatte zu arbeiten.

Sein Onkel (Bruno), als er vom Tod seines Neffen erfuhr, hatte so fürchterliche Gewissensbisse, er wusste, wenn er den Jungen zu sich genommen hätte, hätte er weitergelebt und wäre glücklich gewesen. Er hätte ein gutes Leben gehabt und hätte sich weiterbilden können. Bruno war so wütend auf sich selbst, da er diesen Jungen damals weggeschickt hatte, und innerlich sagte er zu diesem Jungen und auch zu seiner Familie: „Wenn ich je wieder eine solche Chance habe, werde ich nicht mehr so hart sein."

Er realisierte, dass er zu hart war. Als er entschied, ihn wegzuschicken, dachte er auf diese Weise: „Ich halte es nicht aus, ihn zu sehen, ich er-

trage es nicht, ihn um mich herum zu haben, es macht mich so wütend, wenn ich ihn nur sehen muss."

Wie kann man einen Jungen bestrafen für etwas, was sein Vater tat?

So hatte Bruno, euer Vater, eine neue Chance, ihm in diesem Leben als Vater eine neue Gelegenheit und ihm eine glückliche Kindheit zu geben. Doch als er ihn dann als Sohn Pirmin in diesem letzten Leben durch den plötzlichen Unfall verlor, glaubte er innerlich vielleicht, dass der frühe Tod von Pirmin auch seine Schuld war. Doch das war es nicht. In diesem letzten Leben war es Pirmins eigener Prozess.

Es fühlt sich fast so an, als ob euer Vater ihn zurückgerufen hatte, und ihm sagte: *„Lass mich das für dich tun, lass mich dir dieses Mal helfen."*

Der tödliche Autounfall in Pirmins Leben innerhalb eurer Familie hat euren Vater Bruno unglaublich getroffen. Doch euer Vater hat das getan, was er wirklich tun wollte. Er gab Pirmin ein glückliches Leben, eine glückliche Kindheit.

Das war das stärkste karmische Thema innerhalb eurer Familie zwischen Bruno als Vater und Pirmin, der sein Sohn war, in einem vergangenen Leben sein Neffe.

C: Meine Eltern zeigten ihre starken Gefühle und ihren Schmerz nicht offen, wenn ich sie besuchte, nachdem wir Primin verloren hatten. Vielleicht wollten sie mich schonen. Ich spürte, dass sie sich Mühe gaben, mit dieser schweren Erfahrung weiterzuleben und ich hätte ihnen gerne geholfen, doch ich war ja selbst betroffen und vermisste meinen Bruder auch sehr. Etwa ein Jahr nach dem Unfall begleitete ich meinen Vater zur Arbeit. Es war Frühling und alles blühte und die Vögel zwitscherten. Da sagte mein Vater halblaut, sodass ich es aber hören konnte und im Gefühl, dass er auch wollte, dass ich es hörte: „Dieser verfluchte Frühling!" Ich war sehr betroffen und konnte nicht auf ihn reagieren, denn noch nie zuvor machte er eine solche Bemerkung, worin so viele Emotionen waren. Ich spürte eine Wut darin, auch seine Verzweiflung über das Geschehene, sein Hadern mit dem Schicksal, was ihm das Leben auferlegt hatte. Da war unter seiner Wut ein großer Schmerz.

Vielleicht war das ein Aufflackern dieses alten Themas, das Maitra im Karma zwischen meinem Vater und Pirmin aufzeigte. Darin kommt eine Wut hoch, denn damals war er wütend über seinen Bruder und projizierte diese Wut auf den unschuldigen Neffen. In seinem Leben mit Pirmin, als er dies wiedergutmachen konnte und er seinen Sohn sehr liebte, war der Schmerz immens, ihn zu verlieren. Er haderte sehr mit dem Schicksal. Ich hatte das Gefühl, dass sein Glauben erschüttert war. Er war vielleicht wütend auf diesen Gott, an den er glaubte und nun an ihm zweifelte, der es zuließ, dass junge Menschen und dabei sein geliebter Sohn auf diese Weise aus dem Leben gerissen wurden. Mich berührt der Inhalt der karmischen Geschichte, da sie mir aufzeigt, dass es immer wieder Gelegenheit gibt, etwas gutzumachen, eine neue Einstellung zu erlangen, eine neue Chance zu erhalten und Ausgleich zu schaffen, um eine neue Ebene und Einsicht zu leben, die sinnvoll und liebevoll wirkt.

Bobby: Pirmin ist wieder inkarniert

M: Pirmin ist inzwischen wieder zurück in einen Körper als Mensch inkarniert (ca. 2011). Er ist ein kleiner Junge. Dort, wo er jetzt lebt, ist es heiß und sumpfig. Es ist in den Vereinigten Staaten, Georgia, vielleicht Florida, vielleicht Louisiana, er ist irgendwo in den südlichen Staaten in den USA, im Sumpfgebiet, und sein Vater ist ein Führer/Leiter, der mit Leuten auf seinen Booten in die Sumpfgebiete fährt.

Ich sehe den Jungen, der einst Pirmin war, als kleinen Jungen von ca. 3–4 Jahren, und er ist fasziniert von den Schiffen, die sein Vater hat. Er hat 3 oder 4 Boote, die sehen sehr sonderbar aus. Eines hat hinten ein riesiges Rad, und sie gleiten so über die Oberfläche des Wassers. Wenn sie in die Sümpfe fahren mit dem Schiff, fliegt das Boot fast über das Wasser. Er kennt all diese Wege, er ist ein Naturforscher, hat studiert, und er kennt alles über die Pflanzen und Tiere. Er ist nicht einfach ein Bootfahrer/Führer zum Spaß, er leitet Gruppen mit Studenten, andere Profis und zeigt ihnen alles.

Der Kleine hat auch eine Sammlung von Booten, und da ist ein spezieller Platz am Anfang der Sümpfe, wo sein Vater ihn spielen lässt, wo er seine Schiffchen ins Wasser lassen kann. Er ist sehr glücklich, dass sein Vater auch an seinen Sachen interessiert ist. Er hat eine Schwester, dann wurde er geboren und sie bekamen noch ein kleines Mädchen nach 2 Jahren. Zuerst war das nicht so einfach für ihn, doch es brauchte nicht lange, bis er sie zu mögen begann, sodass er nun gerne Sachen für sie macht.

So brauchte euer Bruder Pirmin von damals ca. 30 Jahre in unserem Zeitempfinden, um sich vorzubereiten und wieder auf die Erde zurückzukommen, und er kam in diese Familie in sehr glückliche Verhältnisse. Hier gibt es für ihn sehr viel Potenzial, denn seine Eltern sind gebildet, sie sind hingebungsvolle Leute mit viel Interesse an der Umwelt. Sie schützen die Pflanzen, sind besorgt um die Tiere. Er kam an einen Ort, der für ihn sicher ist und viel Potenzial bietet. Sie leben am Rande der Sümpfe. Wenn es einen großen Wirbelsturm oder Warnungen gibt, dann müssen sie in die Stadt ziehen, denn sie können nicht da draußen bleiben, da es zu gefährlich ist. Es ist ein wirklich schöner Ort, mit vielen wilden Tieren, Schlangen, Fische, große Bäume, die ins Wasser hängen. Er scheint sehr glücklich zu sein, und wenn er etwas sieht, was er wirklich will, kann er seine ganze Energie darauf setzen, damit er es bekommt. Er scheut sich nicht zu arbeiten und zu lernen, wenn es für ihn Sinn macht.

Pirmins letzter Tod durch den Unfall, als er euer Bruder war, war ebenso schockierend für ihn wie für euch alle in der Familie. Er dachte überhaupt nicht an den Tod. Wenn er auch ein bisschen über den Tod nachgedacht hätte oder sich damit auseinandergesetzt hätte, wäre er besser vorbereitet gewesen. Er hatte kein Konzept darüber. Doch er hatte eine sehr originelle Art die Dinge zu betrachten, eine eigene Sicht- und Betrachtungsweise.

Jetzt rufen sie ihn Bobby, so heißt er wahrscheinlich Robert, und er ist ein sehr aktives Kind, sehr neugierig. Er liebt die Boote seines Vaters, und er liebt seine kleinen Schiffe. Er hat eines mit Videokontrolle, und kann es selber steuern. Seine Eltern hatten eine große Auseinandersetzung, da es sehr teuer ist, und seine Mutter sagte: „Das ist zu teuer, im Falle dass er es verliert. Er versteht das noch nicht richtig, er lässt es dann aufs Wasser raus." Sein Vater sagte dann: „Das ist eine Erfahrung zum Lernen, wenn er es verliert, dann hat er eben keines mehr und bekommt auch keines mehr für eine Zeit. So kann er lernen, auf Dinge aufzupassen und Sorge zu tragen, denn das braucht er zum Lernen." Aber er ist sehr sorgfältig mit seinen Sachen.

Er hat wirklich einen wundervollen Vater.

Interview mit Claudia:

C: Die Erfahrung des Verlustes, so hart sie uns in der Familie traf, verlangt von mir immer wieder diese Akzeptanz der Vergänglichkeit. So gerne möchte ich festhalten und im Bekannten zusammenbleiben, doch stetig verändert sich im Leben etwas, wird gegeben und wieder genommen. Auch kann ich nicht wissen, was der Weg, der Lernprozess, die Bestimmung oder die Verstrickung des anderen ist, und so unfassbar es für mich ist, versuche ich diese Erfahrungsreise der Seele besser zu verstehen und das Leben in einem viel größeren Zusammenhang zu sehen. Das wurde mir durch das Reading offenbart.

Überraschenderweise erzählte Maitra von Primins nächster Inkarnation als Bobby in den Südstaaten der USA. Nachdem ich in diese Dimension seines Lebensweges sehen durfte, erfuhr ich eine weitere innere Transformation des Geschehenen in meinem Leben. Es öffnete in mir ein Feld, um die Möglichkeit zuzulassen, dass Pirmins Seele wieder in einem Kind inkarniert ist, um weiter Erfahrungen zu machen.

Das nahm dem Gesicht des Todes durch diesen abrupten Abschied irgendwie seine Macht und alle unsere Rollen als Mutter, Vater, Geschwister, Freunde können wir aus einem veränderten Blickwinkel betrachten. Durch alle Einblicke in diesem Reading mit Maitra wurde mein Bewusstsein erweitert und hinterlässt eine Faszination für die Möglichkeit, diesem Jungen, Bobby, der Seele meines verstorbenen Bruders, in einem neuen Körper wieder zu begegnen. Ich danke Maitra von Herzen für dieses berührende Reading.

Ohne Schlamm keine Lotusblüte.

Rumi

Schlussworte von Maitra

Wie Einstein sagt, ist es vielleicht ein Wunder, dass wir überhaupt miteinander kommunizieren können. Wir alle wissen, wie selten und wertvoll es ist, mit einer anderen Person auf die gleiche Wellenlänge zu kommen. Erstaunlicherweise ist es mir in letzter Zeit immer mehr passiert. Ich frage mich, ob sich auf diese Weise das Bewusstsein für uns alle natürlich entfaltet. Wir werden uns einer Ebene der Realität bewusst und dann, wenn wir bereit sind, beginnt eine andere Ebene aufzutauchen.

Das Öffnen des Herzens ist entscheidend für die Bewegung in neue Bewusstseinsstufen. Das Herz ist da, wo all die angesammelte Weisheit und Erfahrung deines Lebens vibriert und darauf wartet, befreit zu werden. Es kann seelenschüttelnde Freude sein, Glückseligkeit, ein richtiges Hochgefühl, aber es kann uns auch sehr schmerzhafte Erfahrungen bringen, wenn wir dies für unsere Selbstverwirklichung brauchen. Für mich ist es das wert.

Ich habe bemerkt, dass die Readings, die ich so sehr liebe, alle auch für mich sind. Gestern kam eine Frau in eine Beratung, die ihr Herz öffnen wollte, ohne zu realisieren, dass ihr Herz bereits offen war. Aber Schmerz aus der Vergangenheit bedeckte es. Es war ihr zum Teil bewusst, aber einiges war ihr noch nicht so bewusst. Das ist unser Dilemma.

So finde ich mich in diesem köstlichen Widerspruch: Alles schrumpft in den gegenwärtigen Moment und in seine Kostbarkeit, während ich mir gleichzeitig meiner unergründlichen Ausdehnung in die Weiten dieses Universums bewusst werde. Ich zähle nicht einmal die vielen anderen Universen, von denen ich auch ein Teil bin (wie wir alle). Ich finde, ich kann damit ziemlich gut leben. Ha!

Mögen wir alle alle lieben.

Maitra

Dankesworte von Karin

Ein großes Dankeschön an Frau Regina Bauer und an alle Mitwirkenden am Buch vom Novum Verlag für die sorgfältige Bearbeitung des Manuskriptes und die fließende Zusammenarbeit.

Weiter bedanke ich mich herzlich bei allen Menschen, die mich als Übersetzerin in den Einzelsitzungen mit Maitra akzeptierten und mir ein großes Vertrauen schenkten, an so intensiven und berührenden Lebensmomenten teilnehmen zu dürfen. Das ist keine Selbstverständlichkeit für mich. Es ist ein großes Geschenk und ein unbeschreiblich kostbarer Lernprozess, an der Seite von Maitra den Blick in die Seelen der Menschen zu erfahren und zu begleiten.

Ebenso danke ich allen, die es möglich machten durch ihr Vertrauen, ihre Offenheit und Einwilligung, ihre Readings transkribieren zu lassen und mit den wertvollen Interviews ihren Lebensprozess auf diese Weise in einem Buch zugänglich zu machen. Allen Mitwirkenden bin ich zutiefst dankbar für ihre unterstützende positive Art und wie sie mir mit viel Aufmunterung immer wieder Mut machten, dranzubleiben und dieses Buchprojekt zu realisieren. Die transformierende Kraft und die tiefen seelischen Einsichten in allen Readings haben beim Schreiben dieses Buches bei mir in all den vielen Stunden immerzu sehr viel berührt, bewegt und geheilt. Ich bin tief beeindruckt von der seelischen Tiefe, Reife, von der Weisheit und Liebe aller Beteiligten und wünsche mir von ganzem Herzen, dass es von vielen Leser/innen auch so erfahren werden kann.

Und von ganzem Herzen danke ich Maitra für die große Inspiration, bedingungslose Liebe und die jahrelange Begleitung auf meinem Lern- und Lebensprozess. Ihre kraftvolle Präsenz, ihre Weisheit und ihr lichtvolles Wesen bringen mich in Berührung mit meiner Seele, entfalten meine Potenziale, meine Kreativität und stärken den Glauben an Heilung, Befreiung und an ein liebendes Universum voller Wunder.

Karin Stettler

Eine gewaltige Kraft erwacht in dir,
wenn du erkennst,
dass dich nichts von der Wahrheit abbringen kann.

Mooji

HERZ FÜR AUTOREN A HEART FOR AUTHORS À L'ÉCOUTE DES AUTEURS MIA KAPΔIA ΓΙΑ ΣΥΓ
JÄRTA FÖR FÖRFATTARE UN CORAZÓN POR LOS AUTORES YAZARLARIMIZA GÖNÜL VERELIM S
AUTORE PER AUTORI ET HJERTE FOR FORFATTERE EEN HART VOOR SCHRIJVERS TEMOS OS AU
PENZÖINKÉRT SERCE DLA AUTORÓW EIN HERZ FÜR AUTOREN A HEART FOR AUTHORS À L'ÉCO
CORAÇÃO BCEЙ ДУШОЙ К АВТОРАМ ETT HJÄRTA FÖR FÖRFATTARE Á LA ESCUCHA DE LOS AUT
AUTEURS MIA KAPΔIA ΓΙΑ ΣΥΓΓΡΑΦΕΙΣ UN CUORE PER AUTORI ET HJERTE FOR FORFATTERE EE
YAZARLARIMIZA GÖNÜL VER SZÍVÖINKÉRT SERCE DLA AUTORÓW EIN HERZ F
VOOR SCHRIJVERS TEMOS OS AU CORAÇÃO BCEЙ ДУШОЙ К АВТОРАМ ETT HJÄRTA F

Die Autorin

Karin Stettler arbeitet in ihrer eigenen Praxis in
Luzern und begleitet Menschen durch Lebens-
prozesse. An der www.heilpraktikerschule.ch
in Ebikon/LU bildet sie Fußreflexzonenmassage-
Therapeut/innen aus. Als Kunstschaffende leitet
sie gestalterische Kurse. Durch intuitives Schrei-
ben entstand ihr erstes Buch, herausgegeben im
Eigenverlag: „Der Weg in die Freiheit". Englische
Version: „On the path to freedom" bei Amazon.
Seit 2012 organisiert sie im Raum Luzern mit der
Seherin und spirituellen Lehrerin Maitra Seminare,
Vorträge und übersetzt ihre Einzelsitzungen. Aus
diesen Erfahrungen entstand das Buchprojekt
„Akasha-Reisen mit Maitra – Heilung aktueller Le-
bensthemen durch Einblick in vergangene Leben".
www.corunda.ch

novum VERLAG FÜR NEUAUTOREN

Der Verlag

*Wer aufhört
besser zu werden,
hat aufgehört
gut zu sein!*

Basierend auf diesem Motto ist es dem novum Verlag
ein Anliegen neue Manuskripte aufzuspüren, zu veröffentlichen und deren Autoren langfristig zu fördern.
Mittlerweile gilt der 1997 gegründete und mehrfach
prämierte Verlag als Spezialist für Neuautoren in
Deutschland, Österreich und der Schweiz.

**Für jedes neue Manuskript wird innerhalb we-
niger Wochen eine kostenfreie, unverbindliche
Lektorats-Prüfung erstellt.**

Weitere Informationen zum Verlag und
seinen Büchern finden Sie im Internet unter:

www.novumverlag.com